인생의
특별한
관문

걸작
논픽션
020

THE YEARS THAT MATTER MOST

인생의
특별한
관문

아이비리그의 치열한
입시 전쟁과 미국사회의
교육 불평등

폴 터프Paul Tough 지음

강이수 옮김

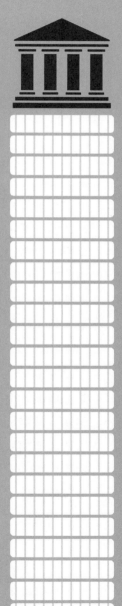

글항아리

이 책을 읽는 독자들에게

이 책은 대학입시라는 한국인이 가장 중시하는 문제를 다루고 있다. 이 책의 원서 제목도 '인생에서 가장 중요한 시기The Years That Matter Most'라고 되어 있다. 이 책은 재미있는 소설처럼 아주 흥미진진해서 페이지가 저절로 넘어간다. 미국 대학입시를 둘러싼 여러 학생의 희비 쌍곡선을 생생히 보여주는 르포 기사로 가득 차 있다. 개중에는 온갖 실패와 좌절 끝에 보란 듯이 성공을 거둔 학생도 있고, 안간힘에도 불구하고 탈락, 실패로 끝나고 마는 안타까운 이야기도 있다. 저자는 대단히 부지런하게 대학생과 교수들을 만나 인터뷰를 하는데, 놀랍게도 한 번 하고 끝나는 인터뷰가 아니고, 몇 년 뒤 다시 연락해서 만나 그 뒤의 변화까지 추적하는 철저함을 보인다. 그리고 이 책은 당사자들의 인터뷰라는 언론적 방식 외에 대학, 입시, 장학금, 사회적 이동성을 주제로 하는 사회학, 경제학의 최근 연구 성과들을 입체적으로 가미함으로써 책의 학술적 가치와 설득력을 높이고 있다. 그리하여 종합적으로 볼 때 미국 대학의 입시과정, 장학금, 그것을 준비하는 학생들의 노력을 이 책만큼 생생하고 자세히 보여주는 책은 일찍이 본 적이 없다.

　미국에도 수시와 정시 전형이 있고, 내신성적이 있는가 하면 수능고사 비슷한 SAT, ACT 표준화 시험이 있다. 내신과 표준화 시험의 관계, 표준화 시험 중에서도 SAT와 ACT의 경쟁관계, 부잣집 아이와 가난한 집 아이가 어느 쪽에서 유리하고 불리한지 이런 문제를 깊이 있게 분석해낸다. 그리하여 현재 미국 대학이 과거 한때 낭만적이고 좀더 이상적 모습에 가까웠던 시대의 대학과는 전혀 다른 돈이 지배하는 지극히 자본주의적인 대학이 된 현실을 여실히 드러내 보여준다. 입학사정관이 하는 일은 무엇인지 밝히며, 이들이 가난하지만 잠재력 있는 학생들을 선발하기보다는 대학의 재정 확보에 치중하고 있는 것을 고발한다. 그러면서도 이상적 입학사정관의 자세를 지키려고 노력하는 모범적인 입학사정관, 대학의 본래 모습을 잃지 않으려고 노력하는 일부 총장들, 학생 한 명 한 명을 존중해서 주말에도 학교에 나와 제자들을 가르치고 상담해주는 헌신적인 교수들, 이런 밝은 측면도 보여준다. 이런 것이 미국 사회의 양면성이고, 저력이리라.

　우리는 어떤가? 입시지옥이라면 한국은 어떤 나라에도 뒤지지 않기 때문에, 그리고 한국의 교육 제도나 각종 시험이 미국 제도를 많이 모방한 것이므로 이 책의 분석은 한국에도 시사하는 바가 크다. 한국의 내신, 수능의 관계는 미국과 닮았는데, 그나마 미국에는 가난하지만 우수한 아이들이 좋은 대학에 가는 길이 아주 좁지만 열려 있는 데 반해 우리는 점점 그 길을 막고 있는 게 아닌가. 수능을 확대해도 부자에게 유리하고, 내신을 확대해도 부자에게 유리하니 진퇴양난이다. 입학사정관이란 제도를 미국에서 이식했는데, 불과 몇 년 만에 머리 좋은 한국인들은 귤을 탱자로 만들어버렸다. 이 책을 읽고 나서 드는 느낌은 한국의 입시지옥은 많은 부분 미국 제도를 모방한 것인데, 우리는 미국을 능가하는 더 나쁜 제도를 만들었구나 하는 것이다. 그들에게는 아주 좁지만 그래도 활로가 있고, 개인적 영웅담이 있는데, 우리는 무지막지하게 모든 걸 점수화하고, 뒤로는 인맥, 연줄로 부자들한테 더욱 유리한 게임의 룰을 만든 게 아닌가. 2018년 TV 드라마 「스카이 캐슬」이 그걸 보여주었고, 지난해 조국 사태가 그 실체를 확인해주었다.

우리에게 길이 있는가? 많은 사람이 충분히 찾지도 않고 입시제도에는 길이 없다는 패배주의적 결론을 내린다. 찾으면 왜 길이 없겠는가. 길은 있다. 고교 내신성적만 좋으면 입학시키는 텍사스주립대학, 내신과 표준화 시험 중 본인에게 유리한 걸 선택하게 하는 선택입학제 등 이 책은 다양한 길을 소개하고 있다. 우리나라의 망국적 고질병인 입시지옥을 해결하는 데 이 책은 크게 도움이 될 것이다. 이 책의 부제How College Makes or Breaks Us가 말하듯 대학은 인간을 만들기도 하고 파괴하기도 하는데(이것은 물은 배를 띄우기도 하고 뒤집기도 한다는 순자의 말을 연상시킨다), 대학이 인간을 만드는 데 기여하도록 우리 모두 일대 분발을 해야 할 때이고, 그냥 흥분해서 목소리를 높이기보다는 다년간 엄청난 노력을 기울여 써놓은 이 책을 읽고 우선 생각해보는 시간을 가질 필요가 있다.

이정우 한국장학재단 이사장·경북대 경제학과 명예교수

차례

1장

꿈의 대학

1. 디 데 이

초봄이라 아직 쌀쌀했던 그날 오후, 지하철역 출구로 나갔을 때 섀넌 토러스의 모습은 눈에 띄지 않았다. 우리는 4시 15분에 웨스트 할렘에 위치한 세인트니컬러스 공원에서 만나기로 했었다. 공원은 필립랜돌프 고등학교에서 바로 내려다보이는 언덕 아래 있었고, 섀넌은 졸업을 몇 달 앞둔 이 학교 학생이었다. 하지만 내가 공원에 도착했을 때 섀넌은 어디에도 보이지 않았다.

그때 휴대전화 알림이 울렸다. "왼쪽을 보세요." 섀넌이 보낸 문자였다.

도로 쪽으로 시선을 돌리자, 멀찌감치 떨어진 벤치에 웅크리고 앉아서 휴대전화를 만지작거리는 섀넌의 모습이 눈에 들어왔다. 추워서 그런지 밤색 후드티를 두 개나 껴입고 베이지색 반코트까지 걸치고 있었다. 나머지는 온통 까맸다. 검정 운동복과 검정 하이톱 운동화 차림이었고, 두꺼운 뿔테안경을 썼으며, 뒤로 돌려 쓴 검정 나이키 야구모자 안에는 길고 풍성한 밤색 머리카락을 숨기고 있었다. 나는 발걸음을 옮겨 그녀 옆에 앉았다.

"안녕하세요, 혹시 누가 볼까봐 여기 있었어요." 섀넌이 말했다.

겨우 세 번째 만나는 자리라서, 그 아이가 자기답지 않게 유난을 떠는 건지 어떤 건지 애매했다. 하지만 확실히 좀 이상해 보였다.

궁금하던 차에 섀넌이 상황을 설명해주었다. 그날은 3월 30일이었다. 그날은 바로 아이비리그 대학에서 오후 5시 정각에 일제히 신학기 합격자 명단을 발표하는 날이었다. 나도 그 주에 합격자 발표가 있다는 건 어렴풋이 알고 있었지만, 우리가 만나기로 한 날이 하필 발표 당일 그 시간일 줄은 몰랐다.

섀넌은 아이비리그 대학 두 곳에 지원했다. 프린스턴대학과 펜실베이니아대학이었다. 섀넌은 프린스턴대학도 좋아했지만 펜실베이니아대학에 합격하기를 학수고대했다. 중학생 때부터 펜실베이니아대학을 '꿈의 학교'로 동경해왔다고 했다. 그런데 이제 그녀의 꿈이 이뤄질지 무너질지 판가름나는 순간까지 한 시간도 채 남지 않은 것이다.

그래서 새삼 안절부절못하는 모습이었다. 섀넌은 뉴욕 브롱크스에 살면서 세상 물정을 일찍 깨우친 라틴계 학생으로, 늘 차분한 편이었다. 하지만 그때 공원 벤치에 앉은 내 눈앞의 소녀는 초조함을 감추지 못했다. "살면서 지금이 최고로 떨리는 것 같아요." 섀넌은 두 손을 떨고 있었다. 금방이라도 울 것 같은 얼굴이었다.

"그냥, 지금까지 이거 하나만 바라보고 죽어라 공부했잖아요. 제 인생이 전부 대학에 달려 있는 기분이에요. 호들갑 떨기 싫지만, 사실이니까." 섀넌이 심정을 털어놓았다.

섀넌 토러스는 1999년 뉴욕시에서 태어났다. 부모는 도미니카 공화국에서 건너온 이민자였고 섀넌이 두 살 무렵 헤어졌다. 그 후 섀넌과 오빠는 어머니를 따라 매사추세츠주 뉴베드퍼드로 이사해 잠시 친척집에서 지냈는데, 곧 그마저도 사정이 여의치 않게 되자 세 식구는 가톨릭 수녀회가 운영하는 보호시설에서 지내야 했다. 그러다가 몇 달 뒤 공공 임대 아파트에 입주하게 되었다.

섀넌은 매사추세츠에 있는 초등학교에 입학했고 처음부터 공부를 잘했다. 어린 시절에는 학교생활이 힘들지 않았지만, 어머니를 따라 다시 브롱크스로 온 다음부터 스트레스가 쌓이기 시작했다. 섀넌은 초등학교 6학년 나이에 167번가에 위치한 공립 중학교에 들어갔다. 환경이 열악한 탓에 학생들은 매일 복도에서 싸움을 벌였고, 새로 이주해온 도미니카 공화국 출신 아이들은 섀넌을 놀리고 괴롭혔다. 도미니카 공화국 출신답지 않다는 이유였다. 섀넌은 라틴계라는 자신의 뿌리에 큰 자부심을 가진 만큼이나 다른 문화권의 여러 분야, 이를테면 콜드플레이, 파스타, 해리포터 시리즈도 즐기는 아이였다. 섀넌은 갈수록 학업에 몰두하며 더 열심히 공부하고 더 활발히 활동했다. 그리고 고등학교에 가서는 중학교 때보다 더 열심히 공부했다.

필립랜돌프 고교는 매 학기 학년별로 성적우수자 명단을 공개한다. 학교 입구 복도의 벽면을 따라 붙어 있는 노란 게시판에, 1500명에 가까운 전교생 가운데 교과목 내신성적GPA순으로 최상위권 우등생들의 명단을 게시하는 것이다. 섀넌의 이름은 9학년 1학기부터 12학년 1학기미

국 K-12 학제에서 고등학교는 보통 4년제로 운영된다. 우리나라 학제로는 중3~고3에 해당된다

까지 변함없이 맨 꼭대기에 있었다. 이제 졸업이 얼마 남지 않은 시점에

서 섀넌의 GPA는 100점 만점에 평균 97.7점으로, 이변이 없는 한 졸업생 대표 연설도 섀넌의 차지가 될 것이다. 지난 3년 반 동안, 섀넌은 결석한 적도 단 한 번 없었다.

고등학교 내내 전교 1등을 놓치지 않기 위해 섀넌이 쏟아부은 노력은 엄청났다. 섀넌은 매일 밤 숙제를 완벽히 끝마치기 전에는 잠자리에 들지 않았고, 때때로 그만 자라는 어머니의 걱정을 듣는 둥 마는 둥 하며 새벽 네다섯 시까지 책을 덮지 않았다. 10학년 때가 가장 힘들었다. 고교심화학습과정AP, Advanced Placement 고등학교 성적 상위권 학생들이 선행하는 대학 인정 학점 수업을 세 과목이나 수료했고, 특히 1학기 때 너무 무리하는 바람에 크리스마스 무렵에는 가뜩이나 왜소한 체구에서 5킬로그램이나 빠졌다. 하루에 3시간밖에 못 자는 일과에도 익숙해졌다. 커피를 얼마나 마셨던지 카페인에 내성이 생길 지경이었다.

섀넌이 열심히 공부하면 할수록 주위의 기대도 차츰 높아졌다. 기대를 저버리면 안 된다는 부담감이 커질수록 더 열심히 공부해야 한다는 의무감도 커졌다. 그리고 섀넌은 내심 모든 기대가 대학 입시로 귀결된다는 걸 알았다. 그저 평범한 대학이 아니었다. 선생님과 가족은 어릴 때부터 영특하고 의지가 강했던 섀넌의 잠재력을 알아봤고, 주위에서도 하나같이 그녀가 장차 아이비리그 대학생이 될 거라고 말했다. 처음에 그런 말은 어른들이 똑똑한 아이들에게 별 생각 없이 하는 덕담에 가까웠지만, 시간이 갈수록 예언처럼 되풀이되는 이 말이 섀넌에게도 현실적으로 들리기 시작했다.

섀넌은 10학년이 되면서 컬럼비아대학에서 무료로 제공하는 SAT 시험 대비반을 수강하기 시작했고, 수업을 들으러 갈 때마다 신고전주의 양식으로 지어진 멋진 건물과 엄청난 도서관에 점차 익숙해지는 자신을 발견했다. 11학년 1학기 때는 대입 수험생을 위한 여름특강 '다양성 미국을 위한 리더십 프로그램Leadership Enterprise for a Diverse America, LEDA'에도 선발되었다. 소수정예로 진행되는 이 특별한 과정의 역대 참가자 가운데 절반 이상은 아이비리그에 진학했다. 섀넌이 다니는 필립랜돌프 고교는 성적이 우수한 학교가 아니었지만, 당시 섀넌의 선배 네 명이 펜실베이니아, 스탠퍼드, 다트머스, 컬럼비아, 즉 아이비리그 대학에 들어갔다. 그들은 모두 전액 장학금을 지원받았고, 넉넉지 못한 가정 형편을 고려해볼 때 섀넌도 선배들처럼 전액 장학금을 받을 수 있을 것 같았다. 문득 섀넌은 프린스턴이나 펜실베이니아 같은 명문 아이비리그 대학에 진학하는 것이 완전히 비현실적인 꿈은 아니라는 생각이 들었다.

하지만 아이비리그 대학생이 될 가능성이 높아질수록 섀넌은 점점 더 큰 부담감을 짊어지게 되었다. 최후의 심판과도 같은 합격자 발표를 기다리는 동안, 섀넌의 마음을 가장 무겁게 짓누른 것도 그런 압박감이었다. 주변 사람들 하나하나가 자신의 입시 결과에 어떤 반응을 보일지 걱정이었다. 섀넌은 현관문을 열고 좁은 아파트에 들어서서 어머니에게 펜실베이니아대학 합격 소식을 전하는 자신의 모습을 그려봤다. 어머니가 얼마나 기뻐할지 눈에 선했다. 행복의 눈물이 차오르는 얼굴이 보이는 듯했다.

그러다 불합격 소식을 전해야 하는 자신의 모습도 그려봤다. 그리고 실망의 눈물도. 이튿날이 되면, 학교에 가서 선생님과 친구들에게도 소식을 알려야 한다. 모두 섀넌이 당연히 합격하리라 믿고 있다. "아이고,

어떡하니." 실망하는 사람들의 목소리가 들리는 듯했다. 어깨를 토닥이고 안아주며 위로하는 손길이 하루 종일 이어질 것이다. 상상만으로도 견디기 힘들었다.

벤치에 몸을 숨긴 것도 바로 그래서라고, 섀넌이 내게 말해주었다. 그날 오후에는 가족이나 친구나 아는 사람은 절대 만나고 싶지 않았다고도 했다. 한번은 친구들이 학교 언덕을 걸어 내려오는 것을 보자마자 내 등 뒤로 재빨리 고개를 숙여 피하기도 했다. 그런데 웬일인지 섀넌은 나와 함께 있는 것이 괜찮은 대안이라고 판단했던 모양이다. 기자인 내가 자기편이라고 믿는 동시에, 내가 '중립적'이라서 자기에게 아무것도 기대하지 않을 사람이라는 생각이 들었다고 했다. 나는 그녀의 합격을 철석같이 믿는 주변 사람들과 달라서, 설령 불합격해도 자신에게 실망하지 않을 거라고.

그날 오후의 나로 말하자면, 쉽게 가닥이 잡히지 않는 주제로 취재를 하느라 이미 전국을 여러 차례 오가면서 1년 넘게 매달리고 있었다. 그 무렵 나는 루이지애나주의 시골 학교로, 시카고에 있는 커뮤니티 칼리지로, 캘리포니아주와 사우스캐롤라이나주, 그리고 텍사스주와 뉴저지주까지 종횡무진하며 여러 대학으로 취재를 다녔다. 그러는 동안 교육자와 학자와 교육 행정가를 많이 만나봤다. 하지만 주로 만나서 인터뷰한 사람들은, 나와 마찬가지로 미국 대학 교육의 변화를 따라가려 애쓰는 섀넌 또래의 고등학생과 대학생이었다.

섀넌은 나와 이야기를 나누는 동안에도 휴대전화를 꼭 쥔 채 시간을 수시로 확인했다. 섀넌의 두 손은 덜덜 떨렸고 시계의 숫자가 바뀔 때마다 초조함을 감추지 못했다. 섀넌의 관심사는 오로지 펜실베이니아대학이었지, 프린스턴대학은 아니었다. 펜실베이니아대학이 더 도회적이고 집에서도 가까워 좋았다. 지난해 여름 LEDA 리더십 캠프에 참가하면서 펜실베이니아대학에 갔을 때는 모든 것이 완벽해 보였다. 섀넌은 그때 학교 로고가 새겨진 스웨터를 사서 무척이나 즐겨 입었다. 입학 지원서에서 이를 완벽하게 쓰기 위해서 얼마나 공을 들였는지 모른다. 섀넌의 희망은 경영학과 고생물학을 복수전공해서 휘턴 스쿨과 고고학과에서 수업을 듣는 것이었다. 게다가 LEDA에서 사귄 테네시 출신의 테스라는 친구도 펜실베이니아대학에 함께 지원했기 때문에, 둘은 합격하면 룸메이트가 되기로 서로 약속도 해두었다.

섀넌은 이제 진짜 울기 시작했다. 뿔테안경 밑으로 손가락을 넣어 눈물이 떨어지기 전에 훔쳐내면서 소리 없이 울었다. 아직 당락이 결정되지도 않았는데 왜 그렇게 속상해하냐고 물었더니, 잘 모르겠다는 대답이 돌아왔다. 섀넌은 설명하려 애쓰면서 천천히 입을 열었다.

"학교가 제 전부니까요. 지금까지 정말 열심히 공부했거든요. 언제부터냐고요? 네 살 때부터 내내요." 섀넌이 소매로 코를 문질렀다. "그러니까 제 평생 가장 잘하는 걸 드디어 평가받는 거잖아요. 그리고 누군가가, 이런 경우엔 저를 만나본 적도 없는 사람들이 둘러앉아서 나한테 자격이 있는지 심사하는 거예요." 섀넌은 펜실베이니아대학 입학처에서 자기가 낸 지원서를 놓고, 말하자면 고등학교 내신성적과 SAT 점수와 지원서 에세이와 추천서를 훑어보고 나서 자기가 진짜 어떤 학생인지 심판하는 입학사정관들을 상상했다.

"그리고 그들이 제게 말하는 거예요. 넌 부족하다고, 아니면 그렇게 우수하지 않다고. 그리고 시험 점수만 가지고도 어떤 사람이 죽기 살기로 노력해온 그동안의 세월을 고스란히 알 수 있다고. 열심히 한 건 제 선택이었다면서 말이죠." 이제 섀넌은 더 크게 울었다. "맞아요, 전 공부를 선택했죠. 학교가 좋았거든요. 공부하는 게 재미있었고요. 억지로 하지 않아도 되는 일이었어요. 학교에서 공부하는 게 그냥 나 자신이었으니까요."

마침내 5시 정각이 되었다. 섀넌이 휴대전화를 집어들었다. 잠금화면은 맬컴 엑스의 흑백사진이었다. 뒷면에는 스케이트보드 잡지 『스래셔』의 불타는 로고 스티커가 붙어 있었다. 섀넌은 메일 앱을 열고 손가락으로 수신함을 위아래로 훑었다. 아무것도 없었다.

"으아, 진짜 떨려요." 이제 목소리도 제대로 나오지 않았다.

다시 한번 '받은 편지함'을 확인했다. 여전히 새로 온 메일은 없었다.

섀넌은 그 뒤로도 몇 번이나 전화기 화면을 이리저리 훑고 만지작거린 다음에야 예전에 펜실베이니아대학에서 받은 메일을 열어 다시 읽었고, 자신이 완전히 바보짓을 했다는 사실을 깨달았다. 펜실베이니아대학은 이메일로 합격 통지를 하는 게 아니었다. 지원자가 직접 학교 홈페이지에 접속해서 메일을 확인하는 시스템이었다. 이제 로그인만 하면 합격 여부를 알 수 있었다.

그런데 이번에는 비밀번호가 말썽이었다.

"제발 좀, 섀넌. 비밀번호 알잖아." 섀넌은 중얼거리며 화면 위로 엄지손가락을 바삐 움직였다. "6개월 만에 처음으로 비밀번호를 까먹었어요." 섀넌이 어이없다는 듯 피식 웃더니 화면에 대고 말했다. "제발, 나한테 이러지 마."

섀넌은 터무니없이 복잡한 온라인 보안 절차와 비밀 질문을 통과하고 아홉 자리 인증 코드를 입력하고 나서야 임시 비밀번호를 받을 수 있었다. 그리고 마침내 학교 홈페이지에 접속해 새로 온 메일을 발견했다. 섀넌이 순식간에 내용을 읽더니, 눈을 감고 고개를 떨구며 내 쪽으로 화면을 기울였다. 내가 알아볼 수 있는 것은 "대단히 유감스럽게도"라는 문구뿐이었지만, 그것만으로도 충분했다.

다음은 프린스턴대학 차례였고, 이번에도 결과는 좋지 않았다. 섀넌의 이름이 대기자 명단에 있었지만, 프린스턴대학 입시에서 대기자가 추가합격한 사례는 거의 없었다. 섀넌은 전화기를 내려놓고 땅바닥으로 시선을 떨궜다.

공기가 차가워지고 땅거미가 지기 시작할 때까지 우리는 공원 벤치에 앉아 있었다. 섀넌은 이대로 집에 돌아가 어머니의 슬픈 얼굴을 마주할 자신이 없었다. 한 쌍의 부부가 유아차와 개를 끌고 벤치 앞을 지나쳐 갔고, 거리에서는 자동차 경적이 들려왔다. 지하철역 입구 원형전구에 하나둘 녹색불이 들어왔다. 구급차 한 대가 사이렌을 크게 울리며 도심 쪽으로 질주했다.

세상이 끝난 건 아니라고, 섀넌도 머리로는 알았다. 펜실베이니아대학의 합격률은 겨우 9퍼센트다. 프린스턴대학은 6퍼센트에 불과하다. 통계상, 아무리 우수한 지원자라도, 섀넌처럼 고등학교 수석 졸업 예정자라할지라도 불합격할 확률은 충분히 높았다. 그리고 이미 좋은 소식도 있었다. 2주일 전에 데이비드슨 칼리지에서 합격 통지를 받았는데, 이 학교는 노스캐롤라이나주 샬럿에 위치한 수준 높은 인문대학으로 섀넌에게 상당히 넉넉한 학비 지원을 약속했다. 데이비드슨 칼리지의 4년간 등록금 총액은 26만 달러에 달했지만, 섀넌이 지불하게 될 비용은 단돈 12달러다. 12달러는 1년이 아니라 4년간의 총액이다. 지난해 10월, 비행기를 타고 데이비드슨 칼리지에 캠퍼스 투어를 갔을 때, 섀넌은 학교가 무척 마음에 들었다. 이 학교에 다니는 것도 좋겠다고 생각했다. 하지만 집에서 너무 멀어 어머니를 자주 볼 수 없을 것 같았다. 게다가 데이비드슨 칼리지에는 고생물학 강좌가 없었다. 무엇보다도 그녀가 꿈에 그리던 대학이 아니었다. 주변 사람 모두가 기대하는 대학이 아니었던 것이다.

그래서 섀넌은 이 순간이 너무 괴로웠다. 대학 입시는 앞으로 4년 동안 인생을 보낼 환경이 결정된다는 현실적인 문제 이상의 의미가 있었다. 입시는 자신의 가치를 평가받고 심판받는 과정이었다. 불합격 메일을 확인하는 순간, 지금까지 온갖 노력을 쏟아부은 학교라는 시스템이 별안간 자신에게 사형선고를 하는 것이나 다름없었다.

"그러니까 적어도, 아무리 그래도 입학사정관들이 저를 직접 만났으면 좋겠어요. 제가 다니는 학교에 와보고, 우리 엄마도 한번 만나볼 기회가 있었으면 좋겠어요." 눈물을 글썽이며 섀넌이 말했다.

만약 펜실베이니아대학 입학사정관들이 할렘에 있는 학교나 브롱크스의 집을 방문한다면, 무엇을 보게 될 것 같으냐고 내가 물었다.

"진짜 저를 보겠죠. 입학 지원서가 아니라, 제가 어떤 사람인지 있는 그대로 보게 될 거예요. 그러면 그분들은 제가 얼마나 학교를 좋아하고 열심인지, 그리고 얼마나 공부를 좋아하는지 확인하게 될 거예요. 서류상으로는 알 수 없는 저의 진면목을요." 섀넌이 대답했다.

나는 입학사정관들이 지금 그녀를 어떻게 평가한다고 생각하는지도 물었다.

"지원서 자기소개서가 저라고 생각하겠죠. 시험 성적표가 저라고 생각할 테고요."

섀넌은 펜실베이니아대학 관계자 한 사람을 직접 만난 적이 있다고 했다. 그는 입학 심사 면접관으로 선정돼 섀넌을 면담하기로 한 펜실베이니아대학 동문이었고, 맨해튼 중심부에서 근무하는 의사였다. 지난겨울 어느 날, 섀넌은 지하철을 타고 그의 진료실을 찾아가 면접을 치렀다. 섀넌은 이런 면접이 당락과는 무관한 형식적 절차라는 것을 알고 있었다. 하지만 대학 입학처에서 신경 쓰지 않는다 해도 수험생인 섀넌에게는 매우 중요한 일이었다.

"면접은 30분 정도 예정돼 있었어요. 그런데 그 자리에서 면담을 두 시간이나 했죠. 우린 별별 이야기를 다 했어요. 그분은 제 관심사랑 좋아하는 영화를 물으셨어요. 농담도 주고받고. 좋아하는 음식이 뭔지도 서로 물어보고요."

나는 의사가 섀넌과 면담하면서 어떤 인상을 받았을지 상상할 수 있었다. 섀넌의 관심사는 데이비드 포스터 월리스의 소설, 공룡 멸종에 관한 최신 이론, 최근의 흑인 인권 운동 등 다방면으로 특이했고, 관심사와 열정이 남다른 만큼 그녀의 이야기는 귀 기울여 듣게 되는 전염성이 있었다. 예기치 않게 섀넌은 다시 흐느끼기 시작했고, 나는 면접 이야기를 하다가 우는 이유를 물었다.

"그분은 있는 그대로 절 봐주셨어요. '수험생'이 아니라 한 사람으로요. 모두가 제게 기대하는 모습이 아니라 진짜 제 모습을 알아본 것 같아요." 섀넌이 심호흡을 하고 말했다. "적어도 저는 그런 느낌을 받았어요."

섀넌이 휴대전화를 내려다봤다. 함께 펜실베이니아대학에 가서 룸메이트를 하자던 테스가 보낸 문자였다.

"펜실베이니아대학 결과 확인했어?"

섀넌이 문자로 대답했다. "응, 근데 안 됐어."

테스가 연달아 문자를 보내왔다. 예상 가능한 내용이었다. 말도 안 돼, 정말 아쉽다, 넌 당연히 합격할 줄 알았는데 등등.

섀넌이 물었다. "너는, 됐어?"

그러자 저쪽에서 한동안 답이 없었다. 어떤 대답일지 짐작하기에 충분히 긴 시간이었다. 결국 그 글자가 섀넌의 휴대전화 화면에 떠올랐다.

"응. ㅠㅠㅠ 복불복인가봐, 난 운이 좋았어."

섀넌은 승용차와 버스가 도로 위를 달리는 모습에 눈길을 보내며 주변이 어두워질 때까지 계속 앉아 있었다. 그리고 의사와 면담할 때 오갔던 이야기를 하나 더 들려주었다. 그는 섀넌이 좋아할 것 같다면서 나중에 펜실베이니아대학에 가게 되면 캠퍼스 맞은편에 있는 레스토랑에 가보라고 추천해주었다. "거기서 먹어보라고 특별히 권해준 메뉴를 쪽지에 적어놨어요. 그 쪽지를 아직도 책가방에 넣어 다녀요. 합격해서 여름에 가게 되면 만사 제쳐두고 그 레스토랑을 찾아서 추천 메뉴를 먹어보려고 했어요. 거기 앉아 음식을 먹으면서 창밖으로 보이는 학교 캠퍼스를 감상하려고 했죠. 그리고 그런 기분도 느껴보고 싶었어요. 아, 내가 여기 속해 있구나. 저 길 건너편이, 제2의 고향이 되겠구나 하는 기분이요."

지난여름 우리가 처음 만났을 때, 섀넌은 고등학생이 되고 나서 숙제가 많지 않은 주말이면 지하철 급행선을 타고 뉴욕 자연사박물관에 가서 혼자 돌아다니며 공룡도 관찰하고 과학에 빠져들었다고 했다. 박물관에 가면 컬럼비아대학 캠퍼스를 돌아다닐 때 느낀 감정과 똑같은 기분이 든다고도 했다. 말하자면 언젠가 자기도 드높은 명성과 특권을 부여받은 문화와 배움의 전당에서 편안함을 누리게 될 거라는 희망이었다. 하지만 희망에 부풀 때마다, 그런 멋진 세상에서 자신이 온전히 환영받을 수 있을까 하는 두려움이 어김없이 찾아들어 금세 기분이 가라앉았다. 펜실베이니아대학 맞은편 레스토랑에 앉아 캠퍼스를 바라보며, 코앞에 보이는 세상을 동경하지만 과연 그쪽으로 건너가도 될지 확신이 들지 않는 심정과 비슷할 듯싶었다.

경제학자와 사회학자들은 섀넌이 꿈꾸는 현상, 즉 개인이나 집단이 새로운 사회적 위치를 발견해가는 과정을 '사회이동social mobility(또는 사회유동성)'이라고 부른다. 가장 기본적인 정의에 따르면, 사회이동이란 어떤 사회경제적 위치에서 다른 사회경제적 위치로 수직이동하는 것이다. 경제학자들은 가계소득을 기준으로 어떤 소득계층에서 태어난 아이가 성인이 되었을 때 계층이 상승했는지 아니면 하강했는지 비교해서 사회이동을 판단한다. 학자마다 의견이 분분하지만, 일정한 수준의 사회이동이 한 국가의 전반적인 건전성 확보에 긍정적인 역할을 한다는 데는 대체로 동의한다. 구성원들이 태어날 때 속한 사회경제적 계층보다 상위계층으로 이동하기를 갈망하는 사회는 생산적이고 희망이 있는 사회다.

그러나 상승이동이 국가적으로 이롭다 해도, 계층이동을 몸소 겪는 개인에게는 결코 순탄하거나 간단한 경험이라고 할 수 없다. 상승이동은 단순히 부모 세대보다 소득이 늘어나는 정도의 문제가 아니다. 상승이동은 많은 사람에게 문화적 단절을 의미하기도 한다. 말하자면, 계층 상승을 꿈꾸는 개인은 원래의 가치관과 신념을 뒤로하고 새롭고 낯선 세계로 뛰어들어야 한다. 이 과정에서 가족관계가 단절되고 정체성이나 삶의 목적 같은 가치관이 흔들리면서 혼란을 느끼고 괴로워하기도 한다.

사회이동은 기자로서 내가 꾸준히 주목해온 주제였다. 사회이동에 관해 다양한 질문을 던지다보면 인간의 본질에 대한 근본적인 해답을 얻을 수 있을 것도 같았다. 개인의 인생이 달라지려면 어떤 노력이 요구될까? 그 과정에서 걸림돌이 되는 것은 무엇일까? 그리고 결국 노력이 성공으로 이어졌을 때 어떤 기분이 들까? 이런 의문점을 바탕으로 세 권의 책을 내기도 했지만, 나는 몇 해 전에야 사회이동 문제를 본격적으로 파고들기로 마음먹었다. 조사를 진행하면서 나는 현재 미국 사회의 특징이라고 할 만한 뜻밖의 사실을 발견했다. 여느 세대나 문화권과는 전혀 다르게, 오늘날 미국인의 사회이동은 10대 말에서 20대 초에 이르는 비교적 짧은 시기에 크게 좌우된다. 섀넌 토러스 같은 청소년들에겐 대학을 갈지 말지, 더 나아가 어느 대학에 진학할지가 남은 인생의 향방을 가늠하는 데 결정적 역할을 한다는 의미다.

이것은 섀넌과 같은 최상위권 우등생들에게만 적용되는 특징이 아니다. 필립랜돌프 고교에서 만난 다른 학생들도 사정은 비슷했다. 사회경제적 계층은 같지만 성적이 섀넌만큼 뛰어나지 않은 아이들 역시, 12학년 졸업반이 되면 진로 선택을 앞두고 섀넌만큼이나 고민했다. 다만 그들에게 주어진 선택지가 훨씬 제한적일 뿐이었다. 그들은 보통 취업을 하거나 자원 입대를 하거나 혹은 대학에 진학할 수도 있다. 진학할 때도 2년제 전문대학인지 4년제 종합대학인지, 도시 소재 대학인지 지방 대학인지에 따라 미래가 달라질 것이다. 졸업반이 되면 아이들은 교사와 가족과 친구들로부터 온갖 정보를 듣는데, 성공하는 방법과 실패를 피하는 방법이 뒤죽박죽 섞인 내용이었다. 그 아이들이 어떤 선택을 해야 하는지 나는 알 수 없었다. 확신이 없기는 아이들도 마찬가지였을 것이다. 하지만 그 순간의 선택이 앞으로 아이들의 인생에 크나큰 영향을 미칠 것만은 분명했다.

사회이동은 전통적으로 미국을 규정하는 두드러진 특징이다. 1831년, 프랑스의 귀족 청년 알렉시 드 토크빌은 미국을 방문해 정치 제도와 시민주의 전통을 조사했다. 그리고 귀국한 뒤에 『미국의 민주주의Democracy in America』라는 미국 방문기를 펴냈는데, 이 책은 지금까지 정치학 분야의 고전으로 손꼽힌다. 토크빌은 신생국이었던 미국을 상당히 긍정적으로 평가했지만, 사회계급의 이동을 이상적으로 받아들이는 미국인들을 이해할 수 없었다.

토크빌은 저서에서 노예제도의 문제점을 대체로 외면했지만, 당시 미국에서 노예제도는 흑인이 계층이동을 하는 데 명백한 걸림돌이었다. 토크빌은 미국 백인들을 연구하면서, 고정불변한 유럽의 신분제와 달리 끊임없이 변화하는 미국 사회에 대해 이렇게 언급했다. "부가 상상하기 힘들 만큼 빠르게 순환되고, 재산이 2세에게 온전히 상속되는 사례를 찾아보기 어렵다. 신흥 부호 가문이 왕성하게 생겨나고, 융성했던 가문이 거듭 도태되었다."[1]

토크빌은 미국이 계층이동으로 겪는 혼란상을 쉽사리 이해할 수 없었다. 부자가 그렇게 쉽게 가난해지고 가난뱅이가 그렇게 쉽게 부자가 되는 사회라면, 대체 자신이 어느 계층에 속하는지 어떻게 알겠는가? 유럽에서는 "소작농부터 왕에 이르기까지, 사회의 모든 연결고리가 귀족제로부터 비롯되었다"고 토크빌은 서술했다. 그는 귀족제가 바람직한 체제라고 믿었고, 세습 신분이 사회를 결속시킨다고 생각했다. 미국이 귀족제의 전통에서 나오는 응집력을 잃었다고 경고하기도 했다. "민주주의는 귀족제의 사슬을 망가뜨리고 모든 연결고리를 끊어버린다."

비록 토크빌은 민주주의 이상을 위협으로 받아들였지만, 19세기 초 미국인들은 대체로 신분제의 사슬이 끊어진 새로운 사회에 만족할 뿐만 아니라 신분 상승을 열망하기도 했다. 신생국 미국이 안정을 포기한 대가로 얻은 것은 사회이동 기회였다. "미국 부자들은 대부분 출신이 가난했다"고 토크빌은 기록했다. 그리고 유럽인들은 큰 충격을 받았지만, 19세기를 거쳐 20세기까지 꾸준히 그래왔다. 코닐리어스 밴더빌트는 하층민 연락선장의 아들이었다. 존 록펠러는 외판원의 아들이었다. 앤드루 카네기는 가난한 공장 노동자의 아들이었고, 헨리 포드는 시골 농장 출신이었다. 미국인이 이상적이라고 생각하는 자수성가형 대부호는 공업계의 거물뿐만 아니라, 서부 황무지의 카우보이들, 캘리포니아 금광의 광부들, 텍사스 유전의 채굴업자들, 그리고 온갖 분야의 상인과 발명가와 사업가들 중에서도 나왔다. 그들은 미국 사회에서 창의적인 발명을 하거나, 위험을 무릅쓰고 새로운 분야에 도전하거나, 적극적으로 성실하게 일하면 누구나 신분 상승을 할 수 있다는 신념을 기꺼이 받아들였다.

그러다가 20세기 후반에 접어들어, 한때 과열됐던 서부 개척지의 경기가 점차 안정되자 사회이동의 본질이 변하기 시작했다. 제2차 세계대전 종전 후, 귀향한 군인들이 제대 군인 원호법GI Bill of Rights에 따라 대학에 진학하기 시작하면서 대학 교육이 급격히 확산되었고, 대학 교육이 확산됨에 따라 미국은 사회·경제적으로도 새로운 전환점을 맞게 되었다. 이제 기업가 정신보다는 대학 교육이 사회적 계층이동과 직결되는 세상이 된 것이다. 제2차 세계대전 이전에는 출신 계층에서 벗어나려면 개척 정신과 용기를 발휘하고 피땀 흘려 일해야 했지만, 전쟁 이후에는 대학 졸업장이 필요했다.

국가 통계를 살펴보면, 섀넌이 속한 새로운 세대 앞에 펼쳐질 상황은 전보다 더 암울하다. 이제 대학 졸업장은 단순히 계층 상승을 위한 사다리 역할에 그치지 않고, 계층 하락을 막아주는 버팀목 역할까지 한다. 고졸자는 대졸자보다 빈곤층에 속할 가능성이 네 배 가까이 높고,[2] 고졸 실업률은 대졸 실업률의 두 배에 달한다.[3] 경제적인 측면에서만 격차가 벌어지는 것이 아니다. 기대수명에서도 고학력 백인 남성들이 저학력 백인 남성들보다 무려 13년이나 오래 산다.[4] 고졸 여성은 대졸 여성보다 혼인율이 낮고, 결혼을 하더라도 별거 또는 이혼 비율이 두 배 이상 높다.[5] 통계 수치를 들여다보면 때로 미국이라는 나라가 대학 졸업장을 기준으로 반쪽으로 쪼개진 불평등한 사회처럼 느껴진다.

섀넌의 현실도 그랬다. 타고난 경제적 곤란을 극복하려면 섀넌은 어떻게든 대학 졸업장이 있는 쪽에 속해야 했다. "그냥 이 나라에선 그렇게 해야 돼요. 장애물 경기처럼 산 넘어 산이죠. 대학에 가기도 힘들고 졸업 후에 취업이 보장되는 명문대학에 가기는 더 힘드니까요." 처음 만났을 때 섀넌이 내게 한 말이다. 섀넌처럼 집안이 부유하지도 않고 배경도 연줄도 없는 아이들에게는 명문대 진학이 더 나은 미래를 보장하는 유일한 길이었다. 그날 오후 세인트니컬러스 공원에서 섀넌이 괴로워한 데에는 그런 이유도 있었다. 섀넌이 보기에, 21세기 사회이동 시스템에서 실

수는 용납되지 않았다. 더구나 브롱크스 빈민가 출신 아이들에게 기회
는 오직 한 번뿐이었다.

2. 사 회 유 동 성   문 제

공원에서 새년의 곁을 지키기 며칠 전에, 나는 캘리포니아주 팰로앨토에
서 젊은 경제학자 라즈 체티 교수를 만났다. 그는 미국 사회의 사회이동
현황, 즉 사회유동성 문제를 실증적으로 연구해 명성을 얻었다. (당시에
그는 스탠퍼드대학 교수였고, 2018년에 하버드대학으로 옮겼다.) 체티는 아홉
살 때 인도에서 건너온 대단한 수재였다. 그는 고등학교 시절부터 첨단과
학 연구를 했고, 23세에 하버드에서 경제학 박사학위를 땄으며 27세에
는 종신 교수직을 얻었다. 또한 맥아더 재단이 해마다 최고의 젊은 경제
학자에게 수여하는 이른바 '천재상'과 존 베이츠 클라크 메달도 수상했
다. 노벨 경제학상이 아직 없는 이유는 십중팔구 이제 겨우 40대에 접어
든 나이 때문일 것이다. 아직까지는 50대가 되기 전에 노벨상을 받은 사
람이 없다.

체티 교수는 '빅데이터Big Data'라는 비교적 새로운 경제학 분야를 선
도한 인물이며, 빅데이터 연구는 갈수록 성능이 강화되는 슈퍼컴퓨터를
이용해서 방대한 정보를 빠르게 분석하고 분류하는 분야다. 빅데이터 혁
명의 결과, 지난 10~20년 동안, 유전자 배열부터 야구 선수 스카우트 방
식, 대통령 선거운동까지 모든 분야가 크게 달라졌다. 그는 지금까지 미
국의 사회이동을 심층적으로 이해하기 위해 빅데이터를 활용하는 방법

을 연구해왔다. 사회이동이 어떻게 이뤄지고 누가 혜택을 받는지, 그리고 시간이 흐르면서 사회이동 시스템이 어떻게 변화하고 발전하는지 분석하는 일이 그의 주된 관심사였다.

연구 초기에는 쓸 만한 데이터가 부족해서 연구를 제대로 하지 못했다. 2000년대 초반, 하버드 재학 시절의 체티를 포함해서, 당시 미국에서 사회경제적 유동성을 연구하던 학자들은, 얼마 되지 않는 데이터로 연구를 진행해야 했고 그나마도 대부분 수백 수천 명 정도를 추적해서 얻은 설문조사 결과와 표본뿐이었다. 미국 쪽 사정과 달리, 당시에도 유럽 학자들은 방대한 정부 데이터에 접근할 수 있었다. 그래서 체티는 먼저 덴마크 국민의 저축 행태에 관한 자료 4100만 건 이상을 분석했다.[6] 그리고 오스트리아 민간 부문 근로자들의 최근 20년간 고용 및 소득을 완벽히 파악할 수 있는 데이터베이스도 찾아냈다.[7] 하지만 정작 미국에서는 이와 비슷한 자료조차 전무한 실정이었다.

상황이 낙관적으로 돌아가면, 체티는 미국 국세청IRS이 보유한 데이터베이스를 연구에 활용하는 공상에 빠지기도 했다. 실제로는 당시에도 빅데이터가 일부 존재했다. 사실 국세청은 사회보장번호SSN를 부여받은 개인과 그들의 자녀와 손자녀, 부모와 조부모 세대를 총망라해서 미 국민 수억 명에 관한 정보를 파악할 수 있는 데이터를 수십 년 치 쌓아두고 있었다. 사회이동을 연구하는 경제학자라면 누구나 탐낼 만한 화수분이었다. 하지만 몇 년 동안 아무리 요청해도 국세청은 체티 같은 경제학자들에게 절대로, 영원히, 자료를 공개하지 않겠다는 입장을 고수했다.

그리고 2009년 봄, 체티는 잘 알려지지 않은 경제학 잡지 『미국국세학회지NTJ』에서 보낸 메일을 훑어보다가, 국세청 데이터베이스를 관리해

줄 인력을 모집한다는 입찰 공고를 발견했다. 국세청은 간간이 이런 외주 사업을 진행하곤 했다. 국세청은 방대한 데이터베이스를 주기적으로 정리해줄 인력이 필요했고, 외부 인력을 모집할 때는 입찰을 받았다. 그는 불현듯 신의 계시를 받은 기분이었다. 국세청은 자신이 그토록 꿈꾸던 바로 그 작업, 즉 국세청 데이터베이스를 깊이 파고들어가 분석할 사람을 찾고 있었던 것이다. 입찰에 나서지 않을 이유가 없었다.

체티는 당시 하버드대학 케네디스쿨 교수로 있던 친구 존 프리드먼에게 연락했고, 두 사람은 양식에 맞춰 정식으로 입찰했다. 하지만 낙찰받지 못했다. 그들은 입찰서를 수정하고 팀을 재정비하기 위해, 사회유동성을 주로 연구하는 최고의 경제학자를 충원했다. 그가 바로 캘리포니아주립대학 버클리 캠퍼스의 이매뉴얼 사에즈 교수였다. 뿐만 아니라 혁신적인 영업 전략을 내세워 입찰가를 0달러로 제출했다. 그러니까 국세청이 요구하는 작업을 무료로 하겠노라고 제안한 셈이었다.

이번에는 국세청도 거부할 수 없는 제안이었다. 담당자의 승인이 떨어졌고 그때부터 국세청과 체티 연구팀은 대단히 생산적인 협업에 돌입했다. 그리고 덕분에 지난 10년 동안 미국의 사회이동 과정에서 소득, 지역, 인종, 교육 등 복합적 요소가 어떻게 상호 작용했는지 폭넓게 이해할 수 있게 되었다. 국세청 자료를 빅데이터 방식으로 분석한 결과, 체티 교수는 어떤 사람이 태어나고 자란 동네의 환경이나 피부색에 따라, 그리고 더 중요하게는, 대학 진학 여부에 따라 사회이동 기회가 어떻게 달라지는지 새로운 방식으로 조명할 수 있게 되었다.

체티 연구팀이 국세청과 협력하기 전에는, 경제학자들이 대학 교육과 사회유동성의 연관성을 이해하는 데 한계가 있었다. 학자들도 대졸자가 고졸자보다 평균 소득이 더 높다는 사실을 잘 알고 있었다. 하지만 구체적으로, 대졸자 가운데 정확히 누가, 얼마나 혜택을 받는지 추적하기는 어려웠다. 그러던 차에 체티 연구팀이 국세청 데이터베이스를 파헤치다가 '1098-T 양식'을 발견했는데, 이 양식은 국세청이 대학생들의 등록금을 누가 지불했는지 해마다 신고하도록 각 대학에 요구하는 일종의 '본인학비조달 내역서'였다. 작성된 1098-T 양식에는 학생의 사회보장번호는 물론이고 해당 학생이 다니는 대학의 특수 코드가 표시되어 있었다.

국세청은 개인 정보를 가린 채 1098-T와 소득신고서 자료를 제공했지만, 그것만으로도 연구팀은 일정한 패턴과 상관관계를 추적할 수 있었다. 학생의 사회보장번호를 부모의 납세 자료와 결합하면 수십 년 전 정보까지 확인할 수 있었고, 1098-T 자료를 이용하면 대학 교육의 경제적 효과에 대해 그동안 풀리지 않았던 의문을 해소할 수 있었다. 가령 1999년에 대학에 다녔던 어떤 사람에 대한 정보를 찾으려면, 맨 먼저 국세청 데이터베이스에서 해당 연도의 1098-T 양식을 검색한다. 다음으로, 부모의 자료를 이용해서 몇 년 전으로 거슬러 올라가 그 사람의 어린 시절 경제적 환경을 확인한다. 그리고 계속해서 대학 졸업 후 최소한 10년간의 소득을 추적한다. 마지막으로, 출신 대학 코드를 확인해서 그 사람의 출신 지역과 출신 학교를 분석한다. 체티 연구팀은, 이 작업을 한없이 반복하다보면, 대학별로 여러 계층의 학생들의 사회경제적 계층이동에 대학 교육이 정확히 어떤 영향을 미쳤는지 밝혀낼 수 있으리라 믿었다. 10년 전 펜실베이니아대학이나 데이비드슨 칼리지, 또는 브롱크스 커뮤니티 칼리지를 졸업한 빈곤층 대학생들(혹은 부유층 대학생들)은 지금 어떻게 살고 있을까? 체티는 국세청 1098-T 자료를 분석하면 이 질문에 제대로 답할 수 있으리라 확신했다.

체티는 국세청 외주 작업을 진행할 때 스탠퍼드대학 소속이었지만, 캠퍼스가 있는 실리콘밸리 팰로앨토에서 북쪽으로 25킬로미터가량 떨어진 샌마테오라는 한산한 교외로 데이터분석팀을 파견해야 했다. 체티 연구팀은 미 연방정부의 세무 자료에 접근하기 위해 국가기밀정보이용에 대한 특별 승인을 받았다. 단, 샌마테오 국세청 사무실 안에서만 접근 권한이 허락된다는 조건이 붙었다. 몇 년에 걸쳐, 체티는 샌마테오 국세청 컴퓨터에서 분석한 데이터를 팰로앨토의 연구실로 (그리고 동료들이 있는 브라운대학, 하버드대학, 캘리포니아주립대학 버클리 캠퍼스 등지로) 전송하고 서로 보고서를 주고받으며 연구를 이어나갔다. 그리고 2017년, 천문학적 규모의 컴퓨터 연산을 마치고 드디어 연구팀은 대학 교육과 사회 유동성에 대한 초기 연구 결과를 학술지에 발표했고, 결과를 뒷받침하기 위해 「사회이동 보고서Mobility report cards」를 비롯한 여러 논문을 모아서 자료집을 발간했다.[8][9]

「사회이동 보고서」에는 체티 연구팀이 국세청 자료를 분석해서 밝혀낸 중요한 사실 네 가지가 실렸다. 첫째, 명문대 졸업자일수록 고소득자가 될 가능성이 컸다. 이른바 '아이비리그-플러스(하버드, 예일 등 기존 아이비리그 대학 여덟 곳에 MIT, 스탠퍼드, 시카고대학 등 몇몇 명문대를 추가한 목록)' 출신이 30대 중반에 연봉 63만 달러 이상을 받는 상위 1퍼센트 고소득층에 속할 확률이 20퍼센트로 나타났다. 데이비드슨 칼리지를 포함해서 그 밖의 '명문' 4년제 대학 출신이 같은 나이에 소득 상위 1퍼센트에 속할 확률은 9퍼센트였다. 한편 2년제 커뮤니티 칼리지를 졸업한 이라면 확률이 0.3퍼센트였다(고졸자는 0.001퍼센트). 요컨대 대학의 이름값이 소득계층에 따른 사회이동과 밀접한 상관관계에 있었다.

둘째, 빈곤층과 부유층 아이들이 같은 대학에 가면, 성인이 되었을 때 의외로 비슷한 성공을 거두었다. (여기서 '빈곤층 또는 저소득층'은 연평균 가계소득이 전체 국민의 하위 20퍼센트에 해당되는 계층, 즉 1분위를 말하고, '부유층'은 상위 20퍼센트에 속하는 계층, 즉 5분위를 말한다). 빈곤층 출신으로 아이비리그-플러스 대학에 진학한 학생들의 졸업 후 평균 연소득은 7만6000달러였고, 부유층 출신으로 아이비리그-플러스 대학에 진학한 학생들의 평균 연소득은 8만8000달러였다. 어린 시절 가난했던 부류에 비해 잘살았던 부류의 소득이 다소 높게 나타났지만, 대단한 차이는 아니었다. 이런 결과는 거의 모든 대졸자 사이에서 공통된 현상이었다. 다시 말해, 같은 대학 출신이라면 부유층 출신이 빈곤층 출신보다 연소득이 약간 더 높았다. 가난한 환경에서 자란 학생들에 비해 부유한 환경에서 자란 학생들이 처음부터 풍족하게 누린 이점은 같은 대학에 다니면 거의 다 상쇄되었다.

셋째, 명문대학에 진학한 경우 부유층 학생보다 빈곤층 학생이 성인이 된 후 더 큰 경제적 보상을 얻었다. 가령 부잣집 아이가 아이비리그-플러스 대학을 졸업하면, 고등학교만 졸업할 경우에 비해 소득 상위 20퍼센트에 속할 가능성이 네 배 높아졌다. 따라서 대학 교육을 받으면 경제적으로 이득이 되는 것은 분명하다. 다만 그 효과가 그리 크진 않았다. 반면, 가난한 집 아이가 아이비리그-플러스 대학에 진학하면 인생역전이 이뤄진다. 졸업 후 소득 상위 20퍼센트에 진입할 가능성이 무려 14배나 높아졌다.

지금까지 소개한 세 가지 연구 결과는 사회경제적 유동성을 지지하는 사람들에게 꽤 희망적인 메시지를 준다. '대학 교육이 실제로 효과적이라고 할 만하군!' 어느 계층에서 시작하더라도 대학 교육을 통해 미국 사회에서 상위 계층으로 발돋움할 여지가 생기고, 빈곤층 아이들을 명문대학에 보내는 것은 특히나 바람직한 투자가 될 수 있다. 이들이 부유층 아이들보다 대학 교육으로 얻는 혜택이 훨씬 크기 때문이다. 더구나 빈곤층 아이들이 부유층 아이들과 같은 대학에서 함께 교육받으면, 이들이 졸업 후 구직 시장에 나설 때까지 비교적 공정하게 '평평한 운동장'이 만들어지는 것도 사실이다.

하지만 낙관론은 거기까지다. 체티 연구팀이 확인한 네 번째 결과는, 바로 부유층과 빈곤층이 같은 대학에 다니지 않는다는 사실이다. 그런 일은 절대 일어나지 않는다. 평균적으로 아이비리그-플러스 대학 학부생은 3분의 2 이상이 부유층 가정의 자녀고, 겨우 4퍼센트만 빈곤층 가정의 자녀다. 명문대 캠퍼스는 대학 교육의 혜택이 가장 필요 없는 학생들, 그러니까 대학에 입학할 때부터 이미 부유한 아이들로 가득 채워진다.

국세청 자료를 분석해서 체티 연구팀이 발표한 「사회이동 보고서」에는, 대학을 범주별로 묶어서 분석한 내용뿐만 아니라 대학별 상세 항목도 있다. 그 결과를 보면, 모든 명문대학이 예외 없이 부유층 학생에게 유리하도록 '기울어진 운동장'이지만, 몇몇 대학에서는 특히 불균형이 심각했다. 가장 심한 곳은 프린스턴대학과 펜실베이니아대학이었고, 공교롭게도 두 학교 모두 섀넌에게 불합격 통보를 했다.

아이비리그에서, 프린스턴대학은 재학생 중 부유층 비율이 72퍼센트로 가장 높았고, 펜실베이니아대학이 71퍼센트로 그 뒤를 이었다. 그리고 두 대학은 재학생 중 빈곤층 비율이 전국에서 가장 낮았다. 「사회이동 보고서」에 따르면, 펜실베이니아대학 재학생 중 빈곤층 출신은 겨우 3.3퍼센트였다. 그리고 프린스턴대학에서 빈곤층은 멸종위기종보다 더 찾기 힘들 정도다. 전교생 가운데 빈곤층 출신은 겨우 2.2퍼센트, 즉 45명당 한 명꼴이었다.

　라즈 체티의 연구는 미국 사회가 경험하는 경제적 사회이동의 핵심에 자리 잡은 커다란 역설을 조명하고 있다. 그날 오후 공원에서 펜실베이니아대학 합격을 학수고대하던 섀넌을 좌절시킨 것과 똑같은 역설이다. 미국의 고등 교육 제도는 사회이동의 강력한 원동력이며, 대학 교육을 통해 청년들은 빈곤층에서 벗어나 중산층으로 그리고 중산층에서 부유층으로 확실하게 도약할 수 있다. 그러나 실제로는 대학 교육이 정반대에 가까운 역할을 하고 있다. 지금의 대학 교육은 사회이동을 가로막는 걸림돌이자, 경직된 사회 구조를 더 공고히 하고 태어난 환경에서 벗어나지 못하게 막는 장애물이다.

　토크빌이 목격했던 19세기 미국의 사회이동과 비교해보면, 지금까지 누구에게나 열려 있다고 믿었던 기회는 이제 소수에게만 열려 있는 듯하다. 미국의 현행 대학 입시 제도는 기회 균등과 평등이라는 가면을 쓰고 오히려 예전의 낡은 귀족제를 되살려놓았다. 현대판 신분사회에서는 돈이 돈을 벌고, 부자가 자손 대대로 부를 세습하며, 특권이나 배경 없이 태어난 섀넌 같은 젊은이들이 꼼짝없이 밑바닥 계층에 주저앉게 될 것이다.

　지난 몇 년 동안 전국을 돌면서, 나는 섀넌과 비슷한 배경을 가진 학생들의 이야기를 들었고 체티 교수 같은 전문가를 만나면서 21세기형

'귀족제'를 이해하려 애썼다. 오늘날 신분제의 양상이 되살아난 배경은 무엇인지, 그리고 사회이동이 좌절된 청년들은 어떤 심정인지 궁금했다. 지금 벌어지고 있는 기묘한 현상은 미국 경제에서 유례없는 일이다. 앞으로 이 나라는 어떤 사회로 변모하게 될까? 과연 미국은 모든 이에게 기회가 열려 있는 나라일까 아니면 소수 엘리트 특권층을 위한 나라일까? 이 나라 대학생들의 삶과 선택 앞에서 끊임없이 근본적인 의문이 생겨난다. 매일 전국의 대학 캠퍼스에서, 체티를 비롯한 경제학자들이 밝혀내려는 사회 구조의 문제가, 어디로 튈지 모르는 17~22세 청년들의 위태로운 감성과 충돌하고 있다.

한편, 섀넌의 사연에는 극적인 반전이 숨어 있다. 아이비리그보다 하루 늦게 합격자를 발표한 대학이 있었다. 바로 스탠퍼드다. 섀넌은 스탠퍼드대학에도 지원서를 제출하긴 했지만, 특별히 기대하지는 않았다. 집에서 멀리 떨어진 서부로 가고 싶다는 생각이 딱히 들지 않았고, 더구나 스탠퍼드대학은 합격률이 극도로 낮아 전국의 대학을 통틀어 최고로 들어가기 힘든 학교였다. 스탠퍼드대학은 지원자의 5퍼센트 미만을 선발하는데, 섀넌이 지원한 정시모집에서 합격률은 4퍼센트 미만이었다. 펜실베이니아대학에 떨어지고 스탠퍼드대학에 붙는 사람은 없다. 그런 일은 일어나지 않는다.

그런데 그런 일이 일어났다.

펜실베이니아대학에서 불합격 통지를 받은 이튿날, 섀넌은 최악은 아니지만 예상대로 힘든 하루를 보냈다. 소식을 듣고 와서 자기 일처럼 엉엉 울어주는 친구들도 있었고 애써 위로하는 친구들도 있었다. 하지만 주변 사람들 대부분은 섀넌이 별로 이야기하고 싶지 않을 거라 짐작했고 덕분에 새넌도 그럭저럭 괜찮았다. 수업이 끝난 뒤에 새넌은 평소와 다름없이 지하철을 타고 집으로 돌아왔고, 식탁 앞에 앉아 여느 때처럼 숙제를 했다. 저녁 7시가 다 되어갈 무렵, 문득 새넌의 머릿속에 곧 스탠퍼드대학의 합격자 발표가 있다는 기억이 떠올랐다. 새넌은 휴대전화를 집어들었다. 이번에는 전날처럼 긴장하면서 시계를 보거나 손을 떨지도 않았고 비밀번호를 까먹지도 않았다. 메일 내용에는 "대단히 유감스럽게도"가 없었다. 대신 "축하합니다!"가 있었다. 그리고 "귀하의 지원서를 검토하면서 우리는 모두 감탄했습니다. 귀하는 한마디로, 본교에서 원하는 완벽한 인재입니다"라는 문장이 이어졌다.

천장이 빙글빙글 돌았다. 새넌은 소리를 질렀다. 어머니가 놀라서 달려왔고 둘은 한목소리로 환호성을 질렀다.

그날 저녁은 꿈 같았다고, 특히 전날 많이 좌절하고 실망한 다음이라 더 그랬다고, 나중에 새넌이 말했다. 새넌이 가장 먼저 느낀 감정은 기쁨이 아니라 안도감이었다고도 했다. 새넌은 데이비슨보다 스탠퍼드를 특별히 더 선호하지도 않았고, 스탠퍼드대학 캠퍼스는 가본 적도 없었다. 하지만 새넌은 스탠퍼드의 명성이 훨씬 더 높다는 것을 알고 있었고, 새넌이나 주변 사람들에게는 그 사실이 굉장히 중요했다.

그렇지만 한편으로는, 펜실베이니아대학에 떨어지고도 스탠퍼드대학에 합격하니 그때까지 곧이곧대로 받아들였던 대학 입시가 갑자기 마구잡이로 느껴지고 조금 어이없다는 생각마저 들었다. 정말로 새넌이 펜실베이니아에 가기엔 턱없이 부족하고 스탠퍼드에는 완벽한 인재였을까? 어쩌면 테스가 한 말처럼, 합격과 불합격은 그냥 복불복이었는지도 모른다. 모두 운에 달려 있었다.

사회경제적 계층이동이 운에 좌우되는 사회라면, 유복한 가정 환경과 배경을 타고나든 대학 입시에서 입학사정관을 잘 만나든 상관없이, 섀넌이 그랬던 것만큼 사회 제도를 깊이 신뢰하고 인생을 걸기 어렵다. 가을이 되면, 섀넌은 서부로 가서 과학과 경영학과 정치학을 공부하고, 최고의 특권과 영향력을 가진 일류 명문대학 학부생으로서 수많은 기회를 활용하며 놀라운 경험들을 하게 될 것이다. 다른 입학 동기들 못지않게, 졸업 후에 부자가 될 수도 있다. 하지만 명문대 합격을 목표로 그렇게 오랫동안 열심히 공부했던 섀넌도, 대학 교육과 대학 입시전형에 대해 가졌던 순수한 믿음을 온전히 회복하기는 어려워 보인다.[10]

2장

대학으로 들어가는
좁은 문

1. 스트레스 시험대

일반적으로 자녀가 중학생이 되면, 혹은 그보다 더 일찍부터 학부모들 사이에는 말이 돌기 시작한다. 출발은 보통 아이의 라크로스 시합 응원석이나 발레 교습소 로비, 아니면 학교 모금 행사 뒤풀이 자리에서 은밀한 탐색전으로 이뤄진다. 한 부모가 조용히 말을 건넨다. '저기, 혹시 시험 준비는 하고 계세요?' 이 질문은 언제나 주변의 시선을 의식한 의례적인 비난과 자기는 그런 부류가 아니라는 호들갑을 동반한다. '정말이지, 말도 안 되잖아요? 벌써부터 애들 대학 입시를 생각하다니요. 해가 갈수록 난리도 아니네요. 쯧쯧.' 하지만 내 딸 그레이스가(아니면 내 아들 샘이) 시험에 특별히 강한 아이가 아니라는 걱정은 부모의 뇌리에서 떠나지 않는다. 그리고 아들딸이 대입 수험생이 되고 지원서 접수 기간이 다가오면, 막연한 걱정은 이제 피할 수 없는 현실이 된다. 아이를 번듯한 대학에 들여보내려면, SAT 과외가 필요할 것이다. 그래서 결국 질문은

하나로 귀결된다. '누구 소개받을 선생님 없을까요?'

그리고 언제나 그렇듯 적임자가 있다. 뉴욕주 스카즈데일, 일리노이주 위네트카, 캘리포니아주 밀밸리 등 부촌의 중심지 상가 건물에는 어김없이, 거친 10대들을 마술처럼 길들이고 SAT나 ACT 점수를 쑥쑥 올려준다는 족집게 과외 선생이 있게 마련이다. 물론 수업료는 터무니없이 비싸고 수업 일정은 이미 꽉 차 있다. 하지만 용케 자리를 비집고 들어가 비싼 과외비를 감당할 수만 있다면, 그는 해결사가 되어줄 것이다.

워싱턴 DC, 정확하게 말하면 경쟁심이 도를 넘은 DC 교외의 고급 주택지에서, 그런 해결사는 네드 존슨이다. '프렙매터스PrepMatters'라는 입시 컨설팅 업체 대표이자 자칭 '괴짜 선생'인 네드는, 1996년에 대학 입시 과외 학원을 차려 DC 지역 최대의 입시 컨설팅 회사로 키웠다. 현재 메릴랜드주 베데스다, 버지니아주 매클레인, 워싱턴 DC 텐리타운 등지에 지점을 운영하면서 50여 명의 입시 컨설턴트를 관리하고 있다. 네드에게 SAT나 ACT 과외를 받으려면 시간당 400달러나 지불해야 하지만, 그마저도 갈수록 지원자가 넘쳐 프렙매터스 소속 컨설턴트 중 네드에게 수업을 받으려는 대기자가 가장 많다. 네드를 찾는 학생들은 워싱턴 DC 최고의 명문 사립학교, 이를테면 시드웰 프렌즈, 내셔널 캐시드럴, 세인트올번스, 조지타운 데이, 마렛 스쿨 등에 재학 중이며 그들의 부모는 대부분 백악관 최고위 관료나 『워싱턴포스트』 경영진, 그리고 이름도 생소한 로비 회사(그런 회사가 알짜배기다)의 임원들이다.

네드 존슨의 학습상담센터로 몰려든 학부모들의 욕심과 불안감은 입시 브로커 윌리엄 '릭' 싱어에게 자녀를 맡겼던 부모들의 욕심과 다르지 않다. 윌리엄 싱어는 거액의 뒷돈을 받고 부유층 자녀 수십 명을 명문대에 부정 입학시킨 초대형 입시 비리 사건의 주범으로, 2019년 초에 체포돼 검찰에 기소된 인물이다. 요즘 부유층 학부모들은 자녀를 명문대에 보내야 한다는 압박감에 사로잡혀 상식에서 벗어난 행동을 하곤 한다. 물론 그중에 극소수만 선을 넘어 대담하게도 싱어 같은 입시 브로커를 통해 대리시험과 성적 위조, 체육특기생 편법 입학을 의뢰한다.

싱어 사건을 담당하는 검사가 증거로 제출한 녹취록을 보면, 기소된 학부모들에게 싱어의 터무니없는 계획이 얼마나 쉽고 따분하기까지 했을까 하는 생각이 든다. 그들은 자기네가 저지른 범죄를 그저 복잡한 대학 입시에서 거쳐야 하는 또 하나의 희한한 관문 정도로 여겼다. 싱어는 예일대학 출신으로 사모펀드 투자자인 어느 학부모에게 '움직이는' 아들 사진이 필요하다고, 그래야 포토숍으로 아들의 얼굴을 실제 미식축구 선수의 몸에 합성할 수 있다고 했다. 그 아버지는 웃으면서 사진을 찾아보겠다고 했다. 그리고 덧붙였다. "재미있네요. 요즘엔 그런 게 가능한 모양입니다. 신기하군요."[1]

이런 범죄 수법과 달리, 학부모가 자녀를 입시 컨설턴트에게 맡겨 약간의 도움을 받는 것은 전적으로 합법적인 방법이다. 네드는 학생들이 스스로 SAT에 숙달하도록 훈련시킬 뿐, 싱어처럼 플로리다에서 온 미심쩍은 인물을 학생 대신 시험장에 들여보내거나 하지는 않는다. 하지만 학부모가 네드의 사무실에 발을 들이는 순간, 그들의 자녀가 불공평한 입시전형에서 이득을 하나 더 챙기게 된다는 건 부정할 수 없는 사실이다. 학부모들이 입시 컨설턴트를 찾는 이유는, 대학 입시가 그렇게 돌아가고 있기 때문이다.

네드는 미심쩍은 것과는 거리가 먼 사람이었다. 탈모가 시작된 그는 마르고 명랑한 40대 후반의 백인 남성이고, 모범생 안경을 쓰고 코듀로이 재킷 안에 털실로 짠 조끼를 받쳐 입는 샌님 스타일이었다. 가정을 꾸린 잘나가는 중년의 자영업자였지만, 그의 말투는 잠에서 막 깬 10대 같았다. 뭐든 '완전 짱'이거나 아니면 '완전 꽝'이거나 둘 중 하나였다. 이야기를 끝낼 때는 요상한 추임새도 넣었다("넵!"). 그리고 대단히 정중했다. 비속어도 아닌 "맙소사!" 정도가 그가 쓰는 가장 심한 말이었는데, 그 말을 자주 했다. 그리고 자녀를 맡기러 오는 학부모와 비슷한 나이대였지만, 그들의 이름 대신 '아무개 아버님, 아무개 어머님' 하고 경어를 쓰며 깍듯하게 예의를 차렸다. 그러면서도 아이들을 대할 때는 자기가 고등학교 다닐 때 이야기를 하면서 아재 개그를 던지고 웃는 훨씬 푸근한 모습이었다.

네드의 과외 수업을 참관하면서 나는 그가 학생들과 공부 이야기를 거의 하지 않아서 놀랐다. 물론 때때로 어려운 수학 개념을 설명하거나 영문법 원리를 복습하기도 했다. 하지만 대부분의 수업 시간에는 '인생' 이야기를 했다. 이를테면 경쟁이 치열한 명문 사립고에 다니면서 받는 스트레스나, 미국 상류층 중에서도 최상위층에 속하는 명문가 자제로서 가족의 기대에 반드시 부응해야 한다는 압박감 같은 것이었다.

네드는 천성적으로 공감 능력이 뛰어나고 학생들의 상황을 쉽게 이해하며 그들의 고민에 정확히 공감하는 선생이라서, 그를 찾는 아이들처럼 유복한 환경에서 자랐다고 생각하기 쉽다. 사실 네드의 어린 시절은 전혀 달랐다. 네드의 가족은 처음부터 끝까지 엉망이었다. 아버지는 술고래였고 어머니는 분노조절장애에 시달렸다. 경제적으로도 늘 쪼들려서 계속 이사를 다녀야 했고, 네드와 그의 쌍둥이 형제가 중학생이 돼서야 코네티컷주 작은 동네에 정착했다. 그리고 그곳에서 안 그래도 위태롭던 네드의 가족은 최악의 위기를 맞았다. 네드가 7학년(중1) 때, 어머니가 극단적 선택을 시도한 것이다. 방에서 의식을 잃고 쓰러져 축 늘어진 어머니를 발견하고 911에 신고한 사람은 네드였다. 얼마 후에 아버지는 집을 나갔다.

10대 시절에 네드 형제는 불안정한 가정 환경에서 오는 정서적 풍파를 견뎌내느라 고생을 했다. 어머니의 자살 시도 이후, 네드는 몇 달 동안 정신과 병동에 입원했다. 하지만 쌍둥이 형제는 다행히 공부를 아주 잘해서 고등학교를 전교 2등과 3등으로 각각 졸업하고 매사추세츠주에 있는 명문 사립 윌리엄스 칼리지에 나란히 합격했다.

형제 중에 네드가 어머니와 사이가 더 가까웠고, 고교 시절 내내 어머니가 정서적 안정을 잃지 않도록 중재자 겸 치료자 역할을 도맡았다. 네드는 어머니의 심경 변화를 눈여겨보면서, 자극을 멀리하고 두려움을 달래주는 방법을 터득하게 되었다. 그런데 그의 노력도 결국에는 소용없었던지, 얼마 못 가 어머니는 또다시 이성을 잃었고 네드는 그 분노를 다 받아내야 했다.

네드는 끝없이 불안한 일상 때문에 너무 고통스러웠지만, 배운 점도 없지 않았다. 그 시절은 감정 불안이 무엇인지 가까이에서 배울 수 있는 일종의 수업 기간이었다. 결과적으로 네드는 불안의 특성과 표출 양상에 예민한 감수성을 기르게 되었고, 지금은 경험으로 터득한 기술을 학생 컨설팅에 주기적으로 활용한다. 그는 책상 맞은편에 앉은 학생들이 하는 이야기를 유심히 듣고 관찰하면서, 표정이나 무심결에 하는 대답에서 그들의 두려움과 고민의 원인을 찾아내려 집중한다. 그럴 때 네드는 일하는 동안 민감하고 때로 고통스러운 어린 시절의 순간들이 되살아나면서 묘한 기분이 들기도 한다. 하지만 그의 10대 제자들에게 그 시간은 훨씬 더 희망적인 과정이다. 학생들의 걱정을 덜어주려는 그의 노력은, 예전 어머니와의 관계처럼 결국 실패로 돌아가는 과정이 아니라 실질적으로 효과를 거두고 있다.

네드의 수업 전략은 자기를 찾아올 수 있는 학생들, 다시 말해 학위를 여러 개 가진 부모 밑에서 명문 사립고를 다니는 부유한 아이들이라면 SAT나 ACT에서 고득점을 올리는 데 필요한 지식과 학업 능력을 이미 갖추고 있다는 기본 전제에서 출발한다. 그가 보기에 이런 아이들이 고득점을 얻지 못하는 이유는 타고난 지능이나 학업 능력의 부족보다는 감정이나 심리적 문제와 연관된 경우가 대부분이었다. SAT나 ACT 같은 표준화 시험standardized test 시험의 실시·채점·해석을 표준화하기 위해 시험 시간, 문항 등 모든 형식과 절차가 엄격히 통제된 시험을 말한다은 수험생들에게 불안감을 주는데, 애초에 그렇게 고안된 듯하다. 그리고 네드는 자신에게 맡겨진 주된 임무가 학생들의 불안감을 해소시키는 일이라고 생각한다.

그래서 네드는 과외 수업 중에 학생들에게 수면과 운동, 건강한 식습관과 균형 잡힌 일과가 얼마나 중요한지 오랜 시간 공들여 이야기한다. 심지어 스트레스에 관한 신경생리학 연구 논문을 요약해서 설명하기도 한다. 편도체와 전전두엽 피질의 상호 경쟁관계를 자세히 설명하는 식이다. 이 모든 것은, 아이들이 언제 그리고 무엇 때문에 스트레스를 받고 왜 시험에서 실력을 충분히 발휘하지 못하는지 스스로 알아차리도록 하는 방법이다. 그리고 네드의 접근 방법은 실제로도 효과를 발휘했다. 학생이 스트레스를 진지하게 받아들이면, 대체로 스트레스 수치가 내려가고 시험 점수는 올라갔다.

　네드가 학생들의 불안감을 해소하기 위해 택한 핵심 전략은, 시험 자체에 대한 기본적인 마음가짐을 변화시키는 것이다. SAT Scholastic Aptitude Test 미국 대학수학능력시험, 표준화된 대학 입학 자격시험를 주관하는 칼리지보드College Board(대학입시위원회)와 ACT American College Test 미국 대입학력고사, SAT의 후발 주자를 주관하는 ACT사는 경쟁관계에 있고, 각각 SAT와 ACT 시험이 대입 수험생의 학력을 객관적으로 측정하는 신뢰할 만한 방법이라고 공공연히 선전한다. 그리고 수험생들은 이것을 마음 깊이 새긴다. 네드의 교실에 들어서는 학생들 역시 SAT나 ACT 점수가 자신의 가치를 반영한다고 믿고 있다. 학생들은 SAT나 ACT 같은 대학입학시험이 자신의 지능, 학업 능력, 장래의 성공 가능성은 물론이고, 더 깊이 들어가 가족 안에서 자신의 암묵적인 위치나 인간으로서 타고난 가치까지 고스란히 알려주는 척도라고 믿는다. 심리학 연구에 따르면, 이렇게 믿는 학생들은 대학입학시험이 자신의 존재 자체를 위협하는 것으로 받아들인다. 존재가 위협받으면 불안감이 치솟고, 그만큼 집중력은 멀리 사라지며, 그 결과 표준화 시험 같은 복잡한 정신적 과제를 제대로 수행할 수 없게 되는 것이다.

　따라서 네드는 칼리지보드와 ACT사의 주장을 정면으로 반박한다. SAT나 ACT 시험은 완전히 엉터리라고 학생들에게 말해준다. 그런 시험은 '바보 같고' '멍청한' '헛소리'라며 언제나 경멸조로 표현한다. 네드는 SAT나 ACT는 누가 얼마나 똑똑한지 알아내려고 고안된 게 아니라, 표준화 시험에 필요한 요령을 누가 얼마나 숙달했는지 알아보는 시험이라고 학생들에게 말해준다. 실제로도 그렇게 믿고 있다. 네드처럼 과외 컨설팅을 받고 나서 시험 점수가 크게 오르는 학생들을 끊임없이 겪다보면, 표준화 시험이 수험생의 학업 능력을 제대로 측정한다는 견해에 동의하기 어렵다. 뿐만 아니라, 그렇게 시험 자체를 무시하고 웃음거리로 만들면 학생들의 심리적 부담감을 덜어줄 수 있다. 수험생이 시험장에서 자신의 지능과 능력을 정확하게 측정하는 시험을 치르고 있다고 생각하면, 인생이 걸려 있다는 불안감 때문에 지나치게 예민해질 수 있지만, 단순히 실없는 게임에 참가한다고 가볍게 생각해버리면 게임에서 이길 가능성은 더 커진다.

그런 이유로 네드는 학생들에게 전전두엽 피질 이야기를 하거나 보통 시험장에서 유용하게 쓰일 기발한 요령을 가르친다. 가령 객관식 수학 문제를 풀 때 실제로 일일이 계산할 필요가 없고, 대신 수식에 2나 10처럼 간단한 숫자를 변수 자리에 대입해보면 정답을 쉽게 알 수 있다고 알려준다. 독해에서도, 지문을 쓴 사람은 시인이 아니라 변호사라고 생각하며 읽으라고 가르친다. 그 밖에도 '정답처럼 보이는 선택지가 있으면 거꾸로 정답이 될 수 없는 미세한 함정을 찾아야 한다. 수학에서 도형 문제가 나오면, 실제로 계산하기 전에 눈대중으로 도형을 보고 정답을 알아낼 수 있는지 먼저 확인해야 한다. 보통은 어림짐작으로 정답 같으면 그게 정답이다'라고 지도한다. 이런 요령은 실제로 시험장에서 꽤 도움이 된다고 한다. 일단 시간이 절약되고 운이 좋으면 가산점도 얻을 수 있다. 하지만 네드에게 고액 컨설팅을 받는 학생들이 진짜로 얻어가는 효과는 심리적 안정이다. 이렇게 어수룩한 요령이 시험에서 통한다는 사실을 직접 확인하고 나면, 시험이 훨씬 만만하게 다가온다. 한순간에 마법이 풀리는 것이다.

네드가 알려주는 요령만으로도 학생 대다수가 시험 점수를 끌어올렸다. 하지만 그렇지 않은 경우, 대학 입시 전반, 특히 표준화 시험에 대한 불안감이 너무 커 심화 단계로 들어가야 할 때도 있다. 어느 가을날 오후, 나는 네드의 상담실에서 에어리얼이라는 이름의 볼이 발그레한 12학년 여학생을 만났다. 에어리얼의 가족은 신정통파 유대교를 믿는 고학력 가문이었고, 에어리얼의 부모는 공부를 무엇보다 중요하게 생각했다. 집에서 대학은 "언제나 머릿속의 최우선 과제"라고 에어리얼은 말했다. 오빠는 코넬대학, 언니는 펜실베이니아대학에 다녔기 때문에, 에어리얼은 중학교에 올라가면서부터 어느 대학을 갈지 부모님과 의논했다고 한다. 10학년(고1)이 끝나자 에어리얼의 부모는 "됐어, 지금부터 진짜 공부를 시작하자"면서 대학입학시험 준비를 하라고 했다. 나와 만났을 무렵, 에어리얼은 이미 ACT를 세 번, SAT를 네 번이나 치른 상태였다(모의고사까지 합치면 수십 번이다). 네드는 에어리얼에게 세 번째 과외 선생이었다. 앞서 두 명도 인간적으로는 좋았지만 시험 점수가 더 이상 오르지 않았고, 그때까지 에어리얼의 점수는 ACT가 26점(36점 만점), SAT가 1250점(1600점 만점)이었다.

에어리얼의 점수는 전국 수험생의 약 80퍼센트에 해당됐고(응시자 가운데 상위 20퍼센트에 겨우 턱걸이했다는 뜻이다), 에어리얼은 그 점수로는 원하는 명문대학, 예를 들어 오래전부터 '꿈의 학교'였던 세인트루이스 소재 워싱턴대학에 합격하기 힘들다는 것을 알고 있었다. 워싱턴대학에 여유 있게 지원하려면 전국 상위 3퍼센트로 올라설 수 있는 점수, 즉 ACT 32점을 받아야 했다. 그래서 네드가 투입되었다. 12학년(고3)이 되는 여름 내내, 에어리얼은 네드를 매주 만나서 수면의 질과 편도체에 대한 설교를 듣고 수학 문제에서 숫자를 대입하는 요령도 배웠다. 차츰 에어리얼의 불안감이 잦아들면서 자신감이 붙었고, 시험 점수도 오르기 시작했다. 에어리얼은 기존 최고점을 돌파해서 ACT에서 처음으로 30점을 받았고, 다음번에는 31점을 받았다. 하지만 그때부터 또다시 정체기에 접어들었다. 31점은 목표 점수보다 살짝 모자랐기 때문에 에어리얼은 모의고사를 계속 치렀지만, 좀처럼 목표 점수 32점에 도달하지 못했다.

그러다 9월 첫째 주 노동절 아침, 에어리얼은 아침 일찍 일어나 동네에 있는 실내자전거 클럽 '솔사이클Soul Cycle'에 가서 운동을 마친 다음 프렙매터스로 가서 네드를 만났고, ACT 모의고사를 한 번 더 치렀다. 그날, 처음으로 32점이 나왔다. 드디어 성공이었다. 에어리얼은 곧바로 확고한 결론에 이르렀다. 최고점을 찍은 것은 자신의 능력 때문도 아니고 네드의 컨설팅이나 지난 2년 동안 공부에 매달렸기 때문도 아니었다. 답은 솔사이클이었다.

에어리얼은 입시 준비에 솔사이클이 핵심이라는 생각에 사로잡혔다. 다음번 ACT 시험 날짜가 다가오자, 에어리얼은 시험 당일 아침에 솔사이클에서 운동하고 나서 곧바로 시험을 치르면 분명 32점을 받을 거라고 확신했다. 만에 하나 그날 아침 솔사이클에 못 간다면? 시험은 망치는 거였다. 네드는 에어리얼에게 알아듣게 설명했다. "점수가 오른 건 자전거 때문이 아니란다." 굳이 '사이클 황제' 랜스 암스트롱까지 들먹이며 그 생각에서 벗어나라고 네드가 설득했지만 에어리얼은 요지부동이었다.

그러다 계획에 중대한 차질이 생겼다. 시험은 일요일 아침 8시였는데, 솔사이클은 일요일 아침에 일찍 문을 열지 않았다. 네드와 에어리얼이 워싱턴 DC에 있는 솔사이클 지점마다 전화를 걸어봤지만 소용없었다. 에어리얼의 불안감은 점점 더 커졌다. 에어리얼은 "멘털이 나갈 지경"이었다고 했다. 워싱턴대학은 이제 물 건너가는구나 싶었단다.

시험 이틀 전에, 네드가 대책을 마련했다. 에어리얼이 솔사이클에 갈 수 없다면 솔사이클을 에어리얼에게 가져다주기로 했던 것이다. 시험 당일 아침 6시에 네드는 실내자전거 두 대를 에어리얼 집으로 실어 날랐다. 네드와 에어리얼은 솔사이클 센터와 똑같이 촛불을 켜고 신나는 음악이 꽝꽝 울리는 가운데 20분 동안 전속력으로 자전거 페달을 밟았다. 그러고 나서 에어리얼은 시험장으로 출발했다. 미친 짓 같았지만 효과가 있었다. 그날 에어리얼은 기어이 32점을 받았다.

네드는 지금도 자전거 때문이 아니라고 믿는다. 그래도 시험 전에 격렬한 운동을 한 덕분에 에어리얼의 스트레스가 해소됐으리라 생각하기는 한다. 하지만 에어리얼이 효과를 본 진짜 이유는 네드가 보여준 지나칠 정도의 배려 때문이었다. 네드는 에어리얼의 감정에 주의를 기울였고, 그녀의 불안을 무심코 지나치지 않았다. 에어리얼을 있는 그대로 진지하게 받아들이고 불안을 무력화하는 방법을 찾아낸 것이다.

네드에게 과외를 받는 동안 시험 점수가 오른 덕분에 에어리얼은 대학 선택의 폭이 훨씬 넓어졌다. 그 변화를 수치로 확인해보자. 2016년에 ACT 응시자는 약 1700만 명이었다. ACT 26점은 전체 응시자의 80퍼센트(상위 20퍼센트)였지만 32점은 97퍼센트(상위 3퍼센트)에 해당되는 성적이었고, 에어리얼의 전국 석차는 35만 등에서 5만 등 이내로 수직 상승했다. 에어리얼의 점수는 미국 최고의 명문대학에 지원하는 경쟁자들 사이에서도 상위 15퍼센트에 해당되는 수준으로 껑충 뛰어올랐다. 그리고 그 점수는 헛되지 않았다. 그해 12월, 에어리얼은 1순위 지망 학교 수시 전형에서 합격했다. 워싱턴대학이었다.

몇 주 후, 에어리얼이 네드에게 손편지로 감사 인사를 적어 보냈다. "선생님 덕분에 꿈에 그리던 학교에 합격했어요. 선생님은 제게 잠과 운동이 얼마나 중요한지 알려주셨고, 뭔가 잘 안 풀릴 때 다른 방법을 생각해보라고, 침착함을 잃지 말고 긍정적으로 생각하는 게 중요하다고 가르쳐주셨죠. 무엇보다 저를 믿어주셨어요. 제가 학생으로서 그리고 인간으로서도 성공하도록 마음을 써주셨죠. 선생님은 이루 다 표현할 수 없이 여러모로 제 미래를 바꿔놓으셨어요."

에어리얼의 사연을 들으면, 그녀가 정신 나간 학생이라고 생각할 수도 있다. 에어리얼 스스로도 모든 게 말도 안 된다고 생각하고 있었다. 12월에 만났을 때, 에어리얼은 술이 덜 깬 사람처럼 약간 얼떨떨한 기분이라면서, 지난 2년 동안 무슨 일이 있었는지, 더 정확히는 애초에 자기가 대체 무슨 생각으로 그랬는지 믿어지지 않는다는 듯 그동안의 일을 이야기해주었다. 그런데 만약 에어리얼이 꿈에 그리던 워싱턴대학이 아니라 (워싱턴 DC 교외의 유대계 사립고를 같이 다닌 동창들처럼) 메릴랜드대학에 갔다면, 과연 인생이 이만큼 극적으로 달라졌을까?

공식적인 대답으로, 대학 교육의 권위자로 손꼽히는 사람이라면 누구나 확신에 찬 목소리로 이렇게 말할 것이다. '물론 그렇지는 않다. 중요한건 자신에게 꼭 맞는 대학을 찾는 것이다. 미래의 노벨상 수상자와 『포춘』 선정 500대 CEO는 프린스턴대학은 물론 펜실베이니아주립대학에서도 골고루 배출된다. 요즘 부유층 사립고 학생들과 그 학부모들은 대학 입시에 지나치게 열을 올리지만, 다들 좀 느긋해질 필요가 있다."

하지만 경제학계에서는 지금도 치열한 논쟁이 벌어지고 있다. 대학 입시에 목맬 필요가 없다고 주장하는 경제학자들은 스테이시 데일과 지금은 고인이 된 앨런 크루거의 논문[2]을 근거로 내세운다. 데일과 크루거의 논문은 2002년에 처음 발표되고 2011년에 개정판이 나왔다. 데일과 크루거는 미국 27개 명문대학의 학생부 기록을 전국 대학 데이터베이스와 종합해서 분석한 결과, 부유층 백인 및 아시아계 학생들의 경우 명문대 출신이든 비명문대 출신이든 미래 소득에 전혀 차이가 없었다고 설명했다. 물론 프린스턴대학 졸업생이 펜실베이니아주립대학 졸업생보다 평균 소득이 높겠지만, 데일과 크루거의 연구에 의하면 이는 전적으로 프린스턴에서 합격 통지서를 받고 실제로 입학한 학생들의 재능과 야망 때문이다. 만약 프린스턴대학과 펜실베이니아주립대학 두 군데에 동시 합격한 학생이 있다면, 그 학생이 둘 중 어느 대학에 진학하든 (평균적으로) 졸업 후에 똑같은 소득을 올리게 될 것이다. 하지만 일반적으로 비특권층 집단, 다시 말해 흑인계나 라틴계 학생, 또는 부모의 학력 수준이나 소득 수준이 낮은 학생이라면, 명문대학에 진학해야 실제로 유리하다. 반면, 부모의 학력 수준이 높은 백인계나 아시아계 부유층 학생들은 그렇지 않았다. 이들은 프린스턴이나 하버드에 진학해서 얻는 이득이 전혀 없었다.

이 연구 결과가 사실이라면, 대부분의 미국인에게 반가운 소식이 아닐 수 없다. 방금 아이비리그 대학에서 불합격 메일을 받은 학생이나 그들의 부모와 지인들에게 분명 위안이 될 것이다. 꼭 수험생 가족이 아니더라도, 데일과 크루거가 논문에서 주장한 내용은 미국인들에게 상당히 호소력 있는 이야기다. 명문대 간판이 고가의 사치품처럼 부자들이 미친 듯이 달려드는 또 하나의 신분 상징일 뿐이라면, 예컨대 5000달러짜리 명품 백이라도 80달러짜리 짝퉁과 기능이 별반 다르지 않다면, 사람들은 누가 어느 대학에 들어가든 입학시험을 치르기 전에 실내자전거를 얼마나 타든 크게 신경 쓸 필요가 없을 것이다. 하지만 명문대학이 정말 가치 있다면, 그래서 실제로 프린스턴대학과 펜실베이니아주립대학, 또는 워싱턴대학과 메릴랜드대학의 가치가 서로 다르다면, 네드와 에어리얼이 새벽부터 자전거 페달을 밟은 이야기는 전혀 다른 의미가 된다.

그렇다면 진실은 무엇일까? 네드를 찾는 부유층 학생들은 그저 꽉 막힌 명문대 마니아(또는 그들의 2세)일 뿐일까? 혹시 우리가 모르는 뭔가를 그들은 알고 있지 않을까?

경제학자 캐럴라인 혹스비는 이 문제의 답을 찾기로 했다. 혹스비는 스탠퍼드대학 교수로, 2018년 라즈 체티가 하버드대학으로 자리를 옮길 때까지 같은 건물 위아래 층 연구실을 쓰는 동료였다. 혹스비는 체티보다 열 살 이상 많지만 비슷한 길을 걸으며 경제학자로서 최고의 성취를 이뤘고, 하버드 출신으로서 하버드, MIT, 옥스퍼드대학의 교수직을 거쳐 스탠퍼드에 자리 잡은 학자다. 연구 기법과 결론은 다소 차이가 있지만, 혹스비와 체티는 모두 경제학계를 넘어 널리 존경받는 명망 높은 학자들이다. 사실 그들은 현재 미국에서 대학 교육을 경제학적 관점에서 연구하는 최고 권위자라고 할 수 있다.

혹스비는 10년 넘게 대학입학전형 연구에 매진했다. 하지만 한동안 명문대 진학의 상대적 가치에 대한 논쟁은 피했다. 혹스비는 데일과 크루거의 연구방법론에 항상 의문을 품고 있었지만,[3] 그들의 결론을 확인하거나 반박하기에는 데이터가 불분명하다고 생각했다. 그런데 최근에 불분명한 데이터가 분명해졌다. 혹스비는 체티 연구팀이 사용한 것과 똑같은 국세청 데이터베이스를 활용해서 수년 치 납세 기록을 이용해, 미국 전역에 퍼져 있는 수천 개 칼리지와 종합대학의 '부가가치'를 추산해낼 수 있게 되었다.[4] [5]

연구를 위해 혹스비는 대학별 재학생 정보와 고등학교 졸업 후 10년 간 소득을 추적할 수 있는 국세청 자료, 학생이 지원한 대학을 모두 확인할 수 있는 칼리지보드 자료, 그리고 학생이 최종적으로 입학한 대학을 파악할 수 있는 전국학생정보처리센터 데이터까지 종합적으로 분석했다. 혹스비는 이들 데이터 합산 자료와 1999~2003년 고교 졸업자 수백만 명의 자료를 비교해서, 어떤 학생이 입학한 대학과 그 학생의 생애소득 사이에 상관관계가 있음을 꽤 정확하게 밝혀낼 수 있었다.[6]

과연 결과는 어땠을까? 데일과 크루거의 연구는 아예 틀렸다. 명문대 입학생들은 실제로 보상을 받았고, 그것도 아주 큰 이익을 얻었다. 혹스비의 연구 자료에 의하면, 신입생 SAT 평균 점수가 1600점 만점에 1400점 이상(ACT 점수로는 30점 이상)인 명문대학에 진학하면, 졸업 후 생애소득이 700만 달러를 넘을 가능성이 컸다. 이것은 똑같은 실력으로 다른 대학을 선택한 경우에 비해 200만 달러 정도 많은 금액이다. 명문대 중에서도 특히 신입생 SAT 평균 점수가 1550점(ACT 33점)을 돌파하는 초일류 명문대에 진학하면, 학벌이 평균 생애소득에 기여하는 부가가치가 더 높아져서, 다른 대학에 진학할 때보다 300만 달러를 더 벌게 된다.

이제 두 가지 데이터를 함께 살펴보자. 워싱턴대학의 신입생 SAT 평균 점수는 1500점이 넘는다. 그리고 메릴랜드대학은 1400점에 못 미친다. 그렇다면 결국 에어리얼의 노력은 미친 짓이 아니었다는 뜻이 된다.

혹스비가 사용한 데이터는 물론 초일류 명문대에 다닌 것이 생애소득에 영향을 미치는 '이유'를 정확히 설명하지 못한다. 정말 초일류 명문대에 가면 고부가가치를 창출하는 뭔가를 배우는 걸까? 명문대 출신이 고소득 직종을 선택할 가능성이 큰 걸까, 아니면 인맥의 문제일까? 가령 명문대에 입학하면 미래의 마크 저커버그와 기숙사 룸메이트가 될 확률이 더 높아질까? 혹스비의 부가가치 연구는 이런 질문에 답을 하지 못한다.

하지만 혹스비는 별도의 연구로 명문대와 비명문대 사이에서 한 가지 분명한 차이점을 밝혀낼 수 있었다. 명문대가 비명문대보다 재학생들에게 훨씬 더 많은 돈을 쓴다. 2017년 논문[7]에서 혹스비는 대학 수천 곳의 연간재정보고서를 속속들이 살펴보고, 대학별로 해마다 교수진에 배정하는 연구비 예산이나 미식축구부 코치의 연봉이 아니라, 순수하게 학생들의 교육에 투자하는 금액으로서, 오로지 강의와 학생 지도, 교육 시설 투자, 학자금 지원 등 이른바 '학생중점자원core student resources'에 얼마나 많은 비용을 지출하는지 계산했다.

혹스비는 대학 신입생의 SAT 중간값과 학생중점자원 비용이 직접적인 상관관계에 있다는 사실을 확인했다. 하위권 대학은 학생 1인당 중점자원 비용이 연간 4000달러였고, 중위권 대학은 1만~2만 달러였다. 상위권 대학으로 갈수록, 중점자원 비용은 급격히 증가했다. 메릴랜드대학처럼 신입생 SAT 중간값이 1400점인 대학은 학생중점자원에 연간 10만 달러를 지출했고, 워싱턴대학처럼 신입생 SAT 중간값이 1500점인 대학은 연간 15만 달러로, 비용이 등록금 수입을 훨씬 앞질렀다.

이것이 혹스비의 연구에서 가장 놀라운 사실이다. 명문대 등록금이 천정부지로 치솟는다는 언론 보도가 잇따르지만, 미국 최고의 대학에서 실제로는 학생들이 내는 등록금보다 훨씬 더 많은 돈을 학생들에게 쓰고 있다. 엄청난 비용이다. 물론 명문대학에서 엄청나게 비싼 등록금을 요구하는 것은 사실이다. 하지만 대학에서 훨씬 더 많은 비용을 들여 학생들을 교육한다. 게다가 명문대학은 부유층 학생들에게도 암암리에 막대한 장학금을 지원하는데, 평균적으로 명문대 학생들이 내는 등록금은 대학이 교육 비용으로 지출하는 금액의 5분의 1에 불과하다. 한편 비명문대 학생들은 이보다 훨씬 적은 지원을 받는다.

이런 비용 격차spending gap는 예전부터 늘 있었다. 하지만 최근 수십 년 동안 격차가 점점 더 벌어지는 상황이다. 1967년, 최하위권 대학의 학생 1인당 중점자원 비용은 연간 4000달러였고, 최상위권 대학의 학생 1인당 중점자원 비용은 연간 1만7000달러였다(물가상승률을 반영한 금액이다). 오늘날 최하위권 대학의 중점자원 비용은 거의 그대로인 반면, 최상위권 대학의 중점자원 비용은 50년 전보다 무려 9배나 늘었다.

혹스비는 상위권 대학에서 학생 교육 비용을 늘리기로 한 것은, 자선을 베푸는 게 아니라 전략적 선택이라고 분석했다. 명문대학이 장기전에 나선 것이다. 혹스비가 '왕조dynasty' 모델이라고 이름 붙인 명문대학의 전략은 지금 학생들에게 과감하게 투자하면 나중에 부자가 된 졸업생들이 모교에 넉넉하게 기부하리라는 계산에서 나왔다. 지금까지 도박은 성공적이다. 최근 몇 년 동안 부유한 명문대학에 기부금이 급격히 몰리는 현상이 나타났다. 듀크대학 경제학과 교수 찰스 T. 클롯펠터는 이렇게 기부금이 명문대학으로 몰리는 현상을 '불평등 배당inequality dividend'이라고 표현했다.[8] 지난 30~40년 동안 미국 부유층의 재산이 유례없이 증가하면서, 부자들은 고급 냉압착 올리브유와 호화로운 SUV 차량, 그리고 프로스포츠 구단을 사들이며 새로 늘어난 재산을 소비했을 뿐만 아니라 소득공제가 가능한 기부금으로도 상당한 금액을 지출했다. 그리고 보통 기부금은 최고 명문대학에 몰렸다. 라즈 체티 교수가 증명했듯이, 기부금을 받는 대학은 당연히 최고 부유층 학생들이 모여 있는 명문대학이었다. 클롯펠터의 계산에 따르면, 1990년 미국 최고 명문대학들은 학생 1인당 평균 31만1000달러의 기부금을 받았다. 2013년에는 기부금액이 세 배로 뛰어, 학생 1인당 100만 달러를 넘어섰다. 비명문대의 경우는 학생 1인당 기부금이 3만5000달러에 못 미쳤다.

대학에 거액을 기부하는 부유층은 부자 학생을 위해 부자 대학에 기부하는 대신 기부금이 절실한 가난한 대학들로 눈을 돌려 기울어진 대학 교육 운동장을 바로잡을 생각이 전혀 없는 듯하다. 그 어느 때보다 빠른 속도로 명문대학에 기부금이 밀려들고 있는 것이 현실이다.

최근 사례를 하나 소개할까 한다. 2013년 9월 하버드대학은 대학 교육 역사상 유례가 없었던 초대형 기금모금 캠페인을 시작한다고 발표했다.[9] 하버드에서 공식적으로 발표한 목표액은 5년 동안 65억 달러였다. 당시 하버드대학 총장 드루 파우스트가 계획을 발표하자마자, 하버드대학 모금운동 관계자들조차 깜짝 놀랄 정도로 현금이 쓰나미처럼 밀려들었다. 마이크로소프트 CEO를 지낸 스티브 발머가 6000만 달러를 컴퓨터공학부에 기부했다. 케네스 그리핀이라는 헤지펀드 운영자는

1억5000만 달러를 기부하면서 대부분을 장학금으로 쓰도록 하고 그중 200만 달러는 자기 이름을 넣은 장학금으로 지정했다. 보스턴 기반의 투자자 제럴드 챈은 3억5000만 달러를 기부해 하버드 역사상 최고 기부액을 돌파하면서 보건대학 명칭에 자기 아버지 이름을 넣었다. 그리고 9개월 뒤에는 또 다른 헤지펀드 운영자 존 폴슨이 4억 달러를 기부하며 공대에 자기 이름을 넣었다.

하버드대학의 기부금 캠페인은 첫 5개년 계획으로 목표했던 금액을 2년 반 만에 초과 달성했지만, 기부금 행렬은 멈출 기미가 없었다. 순식간에 기부금 총액이 70억 달러를 돌파하더니 이어서 80억 달러, 그리고 90억 달러를 넘었다. 이 무렵 하버드대학 기금모금팀은, 마치 밀려드는 돈다발을 쌓아둘 공간이 없어 이리 뛰고 저리 뛰는 디즈니 만화 속 스크루지 맥덕처럼, 말 그대로 돈을 쓸어담고 있었다. "연구비를 지원할 교수가 모자랄 판이에요." 하버드대학 교지 『크림슨』과의 인터뷰에서 기부금 캠페인 관계자가 한 말이다. 2018년 여름, 캠페인이 마감되었을 때 기부금 총액이 발표되었다. 무려 96억 달러였다.

하버드대학에 꾸준히 기부금이 쌓이면서, 해마다 신입생 가운데 부유층이 더 늘어났다. 『크림슨』은 해마다 하버드 신입생을 대상으로 설문조사를 하는데, 2013~2017년에 입학한 신입생들이 이전 신입생들보다 좀 더 부유한 것으로 나타났다. 2013년 신입생 가운데 15퍼센트가 연평균 가계소득이 4만 달러 미만인 가정 출신이었고, 14퍼센트는 연평균 가계소득이 50만 달러에 달하는 최상위층 가정 출신이었다. 2017년에는, 가계소득 4만 달러 이하 계층인 신입생 비율이 12퍼센트로 감소한 반면, 최상위층 신입생 비율은 17퍼센트로 증가했다.[10] 그리고 하버드만 그런

게 아니었다. 전국 대학에서 비슷한 양상이 지속되었다. 사실상, 갈수록 재산이 늘어나는 부자들이 점차 부유해지는 대학에 점점 더 많은 금액을 기부한 결과, 부자 명문대학에서 부자 학생들의 교육 비용을 갈수록 더 풍족하게 지출하는 것이다. 이 현상이 언제까지 지속될지 알 수 없지만, 당장은 막을 수 없는 흐름이다.

2. 소득형 행동 양식

캐럴라인 혹스비 교수는 이처럼 대학 교육의 공급 측면에서 명문대와 비명문대의 격차가 점차 벌어지는 현상을 추적하는 동시에, 수요 측면에서 대학에 가려는 고등학교 졸업반 학생들이 대학 입시를 준비하고 지원할 대학을 정하는 과정에서 보이는 행동 양식도 세대별로 세밀히 연구했다.[11] 혹스비에 따르면, 1960년대 학생들은 대부분 지원 대학이 집에서 가까운지 거리를 따져보고 그 학교에 다니는 친구나 가족 친지의 이야기를 참고해서, 본인이 최대한 소속감을 느끼고 즐겁게 다닐 만한, 말하자면 왠지 모르게 '안성맞춤'일 것 같은 대학을 우선적으로 택했다. 결국 이렇게 다소 비과학적인 선택 과정을 거쳐서, 표준화 시험(SAT/ACT) 점수가 최상위권에 드는 우수한 수험생들이 미국 전역의 대학으로 흩어져 진학하게 되었다. 최상위권이라도 가령 미시간주의 작은 마을에 사는 학생들은 멀리 스탠퍼드나 하버드, 예일대학을 마다하고 주로 집에서 가까운 미시간주립대학이나 미시간대학에 진학했다. 따라서 대부분의 대학에서 상위권 학생과 중하위권 학생들이 다양하게 섞여 다녔다. 물론 어느 정도 편차는 있었다. 가령 SAT 평균 점수 백분율로 따져볼 때, 최상위권 명문대 학생들은 대체로 90퍼센트에 해당되고, 최하위권 대학 학생들은 50퍼센트에 해당됐다. (하위 50퍼센트 학생들은 보통 대학에 진학하지 않았다.) 그렇지만 모든 대학에서 학생들이 열과 성을 다해 공부하고 운동하며, 나름대로의 A와 B와 C 학점을 골고루 나눠 받았다.

하지만 수십 년이 흐르면서, 수험생이 대학을 선택하는 과정에 변화가 생겼다. 특히 네드 존슨이 가르친 워싱턴 DC 아이들처럼, 학업 성취도가 높은 부유층 학생들은 대학을 선택하는 방식이 크게 달라졌다. 그것도 아주 특정한 방식으로 변화했다. 저마다 다양한 이유와 개인적 기호에 따라 지망 대학을 정하던 수험생들이, 지금은 오직 한 가지 데이터에 따라 대학을 고른다. 바로 각 대학 신입생들의 SAT나 ACT 점수다. 입학시험 점수가 높은 학생들은 자신과 수준이 비슷한 학생들과 같은 대학에 들어가려 했고, 이런 식으로 점차 수험생이 대학을 선택할 때 합격자들의 입학 결과, 이른바 '입결' 점수를 절대적인 기준으로 삼게 되었다. 이것은 새로운 규칙이자 거의 암묵적인 규칙이었다. '합격한 대학 중에 입결이 가장 높은 대학에 입학하라.'

이에 따라 대학도 학생 선발 전형을 점차 제한적으로 시행하기 시작했다. 지원자가 경쟁관계에 있는 수험생들의 입학시험 점수만 고려해서 학교를 선택한다면, 대학 입학처에서도 최대한 입학시험 점수가 높은 지원자를 선발하는 게 이치에 맞았다. 이렇게 달라지는 입학전형을 반영하는 동시에 조장하는 요인은 날로 인기가 높아지는 대학 순위 발표였다. 대표적으로 1980년대 초부터 미국의 시사주간지 『US 뉴스 앤드 월드 리포트』가 전국 대학 순위를 선정할 때 신입생들의 표준화 시험 점수를 가장 중시한 것이 큰 영향을 미쳤다.

표준화된 입학시험 점수를 최우선으로 하는 대입전형이 확대되면서, 입학시험 고득점자들이 몇몇 일류 명문대로 몰렸다. 그리고 결과적으로 오늘날 명문대학 신입생들의 SAT와 ACT 평균은 1962년 90퍼센트에서 현재 98퍼센트까지 상승했다. 요즘 명문대학에 입학하는 학생들은 거의 만점을 받는다. 달리 말하면, 고득점자들이 가려는 학교는 이제 명문대학뿐이다.

이로 인해 네드가 맡았던 학생들처럼 부유층 아이들은 11~12학년(고2~고3) 때 혼란에 빠진다. 공식적인 입장은 여전히 1962년에 머물러 있다. '엘리트 명문대에 들어가려고 아등바등하지 마! 행복하게 다닐 수 있는 학교, 너의 정체성을 발견하고 진정한 자아를 실현할 수 있는 학교를 선택하면 돼. 그럼 어느 대학에 가든 훌륭한 교육을 받게 될 거야.' 하지만 어느 모로 보나 그건 허울뿐인 말이고, 속마음은 다르다는 신호가 감지된다. '최대한 시험 점수를 올려야 해! 그런 다음, 너처럼 시험 점수가 높은 애들이 하는 대로 하는 거야. 합격한 대학 중에 최고 명문대학으로 가야지. 다른 선택은 없어.'

이런 인지 부조화 상태를 잘 받아들이지 못하는 학생들도 있다. 어느해 가을 오후, 나는 네드의 프렙매터스 상담실에서 메릴랜드 부촌에 사는 12학년 여학생 클래라를 만났다. 클래라는 입시 스트레스 때문에 상당히 지친 상태였다. 더 정확히 말하면, 입시 때문에 주변에서 특히 부모로부터 받는 스트레스가 엄청났다. 클래라의 아버지는 카네기멜런대학 출신이고, 어머니는 예일대학 출신이었다. 클래라는 빡빡한 스케줄을 소화하느라 늘 잠이 부족했고, 주변 사람들을 실망시킬까봐 불안해했다.

11학년 여름, 클래라의 할아버지는 옛날 전화번호부만큼이나 두꺼운 대학안내서를 한 권 건네주었고, 한번 훑어보면서 친구나 친지들이 만족하면서 다니는 대학 위주로 클래라에게 딱 맞는 대학이 있나 추려보라고 했다. 클래라는 고심 끝에, 버지니아주에 있는 윌리엄앤메리 칼리지, 노스캐롤라이나주에 있는 일론대학, 그리고 버지니아대학 등 몇 군데를 골랐다. 모두 우수하고 경쟁력 있는 학교였지만, 최고 명문대는 아니었다. 하지만 클래라에게는 대학 피라미드의 꼭짓점에 있는 대학보다 더 잘 어울리는 학교였다. 클래라는 네드에게 과외를 받으면서 ACT 모의고사에서 27점을 받았는데, 이 점수는 전국 응시생의 85퍼센트 수준이었다. 고등학교 내신은 전 과목이 A와 A-로 꽤 좋은 편이지만 최상위권에 들지는 못했고, 클래라는 그것도 죽을 만큼 노력해서 받은 점수라고 내게 고백했다.

하지만 클래라의 부모는 딸이 고른 대학 목록을 보더니, 그보다 더 좋은 대학에 갈 수 있다고 말했다. 클래라의 아버지는 인터넷에 접속해 미국 100대 우수 대학 목록을 찾았다. 그리고 모니터 화면을 내리다가 30위에서 멈춰 선을 그었고, 30위권 이하 대학에는 지원하지 말라고 했다. 클래라는 부모와 이마를 맞대고 30개 대학 가운데 15개 대학을 추려냈고, 그런 다음 아버지가 다가오는 겨울과 봄에 있을 캠퍼스 투어 일정에 따라 15개 대학 목록을 정리해 엑셀 시트로 만드는 모습을 지켜봐야 했다.

클래라의 어머니가 딸에게 특별히 추천한 대학이 하나 있었다. 다름아닌 예일이었다. 예일대학은 클래라 어머니의 모교이기도 하지만, 클래라의 언니도 예일대학 3학년이었기 때문이다. "엄마는 예일 타령만 해요.

저한테 그러시죠. '얘 클래라, 예일에 갈 수 있어. 너도 들어갈 수 있다니까.'" 클래라가 말했다. "그럼 전 항상 말해요. 엄마 인맥으로 들어가긴 싫다고. 그리고 아빠가 만든 엑셀 목록도 싫고요. 아빠는 지인이 있는 대학에 따로 별표를 해두었어요. 전 또 반항하죠. '아니, 난 그런 대학에 가기 싫어. 아빠가 사업상 친한 사람이 입학처에 있다고 해서 슬쩍 붙여주고 그러는 대학엔 다니기 싫단 말이야. 그러면 진짜 합격할 자격이 있는 누군가의 자리를 내가 가로채는 거잖아.'"

11학년 겨울이 되자, 클래라는 어머니와 함께 엑셀 목록에 있는 15개 대학 캠퍼스 투어에 모두 참가했고, 다른 대학 몇 군데도 가봤다. 다트머스대학(클래라의 말대로라면 '요상한 기운'이 도는)과 윌리엄스 칼리지('왠지 불편했어요.')을 둘러보고 실망한 뒤, 클래라는 마음에 쏙 드는 학교를 찾았다. 바로 미들베리 칼리지였다. 미들베리 칼리지는 버몬트주에 있는 유서 깊은 학부 중심의 명문대였지만, 아버지가 고른 대학들처럼 최상위권 엘리트 대학은 아니었다. 미들베리 칼리지의 신입생 SAT 평균 점수는 1375점(1600점 만점)으로 꽤 높은 편이지만, 예일대학(1505점)만큼은 아니었다. 하지만 클래라의 마음을 사로잡은 것은 입결 점수가 아니라, 그날 캠퍼스의 분위기였다. 클래라가 방문한 날은 춥고 눈발이 날렸다. 학생들은 밖에서 눈사람과 얼음집을 만들고 있었다. 기말고사 기간이 가까웠지만, 학생들은 그다지 스트레스를 받거나 경쟁심에 불타는 것 같지 않았다. 클래라가 건물을 둘러보다 들어선 크고 멋진 강의실에는 기다란 원목 책상이 놓여 있었고 벽난로에는 장작이 타고 있었다. 큼지막한 유리창 밖으로 눈 내리는 풍경이 고즈넉했다. 클래라는 그때의 감상을 표현했다. "10명 남짓의 학생이 책상 앞에 모여 앉아 공부를 하고 있었어요. 진지하게 공부하다가 한번씩 소리 내서 웃기도 하고요. 따뜻한 코코아를 마시면서, 다들 벽난로 쪽에 옹기종기 모여 있었어요. 그 모습을 보니까 그냥, 저렇게 공부하는 게 제일 좋을 것 같더라고요."

클래라는 그때 예일대학에도 가봤다. 내심 학교가 마음에 들지 않았으면 했다. 그래야 입학 지원서를 안 낼 핑곗거리가 생길 테고, 그래야 불합격 통보를 받고 실패자가 되어 어머니를 실망하게 만드는 일도 없을 테니까. 그런데 막상 가보니 상당히 좋았다. 그래도 클래라는 예일대학에 입학하는 엄청난 수재들을 도저히 따라가지 못할 거라는 기분을 떨칠 수 없었다. "한마디로, 중학생 때부터 로켓을 만드는 애들이 예일에 가는 건데, 저는 내세울 게 하나도 없거든요."

캠퍼스 투어를 마치고 집에 돌아온 뒤로, 클래라는 전보다 더 열심히 학교 공부에 매달렸다(그리고 잠을 더 줄였다). 학교 성적도 ACT 점수도 눈에 띄게 올랐다. 클래라는 일주일에 한 번씩 네드를 만나 입시 불안과 수학 문제를 해결해나갔다. 그러자 ACT 점수는 꾸준히 올라 28점에서 31점으로, 32점에서 33점으로, 그리고 얼마 후 11학년을 마치는 6월에는 35점까지 올랐다. 만점에서 단 1점이 모자라는 점수였다.

12학년 가을에, 클래라의 부모는 예일대학 수시 전형에 지원해보라고 설득했고, 수시 전형 합격자 발표는 12월이었다. 클래라는 지원서에 어머니가 예일대 동문이라는 사실을 쓰지 말까 고민했지만, 결국은 어머니의 조언에 따랐다. 미들베리 칼리지에도 물론 지원했다. 수시 원서를 접수할 무렵에도 클래라의 희망 대학 1순위는 미들베리 칼리지였다. 클래라는 미들베리가 좋았던 이유 중에(코코아와 벽난로도 좋았지만), 가족의 간섭이나 인맥이 작용하지 않는다는 점이 결정적이었다고 했다. 아버지가 따로 별표를 붙인 대학이 아니었기 때문이다. 미들베리에 합격한다면, 그것은 온전히 자기 힘으로 해낸 일이 될 것이었다.

그러던 중 예일대학에서 합격 통지가 왔고, 모두들 대단히 기뻐했다. 적어도 클래라의 부모는 그랬다. 클래라의 어머니는 예일대학의 상징인 불도그 인형과 대학 배너를 주문하고 클래라가 신입생이 되면 어느 수업부터 들을지 벌써부터 수강 신청 계획을 세우기 시작했다. 하지만 클래라가 미들베리에서도 합격 통지를 받으면 그 학교에 갈지도 모르겠다고 말하자, 부모님의 얼굴은 굳어졌다. 클래라의 입장은 이랬다. "부모님이 지원해주시는 건 정말 정말 고맙지만, 제가 당연히 예일에 간다는 생각은 하지 마시라고 했어요. 아빠는 화를 내셨죠. '너 아직도 사춘기냐? 왜 그렇게 별나게 굴어? 금메달을 땄는데 은메달을 목에 거는 사람은 없어.'"

그러는 와중에 클래라는 미들베리 칼리지에도 합격했고, 집안 분위기는 그야말로 쥐 죽은 듯 가라앉았다. "봉투를 뜯어보고 정말 기뻤어요. 부모님은 제가 좋아서 우는 걸 그냥 쳐다보고 계시더라고요. 그래 이제 어쩔 셈이냐 하는 표정으로."

긴장감 속에 2주가 지나갔다. 예일대학 입학처에서 계속 클래라에게 편지와 이메일을 보내며 입학 결정을 독촉했다. 진심인 것 같았다. 그리고 클래라도 부모님이 뭘 원하는지 잘 알고 있었다. 하지만 여전히 클래라는 미들베리 칼리지에 미련을 버리지 못했다. 중대한 결정이었기 때문에 등록 마감일 직전까지 결정을 미뤘다. 결국 클래라는 혹스비의 예측과 정확히 일치하는 선택을 했다. 예일대학에 가기로 결심한 것이다. 금메달을 따고도 은메달을 목에 거는 사람은 없으니까.

캐럴라인 혹스비는 대학 입시전형과 관련된 데이터를 면밀하게 분석하면서 흥미로운 점을 하나 발견했다. 대학 입시에서 고득점자들이 높은 확률로 따르게 되는 의사결정 알고리즘(언제나 합격한 대학 중 최고 명문대를 선택하라)이 일관되게 적용되는 특정한 집단이 있었는데, 모두 부유층이었다. 사실 부유층의 범위는 상당히 넓다. 네드의 컨설팅 센터를 찾은 학생들의 사례에서도 알 수 있듯이, 고득점자 수험생 대부분이 엄청난 부잣집 아이들이거나, 적어도 잘사는 집 아이들이다. 하지만 다 그런 건 아니다. 혹스비가 확인한 것은, 똑같은 고득점자라도 대학에 지원할 시기가 오면 가정 형편에 따라 학생들의 행동 양식이 달라진다는 사실이었다.

혹스비가 이 사실을 확인하기까지는 오랜 시간이 걸렸다. 시작은 2004년, 하버드대학 경제학과 교수로 재직하던 시절로 거슬러 올라간다. 그해 로런스 서머스 하버드대학 총장은 이른바 하버드 장학금 구상 Harvard Financial Aid Initiative[12]을 발표했고 언론은 이 소식을 대서특필했다. 서머스 총장은 하버드 학부생 가운데 부모의 연소득이 4만 달러 미만인 학생들에게 앞으로 등록금을 전액 면제해주겠다고 선언했다.

서머스 총장의 장학금 구상이 어떤 성과를 거뒀는지 알아보기 위해, 혹스비는 동료 교수 크리스토퍼 에이버리와 함께 장학금 구상의 효과를 연구해보겠다고 하버드대학 행정처에 제안했다. 그로부터 2년 동안 입학처에서 받은 자료를 분석한 결과, 혹스비와 에이버리는 서머스 총장의 계획이 언론의 비상한 관심을 모으긴 했지만, 실제로는 이렇다 할 변화를 일으키지 못했음을 확인했다. '서머스 구상'은 원래 미국 전역에서 성적이 우수한 빈곤노동계층 학생들이 하버드대학에 대거 지원할 수 있도록 문호를 넓히겠다는 의도로 시작했지만, 하버드 신입생 1600명 가운데 빈곤층 학생은 다 합쳐봐야 해마다 평균 15명 늘었을 뿐이고, 그나마도 대부분 하버드가 아니라도 예일이나 프린스턴에 입학할 수 있었던 학생들이었다.

혹스비는 놀랄 수밖에 없었다. 하지만 연구 결과를 입학처장과 입학사정관들에게 보여주었을 때, 정작 그들은 별로 놀라는 기색이 아니었다. 입시 관계자들은 서머스의 구상에 처음부터 회의적이었기 때문이다. 그들은 전국의 빈곤층 학생 가운데 하버드대학 입학전형을 통과할 만큼 뛰어난 학생은 극소수뿐이라고 생각했고, 게다가 해마다 하버드가 (그리고 다른 엘리트 대학 모두) 전국 고등학교 졸업반에서 수재들을 한 명도 남김없이 샅샅이 찾아내고 있다고 했다.

혹스비와 에이버리는 자료를 다시 검토해 이런 현상이 벌어진 원인을 찾기로 했다. 이번에는 ACT사에서 제공받은 자료를 덧붙이고 지역 변수를 포함하는 알고리즘을 한층 더 정교하게 다듬어서 전보다 광범위한 데이터베이스를 확보했다. 그리고 곧 하버드대학 입학처가 완전히 틀렸다는 결론에 도달했다. 입학처에서 전혀 생각지 못한 집단이 따로 있었다. 실제로는 빈곤층이면서 학업 능력이 뛰어난 아이들이 전국에 수없이 많았다. 혹스비와 에이버리가 산출한 자료에 의하면, 가계소득이 연 4만 2000달러 미만으로 하위 20퍼센트 빈곤층에 속하는 공립 고등학교 졸업생 가운데, 해마다 약 3만 명이 최우등 성적을 받았다. 바꿔 말하면, 이들은 내신성적 GPA가 A- 이상인 데다 ACT나 SAT 점수도 상위 10퍼센트에 해당되는 성적, 즉 ACT 29점 이상 또는 SAT 1300점 이상이었다.

문제는 하버드대학 입학처에서 이런 학생들을 선발하지 않은 게 아니었다. 하버드는 이런 학생들이 있다는 사실을 아예 몰랐다. 혹스비와 에이버리는 이 문제가 하버드가 예비 신입생들을 어느 집단에서 모집하는지, 그리고 더 나아가 빈곤층 우등생들이 어떤 과정을 거쳐 어느 대학에 지원하는지와 관련이 크다고 결론지었다. 혹스비와 에이버리가 새로 발견한 빈곤층 우등생 집단을 다시 심층 분석했을 때 알아낸 것은, 비슷한 성적의 부유층 학생들처럼 대학 입시에 임하는 빈곤층 우등생이 겨우 8퍼센트 정도라는 사실이었다. 사립 고등학교에 다니는 부유층 학생들은 몇 년 동안 귀에 익은 진학지도 교사의 조언, 즉 일류 명문대를 포함해 여러 대학에 지원하고 합격한 대학 중 최고 명문대에 입학하라는 조언에 따라 행동한다. 혹스비와 에이버리는 이처럼 대학 입시에서 부유층과 유사한 행동 양식을 보이는 빈곤층 우등생을 '성취형achievement-typ-ical' 집단이라고 규정했는데, 이들은 보통 대도시에 산다. 그리고 대부분 기숙형 사립 고등학교(아마도 장학금을 받아서), 또는 전통적으로 아이비 리그 합격생을 많이 배출하는 마그넷 스쿨magnet school 계층과 지역에 상관없이 우수한 학생을 유치하기 위해 특별한 시설과 교육과정을 갖춘 학교로 우리나라 특목고에 해당된다에 다녔다.

소수의 성취 지향적 학생과 달리, 대부분의 빈곤층 우등생은 포부가 그리 크지 않았다. 그들은 빈곤층 열등생들과 똑같은 행동 양식을 보이며, 한두 군데 대학에만 지원했고 그나마도 집에서 가까운 2년제 커뮤니티 칼리지나 4년제 주립대학이었다. 대부분이 명문대에는 아예 지원하지 않았다. 혹스비와 에이버리는 이런 학생들을 '소득형income-typical' 집단이라고 규정했다. 이들의 대학 선택 기준은 본인의 학업 능력이 아니라 본인이 속한 사회경제적 계층이었다. 성취형 집단과 비교하면, 소득형 집단은 소도시나 지방에 살았고 학업 성취도가 낮은 고등학교에서 홀로 두각을 나타내는 부류였다. 또한 소득형 학생들은 대다수가 백인이었다. 구체적으로는 소득형 집단의 80퍼센트가 백인인 반면, 성취형 집단은 45퍼센트만 백인이었다.

혹스비가 생각하기에, 빈곤층 우등생 중에서도 소득형 집단은 정보 빈곤이 가장 큰 문제였다. 이들은 명문대학에 대해 잘 모르고 지원 방법도 몰랐다. 예컨대 자신이 입학전형료 면제 대상이라 무상으로 대학에 지원할 수 있다는 사실조차 모르고 있었다. 그리고 학교 성적과 시험 성적이 그만큼이면 명문대학에 합격할 수 있다는 것, 명문대에 합격하면 장학금을 충분히 받게 된다는 것, 심지어 학비 지원이 너무 많아서 집 근처에 있는 괜찮은 주립대학에 다니는 것보다 고향을 떠나 일류 명문대에 다니는 게 실제로 훨씬 경제적이라는 사실 또한 몰랐다. 혹스비가 짐작한 대로, 빈곤층 소득형 학생들이 그런 중요한 정보에 무지했던 이유는, 주변에 알려주는 사람이 아무도 없었기 때문이다. 가족 중에도, 학교 선생님도, 심지어 이웃 사람 그 누구도, 자기가 살던 지역을 벗어나 명문대에 진학한 사람이 없었다. 그리고 하버드 같은 엘리트 대학도 이 학생들에게 그런 정보를 알려주지 않았다. 적어도 가까이에서 직접적으로는 아니었다. 엘리트 대학은 소득형 우등생이 다니는 고등학교에는 입시설명회를 좀처럼 나가지 않는데, 그곳이 어딘지도 잘 모르기 때문이다.

2009년에 혹스비와 에이버리는 연구를 마무리한 뒤 결과 발표를 앞두고 있었다. 하지만 혹스비는 발표를 미루자고 에이버리를 설득했다. 몇 달도 아니고 몇 년이나 발표를 미룬 것은 흔치 않은 행보였다. 특히 이들의 연구를 뒷받침하는 데이터가 너무 충격적이고 의외였기 때문에 더 그랬다. 하지만 혹스비는 단순히 문제를 진단하는 데서 멈추지 말고 연구를 더 진척시켜야 한다고 생각했다. 혹스비는 같은 분야를 연구하는 세라 터너 버지니아대학 교수와 팀을 이뤄 해결책을 찾기 위해 후속 연구를 새로 시작했다. 두 사람은 명문대학 입시에서 소외되는 빈곤층 우등생들이 하버드대학을 포함한 명문대 입학전형에 참여할 수 있도록, 일정한 형태로 개입하기로 했다.

혹스비와 터너는 전략을 짰다. 칼리지보드와 ACT사의 데이터베이스를 이용해 빈곤층 우등생 수천 명을 가려낸 다음, 그들에게 적합한 개별 맞춤형 입시정보자료집을 제작해서 일일이 집까지 우편으로 보내는 계획이었다. 자료집에는 학생들이 모를 법한 대학 정보와 함께 명문대학에 지원하기 수월하도록 입학전형료 면제 신청 양식도 여러 장 넣을 생각이었다. 그러고 나서 입시정보자료집을 받은 학생들에게 어떤 일이 벌어지는지 그들의 행동을 추적 조사하기로 했다. 특히 자료집을 받은 학생들의 행동 변화를 확인하기 위해, 비슷한 처지의 학생들을 일부 무작위로 선발해서 자료집을 보내지 않는 대조군으로 삼았다.[13]

2010년 가을, 혹스비와 터너는 자신들의 전략적 연구에 '대학 입시 기회 확대 프로젝트the expanding college opportunities program'[14]라는 제목을 붙이고, 무작위로 뽑은 12학년 빈곤층 우등생 1만 명에게 자료집을 보냈다. 자료집에는 빨간색과 파란색을 넣은 아코디언 파일 폴더에 색깔별로 이름표를 붙여 항목을 구분하고, 그 안에 눈길을 끌 만한 유용한 대학 입시 정보를 가득 채웠다. 맞춤형 인사장부터, 지원 시기와 방법에 관한 요령을 소개하는 소책자, 대학별 학비와 장학금 정보, 입학전형료 면제 쿠폰 8장까지 알차게 구성했다. 심지어 주요 전형 일정을 표시한 냉장고 자석까지 들어 있었다. 그런 다음, 학생들에게 받은 개인 설문지와 각 대학 입학처의 입시 결과 자료를 모아서, 입시정보자료집을 받은 학생들에게 정확히 어떤 일이 생기는지 추적했다. 이를테면 어느 대학에 지원했는지, 어느 대학에 합격했는지, 그리고 합격한 대학 가운데 실제로 어느 대학에 입학했는지까지 확인했다. 2011년 가을, 혹스비와 터너는 추가로 1만5000명에게 자료집을 더 보냈고, 그들의 이후 행적도 조사했다.

결과는 인상적이었다. 자료집을 받은 실험군 학생들은 대조군보다 더 좋은 대학에 여러 군데 지원했고, 그들에게 합격 통지서를 보낸 대학은 높은 대학 졸업률 6년 안에 학사학위를 받고 졸업하는 신입생의 비율과 신입생 SAT 평균 점수, 그리고 풍족한 학생 지원 예산을 자랑하는 명문대학들이었다. 자료집의 효과는 상당했다. 자료집을 받은 학생들은 대조군에 비해 이른바 '동급 대학peer college(해당 학생의 SAT 점수만큼 전체 신입생의 SAT 평균 점수가 높은 대학)' 합격률이 35퍼센트나 높았고, 실제로 그 대학에 입학할 확률도 19퍼센트 높았다. 모든 성과는 학생 1인당 단돈 6달러를 들여 입시정보자료집을 발송한 덕분이라고 혹스비와 터너는 설명했다.

2013년 초, 혹스비는 자료집 연구를 마무리하고 드디어 4년 전 에이버리와 함께 했던 초기 연구의 결과를 발표하기로 했다. 그리고 최대한 효과적으로 결과를 발표하기 위해 신중을 기했다. 그해 3월 혹스비와 에이버리는 「사라진 유일한 기회: 빈곤층 우등생이라는 숨은 자원The Missing 'One-Offs': The Hidden Supply of High-Achieving, Low Income Students」이라는 제목의 논문을 브루킹스 연구소 워싱턴 DC에 위치한 권위 있는 사회과학 연구소 연례 경제학회에서 최초로 공개했다. 『뉴욕타임스』가 혹스비와 에이버리의 연구 결과를 1면 머리기사로 실었다. 2주 뒤에는 혹스비와 터너의 후속 논문 「대학 입시 기회 확대 프로젝트」가 발표되었고, 이 내용 역시 『타임』지가 특집 기사로 실었다. 이어서 더 많은 매체에서 앞다퉈 열광적인 보도를 쏟아냈다.[15] 『대학교육신문Chronicles of Higher Education』은 「6달러짜리 솔루션The 6$ solution」이라는 제목으로 기사를 썼다. 그리고 과학 잡지 『스미스소니언』은 혹스비를 소개하면서,[16] 그녀가 학생들에게 보낸 입시정보자료집을 '마법 꾸러미'라고 표현했고 '최고의 연구 업적'이라는 찬사와 함께 이렇게 결론지었다. "빈곤과 불평등이 고질적인 사회 문제로 부각된 지금, 이 연구는 교육 불평등을 바로잡는 계기를 마련할 것이다."

그해 봄에 나는 워싱턴 DC에서 혹스비 교수를 만났다. 본인의 연구가 주목받는 것에 기뻐했고 후속 연구를 고대하고 있었다. "우리는 실질적으로 대중에게 쓸모 있는 정보를 모두 공개하는 방법을 찾을 겁니다." 그녀는 혹스비-터너 연구의 결과로 "그동안 밀실에 잠들어 있던 방대한 데이터를 누구나 이용할 수 있는 정보로 바꾸는 강력한 도구를 마련했다"고 연구 성과를 자평했다. 평소 침착하고 근엄한 얼굴이지만, 그 말을 하는 입가에는 미소가 번졌다. "기대가 굉장히 커요."

혹스비의 두 가지 연구는 유례없이 언론의 큰 주목을 받았지만, 그보다 더 의미 있는 성과는 언론 보도를 접하거나 논문을 직접 읽은 유력 인사들이 행동에 나섰다는 점이다. 전 뉴욕 시장 마이클 블룸버그는 개인 재단을 통해 혹스비의 연구를 확대하는 데 필요한 거액의 기금을 마련하겠다고 약속했다. 오바마 정부에서 국가경제회의 의장을 지낸 진 스펄링은 혹스비의 연구를 접한 뒤 대학 총장 100여 명을 백악관 최고회의에 불러 모았고, 빈곤층 우등생을 명문대학에 입학시키는 방안에 대해 논의했다. 그 자리에서 오바마 대통령 내외도 열변을 토했다. 하지만 혹스비의 연구에 영향받은 유력 인사 가운데 가장 꾸준히 영향력을 행사한 인물은 데이비드 콜먼일 것이다.

혹스비가 논문을 발표하기 몇 달 전에 콜먼은 칼리지보드 9대 위원장이 되었다. 칼리지보드는 거시경제학부터 음악 이론까지, 고등학생들이 선행하는 AP 과정은 물론이고, 대학입학시험인 SAT를 비롯해 다양한 표준화 시험도 관장하는 기관이다. 내가 콜먼 위원장을 처음 만난 건 그가 취임한 지 1년이 지난 2013년 가을, 혹스비의 연구가 공개되고 얼마쯤 지난 시점이었다. 우리는 뉴욕 맨해튼의 유니언스퀘어가 내려다보이는 콜먼의 아파트에서 광택 나는 원목 테이블을 사이에 두고 마주 앉았다. 그는 혹스비의 연구에 적잖이 놀란 게 분명했다. "솔직히 말해서, 연구 결과를 보고 충격을 받았습니다. 가난한 아이들이 노력한 만큼 기회를 얻지 못하는 불평등한 현실에 놀랐어요. 우등생에다 입학시험에서 고득점을 받은 아이조차 대학 입시에서 그런 불리한 선택을 하다니 말입니다." 그는 고개를 가로저으며 말했다. "그렇게 많은 학생이 그런 행동을 하는 게 이해가 잘 안 돼요. 비합리적인 선택을 하는 경우가 꽤나 많더군요."

콜먼은 1969년생으로 맨해튼 출신이고, 매일 저녁 식탁에서 예술과 문학과 철학 이야기가 오가는 가정 환경에서 자란 인물이다. 그는 칼리지보드와 SAT 덕분에 엘리트 코스를 거쳐 자기 실력으로 성공했다. 중학교 때 뉴욕시 고교 입학고사에서 높은 점수를 받아 뉴욕 최고의 공립학교 스타이버선트 고등학교에 진학했고, 12학년 때는 SAT에서 높은 점수를 받아 예일대학에 진학했으며, 대학에 가서는 로즈 장학생으로 선발돼 영국 옥스퍼드대학에서 유학까지 했다. 콜먼이 살아온 세상에서, 혹스비 연구의 '금언'(합격한 대학 중 가장 명문대에 입학하라)은 기독교의 십계명이나 다름없었다. 그만큼 당연한 일이었다.

그래서 콜먼은 혹스비의 연구에서 '소득형'으로 구분된 빈곤층 우등생들의 대학 선택, 가령 예일대학 대신 집에서 가까운 2년제 커뮤니티 칼리지에 가는 선택이 크게 잘못됐다고 생각했다. 그리고 이제 그런 학생들의 선택에 영향을 줄 위치에 있는 칼리지보드 위원장으로서, 자신에게 귀중한 기회가 찾아왔다는 생각이 들었다. 칼리지보드라는 조직의 관점에서 보면, 혹스비의 연구가 매력적인 이유는 따로 있었다. 혹스비의 연구 결과는 칼리지보드가 주관하는 표준화 시험의 위상에 해가 되지 않으면서 동시에 대학 입시의 기울어진 운동장을 바로잡는 방법을 시사하는 듯했다. 그것은 새로운 발상이었다. 수십 년 동안 교육 개혁을 주장하는 사람들은 교육 불평등을 해소하려면 대학 입시에서 SAT를 폐지하거나 축소해야 한다고 주장해왔다. 그런데 이들과 반대로, 혹스비는 표준화 시험 점수를 기초로 특별히 주목해야 할 학생들을 찾아냈으니, 칼리지보드 입장에서는 혹스비의 연구가 SAT의 위상을 높이고 계속 강화할 수 있는 근거가 되는 셈이었다.

혹스비와 터너는 논문에서 칼리지보드와 ACT사가 나서서 빈곤층 우등생에게 대입정보자료집을 보내라고 공개적으로 요청했다. 이에 콜먼은 혹스비의 도전을 받아들이기로 하고, 혹스비의 연구처럼 입시정보자료집을 대량으로 제작해 수험생들에게 보내기로 했다.

"혹스비의 연구 결과를 보고 결정했죠. 우리도 한번 제대로 해보자고 했습니다." 콜먼이 계획을 설명했다. "그 아이들을 칼리지보드가 '돌보기로' 했습니다. 돌본다는 의미는 이런 거죠. 혹시 탈선하거나 본인의 성적에 어울리지 않는 대학에 가지는 않는지, 그리고 최대한 다양한 대학에 지원하는지 살펴볼 겁니다. 우리가 발송할 입시자료집은 칼리지보드가 향후 추진하게 되는 여러 학생 지원 방안 중 하나고, 그것도 아주 확실한 방법이에요. 간단히 생각하면, 이번 지원 계획의 핵심은, 기회를 얻을 자격이 있는 아이들이 반드시 기회를 잡아야 한다는 겁니다."

3. 테 일 러 즈 빌

콜먼 위원장과 혹스비 교수는 둘 다 아이비리그 출신이다.[17] [18] 그리고 로즈 장학생으로 옥스퍼드에서 유학했고 독서광에다 미술 애호가라는 공통점이 더 있다. 콜먼은 고대 철학과 영문학을 전공했으며, 혹스비는 오페라와 발레에 열광하고 프랑스 요리에도 능하다. 두 사람처럼 고급 문화를 누리는 고학력자들의 세계에서는, 콜먼의 생각이 일반 상식이다. 뛰어난 성적으로 미국 최고의 일류대학에 입학할 수 있는 실력이라면, 반드시 일류대학에 가야 한다. 다른 선택을 하는 건, 그의 말대로, '배신'이다.

하지만 그들과는 다른 지역과 다른 계층에 속하는 사람들에게, 대학에 갈지 말지 그리고 간다면 어느 대학에 갈지 선택하는 것은 훨씬 더 복잡한 문제다. 가족들의 태도나 본인의 정체성, 선대의 역사, 고향을 떠나는 문제 등 여러 요인이 복잡하게 뒤엉켜, 감정적으로나 경제적으로 큰 부담이 되는 일이다. 내가 이런 복합적인 문제를 유난히 확실하게 느낄 수 있었던 곳은 노스캐롤라이나주 테일러즈빌이다.

테일러즈빌은 노스캐롤라이나주 서쪽 끝에 위치한 작은 마을로, 애팔래치아산맥이 테네시주 방향으로 솟아오르기 시작하는 외진 곳이다. 월마트와 오토존 지점이 하나씩 있고 중국요리집이 하나 있는 정도다. 여기서 스타벅스나 영화관에 가려면, 그러니까 인구 5000명이 넘는 마을에 가려면, 자동차로 최소 30분은 달려야 한다. 테일러즈빌은 혹스비의 연구에 포함된 지역이다. 다시 말해, 빈곤층 우등생이 일류대학에 진학하지 못하는 그런 마을이다. 이곳은 인구가 적고 그나마도 거의 백인인 데다, 대학을 나온 사람은 겨우 일곱에 한 명꼴이다. 얼마 전까지 지역 주민의 경제적 기반은 근처에 있는 건실한 가구 공장이었지만, 지난 20여 년 동안 보수가 좋은 생산직 일자리는 거의 자동화 기계나 이주민 노동자들의 몫으로 넘어갔다. 2016년 대선에서 유권자의 75퍼센트가 공화당 후보에 투표할 정도로 보수적인 지역이다.

테일러즈빌에 고등학교라고는 알렉산더센트럴 고교 하나뿐이다. 테일러즈빌 서쪽에 있는 이 학교는 소나무 숲으로 둘러싸인 널찍한 운동장 끝에 자리 잡은 붉은 벽돌 건물이다. 2015년 가을, 킴 헤닝이라는 여학생을 내가 처음 만난 곳도 여기다. 시원한 푸른 눈동자에 옆으로 바짝 빗어 넘긴 갈색 앞머리가 인상적이었던 킴은, 그때 막 12학년에 올라갔고 운동신경이 좋았다. 킴은 혹스비와 콜먼의 대학 입시정보자료집을 받아야 할 전형적인 학생이었다. 학교 내신 GPA가 4.5 만점이었고, AP 선행 과정을 모두 이수했으며, 마칭밴드marching band에서 드럼라인의 캡틴을 맡고 있었다. 그리고 지난봄에 응시한 ACT 시험에서 27점을 받았다.

킴은 대학 진학을 염두에 두고 있었지만, 정말 대학에 갈 수 있을지 아직 확신하지 못했다.

킴의 어머니는 대학에 다닌 적이 없었고, 그녀와 결혼했던 남편 셋도 마찬가지였다. 킴의 어머니가 10대 때 킴의 의붓오빠들인 트레버와 오리를 함께 낳은, 해병이었던 첫 남편도 그랬고, 역시 해병으로 이라크에서 2년간 복무한 후 지금은 플로리다에서 자동차 수리공으로 일하는 킴의 친아버지도 그랬고, 제철소에서 일하며 테일러즈빌의 좁은 월세집에서 킴의 어머니 및 삼남매와 함께 사는 킴의 의붓아버지 빌리 역시 대학 근처에도 못 가본 사람이었다. 킴의 어머니는 딸의 대학 진학에 찬성하는 편이었고 때로 격려 비슷한 말도 해주었지만, 대학 입시에 관해서 아는 게 별로 없었다. 그래서 킴은 재정 지원 신청 서류처럼, 실질적으로 부모 역할이 필요한 부분에서 도움을 기대할 수 없었다.

킴은 식구들이 대학 진학을 응원하기보다 방해한다는 느낌을 자주 받았다. "다들 고리타분해요. 제가 졸업하면 엄마처럼 결혼해서 애 낳고 살기를 바라죠. 근데 전 절대 싫거든요. 아이라니 말도 안 돼요. 전 꼭 대학에 갈 거예요. 처음부터 바라던 거니까요. 테일러즈빌에서 벗어나고 싶어요." 킴이 말했다.

그해 가을에 나와 만났을 때 킴은 자기가 꿈에 그리는 학교는 뉴욕 이타카에 있는 코넬대학이고, 거기서 환경 지속성 분야를 공부해보고 싶다고 말했다. "쉽지 않겠지만, 정말 정말 그 대학에 가고 싶어요. 코넬대 학생이 된다면 세상을 다 가진 기분이겠죠."

그때까지 학교생활을 열심히 한 것도 있지만, 킴이 코넬대학을 1순위 지망 대학으로 정하게 된 데는 좀 뜬금없는 계기가 있었다. 여름방학 동안, 큰오빠 트레버가 뉴욕주 북부로 자동차 여행을 떠날 계획을 세웠고, 킴이 지도를 보다가 트레버의 목적지 부근에 있는 아이비리그 대학, 바로 코넬대학을 발견한 것이다. 그래서 킴은 여행에 합류하기로 했다. 킴은 코넬대학에 대해 아는 게 거의 없었지만, 아이비리그 대학이 최고의 명성을 떨친다는 정도는 알았다. 그렇게 남매는 길을 떠났다.

이타카까지 가는 길은 멀었다. 트레버는 10년 된 고물 해치백 자동차에 킴과 킴의 절친 앨리, 트레버와 밴드를 같이 하는 친구 두 명, 고양이 '털뭉치'까지 싣고 14시간을 달렸다. 일행은 펜실베이니아주에 도착해 시즈패스트푸드와 휘발유를 판매하는 편의점 체인에서 패스트푸드를 사먹은 다음 홈디포건축 자재 및 인테리어 용품을 주로 판매하는 대형 마트 체인 주차장에서 눈을 붙였고, 캠퍼스 투어에 참가하기 위해 이튿날 새벽 이타카로 향했다. 캠퍼스 투어를 시작한 킴은 코넬대학이 너무 좋았다. 이타카는 익숙하고 편안한 소도시 느낌이었지만 그래도 테일러즈빌과는 달랐다. 이타카에는 서점과 커피숍이 즐비했고 이상과 기회가 가득했다. 킴은 코넬대학 신입생이 되어 책 읽고 공부하고 새로운 친구들을 사귀는 자신의 모습을 그려봤다.

몇 달이 지나 나를 다시 만났을 때, 킴의 열정은 식어 있었다. "정말 가고 싶었어요. 하지만 코넬대학에 들어가면 얼마나 힘들지는 미처 생각 못 했던 거죠. 거기 가면 고등학교 수석 졸업자가 수두룩할 텐데, 그런 애들도 죽도록 공부해서 코넬에 가는 거잖아요." 킴은 벌써부터 온갖 시험과 지원 서류 준비에다 등록금 걱정까지 하느라 진이 빠졌다면서, 자기 수준에 맞게 맘 편히 다닐 수 있는 대학에 들어가고 싶다고 털어놓았다. "대학생이 되면 좀 즐기고 싶어요. 계속 공부만 하긴 싫은데, 코넬대학에 가면 그래야 할 거예요. 그 학교 학생들은 평생 공부밖에 안 하니까요."

킴은 코넬 같은 엘리트 대학에 가는 게 사실은 너무 두렵다는 말도 했다. 낙제할까봐 무서운 거였다. 코넬에 갔다가 그만두고 다시 고향으로 오기는 싫었다. "제일 큰 걱정이죠. 결국 못 버티고 집으로 돌아오게 될까봐 겁나요. 그런 사람도 많거든요. 처음에는 '야, 나 대학 간다!' 하면서 호기롭게 떠났다가 중간에 관두고 돌아오는 사람들이요. 코넬대학에서 불명예 귀향하느니 애초에 안 가는 게 훨씬 더 낫겠어요."

코넬 대신 킴이 선택한 학교는 클렘슨대학과 오리건대학이었다. 클렘슨대학은 사우스캐롤라이나에 있는 주립대학으로, 킴이 마칭밴드 경연대회에 참가하거나 미식축구 경기를 응원하러 여러 번 가본 학교였다. 오리건대학은 킴의 영어 교사가 언젠가 학교 복도에서 마주쳤을 때 추천해준 대학이었다. 킴이 다니는 고등학교의 진학지도 교사는 학생들에게 경험에서 우러난 조언이나 진로 제시를 해주지 못하는 모양이었다. 킴은 오리건대학이 "그냥 집에서 엄청 멀어서" 마음이 간다고 했다. 성적으로만 보면 두 대학 모두 지나치게 하향 지원하는 셈이었지만, 킴은 신경 쓰지 않았다. 대학에 가서도 지금처럼 우등생으로 지낼 생각을 하면, 엘리트 대학에서 계속 뒤처지는 것보다 나을 듯했다. "클렘슨대학이나 오리건대학에 가면 저도 진짜 잘할 수 있을 것 같아요. 그 정도 대학이 제가 감당하기에 딱 좋아요. 제 능력을 유감없이 발휘할 수 있을 거예요."

킴은 클렘슨대학에 가서 도서관과 기숙사를 둘러보고 학교 명물인 종탑 정원과 거울 연못에도 가봤다. 마음에 들었다. "가보니까 바로 알겠더라고요. 벌써 집처럼 편안하게 느껴졌어요." 클렘슨대학 주위의 풍경도 익숙했다. 클렘슨은 테일러즈빌에서 애팔래치아산맥을 따라 서남쪽으로 100킬로미터 떨어진 곳이었고, 완만한 산과 소나무 숲도 비슷하고 칙필레미국의 치킨 패스트푸드 체인점와 퍼블릭스 슈퍼마켓이 있다는 점도 테일러즈빌과 똑같았다. 결국 킴은 코넬대학에 아예 지원서를 내지 않았다. 그리고 클렘슨대학을 택했다. 킴은 혹스비가 규정한 용어로 말하자면 '성취형'이 아니라 '소득형' 결정을 했다. 혹스비가 대입정보자료집을 보내 미리 막으려 했던 그 선택을 킴은 고스란히 한 것이다.

킴의 선택이 잘못일까? 정말 스스로를 배신한 걸까?

킴과 나는 2년 동안 여러 번 만났고, 어쩌다보니 만날 때마다 우리가 나누는 이야기는 대학에서 시작해 가족으로 끝났다. 처음 만났을 때부터 킴은 집안이 좀 엉망이라고 이야기했다. 새아버지는 술꾼이고 어머니와 자주 다퉜다. 물리적 폭력으로 이어지진 않았지만, 심각한 적도 꽤 많았다. 두 사람은 고함을 지르며 싸우다 접근금지명령을 신청하기도 하고, 상대방이 아끼는 옷을 가위로 난도질하거나 소지품을 앞마당 쓰레기 더미에 내다 버리기도 했다.

킴이 기억하는 가장 행복한 시절은 다섯 살 무렵 잠깐이다. 그때 군인이었던 킴의 친아버지가 LA와 라스베이거스 사이에 위치한 캘리포니아주 포트어윈 부대에 배치받고, 온 가족이 모하비 사막 한가운데에서 살았다. 어머니, 아버지와 오빠들까지, 진짜 가족답게 오순도순 살던 시절이었다. 그러다 부모님의 결혼생활에 문제가 생겼고, 어머니는 친정 식구들이 모여 사는 테일러즈빌로 이사했다. 이사하자마자 킴의 아버지는 이라크에 파병됐는데, 당시에 킴은 잘 이해하지 못했지만, 어머니와 헤어져 영원히 가족을 떠난 것이었다. 킴은 그때 일곱 살이었고, 열두 살이 돼서야 다시 아버지를 만날 수 있었다.

테일러즈빌에서 '가족'은 포트어윈에서 살 때와는 전혀 다른 모습이었다. 외할아버지와 외할머니, 증조외할아버지와 증조외할머니, 사촌과 육촌과 그들의 의붓 형제자매들까지 4대가 한데 얽혀 서로 살림살이와 밥벌이와 인생에 참견하는 대가족으로 연결돼 있었다. 킴의 식구들은 외할아버지 집에 들어가 살았고, 나중에 월세집에서 쫓겨난 이모네 식구들까지 들어오는 바람에 결국 열두 명이나 되는 대가족이 낡고 비좁은 집에 부대끼며 살게 되었다. 그런 시절에 킴에게 학교는 뒷전이었다. 킴은 초등학교 때 읽기와 수학을 좋아했지만 수업 시간에 버릇없이 굴다 혼나는 게 일상이었다. 6학년 때는 학교를 하도 빼먹어서 교장이 경찰에 신고하겠다고 킴의 어머니에게 으름장을 놓을 정도였다.

트레버는 그때 고등학생이었는데, 갑자기 성적이 올라 주변을 깜짝 놀라게 했다. 트레버는 내신성적도 좋았고 AP 과정도 이수하고 있었던 데다 수업 태도도 좋았다. 일가친척 가운데 대학에 간 사람이 한 명도 없었지만, 트레버는 대가족 최초로 대학에 가기로 결심했다. 그는 집에서 한 시간 거리에 있는 노스캐롤라이나주 분Boone 소재 4년제 종합대학인 애팔래치아주립대학에 지원해서 합격했다. 온 가족의 환호성이 쏟아졌다. 특히 킴의 어머니는 대학생이 된 아들을 무척 자랑스럽게 여기며, 등록금을 마련하기 위해 대출을 받고 허리띠를 졸라맸다. 식구들이 모두 모여 크게 환송회를 열어주었고, 대가족 1호 대학생에게 큰 기대를 걸었다.

그리고 기대는 참담하게 무너졌다.

어느 11월 저녁, 나는 테일러즈빌에 있는 킴의 집을 방문했다. 그리고 주방의 아일랜드 식탁 앞에 선 채로 킴과 오리와 함께 몇 시간 동안 트레버의 이야기를 들었다. 20대 중반이 된 트레버는 애팔래치아주립대학에서 허비한 몇 개월 동안 무슨 일이 있었는지 말해주었다. 늦은 저녁 시간이었지만, 트레버는 방금 자다 깬 사람처럼 눈이 흐리멍덩했다. 그는 색이 바랜 녹색 티셔츠와 운동복 바지 차림으로, 커피 머그잔을 손에 꽉 쥐고 슬리퍼를 질질 끌면서 부엌을 이리저리 돌아다녔다. 트레버는 남부 어느 대학가의 레코드 가게 점원이라고 해도 어색하지 않을 법한 사내였다. 아담한 키에 후줄근한 차림새, 우수에 젖은 눈매와 유약해 보이는 얼굴, 덥수룩한 수염에다 팔뚝의 작은 문신까지.

"대학은 감당하기에 너무 벅찼어요." 트레버가 느릿한 남부 말투로 이야기를 꺼냈다. "대학에 들어가보니, 다들 나보다 제 앞가림을 잘하더군요. 난 뭘 어떻게 해야 할지 막막하기만 했는데." 그는 난생처음 집과 가족을 떠나왔기 때문에 대학 신입생이 갖춰야 하는 기본적인 생활력이 부족했는데, 이를테면 서류 작성이나 공과금 납부나 심지어 세탁기 사용법도 잘 몰랐다. 게다가 대학 강의도 따라가기 힘들었다. "고등학교 때처럼 적당히 해선 안 되겠더라고요. 그래서 수업에 뒤처지기 시작한 순간부터 그냥 술을 퍼마시고 애들이랑 어울려 놀았어요." 맥주 소비량이 치솟자 학점은 곤두박질쳤다. 결국 트레버는 GPA 0.8로 대학 첫 학기를 마쳤고, 기숙사에서 '쩜팔이'라는 별명을 새로 얻었다.

트레버는 2학기 중간에 휴학계를 낸 뒤 테일러즈빌에 돌아와 여름까지 머물렀고, 대학생활에 재도전하기 위해 가을학기에 복학했다. 그때는 기숙사에 들어갈 자격이 안 돼 몇몇 친구와 함께 캠퍼스 밖에 아파트를 얻었다. 얼마 후 술 파티가 다시 시작됐다. 밤마다 아파트에 맥주 캔과 보드카 병이 나뒹굴었고 특별한 날에는 환각제LSD도 한두 알 곁들여졌다. 아무도 학교에 나가지 않았고, 그러다보니 항상 곁에 술친구가 있었다. 트레버는 자신이 무책임하게 허송세월만 하고 있다는 걸 알았지만, 묘하게도 살아 있다는 기분이 들었고, 인생에서 돌이켜보게 될 결정적 순간이 바로 그 시절인 것 같았다. 주변의 기대를 저버리는 심정은 비참하면서도 뭔가 낭만적이었다. 자신과 처지가 비슷한 남부 시골 출신 '찌질이'들을 술벗 삼아 다 같이 실패를 맛볼 때는 더 그랬다.

하지만 그런 생활의 끝은 불 보듯 뻔했고, 몇 달 뒤에 트레버는 아예 대학을 떠나야 했다. "인생에서 한 번뿐인 기회였죠." 트레버가 씁쓸하게 말했다. "그런데 난 그걸 날려버렸어요." 그는 대학을 자퇴한 뒤로 빚을 내서 몇 년 동안 친구들과 어울려 히치하이킹으로 전국을 떠돌아다녔다. 그러는 동안 여기저기서 잡일도 해보고 소소하게 경범죄도 저질렀다. 결코 행복한 시간은 아니었다. 지금 트레버는 테일러즈빌 고향집에서 어머니와 살고 있으며, 거의 최저시급을 받으면서 통신회사 AT&T 콜센터에서 근무한다. 그리고 집 지하실에는 트레버가 동생 오리와 함께 합판을 잘라 붙여 엉성하게 테이블을 세우고 콘솔과 모니터와 헤드셋과 컨트롤러 등 게임 장비 일체를 장만해서 꾸민 형제만의 신성한 게임 공간이 있다. 집에서 30분 거리에 있는 히커리로 통학하며 커뮤니티 칼리지에서 용접 기술을 배우는 오리와 함께, 트레버는 깜깜한 지하방에서 몇 시간이고 스카이림이나 폴아웃4 같은 액션 RPG 게임을 하면서 소일했다.

트레버의 대학 중퇴 사건은 본인뿐만 아니라 가족 모두에게 깊은 상처를 남겼다. 처음에 트레버가 애팔래치아주립대학에 합격했다는 소식은 모두에게 긍정과 희망을 상징하는 좋은 징조였다. 트레버가 대학을 무사히 졸업하고 나면, 온 가족에게 새로운 미래가 펼쳐질 수도 있었다.

"트레버라면 해낼 거라고 다들 믿었어요. 그래서 오빠가 자퇴했을 때 다들 눈앞이 캄캄했겠죠. 아마 가족들은 화가 났던 거 같아요. 오빠한테 돈도 빌려줬으니까, 분명 투자한 보람이 있을 거라 생각했을 텐데 말이에요. 그리고 이제 제 차례가 되니까, 뭐 하나같이 시큰둥해요. 벌써 한번 겪어봤다 이거죠. 오빠에 대한 기대가 워낙 컸기 때문에, 이번에 저한테는 조금도 기대하기 싫어하는 눈치예요." 킴은 이런 상황이 너무 억울하다고 말했다. "저는 우리 식구들처럼 사는 건 생각해본 적도 없어요. 늘 지금보다 더 나은 인생길로 가고 싶었죠. 하지만 모두들 제가 트레버 오빠랑 다를 게 없다고 생각해요. 트레버처럼 될 거라고 자꾸 낙인을 찍는 거예요."

트레버 입장에서는 여동생과 자신에게 공통분모가 있다는 점이 싫지만은 않았다. 하지만 킴의 생각은 달랐다. 트레버가 대학에서 망가질 때 킴은 중학생이었고, 오빠가 고생하는 모습을 보고 정신이 번쩍 들어 그때부터 열심히 공부에 매달렸다. 그리고 고등학생이 되자, 오빠의 전철을 밟게 될까봐 덜컥 겁이 났다. 그래서 킴은 오빠와 자신의 공통분모를 하나씩 지워나갔다. 트레버가 고등학교 때 AP 과정을 두 과목 들었다고? 그렇다면 킴은 여섯 과목 전부를 신청했다. 트레버는 고등학생 때 굳이 아르바이트를 하지 않았지만, 킴은 학교 마칭밴드 연습 후와 주말마다 KFC에서 아르바이트를 해서 대학 등록금을 조금씩 모았다. 트레버가 목표의식 없이 만사태평이었다면, 킴은 투지가 넘치는 야심가라서 고등학교 내내 동아리 활동, 방과 후 수업, 여름방학 특강 등 닥치는 대로 스스로를 채찍질했다.

　마침내 12학년이 되어 대학에 가겠다고 선언했을 때, 킴은 6년 전 트레버와 달리 가족들의 격려를 온전히 받지 못했다. 새아버지 빌리는 등록금을 보태줄 생각이 없다면서, 어차피 킴이 대학에 떨어질 수도 있다고 미리부터 초를 쳤다. 크리스마스에 온 가족이 모인 자리에서, 트럭 운전기사 래리 삼촌은 대학 졸업장이 돈 낭비에 시간 낭비라고 타이르듯 말하고, 대학에 가느니 차라리 군대에 가라고 권했다.

　킴의 어머니와 오빠들 사이에는 좀더 미묘한 긴장감이 감돌았다. 그들은 대학에 가겠다는 킴의 계획을 응원했지만, 트레버 때만큼 진심이 느껴지진 않았다. 어쩌면 킴이 딸이라서 그럴 수도 있었다. 애팔래치아주립대학의 악몽이 이어진 것일 수도 있었다. 하지만 사실 킴의 어머니와 오빠들은 서둘러 대학으로 떠나려는 킴에게 좀 서운한 마음이 들기도 했다. 그들은 킴의 야망을 감정적으로 받아들인 듯했다. 그래서 킴이 자신의 성적으로는 이러저러한 대학에 지원할 수 있고 그 대학이 테일러즈빌에서 얼마나 먼 곳인지 설명하면 할수록, 점점 더 말이 없어졌다.

　킴의 가족에게 가장 소중한 가치는 개인의 성취가 아니라, 가족 간의 의리였다. 킴의 어머니는 애물단지 같은 아들들을 돌아온 탕자로 대했다. 실패를 겪고 집에 돌아온 트레버를 환영했을 뿐만 아니라, 결혼에 실패한 오리와 친손주 둘 그리고 오리가 새 여자친구와 낳은 두 아이까지 모두 집으로 불러들였다. 그녀는 자식들이 여기저기서 사고를 치며 살아도 끄떡없었다. 자식들을 사랑했고, 집 안에 식구가 바글바글한 걸 좋아했다.

　돌아온 탕자 이야기에서 물론, 억울하고 화나는 쪽은 매사에 착실한 자식이었다. 그 자식은 바로 킴이었다. "진짜 열 받아요. 우리 식구 중에 앞날을 계획하는 사람은 저 하나뿐이거든요. 그런데 그렇게 계획을 세우고 테일러즈빌에서 벗어나려 하는 사람이 나쁜 거래요. 제가 가족을 배신한다고 생각해요. '넌 이 집에 살고 싶어하지도 않잖아'라면서 제 탓을 하죠. 하지만 제 목표는 집을 떠나는 게 아니에요. 대학에 가는 게 목표일 뿐인데, 여긴 대학이 없잖아요."

고등학교를 졸업하자마자, 킴은 클렘슨대학에서 3주 동안 진행되는 1세대 신입생 오리엔테이션에 참가했고, 즐거운 시간을 보냈다. 꿈꿔왔던 대로, 대학에는 흥미로운 공부거리와 즐길 거리가 넘쳤고 사람들도 멋있었다. 오리엔테이션 참가자는 백인보다 유색인이 더 많았고, 백인인 킴도 흑인 여학생 무리와 어울리게 되었다. 특히 샤이라, 줄여서 샤이라고 부르는 여학생과 친해졌다. 샤이는 사우스캐롤라이나주 동부, 대서양 해안가에 있는 소도시 출신이었고, 둘은 가을에 첫 학기가 시작되면 룸메이트가 되기로 약속했다.

오리엔테이션을 마치고 돌아온 뒤, 킴은 고등학교 친구 몇몇과 함께 캘리포니아로 여행을 떠나 캠핑을 하거나 싸구려 모텔에 묵으면서, 대학 입학 전 마지막으로 신나게 놀았다. 7월 말에 여행을 마치고 테일러즈빌에 돌아와서, 킴은 대학에 최종적으로 제출해야 할 몇 가지 서류를 준비하기 시작했다. 그런데 한 가지 문제가 있었다. 대학 등록금이었다.

클렘슨대학에서 장학금을 꽤 받았지만, 남은 등록금도 상당한 액수였다. 킴은 어머니가 모아둔 돈이 없다는 건 이미 알고 있었고, 대신 '대학생 학부모 대출Parent Loan for Undergraduate Student, PLUS' 방식으로 등록금 전부 또는 일부를 마련할 수 있을 거라고 생각했다. PLUS는 연방정부에서 신용 등급이 낮은 가정에 지원하는 고금리 학자금 대출이었다. 그런데 신용카드 연체와 자동차 압류 기록 때문에 어머니의 신용 등급이 너무 낮아서 PLUS 대출이 불가능하다는 사실을 7월에야 알게 된 것이 문제였다. 7월이 지나 8월이 될 때까지, 킴은 친척들에게 대출 보증을 좀 서달라고 부탁도 해보고, 클렘슨대학 학자금 지원 부서에 매일 전화해서 대안이 없는지 문의하면서, 어떻게든 등록금을 마련하려고 백방으로 알아봤다. 하지만 킴이 말하길, 그 많던 가족 중 킴의 간절한 부탁을 들어주는 사람은 한 명도 없었고, 클렘슨대학에 전화를 해봐도 진작부터 등록금 납부 계획을 세웠어야 한다는 핀잔만 들었다.

8월 10일, 첫 학기 개강을 단 일주일 앞두고, 킴은 학자금 대출 신청 서류를 여러 장 손에 움켜쥔 채 부엌에 들어서며 어머니에게 함께 다른 대안을 찾아보자고 부탁했다. 아마도 걱정스럽고 딸에게 약간은 미안한 마음에 그랬겠지만, 킴의 어머니는 방어적인 태도로 클렘슨대학 학자금 지원 부서 직원이 내내 킴에게 하던 말을 그대로 되풀이하며 판에 박힌 잔소리를 쏟아냈다. '그러게 내가 뭐랬니. 봄에 입학 지원서 낼 때 네가 알아서 장학금을 더 많이 주는 대학에 지원했어야지.' 킴의 어머니는 모든 게 준비를 미리미리 안 한 킴의 잘못이라고 꾸짖었다.

킴이 고등학교 4년 내내 대학에 갈 준비를 누구보다 더 착실히 해왔다는 건 두말하면 잔소리였다. 그런데 그동안 딸의 대학 등록금을 단 한 푼도 모아두지 않은 어머니가, 이제 와서 일을 그르친 장본인이 킴이라는 듯 행동하고 있었다. 그것이 결정타였다. 거기서 킴은 무너졌다. 킴은 부엌 벽을 등지고 허물어지듯 주저앉아 양팔로 무릎을 감싸안았다. 두

뺨 위로 눈물이 흘러내렸다.

그때 트레버도 부엌에 있었다. 몇 마디 하진 않았지만, 트레버도 어머니 편인 건 분명했다. 킴은 분노와 실망으로 일그러진 얼굴을 들어 두 사람을 올려다봤다. 그리고 울부짖었다. "내가 바란 건 이거 하나뿐이었어. 대학에 가고 싶어. 대학 졸업장을 받고 싶단 말이야!"

"그래 뭐, 인생은 원래 뜻대로 안 되는 거야. 원하는 걸 다 가질 순 없지." 트레버가 무심히 말했다.

"인생이 그런 거라고 말하지 마! 내가 원하는 거, 오빠는 가졌다가 허무하게 버렸잖아."

이제 킴의 어머니도 울고 있었다. 세 사람은 비난과 위로와 동정의 말을 몇 번 더 주고받았다. 이 집안에서 언제나 그렇듯이 각자 입을 닫고 자기 영역으로, 그러니까 트레버는 지하 게임방으로, 어머니는 침실로 흩어지면서 말다툼은 끝났다. 킴은 갑자기 탈진해서 비틀거리며 거실에 놓인 커다란 검정 가죽 소파에 쓰러졌다.

킴은 그렇게 2주일을 보냈다.

소파에 쓰러진 이튿날 아침, 킴은 클렘슨대학 입학처에 전화를 걸어 정식으로 입학을 취소했다. 그런 뒤에는 아무 생각도 할 수 없었다. 그래서 그냥 소파에 널브러져 하루하루를 흘려보냈다. 신입생 오리엔테이션에서 친해진 샤이라와 다른 친구들과 문자메시지를 몇 번 주고받았지만, 자기만 빼고 첫 학기 대학생활을 시작한 친구들의 이야기를 듣고 있자니 괴롭고 우울했다. 킴은 매일 열두 시간씩 내리 잤다. 잠이 깼을 때는 넷플릭스에서 「그레이 아나토미」 시리즈를 시즌 1부터 시즌 10까지 정주행했다.

매일 밤늦게 제철소에서 일하는 새아버지가 퇴근해서 집에 오면, 소파에 그대로 있는 킴을 보고 물었다. "몇 번째 시즌이냐?"

"시즌 2."

이튿날에도 물었다. "시즌 4."

그이튿날에도 물었다. "시즌 7."

그것은 킴이 돌아온 탕자의 시간을 보내는 자기만의 방식이자, 망신스럽게 실패한 뒤에 기다리는 가족들의 품으로 돌아오는 과정이었다. 그리고 예상대로 식구들은 킴을 기꺼이 맞아주었다. 아무도 킴을 비난하지 않았고, 감히 아무도 킴에게 소파에서 비키라고 하지 않았다. 킴의 어머니는 상심한 딸에게 요리를 해 먹였다. 킴이 소파에서 자는 동안 오리는 어린 자녀들을 조용히 시켰다. 트레버는 가끔 킴과 함께 「그레이 아나토미」를 서너 편 보다 내려가기도 했다.

내리 14일 동안 소파를 떠나지 않던 킴이 마침내 몸을 일으켰다. 아직 대학이라는 꿈을 포기할 생각은 없었다. 한두 학기 늦는 한이 있어도 클렘슨대학에 입학할 계획을 세워야 한다고 킴은 마음속으로 다짐했다. 그 첫 단계는 돈을 버는 것이었다. 킴은 이틀 동안 인터넷 구직 사이트를 뒤져 일자리를 찾았다. 샬럿에서 한 시간 거리에 있는 러키도그 바크앤브루라는 스포츠바와 애견놀이터가 복합된 곳으로, 시급은 10달러였다.

킴은 사우스캐롤라이나주로 가서 정규직을 얻으면, 주민등록을 옮기고 연간 2만 달러나 수업료를 덜 내면서 클렘슨대학에 다닐 수 있다는 사실을 알게 되었다. 온라인 벼룩시장 '크레이그리스트'에서 킴은 클렘슨 인근 소도시에 월세방을 내놓은 사람을 찾았고, 일단 한 달 치 월세를 모으자마자 그곳으로 내려가서 이사를 하고 개사육장에 취직해 공식적으로 사우스캐롤라이나 주민이 되었다.

이듬해 1월에 킴은 클렘슨대학에 정식으로 등록했고, 미적분학과 비교정치학, 그리고 공학입문 강의를 수강했다. 공부는 힘들었지만 감당 못 할 정도는 아니었다. 가족 친지들의 예상과 달리, 킴은 트레버처럼 무절제하고 방탕한 길로 빠지지 않았다. 대신 도서관에 오래 머물렀다. 킴은 여자 럭비팀에 들어가서 서남부 지역으로 시합을 다니며 흙먼지와 멍자국을 얻었다. 샤이라와는 지금까지 절친한 사이다.

샤이와 어울려 다니면서 킴이 가장 놀랐던 것은, 가까이서 지켜본 샤이와 부모의 관계였다. 겉으로 보기에는 샤이네 가족도 킴네 가족과 비슷했다. 부모가 빈곤층이고 소도시에 사는 데다 대학도 나오지 않았다. 하지만 킴은 샤이의 부모가 샤이의 대학 교육에 얼마나 전폭적인 지지와 관심을 보내는지 알고 나서 충격을 받았다. 샤이가 대학에 지원할 때, 샤이의 부모는 딸과 함께 대학 홈페이지를 검색하고 입학 지원서를 작성하고 무엇이든 의논하며 매 순간 함께했다고 했다. 대학에 와서 샤이는 세계 영화를 공부하고자 했는데 이 전공은 딱히 돈벌이가 되는 분야가 아니었다. 그래도 그들은 하고 싶은 공부를 하라며 딸을 격려했다. 세 사람은 전화 통화를 자주 했고 소소한 선물이나 다정한 문자메시지도 주고받았다. 샤이가 그런 부모 밑에서 자란 게 부럽냐고 내가 물었을 때 킴은 아니라고, 그저 샤이에게 잘된 일이라고 대답했다.

한편, 킴은 가족과의 유대가 약해지고 있었다. 2주 만에 소파에서 벗어난 뒤로, 킴은 하루빨리 집을 떠나 사우스캐롤라이나주 경계를 넘는 계획에 모든 에너지를 집중했다. 그리고 고등학교 때와 마찬가지로 킴이 가족으로부터 멀어지려 할수록, 식구들 역시 한 걸음 더 물러났다. 킴은 가족과 통화하는 일이 드물었고, 시끌벅적했던 테일러즈빌의 대가족이 그리웠다. 이를테면 빌리의 다음번 재판 출석일이라든지 이모와 육촌들이 수시로 옥신각신하는 모습이라든지. "예전처럼 대가족의 일원이라는 소속감을 느끼고 싶어요. 하지만 확실히 전 겉돌겠죠." 킴은 크리스마스에도 집에 가지 않고 클렘슨 기숙사에서 지냈다. 태어나서 처음으로 가족과 떨어져 지내는 크리스마스였다. 얼마 뒤 1월, 킴이 열아홉 살이 되는 생일날 차를 몰고 테일러즈빌에 갔지만, 다들 별 관심이 없었고 심지어 생일 케이크나 파티도 없었다. 킴은 집에 도착한 지 하룻밤 만에 왔던 길을 도로 달려서 클렘슨으로 돌아왔다.

킴과 이야기를 나눌 때면 캐럴라인 혹스비의 대학 입시정보자료집이 생각나곤 했다. 킴의 사연은 분명 혹스비 연구의 전제에 반하지 않지만, 문제는 더 복합적이다. 지방 소도시의 고교 졸업반 때 킴에게는 사실 테일러즈빌의 학교와 가족으로부터 받은 조언보다 더 나은 진학 상담과 더 많은 대학 입시 정보가 필요했다. 하지만 킴에게 가장 시급한 현실적인 도움이 규격 봉투에 들어가지 않는 것 또한 사실이다. 킴에게 정말 필요했던 것은 실질적인 재정 지원, 즉 학자금 대출 신청서 작성 요령이 아니라 실제 학자금 대출이었고, 샤이라의 부모처럼 정서적 지원을 아낌없이 베푸는 가족이었다.

앞서 언급했듯이, 혹스비의 연구 데이터는 21세기 미국의 대학 교육 시스템에 대해 한 가지 분명한 사실을 밝혀주었다. 지금은 그 어느 때보다, 신입생들의 SAT나 ACT 점수로 결정되는 대학 입학 난도selectivity 합격률이라고도 한다에 따라 대학의 학생 지원금 규모를 직접적으로 예측할 수 있는 시대다. 따라서 순전히 합리성만 따지자면, 학생들은 언제나 최대한 입학 난도가 높은 대학에 들어가야 한다. 그것이 최선의 가치이자 투자 대비 최대 성과를 거두는 방법이다.

하지만 킴처럼, 합리적 잣대만으로 대학을 선택하지 않는 학생들도 있다. 마지막으로 만났을 때 킴은 클렘슨대학에서 3학년 1학기를 마친 상태였다. 킴은 아주 편안해 보였고 자기 선택에 만족했다. 그녀는 지질학을 전공하고 럭비팀 소속으로 원정 경기를 다녔으며 대학원에 진학할 계획이었다. 킴이 클렘슨대학에서 찾은 진짜 가치는 미래 소득만으로 충분히 표현될 만한 것이 아니었다. 킴에게는 대학 친구들과 럭비팀과 전공 학문, 그리고 이 모두에서 얻는 자존감과 소속감이 무엇보다 소중했다.

킴의 이야기를 듣다보면 클래라가 생각났다. 환경은 전혀 다르지만, 두 여학생의 사연에는 비슷한 점이 많았다. 우선 둘 다 ACT 점수 27점에서 출발했다. 물론 클래라는 네드의 고액 과외 덕분에 8점이나 올려 대학 선택의 폭이 엄청나게 넓어진 반면, 킴은 단 한 번만 응시했다는 차이가 있다. 그리고 둘 다 대학을 선택하는 과정에서 우여곡절이 많았다. 킴이 코넬 대신 클렘슨에 가기로 결심했다고 말했을 때, 나는 클래라가 예일과 미들베리 사이에서 결국 예일을 선택했던 때가 생각났다. 두 사람 다 스스로 더 편하게 느끼는 대학(클렘슨과 미들베리)에 갈지 아니면 최고 명문대학(코넬과 예일)에 갈지 양자택일을 해야 했다. 처음에 나는 킴과 클래라가 서로 정반대되는 선택을 했구나 싶었다. 킴은 수월한 학교를 택했고 클래라는 일류 명문대학을 택했기 때문이다.

하지만 다른 관점에서 보면 두 사람의 처지가 오히려 거울 이미지처럼 닮았다는 사실을 결국 깨달았다. 클래라에게 예일은 합격하기 더 어려운 명문대였지만, 한편으로는 더 쉬운 대학이었다. 예일을 선택하는 것이 클래라의 집안 배경에 더 부합하는 쉬운 결정이었다는 뜻이다. 클래라는 어머니와 언니를 따라, 집안의 오랜 전통을 자랑스럽게 이어가며 부모의 기대에 부응했다. 그런데 만약 킴이 코넬을 선택했다면, 고향과 가족을 등지고 외따로 떨어져나가 아무 연고도 문화적 동질성도 없는 낯선 곳으로 가야 했을 테고, 그것은 대가족의 전통을 거스르는 셈이었다. 킴이 테일러즈빌 집에서 300킬로미터 남짓 떨어진 클렘슨대학에 간 것만으로도 가족들은 여전히 배신감에 가까운 서운함을 느끼고 있었다.

킴이 좀더 성취지향적인 선택을 해서 코넬 같은 명문대학에 갔다면, 지금보다 인간적으로 더 행복할 거라고 장담할 순 없다. 하지만 클래라 같은 학생이 결국 예일 같은 명문대학에 들어가고, 킴 같은 학생이 결국 클렘슨 같은 비명문대학에 들어가는 시나리오는 결코 이상적인 상황이 아니며, 이미 널리 퍼진 대학 교육 불평등을 계속 더해갈 수밖에 없음이 확실하다. 실제로 예일대학에 가면 클렘슨대학에 가는 것보다 훨씬 많은 혜택이 생긴다. 심각한 문제는, (라즈 체티의 연구에서 밝혀졌듯이) 예일대학에 들어가는 학생 중 겨우 2퍼센트가 킴과 같은 사회경제적 배경 출신이라는 것이다.[19] 이 문제를 풀어야 할 주체는 과연 킴일까, 아니면 예일대학일까?

테일러즈빌에서 취재하는 동안, 나는 혹스비의 접근법이 성공하리라는 기대를 약간 접었다. 하지만 혹스비의 대학 입시정보자료집 프로젝트의 전제, 즉 해마다 수천 명에 달하는 빈곤층 우등생의 미래를 바꾸기 위해 필요한 것은 기본적인 입시 정보와 약간의 동기부여뿐이라는 주장은, 여전히 대학 입시와 학생들의 선택을 둘러싸고 국가적인 주목을 받고 있었다. 자료집 발송 프로젝트는 간단한 정책적 개입만으로 교육 불평등 문제를 해결할 수 있다는 점에서 주목할 만한 아이디어였다. 게다가 어떤 부류에게는 불평등의 궁극적인 책임이 대학이나 대학 교육 제도 전반에 있지 않고, 단지 입시 정보와 진로 지도가 부족해서 전도유망한 기회를 날려버리는 학생들에게 있다고 생각하는 것이 꽤 매력적이었을 것이다.

그 무렵, 혹스비와 터너의 프로젝트를 확대 시행하기 위해 두 가지 대규모 사업이 추진되고 있었다. 하나는 데이비드 콜먼 위원장의 지휘로 칼리지보드가 시행하는 대규모 자료집 발송 프로젝트였다. (이 사업에 대해서는 다음 장에서 상세히 다룬다.) 다른 하나는 그보다 더 원대한 계획으로, 억만장자 마이클 블룸버그가 5년간 2500만 달러를 지원하는 프로젝트였다.

2014년 가을, 블룸버그 재단은 '칼리지포인트' 프로그램을 전국적으로 시작한다고 발표했다.[20] 이 프로그램은 혹스비가 목표로 삼은, 킴과 같은 빈곤층 또는 서민층 가정의 고교 졸업반 우등생들에게 무료로 대학 입시 관련 진학 상담을 해주는 캠페인이었다. 칼리지포인트 상담사는 대부분 최근에 대학을 졸업한 청년이었고, 상담사들은 직접 면담이나 (혹스비의 연구처럼) 우편물 발송 대신, 휴대전화 문자메시지, 이메일, 스카이프 같은 무료 화상채팅 서비스 등을 활용해서 진학 상담을 진행했다. 블룸버그 재단은 칼리지보드와 ACT사로부터 수험생 명단을 제공받기로 합의하고, 학생 상담을 전담할 비영리단체 네 곳을 모집해 각각 운영팀을 편성하고 '온라인 상담사' 또는 'e-상담사'를 배치했다.

그중에서 규모가 가장 큰 비영리단체는 '대학자문단College Advising Corps, CAC'이었는데, 나는 2017년 봄에 노스캐롤라이나주 채플힐의 복합사무단지에 있는 CAC 본부에 가서 칼리지포인트 온라인 상담사들이 일하는 모습을 이틀 동안 참관했다. 상담은 한 번에 30분에서 45분씩 진행되었고, 젊은 온라인 상담사들이 화상채팅을 통해 전국의 대입 수험생을 대상으로 본인에게 맞는 대학을 선택하는 요령과 학자금 지원 신청서를 비롯해 입학 지원서에 포함되는 수많은 서류를 작성하는 방법을 조언해주고 있었다.

블룸버그 재단이 지원하는 온라인 상담은 CAC가 제공하는 상담 업무 중 일부에 불과했다. CAC는 이외에도 해마다 대졸자를 수백 명씩, 그것도 가족 중에 최초로 대학에 진학한 1세대 대학생 출신 위주로 고용하고, 이들을 전국의 빈곤 지역 고등학교에 파견해 2년간 현장에서 빈곤층 학생들의 진학지도 교사 역할을 하도록 했다. 전국 각지에 파견된 700여 명의 CAC 교내 상담사가 하는 일은 채플힐 본부에서 36명의 CAC 온라인 상담사가 하는 일과는 전혀 달랐다. 교내 상담사가 학생들을 직접 만나 대면 상담을 하고 온라인 상담사는 화면 속에서 상담을 제공한다는 이유에서만은 아니다.

혹스비의 연구를 본떠서 진행한 블룸버그 재단의 칼리지포인트 온라인 상담은 오직 빈곤층 우등생만 대상으로 했고, 온라인 상담사도 이들이 명문대에 지원하도록 유도했다. CAC 학내 상담사는 훨씬 더 폭넓은 임무를 맡았는데, 그 이유는 순전히 빈곤 지역 고등학생 가운데 혹스비 연구의 기준에 맞는 SAT 고득점자가 극소수였기 때문이다. 나는 펜실베이니아주 윌크스배러부터 텍사스주 브라운즈빌, 미시간주 디트로이트까지 전국을 돌며 수많은 고등학교를 찾아가 CAC 학내 상담사들을 만나봤다. 상담 과정을 참관해보니, 빈곤 지역 학생들이 고르고 저울질하는 대학이 아이비리그 명문대인 경우는 드물었고, 대부분 집에서 가까운 2년제 커뮤니티 칼리지와 100킬로미터 이상 떨어진 4년제 주립대학 사이에서 고민하고 있었다. 어떤 학생들은 자기가 대학에 꼭 들어가야 할지를 두고 망설였다.

채플힐의 CAC 본부에 갔을 때, 온라인 상담사들은 휴식 시간 틈틈이 내게 상담 업무를 설명해주었다. 그들은 전국에 퍼져 있는 학생들에게 상담을 제공하는 일이 중요하긴 하지만, 칼리지포인트 프로그램의 구조상, 조언이 가장 절실한 학생들을 제대로 도와주기는 어렵다고 고충을 토로했다. 무엇보다 상담 학생 명단에 오른 빈곤층 우등생 가운데 실제로 연락이 닿는 학생은 극히 일부라는 점이 큰 문제였다. 가을이 되면, 상담사들은 각자 칼리지보드 및 ACT사의 데이터, 그리고 혹스비 연구의 알고리즘을 응용한 데이터를 기준으로 선별된 학생 250명의 이름이 적힌 명단을 받았다. 그리고 명단에 있는 학생들에게 칼리지포인트 온라인 상담 프로그램에 초대하는 문자를 보내야 했다. 여기에 대부분의 학생은 아무 반응을 보이지 않았고, 일부는 문자로 한두 차례 답장을 보내왔다. 한 번 이상 상담에 참여하는 학생은 극소수였다. 상담사 대부분은 명단에 있는 250명 가운데 10명에서 20명 정도만 프로그램에 맞춰 온라인 상담을 진행할 수 있었다고 말했다.

게다가 온라인 상담에 응하고 프로그램의 혜택을 최대한 이용한 학생 대부분은 이미 명문대에 진학할 기회를 자발적으로 찾아 나서는 성취지향형 야심가들로 구성된 집단이라는 점도 문제였다. CAC 본부에서 첫날 내가 참관한 상담은 모두 네 차례였는데, 공교롭게도 상담을 받은 학생 네 명이 전부 이민자 가정의 아이들이었다. 브라질 출신이 두 명, 이탈리아와 네팔 출신이 각각 한 명이었다. 네 명 모두 대학에 가겠다는 의지와 열정이 대단한 학생들이었지만, 인구통계학적으로는 혹스비의 연구에서 설정한 집단에 들어맞지 않았다. 혹스비의 연구에서 규정된 성취형 학생들은 주로 지방에 거주하는 백인이었고, 그래서 이들과 같은 이민자 학생들이 온라인 상담사의 도움 없이 명문대에 진학할 거라고 생각하기 쉽다.

온라인 상담사들이 우려하는 문제는 또 있었다. 칼리지포인트 상담 정책에 의하면, 상담사들은 미리 뽑아놓은 270개 대학 목록에서 학생들이 진학할 학교를 선택하도록 권해야 했다. 이 목록은 애스펀 연구소_{워싱턴 DC에 본부를 둔 교육 및 정책 연구 기관}가 대학에서 6년 안에 학사학위를 받고 졸업하는 신입생의 비율, 즉 졸업률이 70퍼센트 이상인 대학을 추려낸 것이다. (상담사들은 애스펀270이라고 부른다.) 그리고 규정상 칼리지포인트 온라인 상담을 받은 학생이 애스펀270 대학에 입학하는 경우에만 상담이 성공한 것으로 간주됐다. 하지만 내가 만난 상담사들은 애스펀270이 융통성 없는 자의적 목록이라서, 현실적으로는 목록에 없는 학교가 학생들에게 더 나은 선택지가 될 수 있다고 생각했다. 예를 들어 애스펀270에 포함된 '역사적 흑인 대학_{HBCUs, Historically Black Colleges & Universities 1964년 흑인 인권보호법 시행 이전에 흑인 교육을 위해 설립된 대학}'은 오직 여자대학인 스펠먼 칼리지뿐이었다. 흑인 남학생에게는 졸업률이 높은 다른 백인 위주 대학보다, 하워드대학이나 모어하우스 칼리지 같은 역사적 흑인 대학이 더 나은 선택이 될 거라고 입을 모았다. 하지만 어떤 학생이 애스펀270 목록에 없는 대학에 가고 싶다고 하면, 그 학생을 목록에 있는 다른 대학으로 유도하는 것이 온라인 상담의 공식 방침이었다. (상담사들은 보통 그 방침을 무시하고 학생에게 가장 도움이 되는 쪽으로 조언한다고 했다.)

내가 만난 온라인 상담사 중 채플힐에 있는 노스캐롤라이나대학을 최근에 졸업한 제니엘 레이놀즈라는 젊은 흑인 여성이 있었다. 뿔테 안경을 쓴 제니엘의 설명에 의하면, 빈곤층 학생들은 대학을 고를 때, 애스펀 목록에 제대로 반영되지 않는 다른 요인들을 염두에 둔다고 설명했다. "재학생 1인당 교육비로 따져보면, 애스펀270에 속하는 대학에 재원이 굉장히 풍부한 건 맞아요. 그렇지만 학생들이 과연 그 대학에 들어가서 환영받는 기분이 들까요? 성적으로는 안성맞춤이지만, 막상 대학에 다니면서 소속감이 없다면 공부도 제대로 할 수 없을 거예요." 제니엘은 학생들과 상담할 때, 그리 좋지만은 않았던 자신의 대학 시절 경험을 염두에 두고 조언을 한다고 말했다. "서류상으로는, 애스펀 목록에 포함된 270개 대학이 모두 학생의 성공에 도움이 되겠죠. 저도 그런 대학에 다녔어요. 하지만 캠퍼스에서 눈에 띄지 않는 소수자로 지냈던 경험이 있기 때문에, 미묘한 차이가 있다는 것도 잘 알죠."

제니엘은 상담할 때 학생의 가정 형편도 한번 물어본다고 했다. 이를테면 부모가 맞벌이를 하는지, 혹은 부모에게 영어로 된 문서와 전화 통화 내용을 모국어로 통역해주는지와 같은 질문이었다. 제니엘은 그런 요인들도 대학 선택에 영향을 미친다고 덧붙였다. "그런 학생이 집에서 멀리 떨어진 애스펀270 대학에 가는 것과, 애스펀270 목록엔 없지만 살고 있는 지역을 대표하는 주립대학에 전액 장학금을 받고 가는 것은 어떤 차이를 가져올까요?"

마이클 블룸버그가 2014년 가을에 칼리지포인트 프로그램을 발표했을 때, 블룸버그와 재단 관계자들은 향후 5년간 온라인 상담을 통해 해마다 1만 명 이상의 고등학생을 애스펀270 대학에 진학하도록 유도하겠다는 포부를 언론에 밝혔다.[21] 하지만 2019년 겨울, 칼리지포인트 평가단이 첫 번째 데이터를 공개했을 때, 프로그램의 실질적 성과는 기대에 훨씬 못 미쳤다.[22] 사실상 통계적으로 유의미하다고 할 만한 변화가 없었다. 이런 실망스러운 결과가 나온 이유는 아직 명확히 밝혀지지 않았다. 하지만 결과 자체는 분명했다. 블룸버그 재단이 2500만 달러나 투자했음에도, 칼리지포인트 프로그램은 해마다 수천은커녕 겨우 수십 명의 대학 선택을 바꾸는 데 그쳤다.

칼리지포인트 프로그램은 허무한 결과를 낳았지만, 이것을 온라인 상담에 도입했던 기술적·전략적 절차는 물론이고 프로그램 자체의 기본 전제까지 통째로 재검토하는 기회로 삼을 수도 있다. 칼리지보드의 입시 자료집과 칼리지포인트의 온라인 상담 같은 교육적 개입이 규모에 걸맞은 효과를 얻으려면, 우리가 관심과 자원을 쏟아야 할 곳은 따로 있는 게 아닐까? 아니면 대학 입학처에서 내리는 결정이 더 큰 영향을 미치는 걸까? 전국적으로 대학 교육의 기회를 평등하게 보장하기 위해, 막대한 자금과 인력을 투입해 몇몇 우수한 학생이 몇몇 명문대학에 진학하도록 설득하는 게 과연 최선일까?

채플힐에 머무는 동안, 나는 CAC의 니콜 허드 대표와 한참 동안 이야기를 나눴다. 허드 단장은 대학에서 종교학을 가르쳤고, 2005년 버지니아대학 학장 시절에 CAC를 출범시켰다. 출범한 첫해, 그녀는 버지니아주 지방 소재 고등학교에 버지니아대학 졸업생 12명을 진학 상담사로 배치했다. 지금 CAC 진학 상담사들은 전국 16개 주에 퍼져 해마다 20만 명이 넘는 학생에게 대학 입시 관련 상담을 제공하고 있다. 허드는 신중하며 사색적인 사람이었고, 나와 만났을 당시 처음 혹스비의 연구가 공개됐을 때 폭발적이던 언론의 취재 경쟁을 이미 되짚어보고 있었다. 그리고 「6달러짜리 솔루션」이라는 제목으로 『대학교육신문』에 실렸던 2014년 기사를 언급했다.

"6달러로 해결할 수 있는 건 없습니다." 허드가 단호하게 말했다. "교육에는 특효약이 존재하지 않아요. 혹스비의 연구는 정말 그럴듯한 이야기였죠. 온갖 역경을 끈질기게 이겨낸 어린 학생이 뛰어난 성적을 거둬 명문대로 진학한다는 이야기를 듣기 싫어하는 사람이 있을까요? 전형적인 아메리칸드림이죠. 누구라도 귀가 솔깃해지는 이야기 아닌가요? 그러니 당연히 우리 CAC도 그 감동 실화에 동참해서 그런 학생들을 돕고 싶었어요. 하지만 이 나라에 그런 학생은 많지 않아요."

허드 대표는 자신의 생각을 수치로 설명했다. 해마다 칼리지포인트 프로그램이 온라인 상담 대상으로 선정하는 우수한 고교 졸업반 학생은 약 7만5000명이었다. 허드 역시 그들에게 관심을 쏟고 그들의 성공에 보탬이 되고 싶었다. 하지만 시험 성적이 칼리지포인트 선정 기준에 미달하는 나머지 130만 명은 상담 안내 문자를 받지 못한다. 그 나머지 대다수의 학생이 바로, 허드가 CAC 교내 상담사를 빈곤 지역 고등학교에 상주시켜 돕고 있는 아이들이다. 이들은 칼리지포인트의 도움을 받는 소수의 성취지향형 우등생에 비해, 훨씬 제한적인 범위 안에서 대학을 선택할 수밖에 없다.

"미국이 민주주의의 가치를 지키고 경제를 튼튼하게 하려면, 1년에 7만5000명만 도와서는 안 돼요. 나머지 빈곤층 아이들이 어떤 선택을 하는지 살펴봐야죠. 그리고 그들이 제대로 대학을 졸업하는지, 만약 아니라면 이 나라의 앞날이 어떻게 될지도 고민해야 합니다."

3장

대학 입학시험과 입시 사교육:
기울어진 운동장

1. 칼리지보드의 평판 관리

칼리지보드[1]는 캐럴라인 혹스비와 협력해 대학 교육의 불균형과 불평등을 개선하겠다는 명분을 내세웠다. 하지만 이 공동 작업에는 그만큼 숭고하진 않더라도 그에 못지않게 중요한 목적이 하나 더 있었다. 바로 조직의 이미지를 쇄신하는 대규모 사업을 추진하는 일이었다. 칼리지보드는 1900년, 미국 동부의 명문 사립고와 사립대가 모여 설립한 독특한 조직이다. 엄밀히 말해 비영리단체지만, 실제로는 비영리적으로 운영되지 않는다. 현재 칼리지보드의 고위급 임원들은 억대 연봉을 받고 일하며, 본사는 뉴욕 맨해튼의 남쪽, 은행과 헤지펀드사가 밀집한 어느 화려한 고층건물에 입주해 세 개 층을 사용하고 있다. (마음만 먹으면 점심 시간에도 아래층 상점에서 구찌, 에르메스, 루이뷔통 같은 명품 쇼핑을 즐길 수 있다.) 칼리지보드의 연 매출액은 10억 달러에 이르며, 대부분은 SAT와 AP 응시료 수입이다.[2]

2011년 칼리지보드 이사회가 차기 위원장을 물색할 무렵에는, 이와 같은 유동성 자금의 재정 건전성을 위협하는 위기 상황이 닥치고 있었다. 줄곧 SAT에 크게 뒤지던 ACT가 시장 점유율을 급속히 늘리면서 SAT 응시생 수를 따라잡을 만큼 맹렬한 기세로 성장하는 중이었다.

표면적으로 보면 ACT와 SAT는 코카콜라와 펩시콜라처럼 단순한 사업 경쟁자 관계였고, 수험생이나 대학 입장에서 보더라도 두 시험은 본질적으로 차이가 없었다. 하지만 치열한 경쟁의 내막에는, 대학 입시의 의미와 목적을 두고 수십 년 넘게 이어온 논쟁이 뿌리 깊게 자리하고 있었다.

기자 출신 언론학자인 니컬러스 레만이 『빅테스트The Big Test』에서 상세히 밝힌 것처럼, SAT는 1920~1930년대에 고안되었고, 하버드대학 총장의 비호 아래 프린스턴대학이 시행을 맡아 아이비리그를 중심으로 영향력을 키워나갔다. SAT 개발자들은 전국적으로 대학 진학률을 높이는 데는 전혀 관심이 없었다. 오히려 전국의 중산층 고교생 가운데 아이비리그에 진학할 만큼 특별히 뛰어난 몇몇 학생을 따로 골라내기 위해 시험을 개발했다. 당시 아이비리그 대학생은 수업보다 사교 모임에 더 열중하는 부유한 사립 기숙학교 출신이 대부분이었다. 처음에 SAT는 '학업 적성시험Scholastic Aptitude Test'에서 머리글자를 따서 명칭을 정했고, 오랫동안 이른바 적성aptitude, 다시 말해 '학업과 상관없이 학생의 타고난 지적 능력'을 측정하는 시험으로 대중에게 소개되었다. 따라서 SAT는 따로 준비해서 보는 시험이 아니라고 칼리지보드는 주장했다. 한마디로, 적성이라는 마법 같은 능력을 타고난 학생과 그렇지 않은 학생을 변별하는 시험이라는 입장이었다.

한편 1959년, 아이오와대학 교수이자 엘리트주의에 반대하는 대중주의 성향의 교육학자 에버렛 린드퀴스트가 ACT를 시행하는 기관을 독자적으로 설립했다. 그는 공립학교 학생들의 학업 성과를 측정하는 표준화 시험을 잇달아 개발한 덕분에 교육평가 분야에서 이미 유명 인사였다. 그런 그가 SAT를 대체할 시험을 개발하는 데 관심을 돌리더니, 아이비리그를 벗어나 주로 중서부 지역의 주립 종합대학을 대상으로 하는 ACT를 내놓았다. ACT는 거의 모든 면에서 SAT와 대조적으로 설계된 시험이었다. ACT사는 엘리트 계층이 모여 사는 동부 해안에서 멀리 떨어진 아이오와시티에 본사를 두었다. ACT 시험 문항은 비교적 간단했고, 모호한 용어와 함정 문제로 학생들을 궁지에 몰아넣는 SAT 시험과 달리, 공립 고등학교 학생들이 배우는 교과과정과 밀접한 문항들로 구성되었다. 그리고 SAT처럼 오답을 감점 처리하지도 않았다.

이런 실질적인 차이는 시험에 대한 견해차에서 비롯되었다. 린드퀴스트는 어떤 학생의 학문적 잠재력을 판단하는 최적의 기준은, 그 학생이 타고난 IQ(지능 혹은 '적성')가 아니라 고등학교 때의 학업 성취도라고 생각했다. 이를테면 아이오와주 농가에서 자란 평범한 소년이 학교 공부에 최선을 다했을 경우 학습한 내용을 얼마나 충분히 숙지했는지가 판단의 기준이었다. ACT는 이처럼 열심히 공부하는 학생을 대거 선발해서 학문적으로 성공할 가능성이 가장 큰 주립대학에 진학시키려고 고안된 시험이었다.

중서부와 남부를 중심으로 ACT의 인기가 높아지자, 칼리지보드와 SAT는 계속해서 정체성 위기를 맞았다. 애초에 SAT의 핵심 이념은 기존 특권층의 세습적 귀족주의를 무너뜨리고 좀더 민주적인 실력주의로 대체하자는 생각이었다. 말하자면 미국 사회 곳곳에 숨어 있는 뛰어난 영재를 발굴해서, 그들에게 특권과 영향력을 갖춘 엘리트 계층으로 올라설 기회를 주자는 것이었다. 하지만 SAT가 확대 시행될수록, 기존의 명문가 자손들이 변함없이 상위권을 차지하는 경향의 성적표가 쌓여갔다. 확실히 부유층 학생이 빈곤층 학생보다 높은 점수를 받았고, 백인 학생이 흑인 학생보다 더 높은 점수를 받았다.

20세기 초반까지만 해도 대중은 이 현상을 특별히 문제 삼지 않았다. 그때는 상류층 백인 남학생만 대학에 진학한다는 생각이 당연하게 받아들여졌다. 하지만 1960~1970년대를 거치면서 미국이 평등한 사회라는 인식이 강화되자, SAT 점수에서 확연히 드러나는 사회적·인종적 불균형은 칼리지보드의 대외 이미지에 점차 심각한 손상을 입혔다. 미국을 지배하는 계층 구조를 바꾸기 위한 수단으로 고안된 시험이, 갈수록 기존 계급을 고착화하는 방편으로 인식되었다. 사회의 변화를 요구하는 언론인들, 흑인 심리학자들, 그리고 개혁운동가 랠프 네이더1960년대 이후 미국 시민운동을 이끈 변호사이자 정치인까지, 모두가 한목소리로 기사를 쓰고 연구 논문을 발표하며 SAT는 차별과 억압의 도구라고 거세게 비판했다.

이를 계기로, 칼리지보드 지도부는 SAT를 홍보하는 방식부터 변화를 꾀하기 시작했다. 첫 번째 조치로 '적성aptitude'이라는 단어를 버렸다. 1990년, 칼리지보드는 SAT가 더 이상 '학업적성시험'의 약자가 아니며, 이제부터 '학업평가시험Scholastic Assessment Test'을 의미한다고 선언했다. (몇 년 뒤에 '평가'라는 의미도 포기했고, 현재 공식적으로 SAT라는 명칭은 그 무엇의 약자도 아니다.) 명칭이 달라진 만큼 시험 내용도 전체적으로 수정되었고, SAT는 변화를 거듭하면서 린드퀴스트의 이상에 조금씩 더 가까워졌다. SAT도 학생들의 타고난 지능이 아니라 고교 학업 성취도를 반영하는 시험으로 개편된 것이다.

하지만 SAT의 새로운 정체성도 칼리지보드의 방침을 온전히 반영하지는 못했다. SAT가 고등학생 때 배운 내용을 반영하는 시험이라면, SAT에 대비해서 공부할 수 있어야 논리적으로 타당했다. 그렇다면 입시 전문가가 SAT 수험 준비를 도울 수도 있다는 뜻이었다. 그런데 칼리지보드는 SAT에 대비해서 미리 공부하는 것은 헛수고라고 처음부터 주장했고, 이 신념 때문에 한동안 집중적인 공격을 받았다. 실제로 1946년, 배관공의 아들 스탠리 캐플런[3]이 뉴욕 시티 칼리지를 졸업한 직후, 브루클린 플랫부시에 있는 부모 집 지하에 SAT 과외교실을 열면서부터 공격이 시작되었다. 머지않아 윌리엄즈버그부터 코니아일랜드까지 브루클린 전역에서 대학에 가려는 열혈 수험생들이 너나없이 캐플런의 지하방 교실에 구름처럼 모여들었고, SAT에서 고득점을 받는 요령을 전수받으려는 학생들의 발걸음은 끊이지 않았다.

칼리지보드는 캐플런을 무시하기도 하고 평판을 깎아내리기도 하면서 SAT 수업을 폐지시키려고 여러 차례 시도했지만, 번번이 실패했다. 그리고 캐플런이 지하방에서 시작한 수업은 5000만 달러 가치의 입시 교육 전문 기업으로 성장했다. 그러다 1981년, 캐플런이 교육 사업을 시작한 이래 처음으로 만만찮은 경쟁자가 등장했다. 상대는 존 캐츠먼이라는 야심만만한 프린스턴대학 2학년생이었다. 캐츠먼은 기숙사 방에서 프린스턴리뷰를 창업했다. 캐츠먼은 맨해튼에서 사립학교를 다닌 부유층 자제였다. 지난날 브루클린 지역의 노동자 계층 아이들이 캐플런의 지하방에 몰려든 것처럼, 이제 맨해튼 부촌의 학생들이 프린스턴리뷰를 찾아

캐츠먼의 기숙사로 몰려들었다. 프린스턴리뷰를 거쳐간 부잣집 아이들은 SAT 점수가 오른 것을 주변에 자랑했고, 캐츠먼의 성공으로 인해 사람들은 이제 SAT 점수가 학생의 적성이나 학업 성취도가 아니라 학부모의 경제력을 주로 반영한다는 인식을 더욱 굳히게 되었다.

ACT의 평판은 그럭저럭 유지되고 좋아지기까지 했지만, SAT는 연달아 타격을 받았다. 캐플런과 프린스턴리뷰, 그리고 프렙매터스의 네드 존슨까지, 값비싼 사교육을 투입해서 ACT 점수도 SAT 점수 못지않게 효과적으로 올릴 수 있음을 날마다 증명하고 있었지만, 사람들은 여전히 ACT가 SAT보다 민주적이고 공정하며 투박한 중서부에 어울리는 순수한 시험이라고 생각했기 때문이다. 그리고 ACT사는 그런 대중의 인식을 이용해 막대한 영향력을 가진 새로운 시험 시장에서 애초의 개발 의도에 맞게 실속을 챙겨나갔다.

2001년을 기점으로 ACT사의 영업 인력이 아이오와시티 본사에서 일리노이주 스프링필드, 켄터키주 프랭크퍼트, 미시간주 랜싱, 와이오밍주 샤이엔 등 전국 각 주의 주도로 파견되어 주 정부 교육 당국자들에게 대담한 홍보전을 펼쳤다. ACT를 고등학교 공식 졸업시험으로 채택하는 계약을 맺자는 내용이었다. ACT사는 학생들이 개인적으로 응시료를 내고 주말에 시험장에 가서 ACT를 보는 대신, 주 정부가 응시료를 일시불로 부담하고 ACT가 주내에 있는 모든 고등학교에서 평일에 시험을 시행한다는 조건을 주 정부에 제시했다.

주 교육부 관료들은 ACT사의 제안을 받아들였다. 2001년은 '학습부진아동 방지 법안No Child Left Behind, NCLB의 시행으로 각 주의 교육부가 주 전체를 아우르는 학력평가시험을 확대하라는 연방정부의 압박을 받던 시기였다. 만약 주 정부가 ACT사와 계약을 체결하면, 교육부에서 고교 학력평가고사를 따로 개발할 필요가 없는 상황이었다. 또한 주 정부 교육부 장관은 이 조치가 평등하고 진보적인 교육으로 나아가는 방향이라고 유권자들에게 호소할 수 있었다. 이제 대학입학시험은 성적이 우수하거나 집안이 부유한 학생의 전유물이 아니라, 고등학생이라면 누구나 동등하게 대학 진학의 기회를 보장받는다는 명분을 내세울 수 있었다.

물론 계약을 논의하는 과정에서, ACT가 SAT보다 고등학교 졸업시험에 더 적합한 시험이라는 홍보도 빼놓지 않았다. ACT는 고등학생들이 학교에서 배우는 내용을 평가한다는 취지로 개발되었지만, SAT는 원칙적으로 고등학교 교과과정과 전혀 상관없는 시험으로 개발되었기 때문이다. SAT가 변한 것은 분명한 사실이다. 하지만 평판은 그대로였다. 따라서 ACT 영업팀이 켄터키주나 미시간주(그리고 노스다코다주와 루이지애나주)에 가서, 아이오와주를 거점으로 하는 ACT사가 맨해튼 중심가에 본사를 둔 칼리지보드보다 해당 지역 학생들을 더 잘 파악하지 않겠느냐고 설득하는 것은 별로 어려운 일도 아니었다.

칼리지보드가 상황을 미처 파악하기도 전에, 주 교육부 10여 곳이 ACT사와 계약을 맺었다. 모든 고등학생이 12학년 졸업반이 되기 전에 학교에서 ACT 시험을 치르며, 수십만 명의 응시료는 학생 개인이 아니라 주 정부가 부담한다는 내용이었다. ACT사와 계약하는 주가 점점 늘어날수록 수십 년 동안 철옹성 같았던 SAT의 시장 점유율은 해마다 잠식되었고, 콜먼이 새로 칼리지보드의 위원장으로 취임한 시기와 맞물려 결국 기존의 SAT는 사라졌다. 2012년, ACT는 시장 점유율에서 처음으로 SAT를 앞질렀다. 마침내 아이오와시티가 뉴욕시티를 넘어선 것이다.[4][5]

신임 콜먼 위원장이 예전처럼 SAT를 대학입학시험의 최고봉에 올려 놓으려면, 먼저 바닥까지 떨어진 명예를 회복하는 게 급선무였다. 콜먼은 칼리지보드 역사상 유례없는 방식으로 명예 회복에 나섰다. SAT를 비판하던 사람들이 옳았다고 인정한 것이다. "누구나 공평하게 SAT 시험에 접근할 수 없다는 점이 문제였습니다."[6] 콜먼은 『뉴욕타임스매거진』과의 인터뷰에서 이렇게 말했다. "시험에 도대체 뭐가 나오는지 학생들이 모르는 게 문제였어요." 그는 대학입학처장들을 상대로 한 연설[7]에서 값비싼 사교육이 SAT를 "망쳤다"고 표현했다. 그리고 SAT가 "부유층에 유리한 시험이 되어 (…) 능력보다는 특권을 증명하는 시험으로 변질되었다"고도 했다.

칼리지보드의 기존 행보와 달리, 신임 콜먼 위원장은 소득과 SAT 점수의 상관관계를 부정하거나 반박하는 대신 오히려 부각함으로써 변화의 필요성을 분명히 밝혔다. 실제로 칼리지보드는 2013년도 자료를 공개하고, SAT 점수가 가계소득을 직접적·일차적으로 반영한다고 설명했다.[8] 자료에 따르면 가계소득이 연 2만 달러 미만인 가정의 아이들은 SAT 평균 점수가 1326점(2400점 만점)에 그쳤고, 가계소득이 연 20만 달러 이상인 가정의 아이들은 SAT 평균 점수가 1714점으로 나타나, 소득이 증가할수록 시험 점수도 상승하는 경향을 확인할 수 있었다. 칼리지보드가 SAT라는 명칭의 의미를 계속해서 바꿀 당시에는, SAT가 사실 '학생 재력 시험Student Affluence Test'의 약어라는 우스갯소리가 나올 정도였다. 하지만 콜먼은 그 뼈 있는 농담을 받아들이며, 적어도 자신이 위원장 자리에 앉기 전까지는 그것이 어느 정도 사실이었다고 인정했다.

콜먼은 가계소득과 학생의 시험 점수 사이의 상관관계를 불식시키고 빈곤층 학생들에게 좀더 폭넓은 기회를 제공하기 위해, 자신이 구상한 세 가지 해결 방안을 발표했다. 첫 번째는 SAT를 전면 개정하는 방안이었다. 그는 적성검사로 출발한 과거 SAT의 유산과 완전히 결별하고, 시험 문항을 고등학교 교과과정과 긴밀히 연계되도록 개선하겠다고 공언했다. 함정 문제나 알쏭달쏭한 'SAT식 표현'도 사라질 것이라고 밝혔다. 두 번째는 네드 존슨과 프린스턴리뷰를 비롯한 입시 사교육 시장을 전면적으로 억제하기 위한 방안으로, 인터넷 기반의 교육 서비스 업체 '칸 아카데미Khan Academy'와 손잡고 칼리지보드가 공인하는 SAT 전국모의고사를 학생들에게 무료로 제공하기로 했다. 마지막이자 가장 시급한 방안으로, 콜먼은 혹스비의 연구를 확대해서 대학 입시 정보 안내서를 전국에 배부하겠다는 야심찬 계획을 세웠다.

2013년 가을, 칼리지보드는 3만 명이 넘는 전국의 빈곤층 우등생들에게 안내서를 발송했다. 혹스비와 터너의 최초 연구에서 개발된 자료집을 그대로 본떠서 만든 칼리지보드 입시 정보 안내서에는, 학생들이 경제적 부담 없이 일류대학에 지원할 수 있도록 4~8장의 전형료 면제 쿠폰도 들어 있었다. 콜먼과 칼리지보드 자문위원들은 이 프로그램이 큰 반향을 불러일으키리라 기대했다. 그해 초, 혹스비와 터너가 연구 결과를 발표할 때 칼리지보드와 ACT사의 동참을 공개적으로 요구하면서 꽤 자신 있게 예상했던 바이기도 했다. 당시 혹스비와 터너는, 칼리지보드나 ACT사가 요구에 응한다면 예비 조사에서 얻은 결과와 일치하는 강력한 데이터를 얻을 뿐만 아니라, 그 파급력도 훨씬 더 클 것으로 기대했던 것이다.

사정은 이랬다. 혹스비와 터너는 예비 조사를 위해 개발한 대학 입시 정보 자료집을 학생들에게 발송하고 나서 몇 개월 후, 실험군 학생들에게 자료집을 우편으로 받은 일을 기억하는지 물어보는 설문조사를 실시했다. 그랬더니 자료집은 구경도 못 했다고 응답한 학생이 60퍼센트였다. 어찌 된 영문인지 누가 알겠는가. 우편물이 엉뚱한 주소로 갔는지, 학생의 부모가 우편물을 열어보지도 않고 쓰레기통에 던졌는지, 그것도 아니면 학생이 직접 우편물을 받고 자료집도 확인했지만 대학 입시를 앞둔 북새통 속에서 깜빡했는지, 확인할 방법이 없었다. 하지만 이유가 무엇이든 간에 혹스비와 터너는, 칼리지보드나 ACT사와 같이 공신력 있는 기관에서 예비 조사를 이어받아 로고를 한눈에 알아볼 수 있는 봉투에 자료를 넣어 발송한다면, 학생들이 우편물을 눈여겨보고 자료집을 열어볼 가능성이 훨씬 높아질 테고 효과는 실로 엄청날 것이라고 주장했다. 그리고 그렇게만 된다면, 실험군 학생들이 본인의 실력에 걸맞은 동급 대학에 진학할 확률이 대조군에 비해 무려 46퍼센트나 높아진다는 계산이 나왔다.[9] [10]

콜먼은 2014년 3월, 『뉴욕타임스매거진』에서 혹스비-터너 연구를 대규모로 재연한 프로그램의 결과를 취합하는 중이라고 밝혔다. 기사에는 칼리지보드의 대규모 실험 결과가 다음 달에 나온다고 소개되었다. 하지만 4월이 다 가도록 실험 결과는 공개되지 않았다. 5월과 6월이 지나고 7월이 돼도 감감무소식이었다. 그해 12월에 나는 칼리지보드 홍보실에 연락해 혹스비의 연구를 재연한 실험이 곧 공개되는지 물어봤다. 홍보실장은 아직이라고 대답하고, 이듬해인 2015년 봄쯤 결과가 나올 거라며 나중을 기약했다. 그렇게 2015년 봄이 지나갔다. 여름이 지나고 가을이 왔지만, 여전히 결과는 공개되지 않았다. 세월이 흘러갔다. 해는 매일 뜨고 지고, 아이들이 새로 태어났고 노인들은 세상을 떠났다.

2016년 9월에 나는 로어맨해튼에 있는 으리으리한 건물을 찾아가서, 2013년 처음 만나 잠깐 이야기를 나눈 지 한참 만에 콜먼 위원장을 다시 만나 정식 인터뷰를 하게 되었다. 궁금한 점이 많았지만, 무엇보다 혹스비의 자료집을 재연한 칼리지보드의 실험 결과 데이터가 왜 여태 안나오는지부터 묻고 싶었다. 내가 사무실에 도착했을 때 콜먼은 칼리지보드의 최근 개혁 내용을 요약한 5쪽짜리 보고서를 건네주었는데, 맨 위에 안내서 발송 실험의 효과에 대한 정보가 일부 나와 있었다. 그동안 칼리지보드가 만든 대학 입시 정보 안내서에는 '명문대 길라잡이Realize Your College Potential, RYCP'라는 새로운 이름이 붙어 있었다. 운이 좋았군, 드디어 결과가 나왔구나. 나는 생각했다. 그리고 요약 보고서를 꼼꼼히 살펴봤다.

콜먼이 큰소리로 내게 읽어준 보고서의 핵심 내용은 다음과 같았다. "2014~2015년에 칼리지보드의 '명문대 길라잡이RYCP'를 받고 8개 대학의 입학전형료를 면제받은 고교 졸업생 가운데 3.5~4퍼센트가 RYCP를 받지 못한 동일 조건의 대조군보다 명문대학에 진학할 확률이 늘어날 것이다."

SAT 고득점자라면 이 문장이 이치에 어긋난다는 사실을 금방 알아차릴 것이다. 문법적으로나 수학적으로나 앞뒤가 안 맞는다. 실험군 학생의 4퍼센트가 명문대에 진학할 확률이 '늘어날 것'이라니? 확률이 얼마나 더 높아진다는 뜻일까? 여기서 말하는 4퍼센트는 실제로 명문대학에 등록한 학생일까, 아니면 단순히 명문대학에 진학할 가능성이 큰 학생일까? 콜먼 위원장은 이 문장을 더듬거리며 읽은 다음, 잠시 멈추고 보고서를 다시 들여다봤다.

"확률이 늘어날 것이다…라는 표현은 좀 특이하군요." 콜먼이 눈썹을 찌푸리며 말했다. "더 늘어난다는 말이, 허 거참, 내가 봐도 무슨 말인지 모르겠습니다."

나는 어색한 문장 하나 때문에 인터뷰를 지연시키고 싶지는 않았다. 하지만 이런 묘한 결론을 이끌어낸 질문은 벌써 오래전에 답했어야 하는 결정적 질문, 바로 칼리지보드가 발송한 안내서가 대학 입시에서 학생들의 행동을 얼마만큼 효과적으로 변화시켰는가 하는 질문이었다. 『뉴욕타임스매거진』 표지에 등장한 지 3년 반이 지난 시점에서 그 떠들썩한 실험은 과연 성공했을까? 이른바 '6달러짜리 솔루션'은 정말 문제를 해결했을까? 콜먼은 칼리지보드 연구팀이 확실한 답을 찾는 대로 최대한 빨리 연락해주겠다고 약속했다.

이날 일을 시작으로 2년 넘게 칼리지보드를 취재하는 동안, 나는 그들의 특이한 대응 패턴을 눈치챘다. 2013년과 2014년을 돌이켜보면, 그때는 칼리지보드가 공정성을 높이기 위해 여러 사업을 새로 추진하는 시기였고, 콜먼은 나나 다른 기자들에게 이들 사업을 알리는 데 열심이었다. 하지만 그때 막 시작한 사업은 대부분 아직 검증되지 않은 가설에 입각한 계획이었고, 기껏해야 희망 사항일 뿐이었다. 하지만 2016년 들어서는, 이전의 사업들이 구체적인 결실을 맺어 교육계에 유용하게 쓰일 귀중한 실제 자료가 쌓여가고 있었다. 그런데도 칼리지보드는 자료를 공개하는 방면에서 갈수록 더 소극적인 태도를 보였다.

그런 이유로 나는 칼리지보드의 '혹스비의 연구 재연 실험'의 결과를 한참 더 기다려야 했다. 2016년 9월 칼리지보드 홍보실에서 10월에 자료를 보내준다고 했다. 10월이 되자, 그들은 결과를 취합해서 연구 보고서를 작성하고 있다며 12월에 결과를 발표한다고 했다. 해를 넘겨 2017년이 되자, 이번에는 상세 보고서를 공개하는 문제로 내부에서 의견 충돌이 생겨 또다시 발표 계획이 연기됐다고 했다. 홍보실에서 내게 보낸 이메일의 표현을 빌리자면, "공식 연구 보고서를 외부에서 어떻게 받아들일지 우려의 목소리가 있었다"고 한다.

드디어 2017년 1월, 칼리지보드에서 내가 요청한 자료를 일부나마 보내왔다. '내부 문건'이라는 제목으로 정책연구팀이 작성한 20쪽짜리 보고서였다. 거기에는 칼리지보드가 2014~2015년에 전국적으로 성적이 우수한 빈곤층 고교 졸업반 학생 수십만 명에게 발송한 안내서의 효과가 정리돼 있었고, 작성 일자는 무려 9개월 전이었다. 보고서를 읽자마자 나는 칼리지보드가 그동안 자료 공개를 꺼렸던 이유를 알 수 있었다.

혹스비와 터너가 앞서 자신들의 연구를 칼리지보드가 재연하면 예비조사에서 얻은 인상적인 결과가 똑같이 나타날 뿐만 아니라 '훨씬 더 큰' 효과, 다시 말해 실험군의 명문대 진학률이 46퍼센트까지 증가하는 강력한 효과가 나타날 것으로 기대했다는 사실을 유념하자. 2013년 당시 언론이 경쟁적으로 혹스비-터너 연구를 보도한 이유도 46퍼센트라는 대담한 수치 때문이었다. 그런데 막상 칼리지보드가 재연 실험을 진행했을 때 그 예상은 보기 좋게 빗나갔다. 어림도 없었다.

칼리지보드는 2013년과 2014년 두 차례에 걸쳐 혹스비 자료집과 거의 똑같은 안내서 '명문대 길라잡이'를 각각 3만 부 넘게 발송했다. 받는 사람은 SAT 점수가 전국 상위 10퍼센트에 해당되면서 부모의 소득이 전국 하위 20퍼센트에 속하는 빈곤층 고득점자들이었다. 그리고 비슷한 조건을 갖춘 대조군에게는 아무것도 보내지 않았다. 실험의 관건은 안내서를 받은 실험군과 대조군의 행동을 비교해서 두 집단의 대학 진학 경로가 어떻게 달라지는지 확인하는 것이었다.

칼리지보드에서 받은 내부 문건에 의하면, 결과적으로 실험군과 대조군 사이에 유의미한 차이는 없었다. 2014년도의 경우, 고교 졸업생 가운데 대조군의 37.2퍼센트가 가을학기에 최소한 '동급 대학(신입생들의 SAT 평균 점수가 해당 학생의 점수와 비슷한 수준의 대학)'에 등록했고, 안내서를 받고 가을학기에 동급 대학에 등록한 실험군은 39퍼센트였다. 실험군과 대조군의 차이는 2퍼센트포인트 미만이었다. 2015년도에는 동급 대학에 등록한 학생이 대조군 34.1퍼센트, 실험군 34.6퍼센트로 나타났다. 혹스비-터너 연구에서 예상했던 46퍼센트라는 효과 크기가 무색하게도 두 집단의 차이는 0.5퍼센트포인트에 그쳤다. 전국에서 칼리지보드 안내서를 받아본 학생 3만 명 가운데 겨우 150명이 마음을 바꿔 동급 대학에 등록했다는 의미가 된다. 동급 대학에 진학한 150명에게는 좋은 일이지만, 2010년대 들어 가장 주목받았던 사회과학 연구에서 기대할 만한 수치라고 보기는 어렵다.

나는 칼리지보드의 실험 결과에 대해서 캐럴라인 혹스비 교수의 의견을 들어보고 싶었지만, 2013년 인터뷰 이후 혹스비는 내 전화와 이메일에 묵묵부답이다. 마찬가지로, 세라 터너 교수도 나와 간단한 이메일을 한 번 주고받은 뒤로는 인터뷰 요청을 여러 차례 거절했다. 혹스비-터너 연구의 공식 홈페이지Expanding College Opportunities Project는 웹페이지 주소가 ingcollegeopps.org로 연결되며 어느 시점부터는 폐쇄된 듯했다. 내가 마지막으로 확인했을 때 그 주소는 인도네시아어로 온라인 포커 관련 기사를 싣는 사이트로 연결되었다.[11] 2018년, 칼리지보드는 빈곤층 우등생에게 대학 입시 안내서를 보내는 사업을 소리 소문 없이 중단했다. 그리고 『뉴욕타임스매거진』과의 인터뷰에서 몇 주 후에 혹스비의 재연 실험 결과를 발표하겠다고 공언한 지 5년이 흐른 지금까지도, 혹스비-터너의 연구 결과와는 판이한 결과가 나왔다는 사실을 대중에게 전혀 공개하지 않고 있다.

2. 대 학 입 시 준 비

2014년 3월, 하늘색 와이셔츠에 쥐색 양복을 입은 데이비드 콜먼 위원장이 텍사스주 오스틴에서 열린 '사우스 바이 사우스웨스트SXSW' 교육박람회에서 콘퍼런스를 주관했다. 콜먼은 이 자리에서 칼리지보드가 새로 추진할 두 가지 계획을 발표했다. 하나는 SAT 재정비 계획이었고, 다른 하나는 칸 아카데미와 함께 SAT 전국모의고사를 무상으로 시행한다는 계획이었다. 이미 그해 초 기자회견에서 콜먼은, SAT 점수를 올려준다며 고액 과외를 하는 네드 존슨 같은 입시 컨설턴트는 수험생과 학부모를 돈벌이 수단으로 이용하는 '장사꾼'이라고 비난했다. 또한 칸 아카데미와 개편된 SAT가 기필코 고액 입시 사교육을 사라지게 할 거라고 『뉴욕타임스』와의 인터뷰에서 밝혔다. "그들에게 오늘은 운수 사나운 날이 되겠지요."[12]

콜먼은 입시 컨설팅 업계에 이것이 왜 운수 사나운 소식인지 다소 과장되게 설명했다. 칼리지보드는 수십 년째 입시 컨설팅 같은 사교육으로는 SAT 점수를 크게 끌어올리지 못한다고 주장해왔다. 하지만 그렇다 해도 입시 컨설팅 자체가 부당하다거나 불법이라고 할 수는 없었고, 단지 어수룩한 부잣집 아이들의 시간과 돈을 낭비한다고 강조할 뿐이었다. 콜먼은 줄곧 유지해온 칼리지보드의 공식 입장을 이제 와서 번복할 순 없었다. 그래서 네드 존슨과 같은 부류가 부정적인 인식을 초래한다는 점을 대신 내세우기로 했다.

"우리는 이제 학력 평가를 둘러싼 불평등을 해소해야 합니다. 칼리지보드는 지금 이 자리에서 분명히 선언합니다. 사교육을 동원해 대학 입시를 준비하는 분위기와 관행 때문에 입시가 불평등하고 불공정하다는 인식이 높아지고 있어요."13 콘퍼런스에서 콜먼이 연설한 내용이었다. 값비싼 사교육이 실제로 불평등과 불공정을 낳은 것이 아니라 그런 인식이 생겨났을 뿐이지만, 그것만으로도 충분했다. 그렇게 논지는 이어졌다.

근거가 의심스러운 미사여구라 해도, 칸 아카데미와 협력해서 SAT 공식 모의고사를 무상으로 시행하겠다는 칼리지보드의 계획은 흥미롭기도 하고, 또 장차 중요한 변화를 가져올 것 같았다. 그래서 2016년 가을, 로어맨해튼 사무실에서 콜먼을 인터뷰한 지 2주 만에 나는 칸 아카데미를 창립한 살만 칸을 만나기 위해 실리콘밸리의 심장부, 캘리포니아주 마운틴뷰로 날아갔다.14

당시 40대 초반이었던 칸은 루이지애나주 뉴올리언스의 위성도시인 메터리 출신으로, 인도 서벵골 지역에서 미국으로 이민 온 홀어머니 밑에서 자랐다. 칸은 메터리에서 빈곤계층 아이들이 주로 다니는 공립 고등학교에 다녔고, 수학에 엄청난 재능을 보인 덕분에 MIT에 입학해 수학과 전기공학 및 전자공학을 전공했다. 대학 졸업 후에 하버드 경영대학원에 진학했고 MBA를 취득한 다음에는 보스턴에 정착해 헤지펀드사의 금융 컨설턴트로 일했다. 그때까지 교육 사업에는 전혀 관심이 없었다고 한다.

그러다 2004년, 칸이 아직 20대 후반이었을 때 그의 인생이 예기치 못한 방향으로 흘러갔다. 칸은 고향 루이지애나에 사는 열두 살짜리 사촌 동생 나디아가 수학 공부에 애를 먹는다는 이야기를 전해 듣고 직접 도와주겠다고 나섰다. 처음에는 전화 통화로 시작했다. 전화 과외를 하면서 칸은 나디아가 문제풀이 과정을 볼 수 있도록 양쪽 집 컴퓨터를 연결해 '야후 두들Yahoo Doodle'이라는 초보적인 온라인 드로잉 패드를 사용하기도 했다. 그러다 서로 시간을 맞추기 어려워지자, 칸은 나디아가 아무 때고 공부할 수 있도록 짧은 수학 과외 동영상을 찍어서 그 무렵 서비스를 시작한 유튜브에 올리기 시작했다. 처음에 그는 오직 나디아를 위해 동영상을 만들었지만, 구독자가 금방 늘어났다. 우선 나디아의 형제들과 루이지애나에 사는 다른 친척들이 동영상을 보기 시작했고, 소문을 접한 그들의 친구들이 합세했으며, 나중에는 전 세계에서 수학 과외가 필요한 수천 명이 칸의 유튜브 구독자가 되었다. 칸이 초보적인 장비를 이용해 만든 간단한 동영상은 특히 설명이 쉽고 유용해서 인기가 높았다.

동영상 속에 칸의 얼굴은 한 번도 등장하지 않았다. 학생들의 주목을 끌 만한 귀여운 만화 캐릭터나 복잡한 시각 효과도 없었다. 대신 동영상 구독자들은, 화면 속 디지털 칠판을 보는 동안, 검정 화면 위에 알록달록한 색으로 다이어그램을 그리고 문제풀이 과정을 적어주면서 참을성 있게 용기를 북돋워주는 칸의 목소리를 들을 수 있었다. 5년 동안 칸은 보스턴 집에 대충 꾸민 간이 스튜디오에서 퇴근 후 꾸준히 동영상을 만들어 올렸고, 구독자는 기하급수적으로 늘어났다. 전 세계 학생들이 유튜브 댓글로 감사 인사를 적었고 동영상 덕분에 큰 도움을 받았다는 이메일을 보내왔다. 사회에 공헌한다는 감사 인사와 칭찬 세례는 금융 컨설턴트로서 아주 특별한 경험이었고, 2009년 칸은 마침내 헤지펀드사 컨설턴트는 천직이 아니라는 판단을 내렸다. 칸은 회사에 사표를 내고 은행에서 저축해둔 돈을 찾았다. 그리고 아내와 어린 아들과 함께 캘리포니아로 이주해, 무료 온라인 교육 사이트 '칸 아카데미'를 시작했다.

오래지 않아 칸은 유명한 벤처 투자가 존 도어의 아내 앤 도어를 비롯해 첨단기술 분야의 유력 인사들로부터 주목을 받았다. 그리고 2010년, 애스펀 아이디어 페스티벌에 참석한 빌 게이츠가 연설 도중 청중에게 자기가 열한 살짜리 아들 로리와 함께 살만 칸의 동영상을 구독하고 있다고 언급했다. 칸은 이 사실을 전혀 몰랐다. 그로부터 일주일 후, 칸은 빌 게이츠의 연설에 초청돼 시애틀에 가게 되었고, 며칠 뒤에는 빌 게이츠 재단으로부터 150만 달러를 투자받게 되었다. 추가로 구글에서도 칸 아카데미에 200만 달러를 기부했고, 덕분에 칸은 벽장을 개조해서 만든 간이 스튜디오에서 벗어나 사업을 확장할 수 있었다.[15] 칸 아카데미는 구글 본사에서 3킬로미터밖에 떨어지지 않은 스페인풍 건물 2층에 사무실을 마련했다. 칸 아카데미 사무실은 현재 실리콘밸리에서 창업하는 스타트업 회사의 특징을 모두 갖추고 있었다. 칸막이 없는 너른 업무 공간과 한쪽 벽면 전체를 차지하는 화이트보드, 노출 천장과 콘크리트로 마감한 바닥, 그리고 스탠딩데스크에서 컴퓨터 자판을 두드리는 수십 명의 젊은 직원 말이다.

칸은 콜먼의 임기가 시작되기 2년 전에 이미 칼리지보드와 접촉해, 칸 아카데미 사이트와 손잡고 학생들의 SAT 준비를 돕는 콘텐츠를 개발하자고 제안한 적이 있지만, 당시에 칸이 만난 칼리지보드 직원들은 관심을 보이지 않았다고 한다. 하지만 콜먼은 칸 아카데미와 협력하면 큰 성과가 있을 것으로 내다봤고, 2014년 SXSW 교육 박람회장에서 두 기관의 협업으로 '칸 아카데미와 함께하는 칼리지보드 공인 SAT 모의고사' 계획을 추진한다고 발표했다. SAT 공식 모의고사 콘텐츠는 여러모로 칸 아카데미가 제공하는 교육 서비스의 장점을 한꺼번에 접목시켜, 쉽고 명확한 동영상 강좌와 함께 수강생의 실력에 맞는 컴퓨터 적응형 연습문제를 수백 문항씩 제공하는 방식이었다. 즉, 수강생이 정답을 계속해서 맞히면 문제의 난도가 높아지고, 계속 틀리면 난도가 낮아지도록 조정되었다.

SAT 공식 모의고사를 이용하는 학생들은 칼리지보드 홈페이지 계정으로 접속해서 칸 아카데미 해설 강좌를 무료로 이용하도록 유도했다. 그렇게 하면, 학생들의 PSAT(SAT에 응시하기 전 10~11학년이 주로 치르는 예비 시험) 점수가 칸 아카데미에 공유되고, 그 점수를 기반으로 개별 학생의 정답과 오답을 분석함으로써 SAT를 준비하는 수험생에게 맞춤형 학습 계획을 제공할 수 있었다.

내가 칸을 꼭 만나보고 싶었던 이유는 취재 때문만은 아니었다. 2년 전에 나 역시 유치원에 다니던 아들 엘링턴과 함께 그의 수학 동영상을 보기 시작했는데, 엘링턴은 그때 칸 아카데미 사이트에서 초등학교 저학년 수학과정을 수강하고 있었다. (놀랍게도, 칸은 복잡한 대수학 문제를 풀이할 때와 똑같이 열정적이고 진지한 목소리로 덧셈의 기초를 설명할 수 있다.)

엘링턴은 칸의 수업이 알아듣기 쉽다고 했고, 수학 공부를 게임처럼 하는 방식을 좋아했다. 가령 문제를 풀면 '에너지 점수'를 받고 각 단계를 마칠 때마다 수료 배지를 받았는데, 아이는 칸 아카데미 사이트에서 제공하는 여러 도표를 클릭해보면서 자기 수학 실력이 얼마나 늘었는지 확인하는 걸 좋아했다. 그런 이유로 나는 열성팬의 심정으로 칸 아카데미 사무실에 들어섰다.

다만 칼리지보드와 관련해서 내 머릿속을 떠나지 않는 한 가지 걱정거리가 있었고, 칸과 마주 앉았을 때 나는 그 이야기부터 꺼냈다. 칸 아카데미는 내 아들처럼 혜택받은 아이들, 다시 말해 수학을 좋아하고 비교적 오랫동안 집중력을 유지하는 아이들, 그리고 아마 가장 중요한 조건이 되겠지만, 부모가 퇴근 후에 20~30분 동안 곁에 앉아 동영상을 함께 보면서 복잡한 나눗셈을 할 때 도와주고 격려해줄 여력이 있는 그런 집 아이들에게 딱이었다. 하지만 SAT 공식 모의고사는 네드 존슨 같은 입시 컨설턴트가 심화시킨 교육 불평등을 바로잡는 데 도움을 주려는 취지로 개발되었다. 그러기 위해서는, 내 아들이나 빌 게이츠 아들이 아니라, 테일러즈빌이나 디트로이트나 브라운즈빌처럼 어려운 환경에서 공부하는 아이들이 최대 수혜자가 되어야 했다.

칸은 자신과 동료들도 똑같은 고민을 해왔다고 말했다. "집이나 학교에 컴퓨터가 없거나, 컴퓨터가 있더라도 돈 많은 학교에 다니는 아이들만큼 쉽게 이용할 수 없는 아이가 많습니다. 누구보다 칸 아카데미의 도움이 절실한 학생들이죠. 물론 우리 같은 학부모는 자녀 교육에 개입할 여지가 훨씬 더 많을 겁니다. 우린 컴퓨터나 교육 시스템을 잘 아니까요. 가령 '여보, 칸 아카데미라는 게 있는데 우리 애도 한번 시켜볼까?' 이럴

수 있죠. 하지만 밤낮없이 일해야 하고 영어에도 익숙지 못한 이민자 엄마가 과연 칸 아카데미를 접할 수 있을까요?"

칸은 이런 우려가 생기는 게 당연하다고 인정했지만, 칼리지보드가 아직 공개하지 않은 내부 자료 중에 우리가 하는 걱정이 근거 없는 노파심에 불과하다는 증거가 있다고 알려주었다. 칸은 SAT 공식 모의고사의 이용자 및 이용 실태를 조사한 자료가 아직 전체적으로 나오진 않았지만, 한 가지 안심되는 예비 조사 결과를 직접 확인했다고 말했다. 그것은 SAT 공식 모의고사 이용자 가운데 백인보다 흑인 학생 수가 더 많다는 내용이었다. 내 생각에도 이것은 긍정적인 신호 같았다.

2017년 5월 8일, 칼리지보드에서 SAT 공식 모의고사 시행 초기 2년을 분석한 자료를 공개했다.[16] 콜먼은 그날 오후 화상회의 방식의 기자회견을 열면서, "우리가 3년 전에 새로운 SAT의 출범을 공표한 이후 가장 중대한 발표"라고 표현했다. 칼리지보드가 공개한 소식은 모두 긍정적이었다. SAT 공식 모의고사를 이용한 학생이 수백만 명에 달했고, 결과적으로 이들의 실제 SAT 점수가 올랐을 뿐만 아니라, 인종과 사회계층과 성별에 상관없이 모든 학생의 점수가 고르게 올랐다는 내용이었다.

콜먼과 칼리지보드가 그날 보도자료와 홍보 영상을 공개하며 화상 기자회견에서 강조한 핵심 내용은 네 가지였다.

첫째, 칸 아카데미가 제공하는 SAT 공식 모의고사로 20시간 동안 연습문제를 푼 학생들은 실제 SAT 점수가 PSAT(예비 SAT)보다 평균 115점 상승했다. (연습문제를 전혀 풀지 않은 학생들의 경우 평균 65점이 상승했는데, 이 점수는 학년이 올라가면서 자연히 오른 점수이므로 모의고사에 20시간을 투자한 학생들이 기준 점수에서 55점이 더 오른 것으로 해석된다.)

둘째, 최대 성취도를 보인 1만6000명의 학생은 점수를 무려 200점 이상 끌어올렸다.

셋째, 수많은 학생이 칸 아카데미의 SAT 공식 모의고사로 실전에 대비했다. 실제 SAT에 응시한 학생 가운데 40퍼센트가 칸 아카데미의 SAT 공식 모의고사로 시험 준비를 했다고 응답했다.

넷째, 마지막이자 가장 중요한 내용으로, SAT 공식 모의고사를 이용한 학생들은 인구통계학적 구분과 상관없이 모든 집단에서 고르게 점수가 상승했다. 화상 기자회견에서 콜먼은 칼리지보드 연구팀이 "성별, 인종, 소득, 또는 고교 내신성적과 무관하게, SAT 공식 모의고사로 공부한 학생들의 점수가 향상된 것을 확인했으며, SAT 공식 모의고사가 기회의 균등을 가져왔다"[17]고 밝혔다.

칸도 같은 날 공개된 홍보 영상 속에서 네 번째 핵심 내용을 강조했다. "특히 고무적인 점은, 성별이나 인종 그리고 사회경제적 계층을 망라해서 일관되게 점수가 올랐다는 사실입니다. 그런 점에서 이것은 칸 아카데미나 칼리지보드 입장에서만 기분 좋은 결과가 아니라, 기울어진 운동장을 바로잡는 데 공헌한다는 거시적 차원에서도 좋은 일이죠."

칼리지보드의 발표는 언론에 대대적으로 보도되었다.『월스트리트저널』『워싱턴포스트』『교육신문』등 주요 언론사가 기사를 실었고, AP통신을 거쳐 미국 전역에 관련 기사가 퍼졌다.『뉴욕타임스』칼럼니스트이자 베스트셀러 작가인 토머스 프리드먼은 칼리지보드의 발표 내용으로 칼럼을 쓰기도 했다.[18] 모든 언론에서 콜먼이 발표한 네 가지 핵심 내용을 강조해서 다뤘다. 수많은 학생이 SAT 공식 모의고사를 이용했다. 학생들은 오랜 시간을 들여 공부했고 실제 SAT 점수가 많이 올랐다. 더구나 점수는 인종과 계층, 또는 부모의 학력과 상관없이 균등하게 올랐다. SAT 공식 모의고사는 결국 교육 불평등을 바로잡고 있다.

하지만 보도자료와 성급한 취재 경쟁 속에서 중요한 세부 사항이 얼렁뚱땅 묻히기도 했다. 학생들의 성적을 인구통계학적으로 분석한 자료의 경우, 인종이나 소득계층별로 공부 시간의 차이가 정확히 얼마만큼인지 그리고 점수 상승 폭이 정확히 어느 정도인지는 알려지지 않았다. 칼리지보드는 모든 집단에서 학생들의 점수가 동일한 폭으로 상승했다는 포괄적 주장 외에는 공식적인 입장을 내놓지 않았다. 기자 한두 명이 상세한 자료를 요구하자, 칼리지보드는 점수 상승 폭을 집단별로 세세히 공개하지는 않겠다고 대응했다.

하지만 칼리지보드가 기꺼이 공개하려는 특별한 정보 하나가 있었다. 바로 흑인과 히스패닉, 아메리카 원주민처럼 이른바 '소외된 소수자 집단Underrepresented Minority, URM'이 백인 집단에 비해 SAT 공식 모의고사에 더 많은 시간을 투자했다는 사실이다. 2016년 가을에 내가 마운틴뷰를 방문했을 때 칸이 넌지시 알려준 내용과 정확히 일치했다. 그때 칸은 백인보다 흑인 학생들이 SAT 공식 모의고사를 더 많이 이용한다고 했다. 콜먼 역시 그해 12월 워싱턴 DC에서 연설할 때 같은 말을 한 적이 있다. 상세한 정보는 여전히 오리무중이지만, 시사하는 바는 분명했다. 인구통계학상 모든 집단의 학생들이 SAT 공식 모의고사를 비슷하게 이용했지만, 사회적 약자층이 특권층보다 SAT 공식 모의고사를 더 많이 이용했다.

하지만 2017년 봄, 로어맨해튼의 칼리지보드 본사 내부에서는 자료

분석관들이 몇 달 전 언론에 공식 발표한 내용과 전혀 다른 통계 수치를 검토하고 있었다. 그들은 근심에 빠졌다.

SAT 공식 모의고사에 20시간을 투자한 학생들의 점수가 평균 115점이나 오른 건 사실이었다. 하지만 칼리지보드는 20시간을 투자한 학생이 소수에 불과하다는 사실을 숨겼다. 칼리지보드는 2017년, 전국의 고교 졸업반 학생 107만5000명에게 초대장을 보내, 칼리지보드 계정으로 접속하면 칸 아카데미 사이트에서 SAT 공식 모의고사를 무료로 이용할 수 있다고 홍보했다. 그러자 초대장을 받은 학생의 4분의 1에도 못 미치는 25만 명이 칸 아카데미 사이트에 접속했고, 그나마도 대부분은 모의고사 연습문제를 아예 풀지 않거나 겨우 몇 시간만 풀었다. 결국 전국에서 겨우 8000명이 20시간 이상 투자했고, 이들의 점수가 평균 115점 오른 것이다. 따라서 칼리지보드가 보도자료에서 강조한 내용이 기술적으로 틀린 표현은 아니다. 20시간 이상 투자한 학생들의 점수가 꽤 많이 오른 것은 사실이기 때문이다. 하지만 표본이 1퍼센트도 안 된다는 중요 정보를 누락시킨 것도 사실이다. (실제 SAT에 응시한 학생들 가운데 40퍼센트가 칸 아카데미의 모의고사를 이용했다는 주장은 전화 조사를 기반으로 한 수치라고, 칼리지보드는 나중에 시인했다. 전화 조사는 칸 아카데미가 제공한 실제 이용자 자료보다 모의고사 이용률이 훨씬 높게 나타나 신뢰도가 떨어지는 방식이었다.)

상황이 이쯤 되자, 나도 칼리지보드를 상대하는 일이 점점 더 힘들어졌다. 그리고 칼리지보드가 공익을 위하는 교육 사업 기관이라고 믿었던 소신이 흔들리기 시작했다. 20시간 넘게 공부한 학생은 극소수에 불과한데, 공식 발표에서 왜 그리 단편적인 결과만 앞세웠는지 묻고 싶었다.

나는 그해 여름에 칼리지보드와 칸 아카데미의 협력 사업을 주도한 에런 레몬스트로스 칼리지보드 이사를 만났는데, 그는 언론의 긍정적 반응을 얻으려는 욕심에서 당시 그런 결정을 내리게 됐다고 해명했다. 그리고 보도자료 초안에는 칸 아카데미를 전혀 이용하지 않았을 때(평균 65점 상승), 5시간 이용했을 때(평균 84점 상승), 그리고 10시간 이용했을 때(평균 97점 상승)의 효과를 각각 비교하는 차트가 포함돼 있었다고 했다. 칼리지보드가 이 차트를 기반으로 했다면, 보도자료 최종본에서 공개한 것보다 점수 상승 폭이 줄어들겠지만, SAT 공식 모의고사를 이용한 학생들에게 실제로 어떤 변화가 있었는지 훨씬 더 정확하게 반영할 수 있었을 것이다.

레몬스트로스 이사는 솔직히 말하자면 자기도 초고가 마음에 들었지만, 홍보팀에서 퇴짜를 놓았다고 했다. "칼리지보드라면 포부가 커야 한다면서 초안을 거절하더군요." 설령 점수가 크게 오른 학생이 얼마 되지 않더라도, 그들의 사례가 "성취 욕구를 자극하고 영감을 줄 뿐만 아니라, 사실상 언론이 그런 이야기에 더 큰 관심을 보이기 때문"이라는 이유였다.

게다가 최대 성취도를 보인 학생들, 즉 200점 이상 점수가 오른 학생들도 문제였다. 칼리지보드가 공개적으로 밝히지 않은 자료에는 이 학생들이 SAT 공식 모의고사를 특별히 오래 이용하지는 않았다는 특이 사항이 포함돼 있었다. SAT 점수가 115점 오른 학생들이 칸 아카데미의 SAT 공식 모의고사 사이트를 평균 20시간 동안 이용한 것과 비교하면, 이들은 절반에도 못 미치는 평균 7시간 동안 사이트를 이용했다. 200점을 올린 학생들이 상대적으로 공부를 덜 하고도 점수가 크게 오른 이상치outlier 아웃라이어, 통계에서 정상 범주를 크게 벗어난 수치에 해당되거나 아니면 칸 아카데미 사이트 외에 시험 공부를 추가로 많이 했을 가능성이 크다.

내부적으로 칼리지보드 자료분석팀을 가장 당황하게 한 것은 인구통계학적 자료였다. 2년이 넘도록 칼리지보드는, SAT 공식 모의고사가 특권층과 빈곤층의 전통적 격차를 좁히거나 뒤집는 중이라고 여론을 몰아갔다. 2016년 SXSW 교육 콘퍼런스에서 칸 아카데미와의 협업을 발표할 때도, 콜먼은 유난히 호들갑스럽게 이 주장을 펼쳤다. "지금까지 나는 미국 사회의 뿌리 깊은 인종적 격차를 해소한 이 정도 규모의 프로젝트를 경험한 적이 없습니다. 평생 단 한 번도."19

하지만 실제 데이터는 다른 이야기를 하고 있었다.

칸 아카데미와 칼리지보드의 자료분석팀은 결과를 발표하기 전에 여러 번 해커톤hackathon 마라톤처럼 프로그래머들이 프로그램을 만들고 해킹하는 행사에서 직접 만났다. 온라인상에서 주고받기에는 지나치게 민감한 자료였기 때문에, 자료 분석관들은 컴퓨터 하드드라이브를 손수 들고 대륙을 가로질러 해커톤 행사장에서 서로 만났다. 그들은 워싱턴이나 실리콘밸리 등에서 열리는 해커톤 행사장에서 만나 회의실에 부스를 설치하고 노트북과 다이어트콜라 캔이 여기저기 흩어져 있는 책상에 며칠 동안 머물면서, 칸 아카데미 모의고사로 공부하고 SAT에 응시한 수험생 수십만 명의 정보가 담긴 방대한 자료를 붙들고 씨름했다.

2017년 3월, 언론 공개를 앞두고 자료 분석관들은 마지막으로 해커톤에서 만나 인구통계학 구분에 따라 수험생들의 점수 상승 폭을 분석했다. 긍정적인 결과도 있었고 부정적인 결과도 있었다. 긍정적인 결과는, 나중에 보도자료에 실렸듯이, 인구통계학적 배경과 상관없이 칸 아카데미 모의고사로 공부한 학생들은 사이트 이용 시간에 비례해서 시험 점수가 올랐다는 것이었다. 20시간 공부한 학생들 가운데 부유층은 평균 109점이 올랐고, 빈곤층은 평균 113점이 오른 것으로 나타났다.

언론에 공개되지 않은 부정적인 결과는, 학생들의 배경에 따라 모의고사에 투자한 시간이 달랐다는 것이다. 이 문제는 해커톤에서 작성된 파워포인트 자료에 일목요연하게 요약되어 있다. "인구통계학 집단마다 칸 아카데미 사이트 이용 시간에 차이가 있다. 칸 아카데미의 SAT 공식 모의고사를 이용한 학생들 가운데, 아시아계일수록, 남학생일수록, 그리고 부모의 학력과 소득이 높을수록 칸 아카데미에 더 많은 시간을 할애한다."

콜먼과 칸의 주장대로, 흑인 학생들이 평균적으로 백인 학생들보다 긴 시간 동안 칸 아카데미 모의고사를 이용한 것은 사실이었다. 하지만 흑인 학생들이 백인 학생들보다 공부 시간이 더 길다는 장점은 전통적인 빈곤층이 전통적인 부유층보다 칸 아카데미 모의고사를 더 많이 이용한 사례로는 유일했다. 이 사례를 제외한 나머지 모든 경우에, 특권층 학생일수록 칸 아카데미 사이트를 더 많이 이용했다. 구체적으로는, 아시아계 학생들이 흑인계나 라틴계 학생들보다 이용 시간이 두 배 가까이 길었고, 소득 최상위층 학생들이 최하위층 학생들보다 이용 시간이 훨씬 길었다. 그리고 남학생이 여학생보다, 백인계 학생이 라틴계 학생보다 이용 시간이 길었다.

가장 극명한 차이는 부모의 학력에서 나타났다. 부모가 고등학교만 졸업한 학생들의 칸 아카데미 이용 시간이 평균 3시간으로 나타난 데 비해, 부모가 대학원을 졸업한 아이들은 평균 5시간이었다.

또한 사이트 이용 시간이 늘어날수록 학생의 SAT 점수가 모든 집단에서 고르게 올랐기 때문에, 부유층 학생들이 추가로 공부한 시간까지 고려하면 이들의 점수가 상대적으로 더 많이 오를 수밖에 없다. 해커톤 자료에 의하면, 전반적으로 칸 아카데미 SAT 공식 모의고사 사이트는 실제 SAT에서 고득점을 받을 가능성이 높은 학생들과 그렇지 않은 학생들의 격차를 오히려 벌려놓았다.

자료분석팀 역시 예비 SAT(PSAT) 점수에 따라 학생들을 분류하는 동안 이런 '부익부 현상'을 감지했다. SAT 공식 모의고사가 하위권 학생들을 도와주기는커녕 이미 상위권에 있는 학생들에게 더 유리한 환경을 만들어주고 있었다. PSAT 점수가 610점 이하(최하위권)인 학생들 가운데 겨우 10퍼센트가 칸 아카데미 사이트에 접속했고, 이들이 공부한 시간은 평균 2시간 미만이었다. 대조적으로, PSAT 점수가 1220점(최상위권)인 학생들 가운데는 거의 30퍼센트가 칸 아카데미 사이트에 접속했고, 평균 5시간 동안 공부했다.

자료를 종합해보면, 지난가을 인터뷰에서 칸과 내가 우려했던 시나리오가 정확히 현실로 나타났다. 한 가지 비정상적인 결과, 즉 흑인 학생들이 평균적으로 백인 학생들보다 몇 분 더 공부했다는 사실이 그나마 반가운 결과였을 뿐, SAT 공식 모의고사는 이미 대학 입시에서 여러모로 가장 유리한 학생들의 특권을 강화시키고 있었다. 콜먼이나 칸의 주장과는 달리, 두 기관의 협력 사업은 대학 입시라는 기울어진 운동장을 전혀 바로잡지 못했다. 오히려 그 어느 때보다 기울기가 심해졌다.

2016년으로 돌아가서, 칼리지보드의 레몬스트로스 이사와 자료분석팀은 해커톤에서 초기 데이터를 전달받았을 때 이와 같은 양상을 이미 눈치챘다. 많은 학생이 칸 아카데미 계정을 만들었지만, 그중에 SAT 공식 모의고사를 이용한 학생은 극소수였다. "우리는 다소 무의미한 결과를 얻었다고 느꼈습니다." 레몬스트로스가 당시 상황을 설명했다. "칸 아카데미 사이트에 접속한 학생 수가 많았다는 점은 어느 정도 성과라고 할 수 있지만, 학생들이 모의고사를 이용하지 않는다면 성과라고 하기도 애매했죠. 학생들이 칸 아카데미 사이트에서 고작 30분 공부하는 정도로는 제대로 된 교육 서비스라고 할 수 없었습니다."

확실히, 칼리지보드 입장에서 이 결과는 이듬해 기자회견에서 공개할 만한 자료가 아니었다. 하지만 내부적으로는 심각한 문제였다. 어떻게 해야 학생들이 더 열심히 공부할까? 이 질문이 레몬스트로스와 자료분석팀의 당면 과제였다. 레몬스트로스는 애초에 학생들의 동기를 강화해서 공부 시간을 늘리는 특별한 기술이 없다는 사실을 깨닫고, 외부에서 도움을 구했다.

때마침 펜실베이니아대학에서 저명한 사회과학자 두 명이 '영구적 행동변화Behavior Change for Good'[20]라는 대규모 학제간 연구에 착수했다. 그들은 심리학과 교수 앤절라 더크워스, 그리고 경영대와 의대 겸임 교수인 캐서린 밀크먼이었다. 두 학자의 원대한 연구 목표는, 사람들이 공부를 더 열심히 하고 은퇴 자금을 더 많이 저축하고 체육관에 더 자주 가도록 다양한 방식으로 인간의 동기를 강화하는 것이었다. 콜먼과 레몬스트로스는 칸 아카데미의 SAT 공식 모의고사 사이트에서 수험생들이 더 오래 공부하도록 동기를 부여할 수 있는지 더크워스와 밀크먼에게 자문을 구했고, 두 학자는 해볼 만하다고 답했다. 그리고 연구비 지원을 요청했다.

2016년 말 같은 시기에, 콜먼은 오바마 정부에서 교육부 차관을 지낸 짐 셸턴과 정기적으로 만나고 있었다. 그 무렵 셸턴 전 차관은 페이스북 CEO 마크 저커버그와 그의 아내 프리실라 챈이 설립한 자선단체 챈-저커버그 이니셔티브Chen Zuckerberg Initiative, CZI에서 교육 기부 사업을 감독하는 역할을 맡았다. 저커버그 부부는 1년 전 600억 달러라는 막대한 자금을 체계적으로 기부하기 위해 재단을 설립했다. 저커버그 부부는 컴퓨터 적응형 기술을 활용해 개별 학생에게 알맞은 교육과정으로 제공하는 이른바 '개별맞춤형 학습personalized learning'을 주장했다. 그런데 마침 SAT 공식 모의고사가 맞춤형 학습의 야심 찬 사례였다. 그런 연유로 2017년 5월에 칼리지보드는 CZI 재단으로부터 수백만 달러를 보조받게 되었고, 그중 100만 달러는 특별히 더크워스와 밀크먼에게 의뢰한 칸 아카데미 모의고사 이용자의 학습동기강화 프로젝트에 배정되었다.

같은 달, 더크워스와 밀크먼은 행동변화 분야의 권위자 20여 명을 펜실베이니아대학으로 불러 모았다. 하버드대학 경제학과를 이끄는 경제학자 데이비드 레입슨과 베스트셀러 『오리지널스Originals』를 쓴 심리학자 애덤 그랜트도 연구진에 합류했고, 『생각에 관한 생각Thinking, Fast and Slow』의 저자이자 심리학자로서 노벨 경제학상까지 수상한 대니얼 카너먼이 기조 연설자로 나섰다. 학자들은 이틀에 걸쳐 난상 토론을 벌이며 전략을 세우고, SAT 공식 모의고사를 이용하는 학생들을 비롯해 인간의 행동을 확실하게 변화시키는 방법에 대해 각자 의견을 제시했다.

그로부터 6개월 동안, 더크워스가 이끄는 연구팀과 레몬스트로스가 이끄는 칼리지보드 자료분석팀은, 칸 아카데미 데이터에서 드러난 인구

통계학적 격차를 어느 정도 좁힐 수 있는 실험을 합동으로 개발했다. 맨 처음 계획은 칸 아카데미 SAT 공식 모의고사 사이트에 접속한 학생들을 대상으로 다양한 실험적 개입을 하는 것이었다. 어떤 학생들에게는 칸 아카데미에 접속해서 공부한 시간에 따라 금전적 보상을 주고, 다른 학생들에게는 정기적으로 문자메시지를 보내 꾸준히 칸 아카데미 사이트에서 공부하도록 유도했다. 또 다른 학생들에게는 대학 입시 선배들의 경험담을 들려주면서, 대학생이 되면 시간 관리가 필수라는 조언을 곁들여 칸 아카데미 사이트를 충분히 활용하라고 격려했다. 이런 동기부여 실험은 2017년 10월에 전국적으로 수백만 명이 응시하는 SAT 정기시험 직전까지 진행될 계획이었고, 합동연구팀은 각 집단의 SAT 평균 점수를 비교해서 어떤 개입이 가장 효과적이었는지 확인할 참이었다.

하지만 10월 정기시험이 다가올 때까지, 칸 아카데미의 데이터분석실에서는 합동연구팀이 분석할 만한 세밀한 자료를 충분히 확보하지 못했다. 거의 마지막 순간에 합동연구팀은 실험 방향을 급히 바꿨다. 그들은 칸 아카데미 SAT 공식 모의고사 실험을 전면 중단하고, 대신 칼리지보드가 몇 년 전에 SAT 학습 보조 프로그램으로 개발했던 '오늘의 질문 Question of the Day'이라는 다소 초보적인 스마트폰 애플리케이션을 이용해서 학생들을 분석하기로 방침을 바꿨다. 그런데 불행히도 각각의 집단을 검증할 만큼 이용자 표본이 크지 않았기 때문에, 결국 실험은 한 가지 조건으로만 진행되었다. 즉 학생들에게 규칙적으로 동기부여 메시지를 휴대전화 문자로 보내는 방법만 사용되었다. 합동연구팀은 2017년 가을에 세 차례 예정된 SAT 정기시험 일정에 맞춰, 매번 시험 직전에 수천 통의 문자를 보냈다. 그리고 결과를 기다렸다. 문자를 받은 학생들이 과연 공부를 더 많이 했을까?

안타깝지만 결과는 영원히 알 수 없을 것이다. 크리스마스가 가까워질 무렵, 칼리지보드 자료 분석관들은 SAT 정기시험 응시생의 데이터와 '오늘의 질문' 앱을 이용했던 학생들의 데이터를 통합하는 데 어려움이 있다고 합동연구팀에게 설명했다. 그리고 2018년 1월에 칼리지보드가 통합 자료를 합동연구팀에 보내왔을 때, SAT 정기시험 응시생 수백만 명 가운데 표본 크기는 겨우 178명이었다. 그렇게 작은 표본에서는 어떤 결론도 이끌어낼 수 없었다.

이것이 콜먼 위원장의 임기 초반 칼리지보드가 지나온 행보였다. SAT를 좀더 공정한 시험으로 개편하겠다면서 야심차게 대규모 사업 계획을 연달아 발표한 다음, 결국 계획이 용두사미로 끝나면 조용히 감췄고, 엄밀히 분석하면 통계적으로 별 의미가 없는 작은 결과들을 크게 부풀려 언론에 공개했다.

하지만 나머지 측면에서 보면 콜먼 시절에 칼리지보드는 대단한 성과를 거뒀다. 2012년 당시를 돌이켜보면, 칼리지보드는 존폐의 갈림길에 있었다. 조직 설립 이후 처음으로 응시자 수에서 SAT가 ACT에 역전당한 해였다. 2014년도 기준으로 ACT사와 공인시험주관사 계약을 체결한 주가 열세 곳이었던 반면, 칼리지보드와 계약을 체결한 주는 단 두 곳뿐이었다.

그렇지만 콜먼이 취임하면서, 칼리지보드는 ACT사의 상승세를 꺾고 시장 점유율을 되찾기 위한 사업을 단계적으로 시작했다. 첫 단계는 2015년에 콜먼이 미시간주 교육부를 설득해 ACT사와의 오랜 협력관계를 끊고 미시간주 11학년 전원이 칼리지보드의 SAT를 채택하기로 하는 수백만 달러짜리 계약을 맺은 일이었다. 다음 공략 대상은 일리노이주와 콜로라도주였는데, 두 지역도 기존 ACT사와의 장기 계약이 끝난 뒤 칼리지보드와 새로운 계약을 맺었다. 2017년까지 칼리지보드는 코네티컷주와 뉴햄프셔주, 그리고 뉴욕시와 새로운 SAT 계약을 성사시켰다. 판세가 뒤집혔다.[21]

2016년 새로운 SAT 개편안을 선보일 때 콜먼은 『워싱턴포스트』의 닉 앤더슨 기자를 만났다. 앤더슨 기자는 칼리지보드의 재정 문제를 다그치면서, SAT를 개편하려는 목적이 과연 더 공정한 대학 입시 환경을 만들기 위함인지, 혹은 ACT와 경쟁하기 위해 고안된 상술은 아닌지 물었다. 콜먼은 자신이 빈곤층 학생들의 이익 외에 다른 동기 때문에 새로운 사업을 추진한다는 어감의 질문을 받고 기분이 상한 듯했다. 그는 일어나서 한동안 사무실을 서성이다가 기자에게 말했다고 한다. "내게 맡겨진 권한으로 공정하고 옳은 일을 하는 겁니다."[22]

콜먼은 사회 정의라는 대의를 실현하기 위해 칼리지보드가 기꺼이 수익을 희생하겠다는 의지를 드러내는 대표적인 예가 SAT 공식 모의고사라고 설명했다. "SAT 모의고사는 칼리지보드 본연의 사업인데, 내가 돈벌이에 혈안이 된 사람이라면 왜 그 방면으로 수익을 확대하지 않겠습니까? 실제로 우리는 이번에 몇 가지 수입원을 아예 포기했어요. 시험 준비와 관련해서 유료로 할 수 있는 서비스도 전부 무상으로 제공합니다." 콜먼은 나와 인터뷰할 때도 비슷한 이야기를 했었다. 칸 아카데미와 협력해서 모의고사를 제공하는 일이나 혹스비의 연구를 이어받아 입시 정보 안내서를 무료로 발송하는 일을 추진하면 필연적으로 칼리지보드의 재정이 타격을 받겠지만, 이로써 교육 불평등을 바로잡고 소외계층 학생들의 대학 진학률을 높일 수 있다면 가치가 있다는 설명이었다.

　나도 물론 콜먼이 개인적으로 불평등한 대학 교육 현실에 마음을 썼다고 생각한다. 하지만 콜먼이 나나 앤더슨과 인터뷰하면서 재정과 관련해서 소신을 밝힌 것은 시험 시장의 기본을 모르는 척하는 주장이었다. '돈벌이에 혈안이 된 사람'이 연달아 세상의 이목을 끌 만한 공정성 증진 사업을 시작하는 데는 분명한 동기가 있었다. 바로 실추된 SAT의 명예를 회복하는 것이었다. 지금처럼 주마다 독자적으로 몇몇 교육부 관료와 정치인의 결정에 따라 공인시험 주관사 계약을 하는 시대에는, 막대한 금액의 응시료가 ACT사 또는 칼리지보드로 흘러들어간다. 정책 결정자들은 자기 지역의 유권자가 불공평하고 인종차별적이라고 생각할 만한 기관과는 계약하려 들지 않는다. 그리고 콜먼이 취임한 2012년 무렵에 일반 대중은 칼리지보드를 그런 기관으로 인식하고 있었다.

　2017년 무렵에는 그러나, 콜먼의 언론 홍보 덕분에 칼리지보드와 SAT가 억압되고 소외된 약자들 편이라는 새로운 이미지가 성공적으로 사람들 마음속에 자리잡게 되었다. 대학 입시 안내서나 칸 아카데미 협력 프로젝트 등 일반 대중에게 널리 알려진 사업이 실제로 수험생들의 성적 향상에 긍정적인 영향을 끼치지는 않았다. 하지만 일반 대중은 그 사실을 몰랐다. 가계소득에 따라 SAT 점수 분포는 여전히 불균형한 상태였고, 부유한 학생과 가난한 학생들의 점수 격차는 전보다 훨씬 더 벌어졌다. 학교에서 우등생이지만 SAT에서 고득점을 받기 위해 고군분투하는 빈곤층 고등학생 수천 명에게 SAT는 여전히 기회가 아니라 장벽이었다.

　2018년, 여러 주 정부와 새로 계약을 맺은 칼리지보드는 수십 년 동안 이어온 ACT사와의 경쟁에서 패권을 되찾았다. 대학 입시 시장에서 아이오와시티는 또 한 번 맨해튼에 무릎을 꿇었다. 그해에만 무려 210만 명이 SAT 정기시험에 응시했고, 그중 거의 100만 명은 재학 중인 고등학교에서 평일에 시험을 치렀다. 칼리지보드의 재정 건전성은 빠르게 회복되었고 사실상 그 어느 때보다 더 탄탄해졌다. 2017년도 재무제표에 의하면, 칼리지보드는 그해 13억 달러의 총매출과 11억 달러의 순이익을 기록해 새로운 역사를 썼다. 칼리지보드가 거금을 벌어들이면서 콜먼도 개인적으로 보상을 받았다. 2012년 취임 당시 콜먼의 연봉은 75만 달러였다. 5년 후, 칼리지보드 이사회는 그의 연봉을 기꺼이 두 배로 인상했고, 콜먼은 150만 달러 이상을 연봉으로 받게 되었다.[23]

3. 행운아

워싱턴 DC로 돌아가보자. 네드 존슨은 기울어진 운동장을 바로잡겠다는 생각은 하지 않았다. 그저 자기가 하는 입시 컨설팅 일을 좋아했다. 스트레스에 지친 10대 아이들이 불안감을 극복하고 자신감을 키울 수 있도록 돕는 것은 기분 좋은 일이었으며, 도움을 받은 아이들이 대부분 점수를 올려 일류대학에 합격하는 것도 보람된 일이었다. 하지만 네드는 미국의 대학 입시제도가 공정하다는 환상은 품지 않았다. 오히려 부유층 학생들의 입학시험 점수를 올리기 위해 자신이 매일같이 하는 일이 대학 입시를 더 불공평하게 만든다는 사실을 충분히 자각하고 있었다.

하지만 네드는 간혹 재능 기부 차원에서, 고액 컨설팅을 받을 형편이 안 되는 빈곤층 학생들을 무료로 지도하기도 했다.

벤 도머스도 그런 학생이었다. 벤이 네드의 컨설팅 센터에 오게 된 경로는 굉장히 특이했다. 벤은 아이티 출신 흑인 아버지와 캐나다 출신 백인 어머니 사이에서 태어났다. 벤의 부모는 사회복지사였는데, 벤이 아주 어릴 때부터 기숙학교에서 학생들의 생활 지도를 담당하는 '사감 부모'로 일했다. 그들은 어려운 환경에서 종종 심각한 행동 문제를 일으키는 청소년들과 함께 생활하면서, 그들의 고민을 들어주고 격려하며 친구가 돼주었다. 그래서 벤은 부모를 따라 플로리다주 마이애미에서 노스캐롤라이나주, 펜실베이니아주 허시, 그리고 캐나다 캘거리까지 이사를 많이 다녔다. 그리고 2015년 여름, 벤이 11학년에 올라가기 직전에 벤의 부모가 보육원에서 자란 아이들이 주로 다니는 모뉴먼트 아카데미라는 차터스쿨_{저소득층 지역에 공적 자금을 지원해 설립한 일종의 대안학교}에서 학생생활지도교사로 일하게 되면서, 벤의 가족은 워싱턴 DC로 이사했다.

생활지도교사는 돈을 잘 버는 직업이 아니었기에, 벤의 부모는 늘 형편이 넉넉지 못했다. 두 사람 역시 쉽지 않은 학창 시절을 보냈다. 아버지는 10대에 아이티를 떠나 영어를 전혀 모르는 상태에서 뉴욕 브루클린으로 이주했고, 어머니는 온타리오의 소도시에 살면서 가정 불화 때문에 힘든 성장기를 보냈다. 두 사람이 결혼한 뒤에도 처음 얼마간은 형편이 좋지 않았고, 벤의 손위 형제들도 고생을 많이 했다. 하지만 세월이 흘러 벤이 태어날 무렵에는 벤의 부모도 생활 기반을 잡았고, 덕분에 벤은 비록 풍족하진 않았지만 책과 공영 라디오를 가까이하며 정치적 토론이 가능한 환경에서 자라났다. 벤의 가족은 제7일안식교인으로, 소박하게 살면서 공공선에 헌신하라는 교리를 굳게 믿었다. 벤은 버락 오바마가 대통령에 당선되었을 때 아홉 살이었는데, 어린 나이에도 자신과 대통령에게 공통점이 많다고 생각했다. 이를테면 흑백 혼혈이라는 점, 아버지가 이민자 출신이라는 점, 그리고 부유한 가정 출신이 아니라는 점이 같았다. 심지어 생긴 것도 닮아서 사람들이 한마디씩 할 정도였다. 대통령이 된 오바마를 보고 벤은 자신도 어쩌면 대통령이 될 수 있겠다는 생각을 얼핏 했고, 그때부터 정치와 사회 정책에 큰 관심을 갖게 되었다.

벤과 가족들은 DC에 도착하자마자 벤이 앞으로 2년 동안 어느 학교에 다닐지 결정해야 했다. 벤은 당연히 집 근처에 있는 공립 일반 고등학교에 가게 될 거라고 생각했지만, 벤의 부모가 일하는 모뉴먼트 아카데미의 설립자 에밀리 블룸필드 여사가 나서서, 학력이 낮은 일반고로 가지 말고 대신 현장 실습과 경험 학습을 강조하는 소수정예 마그넷 스쿨 'SWW고등학교School Without Walls'에 가라고 벤을 닦달했다. 벤은 그 학교가 마음에 들었다. 블룸필드 여사는 SWW고교에서 11학년 1학기를 맞은 벤에게, 계속해서 진로에 대해서 그리고 특히 대학 진학 가능성에 대해서 조언을 아끼지 않았다. 그녀는 벤의 잠재력을 높이 샀고 남편 바이런 오거스트에게 벤을 소개했다. 그때부터 오거스트도 벤의 장래에 관심을 보이기 시작했다.

오거스트 박사는 엄청난 인맥을 보유한 인물이었다. 그는 예일대학 동문으로 옥스퍼드대학에서 경제학 박사학위를 받았고, 경영 컨설팅 회사 매킨지에서 20년 동안 근무하면서 흑인 최초로 이사직에 올랐다. 2013년에는 오바마 정부에서 국가경제위원회 부위원장을 역임했고, 최근에는 비영리 인력개발원을 운영하고 있었다. 오거스트와 벤은 함께 대학 진학 계획을 세워나갔다. 오거스트는 벤에게 아이비리그를 목표로 삼으라고 권했는데, 그때까지 벤은 전혀 생각지도 못한 일이었다. 11학년

2학기 봄에 오거스트는 벤을 위해 예일대학 캠퍼스 투어를 주선했다. 당시 오거스트는 예일대학 이사였고 그의 친아들도 예일대학에 다니고 있었다. 벤은 예일이 무척 좋았다. 그보다 더 좋은 곳은 없을 것 같았다. 곧 예일대학이 벤의 목표가 되었다.

벤의 앞길을 가로막는 것은 SAT뿐이었다.

벤은 11학년 1학기에 PSAT를 한 번 치렀다. 언어 점수는 800점 만점에 720점으로 전국 최상위권에 들었지만, 수학 점수는 580점으로 중상위권에 속했다. 예일대학에 갈 수준이 아니었다. 벤은 그 당시 PSAT에 응시했던 수백만 명의 다른 학생처럼, 칸 아카데미 SAT 공식 모의고사를 이용해 SAT에 대비하라는 칼리지보드의 안내 이메일을 받았다. 벤은 칸 아카데미 계정에 접속했고 SAT 준비에 몰두했다. 매주 토요일 밤마다 살만 칸의 수학 동영상 강의를 보면서 공부했고 실전연습문제도 차례차례 풀었다. 그리고 드디어 3월에 처음으로 SAT 정기시험을 치렀다. 그 많은 실전모의고사 문제를 풀었는데도 점수는 그대로였다. 심지어 수학 점수는 PSAT보다 20점이나 더 떨어졌다.

"정말 충격이었어요." 벤이 말했다. "엄청나게 실망했죠. 아이비리그에 가면 전공은 뭘 하면 좋을까, 꿈에 부풀어 있었거든요. 근데 갑자기 자신이 없어졌어요. 오거스트 박사님께 시험 점수를 알려드렸더니, 그래도 나머지가 다 상위권이라 괜찮다고 하셨어요. 교과목 내신도 좋고 다른 비교과 활동도 충분히 했고 독해 점수나 AP 과목 점수도 상위권이라고. 하지만 SAT 수학 점수가 다른 장점들을 그야말로 전부 덮어버렸어요."

그때부터 오거스트는 '벤 프로젝트'에 박차를 가했다. 그는 명문 조지타운 고교에서 16년 동안 진학상담 실장을 지낸 대학 입시 코디네이터

바버라 버그먼에게 연락했고, 그녀는 벤을 무료로 상담해주기로 했다. 그녀는 곧바로 네드 존슨에게 이메일을 보내 벤의 입시 준비를 도와줄 수 있는지 물었고, 네드는 그러겠노라고 답했다. 12학년에 올라가자마자, 모든 면에서 전형적인 서민 또는 중산층에 속하는 학생 벤이, 순식간에 강력한 멘토를 등에 업고 워싱턴 DC 최고의 대학 입시 코디네이터와 최고의 SAT 과외 컨설턴트에게 공짜로 도움을 받게 되었다.

벤이 10월에 두 번째 SAT 정기시험을 치른 이틀날, 나는 네드의 사무실에서 벤을 처음 만났다. 벤은 아직 점수를 확인하지 않았지만 봄에 치른 첫 번째 정기시험보다 훨씬 높은 점수를 받을 것 같다며 자신감을 보였고, 자신감이 생긴 건 과외 덕분이라고 네드에게 공을 돌렸다. 벤은 네드와 함께 공부할 때와 칸 아카데미 사이트에서 공부할 때는 다르다고 말했다. 그러면서 칸의 동영상 강의로 공부하면, 수학에서 정답을 구하는 방법이 한 가지밖에 없는 것처럼 배운다고 설명했다. "칸 선생님은 엄청 딱딱하고 냉철해요. 다른 풀이법은 없나요? 좀 천천히 설명해주실래요? 인강에서 이렇게 요구할 순 없잖아요." 그렇지만 네드와 공부할 때는 직접 만나서 일대일로 배우기 때문에 당연히 주거니 받거니 하면서 충분히 교류할 수 있었다. 또한 네드는, SAT가 본질적으로 학생들의 수학 실력을 측정하기 위한 시험이 아니라, 문제 해결 능력을 측정하려고 고안된 시험이라는 다소 불순한 심리적 메시지까지 벤에게 전달해주었다.

벤은 생각을 바꿨다. "네드 선생님은 수학을 가르쳐주시죠. 그런데 문제를 푸는 전략과 요령까지 알려주세요. 실제 수학 실력보다 정답을 골라내는 요령이 더 중요하다는 게 선생님 철학이에요. 설령 정석이 아니라도 지름길을 찾을 수 있으면 그걸 이용해야 해요. 선생님이 알려주신 정보와 요령 덕분에 안심이 돼요. 이제 문제를 공략하는 비법 여러 가지를 알게 됐으니까요."

"어제 시험에서 숫자를 대입해보는 문제도 있었니?" 네드가 벤에게 물었다.

"그럼요! 있었죠." 벤이 대답했다.

스승과 제자는 네드의 대표적인 문제풀이 요령을 이야기하고 있었다. 대수학 방정식 문제에서는 변수 자리에 간단한 숫자를 대입해보라는 요령이었다. 신기하게 맞아떨어지면 복잡한 방정식이 단순한 수식 문제처럼 해결된다. 때로는 실제로 방정식을 풀기 전에 답이 보이기도 한다. 벤은 네드가 알려준 지름길 덕분에 빨리 문제를 풀 수 있었다. 그리고 그보다 더 중요한 사실은, 첫 SAT 시험에서 무너진 자신감을 회복했다는 것이다.

"지금은 훨씬 자신감이 생겼어요. 시험 문제에 허술한 점도 있고 쉽게 푸는 요령도 있다고 생각하니까 시험이 만만해 보이더라고요. 출제자가 파놓은 함정을 피해서 정답을 고르게 되는 순간부터는, SAT 시험이 사실은 실력을 검증하지 않는다는 걸 깨닫게 돼요."

콜먼이 앞서 SXSW 교육 콘퍼런스에서 언론에 밝힌 메시지는, 새로 개편되는 SAT와 칸 아카데미의 공조로 입시 사교육 시장이 타격을 받게 될 거라는 호기로운 경고였다. 그러니 돌이켜보면 칼리지보드가 SAT 학습 서비스를 무료로 제공한다고 발표한 그날은 고액 과외를 업으로 하는 컨설팅 업체에게 '운수 사나운 날'이 되어야 했다. 하지만 사무실에 앉아 웃으며 벤과 농담을 주고받는 네드는 그날 일진이 좋아 보였다. 사업은 전과 다름없이 승승장구했다. 입구 대기실에는 시간당 400달러짜리 과외를 받기 위해 자기 차례를 기다리는 학생이 여전히 많았다.

칼리지보드의 홍보 전략 이야기로 화제를 돌렸을 때, 네드는 짜증을 내기 시작했다. 그는 특히 3년 전에 콜먼과 칸이 공동 제작한 유튜브 동영상에서 콜먼이 주장한 내용을 고스란히 인용하면서, "고액 입시 컨설팅" 때문에 "대입전형을 둘러싸고 입시 교육 시장이 부패하는 현 상황을 심각하게 받아들이고 있다"[24]는 콜먼 위원장의 발언에 불쾌감을 감추지 않았다. 네드는 콜먼의 말마따나 입시 교육 시장에 부패한 구석이 있다는 데는 동의했다. 하지만 네드가 보기에 입시 교육 시장이 썩어가는 원인은 캐플런 시절부터 이어져온 개인과외나 컨설팅 업체가 아니라, 입학시험 자체였다.

"만약 SAT와 ACT가 계속 대학입학전형에서 지금처럼 절대적인 역할을 한다면, 상식과 욕구가 있고 경제력이 뒷받침되는 사람이라면 누구라도 같은 생각을 할 겁니다. '흠, 시험 점수를 좀더 올리는 방법이 어디 없을까?' 나 같은 과외 선생이 생겨난 건 벤 잘못이 아니에요. 애초에 벤이 시작한 게 아니니까요." 네드가 설명했다.

이 대목에서 네드는 정말 의외였다. 그가 하는 일은 대학입학전형에서 SAT와 ACT의 비중이 얼마나 높게 유지되느냐에 사활이 걸려 있었다. 그런데도 네드는 기회가 있을 때마다 대학이 SAT나 ACT처럼 표준화된 시험의 비중을 낮추고 학생들의 능력을 좀더 세심하게 평가해야 한다고 목소리를 높였다. 네드는 벤이 SAT에서 평균 점수 이하를 받더라도 예일 대학에 갈 수 있는 그런 세상을 원했다. 설령 자신과 같은 입시 교육 전문가들이 생계를 꾸리기 위해 다른 길을 찾아 나서야 한다 해도 말이다.

몇 주 후에 벤 도머스는 칼리지보드에서 두 번째 SAT 성적표를 받았다. 칸 아카데미 사이트에서 공부할 때 560점(800점 만점)까지 떨어졌던 수학 점수는, 네드의 도움으로 110점이나 올라 670점이 되었다. 덕분에 벤의 백분위 점수는 전국 응시자의 약 65퍼센트에서 90퍼센트로 껑충 뛰었다. 그리고 효과는 확실했다. 다음 달, 예일대학은 벤을 2017학년도 신입생으로 합격시켰다. 지금 그는 꿈꾸던 학교에 다니고 있을 것이다. 벤의 인생이 달라졌다.

　벤은 대학 입시를 치르면서 특이한 경험을 했기 때문에, 사회계층과 대학 교육의 관계를 독특한 관점에서 바라보게 되었다. 인맥 좋은 몇몇 유력 인사가 벤에게 호감과 신뢰를 갖고 자기 일처럼 돌봐준 덕분에, 벤은 권력과 재력을 갖춘 특권층이 대학 입시를 어떻게 준비하는지 용케 들여다볼 수 있었다. 그리고 벤은 나중에 솔직히 어떻게 받아들여야 할지 잘 모르겠다고 털어놓았다. 벤은 자기가 "엄청난 행운아"라고 하면서 도와준 사람들에게 고마워했다. 하지만 이런 말도 덧붙였다. "그런데 나 말고 다른 애들은? 내가 누구를 배신하는 건 아닐까? 하는 의문이 생겼어요. 저는 정말 운 좋게 기울어진 운동장에서 벗어났지만, 어째서 제게만 평평한 운동장이 주어졌을까요? 그걸 받아들이기가 힘들었어요. 어째서 다른 사람이 아니라 제가 이런 행운을 누리게 됐을까요? 왜 어떤 사람들은 다른 사람들보다 이런 혜택을 더 많이 당연하다는 듯이 받는 걸까요?"

4장

캠퍼스 문화 충격:
엘리트 대학의 빈부 격차

1. 아웃사이더

프린스턴대학 인문학 연속 강좌의 '프리셉트precept 정규 강의를 보충하기 위해 학생들이 자발적으로 팀을 구성해 교수와 함께 실습이나 토론을 하는 세미나의 일종' 첫날, 새내기 대학생 키키 길버트는 일찌감치 세미나 장소에 도착했다. 키키가 수강하는 정규 강의의 프리셉트, 즉 프린스턴 고유의 토론 세미나는 정규 강의가 없는 화요일과 목요일 오후마다 캠퍼스 북쪽 끝에 있는 노란 벽돌 건물 1층에서 진행될 예정이었다. 조지프 헨리 하우스라 불리는 이 대저택은 179년이나 된 유서 깊은 건물이었다. 키키는 그곳에 발을 들이자마자 장소를 착각했다는 생각이 들었다. 그곳은 세미나실이라기보다 품격 있는 빅토리아풍 응접실 같았고, 마치 누군가 다른 시대 다른 세상에서 건물을 번쩍 들어다가 이곳 뉴저지 남부에 뚝 떨어뜨려놓은 것처럼 생소했다. 한쪽 벽면에 벽난로가 있었고 벽난로 앞에는 자작나무 장작이 쌓여 있었다. 응접실 천장에는 황동으로 장식된 샹들리에가 매달려 있었고, 한쪽에는 피아노가 놓여 있었다. 방 한가운데 놓인 묵직한 원목탁자는 어찌나 반질반질한지 키키의 얼굴이 비칠 정도로 광택이 돌았다.

키키는 원목탁자를 에워싸듯 놓여 있는 가죽 등받이 의자 중 하나를 골라 앉았고, 수업을 같이 듣는 다른 학생들이 속속 도착하는 모습을 지켜봤다. 그들은 두세 명씩 무리를 지어 웃고 떠들며 들어왔고, 세미나에서 거창한 의견을 발표하기 위해 밑줄 치고 메모한 『오디세이』와 『일리아드』를 한쪽 옆구리에 끼고 있었다. 인문학 연속강좌는 프린스턴대학이 신입생에게 1년 내내 제공하는 정규 강의로, 6명의 교수가 합동으로 1학년 학생 수십 명을 강도 높게 훈련하는 악명 높은 수업이었고, 수강 신청을 통과해야 들을 수 있었다. 1년 동안 학생들은 호머에서 출발해 플라톤, 단테, 니체를 거쳐 버지니아 울프에 이르기까지 총 60권의 고전 문학 및 철학 작품을 읽고 토론했다. 인문학 연속강좌는 일주일에 두 번 정규 강의 외에 프리셉트가 핵심이었고, 매주 두 차례 80분씩 진행되는 이 소크라테스식 세미나에 참가하는 똑똑한 10대들은, 원목탁자를 둘러싸고 앉아 서양 문명의 토대가 된 작품을 놓고 서로의 생각을 주고받았다.

키키는 어린 시절부터 늘 이런 자리에서 이렇게 책을 읽고 토론하게 될 거라는 기대감을 마음 한구석에 품었지만, 가끔은 결코 실현될 수 없는 꿈 같기도 했다. 초등학교 3학년 때 키키네 가족은 뉴저지의 쇠퇴한 항구도시 엘리자베스 부근의 허름한 동네에 살고 있었는데, 공교롭게도 고속도로로 한 시간이 채 안 되는 거리에 프린스턴대학이 있었다. 3학년 때 담임은 데니즈 선생님이었는데, 이 흑인 여성이 키키가 유달리 똑똑하다는 사실을 처음으로 알아챈 사람이었다. 그녀는 키키가 특별한 존재이며 제자들 중에 제일 총명하다고 말해주었다. 그리고 키키에게 수준에 맞는 어려운 과제를 내주고 『해리 포터』 시리즈를 권하면서, 머리가 좋으니 열심히 공부하면 하고 싶은 일은 뭐든 이룰 수 있다고 키키를 격려했다.

키키는 지난 10년 동안 데니즈 선생님의 믿음에 보답하기 위해 노력한 끝에, 첩첩난관을 뚫고 프린스턴에 입학했다. 그녀는 자신의 두뇌와 실력을 믿었다. 하지만 그날은 두근거리는 가슴을 도저히 진정시킬 수가 없었다. 키키는 불안했고 의심에 사로잡혔다. 엄밀히 말하면 자기 자신을 의심한 것은 아니었다. 탁자를 빙 둘러싸고 의자에 앉은 다른 학생들이 키키가 여기 어울리지 않는다고 생각하는 게 분명했다. 그들은 줄지어 들어오면서 키키를 흘끔거렸고, 그들의 의심 어린 눈빛은 똑같은 질문을 하고 있었다. 저 애는 여기 왜 있는 거지?

키키는 한눈에 봐도 그들과 달랐다. 그녀는 흑인이었고, 프리셉트에 참여하는 유일한 흑인이었다. 인문학 연속강좌 전체 수강생 중에서도 흑인은 두세 명뿐이었다. 프린스턴에서 흑인 신입생 키키는 이야깃거리였다. 일주일 전, 개강을 앞두고 키키는 해마다 열리는 프린스턴대학의 전공 박람회에 참석했다. 화학관 건물 중앙홀에 학과마다 부스를 설치하고, 전공 선택을 앞둔 신입생이 교수와 대학원생들에게 궁금한 점을 물어보는 행사였다. 키키는 이미 마음속으로 프린스턴에서 공부하고 싶은 과목을 정해두었다. 바로 철학이었다. 키키는 고등학교 때 AP 선행 과정으로 2년 동안 철학입문을 수강하면서 철학에 푹 빠졌다. 하지만 철학 다음으로 개인적으로나 학문적으로 관심 가는 분야가 있었는데, 그것은 인종 문제였다. 미국에서 흑인으로 사는 게 어떤 의미인지 질문을 던지는 복잡하고 까다로운 분야였다.

그래서 키키는 곧장 철학과 부스로 향했고, 그곳에 앉아 있는 철학과 교수, 물론 프린스턴대학의 다른 철학 교수들처럼 백인인 교수에게, 자신이 철학 전공을 희망하며 특히 철학과 인종 문제를 아우르는 분야를 공부하고 싶다고 말했다. 교수는 잠시 망설이더니, 프린스턴 철학과에서는 그런 분야를 가르치지 않으니 그쪽 공부를 하고 싶으면 차라리 흑인학African-American Studies을 선택하는 게 나을 거라고 조언해주었다. 이미 거절과 배척에는 이력이 났지만, 키키는 그 말을 듣고 뺨을 한 대 얻어맞은 기분이었다. 넌 여기서도 환영받지 못해!

그리고 지금, 키키는 세미나실에 줄지어 들어오는 동기들을 보면서 중요한 차이점을 또 하나 알아차렸다. 키키는 가난했고 그 아이들은 대부분 부자였다. 그들은 명문 사립 기숙학교와 테니스 캠프와 휴양지 별장으로 상징되는 풍요로운 세상에서 자랐지만, 키키는 무료 급식카드와 정부 보조금과 자동차 할부금 연체가 일상인 팍팍한 세상에서 어린 시절을 보냈다. 그 차이는 비록 피부색처럼 바로 눈에 띄지 않지만 키키는 여전히 선명하게 느낄 수 있었다. 그리고 인종 때문이든 옷차림새 때문이든 간에 키키는 스스로가 조지프 헨리 하우스에 전혀 어울리지 않는 존재라는 느낌을 받았다.

키키는 쿵쿵대는 심장을 진정시키려고 무진 애를 먹었다. 모두 기분 탓이고 자기도 여기 당당히 속해 있으며 동기생들이 겉모습으로 자기를 판단하지는 않을 거라고 스스로에게 타일렀다. 어찌 됐든 바야흐로 '각성의 시대stay woke, stay awake의 흑인식 표현으로 차별 등 부당한 사회 현상을 제대로 인식하자는 의미'를 살아가는 인문학부 학생들이니 말이다. 하지만 『오디세이』가 펼쳐지고 토론이 시작됐을 때, 키키는 동기들이 자기가 앉은 자리 양옆을 비워놓고 나머지 의자를 꽉 채워 앉았다는 사실을 확인했다. 키키는 이제 또 다른 방식으로 고립되었다.

미국 대학 교육의 역사에서 최근 계층화는 심화되고 있다. 캐럴라인 혹스비는 연구에서, 지난 수십 년 동안 대학입학시험 고득점자들이 최고 명문대학으로 몰리면서 명문대학이 다른 학생들이 바라볼 수도 없는 '그들만의 리그'가 되어가는 과정을 설명했다. 라즈 체티도, 엘리트 명문대학으로 몰리는 고득점자가 대부분 부유층이며 빈곤층 학생들은 거의 전적으로 배제되고 있는 현실을 연구에서 밝혔다. 한편, 네드 존슨의 입시 사교육 사업이 호황을 누리는 배경에는 부유층 학생들의 명문대 진학 비결이 숨어 있다. 네드처럼 전문적으로 시험 공략법을 알려주는 고액의 사교육을 통해, 부유층 학생들은 명문대학에서 요구하는 만점에 가까운 시험 점수를 얻을 수 있다. (칼리지보드의 교묘한 홍보 전략은 대학 입학시험인 SAT와 ACT가 실제로 부유층에 특권을 집중시키는 수단임을 감추려는 시도로 보인다.)

하지만 최근에 빈곤층 학생이 명문대에 진학하는 사례가 매우 드물다고는 해도, 아예 없는 것은 아니다. 키키처럼 어떻게든 그 좁은 문을 통과하는 학생들도 있다. 하지만 그들도 오늘날 대학 교육을 점령한 것이나 다름없는 빈부 격차를 극복하지는 못한다.

이 책을 쓰기 위해 미국의 대학 교육을 폭넓게 취재하는 동안, 나는 명문대학 여러 곳을 방문했고 그럴 때마다 재학생 가운데 빈곤층 1세대를 만나 이야기를 들어보려고 노력했다. (여기서 1세대는 부모의 학력이 고

줄 이하인 대학생을 말한다.) 그들은 각자 개성이 달랐고 배경도 제각각이었다. 하지만 대화를 나누다보면 1세대 대학생들이 공통되게 자주 하는 말이 있었다. 그들은 자기에게 주어진 기회에 감사하며 미국 최고의 대학에서 장학금을 받으며 수준 높은 교육을 받는 것이 큰 행운이라고 입을 모았다. 그러면서도 대학생이 되고 나서 정서적으로는 매일매일 진이 빠진다고 했다. 그들은 엄청난 부와 특권이 집중된 환경에 둘러싸여 소외감과 혼란을 느꼈고, 때로는 그냥 미친 짓이라고 느꼈다.

얼마 전까지만 해도 키키와 처지가 비슷한 학생, 다시 말해 명문대학에 다니는 빈곤층 가정 1세대들은 힘든 일이 닥쳐도 홀로 견뎌내야 했을 것이다. 하지만 몇 년 전부터 키키 같은 학생들이 목소리를 내며 연대하기 시작했고, 대학 캠퍼스를 넘어 전국 각지에서 결속력을 다지면서 정체성도 얻었다. 이 새로운 운동의 출발점은 2013년 스탠퍼드대학에서 결성된 '1세대 및 빈곤층 연대First Generation and Low-Income Partnership'라는 새로운 단체가 '동기생의 고백Class Confessions'이라는 학생 워크숍을 추진했을 때라고 할 수 있다. 워크숍이 열리기 전 다양한 출신 배경을 가진 참가자들이 대학생활 중 자신의 배경을 일부러 숨겼던 경험담을 익명으로 제출했고, 주최측은 워크숍 당일 이들의 이야기를 알록달록한 색종이에 인쇄한 다음 벽면에 줄지어 설치된 게시판에 붙여놓았다. 50여 명이 피자를 먹으면서 서로의 고백을 읽고 토론했는데, 그들 중 많은 학생이 때로 불편했던 개인적 기억을 처음으로 타인과 공유했다.

시카고대학의 빈곤층 학생들은 이 워크숍에서 착안해 '동기생의 고백' 페이스북 페이지를 개설했다. 학생들이 대학생활의 고충을 익명으로 올릴 수 있는 공간이었다. 곧 비슷한 형식의 익명 페이스북 페이지와 텀블러 페이지가 노스웨스턴, 컬럼비아, 브라운대학에도 등장했고, 연말까지 수백 명의 대학생이 숨겨왔던 사연을 고백했다. 봄방학 때 학생 식당이 문을 닫아서 밥을 굶었던 이야기, 장학금을 아껴서 파산한 친척에게 보낸 이야기, 부잣집 아이들의 소비 습관과 휴가 여행 이야기를 듣고 위축된 이야기도 있었다.

시간이 갈수록, 이런 단체와 워크숍은 부유한 학생과 가난한 학생이 계층 구분 없이 의사소통하는 매개체가 아니라, 빈곤층 학생끼리 의견을 모아 공동체를 만드는 발판이 되었다. 2014년에 브라운대학 학생들은 아이비리그와 그 외 명문대에 다니는 1세대 학생들을 모으기 위해 이른바 '아이비GIvyG'라는 전국 조직을 결성했고, 2015년 겨울에는 아이비리그와 다른 명문대에 재학하는 1세대 학생 250명이 모여 처음으로 아이비G 콘퍼런스를 개최했다.[1] 이 행사는 이제 해마다 열린다.

하버드대학의 젊은 사회학자 앤서니 에이브러햄 잭 교수는 지난 10년 동안 명문대학에 다니는 1세대 학생들의 삶을 민족지학적 연구 방식장기간에 걸쳐 직접 현장조사를 실시해 이론과 접목하는 문화인류학 및 사회학 기반의 연구방법론으로 상세히 조사했다. 몇 년 전까지는 잭 교수 본인도 1세대 대학생이었다. 그는 마이애미에서 주로 흑인 서민층이 모여 사는 동네 웨스트그로브 인근에서 자랐다. 홀어머니는 중학교에서 안전요원으로 일했고 1년에 3만 달러 넘게 벌어본 적이 없었다. 웨스트그로브는 폭력조직이 활개 치고 마약 범죄가 일어나는 대단히 위험한 지역이었지만, 잭은 자신이 '통통한 공부벌레'였다고 표현할 정도로 어릴 때부터 성실한 학생이었다. 그리고 그의 어머니는 아들이 헤드스타트Head Start 미 연방정부가 빈곤계층을 지

원하기 위해 시행하는 유아 교육 정책 어린이집을 시작으로 초등학교 영재 프로
그램을 거쳐 마그넷 스쿨을 졸업하고 코럴게이블스 고등학교에서 IBInter-
national Baccalaureate(국제공통대학 입학자격시험) 과정을 마칠 때까지 길잡
이가 돼주었다. 잭은 키도 덩치도 크다는 이유로 고등학교 입학과 동시에
미식축구 선수로 뽑혔다. 그는 운동을 취미 이상으로 생각해본 적이 없
었지만, 태클에 이상적인 체격이라 쿼터백을 방어하는 데 재능이 있었다.

11학년을 마칠 무렵, 잭은 장학금을 받고 걸리버프렙이라는 마이애
미 지역 명문 사립고로 전학을 가게 되었다. 돌이켜보면 걸리버 고등학
교에 다녔던 1년이 그의 인생을 완전히 바꿔놓았다. 매사추세츠주 서부
에는 학부 중심의 명문 사립 애머스트 칼리지가 있다. 해마다 애머스트
칼리지 미식축구팀 감독은 걸리버 고등학교 감독에게 전화를 걸어 선
수 중에 애머스트에 합격할 만큼 공부를 잘하는 학생이 있는지 확인하
곤 했다. 대답은 대개 '아니오'였다. 하지만 2002년 잭이 12학년에 올라가
자 감독은 애머스트 칼리지팀 감독에게 잭의 프로필을 전달했다. 그 무
렵 잭의 키는 2미터에 가까웠고 SAT가 1200점에다 교과목 내신도 최상
위권이었다. 애머스트 칼리지팀 감독은 깊은 인상을 받았고, 잭은 전액
장학금을 받고 애머스트 칼리지에 입학했다. 대학에 가서 1년 동안 미식
축구 선수로 뛰고 나서, 잭은 공부에 전념하기 위해 선수생활을 접었다.

2003년, 잭이 애머스트 칼리지에 입학했을 때 이사회는 총장에 앤서
니 막스²를 새롭게 선임했다. 막스 신임 총장은 애머스트 칼리지에 빈곤
층 학생을 늘리는 것이 자신의 사명이라면서, 재임 기간 8년에 걸쳐 펠
장학금Pell Grant 연방정부가 저소득층에게 무상으로 제공하는 대학 교육 지원금을 받
는 학생의 비율을 13퍼센트에서 22퍼센트까지 꾸준히 늘리겠다고 선언

했다. (펠 장학금은 학생의 재정 상태에 따라 지급되며, 미국 대학생의 약 3분의 1이 펠 장학금 지원 대상에 속한다.3) 잭은 대학생 시절 학생들 입장에서 애머스트 칼리지의 다양성 정책에 대한 의견을 막스 총장에게 전달하고, 단순히 빈곤층 학생 수만 늘릴 게 아니라 그들이 대학생활을 잘해나가도록 돕는 방법까지 함께 고려해야 한다고 제안했다.

잭은 눈치가 빨라 미묘한 신분 단서를 알아보는 안목이 뛰어났고, 특히 캠퍼스 안에서 다양한 유형의 1세대 학생들 사이에서 눈에 띄는 미세한 차이를 발견하기 시작했다. 그는 자신이 걸리버 고교라는 풍요로운 환경에서 1년을 보낸 덕분에, 빈곤층 학생이 사립 명문대학에 들어와서 반드시 겪게 되는 문화 충격에 어느 정도 단련된 상태라는 사실을 깨달았다. 부유층의 삶을 전혀 모르고 애머스트에 들어온 가난한 학생들은 주변에 보이는 부유한 학생들의 씀씀이에 충격을 받는 반면, 대학에 오기 전에 장학금을 지원받아 명문 사립고에 다닌 적이 있는 빈곤층 학생들은 훨씬 편안해 보였고 적어도 충격에 무뎌진 듯했다. 이처럼 학생들의 반응에 편차가 생기는 현상과 그 속에 함축된 의미를 이해하는 것이 잭의 학문적 목표가 되었다. 애머스트를 졸업한 뒤 잭은 하버드에서 사회학 박사과정을 시작했고, 사회학 조사 기법을 동원해서 1세대 대학생과 명문 사립대에 입학한 빈곤층 학생들의 경험을 연구했다.

잭은 2년 동안 특정 명문대에서 집중적으로 현장조사를 하며 빈곤층 학생들을 심층 면담했고, 그들과 면담한 내용은 그의 박사학위 논문과 2019년 봄에 출판된 그의 첫 책 『특혜 빈곤층The Privileged Poor』의 토대가 되었다.4 사회학자들의 전통적 관행에 따라, 잭은 인터뷰한 학생들을 보호하기 위해 논문과 책에 가명을 쓰고, 현장조사를 진행했던 연구 기관도 '유명한 대학Renowned University'이라는 가명을 썼다. 나는 사회학자가 아니라 사회학의 관례를 따를 의무가 없다. 그래서 잭이 현장조사를 했던 대학이 하버드대학이라고 확신할 수 있다. 잭이 학생들을 인터뷰하는 동안 몸담고 연구했던 대학이 바로 하버드이기 때문이다. (여기서는 잭의 표현에 따라 '유명한 대학'이라고 하겠지만, 그 단어가 등장할 때마다 독자들은 마음속에서 얼마든지 '하버드대학'으로 바꿔도 된다.)

잭은 100명이 넘는 학부생을 면담했다. 한 사람씩 연구실로 초대해서 낡은 소파에 앉아 이야기를 나눴다. 인터뷰에 참여한 학생들 가운데 절반이 흑인이었고, 그들의 배경과 살아온 이야기는 대부분 잭 본인의 경험과 비슷했기 때문에 그들은 자주 동질감을 느꼈다. 대화는 몇 시간이고 계속되었고 인터뷰가 하루에 끝나지 않을 때도 많았다. 잭은 카페와 학생 휴게실에서 비공식적으로도 학생들과 이야기를 나누며 공식 인터뷰를 보완했다. 한동안 잭은 목요일 밤마다 케리 워싱턴 주연의 ABC 드라마 「스캔들」을 함께 시청하는 자리를 마련했는데, 학생 수십 명이 모여들었다.

잭은 연구에 파묻혔다. 매일 오전 9시, 정오, 오후 3시, 그리고 오후 6시까지 하루에 네 번씩 인터뷰 일정을 잡았고, 인터뷰 사이사이에 대충대충 끼니를 때우는 일상을 반복하고 있었다. 학생들이 들려주는 이야기는 대체로 재미있고 훈훈했다. 하지만 때로 고통스러운 이야기를 들으면 눈물이 쏟아지고 억눌렀던 화가 폭발해 인터뷰가 중단되는 일도 있었다. 유난히 힘든 인터뷰를 마치고 나면, 잭은 학생들이 묘사한 충격적인 사건이 생생하게 되살아나는 악몽에 시달리며 새벽 2시에 잠에서 깨기도 했다.

잭이 면담한 빈곤층 학생 대다수가 '유명한 대학'에서 혼란과 어려움을 겪었다. 로스앤젤레스에서 온 호세라는 라틴계 학생은 대학이 사람 살 데가 못 된다는 생각을 하게 됐다고 말했다. 4학년인 호세는 지난 4년 동안 대학생활에 호되게 시달려서 이제 말수도 줄고 소심해졌다고 했다. "처음 여기 왔을 땐, 정말 신나고 희망이 넘쳤죠. 그런데 여기 계속 있으면 우울해져요." 호세는 잭에게 대학에 와서 고립된 느낌이라고 말했다. "학교에 딱히 소속감도 없고 친하게 지낼 사람도 없어서 외톨이가 된 기분이에요."

작은 농촌 마을에서 온 백인 학생 윌리엄은 학생 식당을 무료로 이용할 수 있는데도 밖에서 랍스터를 사다가 저녁으로 해 먹는 동기들을 보고 충격을 받았다고 했다. 애팔래치아 광산촌에서 온 백인 학생 라이언은 부자 친구들을 따라 회원제로 운영되는 고급 레스토랑에 갔을 때 핑거볼에 담긴 물을 마시려다 큰 망신을 당할 뻔했다고 말했다. 라틴계 여학생 발레리아는 자기가 왜 캠퍼스 댄스파티 입장료 10달러를 아껴야 하는지 잘사는 친구들한테 설명하기도 지친다고 말했다. "나 자신에 대해서 항상 설명해야 하는 게 싫어요." 발레리아가 말했다. "여기서, 사람들은 저를 이해하지 못해요."

키키 길버트가 자신을 아웃사이더라고 맨 처음 느낀 건 프린스턴대학에 와서가 아니었다. 키키는 어릴 때부터 이사를 자주 다녔기 때문에 끊임없이 전학 간 학교에 새로 적응해야 했다. 간혹 데니즈 선생님처럼 키키의 학습 능력을 알아보는 좋은 교사를 만나기도 했다. 하지만 대체로 교사와 행정실 직원들은 전학생 서류로 가정 환경을 파악하고 왜소한 체격의 흑인 소녀를 슬쩍 보고는 키키가 특정 부류에 속한다고 짐작했다. 성취 동기가 낮은 빈곤층 부류였다.

키키는 데니즈 선생님을 만났던 초등학교 3학년을 마치고, 어머니를 따라 뉴저지 엘리자베스에서 인디애나폴리스로 이사했다. 인디애나폴리스에 와서 키키네 가족이 처음 살았던 집은 한밤중에 지나가는 자동차에서 총알이 날아오는 곳이었다. 얼마 후 그들은 인디애나폴리스 동북부 교외에 위치한 비교적 안전한 동네로 이사했고, 키키는 4학년 새 학기가 시작되고 몇 주 지나서 브룩파크 초등학교에 다니게 되었다.

성적만 놓고 보면 키키가 전에 다니던 학교만 못했지만, 브룩파크 초등학교에는 특징이 하나 있었다. 뉴저지와 달리 이곳에는 백인 아이가 상당히 많았다. 대다수라고는 할 수 없지만 그래도 꽤 많은 백인 아이가 이 학교에 다녔다. 게다가 그들은 평범한 백인 아이들이 아니라 그 학군에서 부촌에 사는 부유층 백인 아이들이었다.

키키가 처음 학교에 간 날 배정받은 교실에 들어섰을 때, 그곳에는 키키와 닮아 보이는 아이들이 가득했다. 늘 흑인이 많은 학교에 다녔기 때문에 키키에게는 익숙한 풍경이었다. 하지만 바로 옆 교실 풍경은 달랐다. 같은 4학년이지만 교실에 앉아 있는 아이들은 전부 백인이었고 책상이나 장비도 더 좋았다. 키키는 새로 만난 친구들에게 왜 교실이 다르냐고 물었고, 브룩파크에서는 우열반을 나눈다는 대답을 들었다. 옆 반은 '스트레치Stretch 능력별 반 편성, 여기서는 우등생반을 말한다' 교실이었고, 전부 똑똑한 아이들이었다.

키키가 3학년 때 데니즈 선생님을 못 만났다면, 그런 생각을 미처 못 했거나 머릿속에 떠오른 생각을 입 밖에 낼 용기가 나지 않았을 것이다.

"나도 재들만큼 똑똑해요." 하지만 데니즈 선생님이 키키에게 계속 머리가 좋다는 자신감을 심어주었기 때문에 키키는 실제로 그 말을 했고, 계속해서 졸랐다. "나도 옆 반으로 갈래요."

키키는 담임교사에게 반을 바꿔달라고 말했고, 다음에는 교장실에 찾아가서 말을 했다. 그리고 엄마한테는 제발 자기를 위해 학교에 와서 소란을 피워달라고 부탁했다. 처음에는 안 된다고 했지만, 결국 학교 행정실에서 키키가 반배정 시험을 볼 수 있게 허락해주었다. 키키는 보란 듯이 만점을 받았고, 이튿날 우등생 교실로 옮겼다.

겨우 아홉 살이었지만, 키키는 자신에게 필요하고 마땅한 교육을 받기 위해서는 흑인 친구들과 떨어져 백인 아이들 틈에서 공부하게 해달라고 요구해야 한다는 걸 분명히 알았다. 브룩파크 초등학교로 전학 오기 전에는 인종에 대해 깊이 생각해본 적이 없었지만, 키키는 이제 사람들이 가정 환경과 피부색만으로 자기를 판단한다는 사실을 금방 이해하게 되었다. 키키는 흑인이었고 가난했으며 편부모 가정에서 자랐다. 그리고 키키를 처음 보는 사람들이 그 세 가지 사실을 어쩌다 알게 되면, 당연히 키키가 공부를 못 할 거라고 완전히 잘못된 선입견을 가졌다. 키키는 괴로웠다. "어린 마음에 너무 분했어요." 키키가 내게 했던 말이다.

브룩파크 초등학교에서 키키가 얻은 중요한 교훈은, 사람들이 자기를 공부하는 학생으로 진지하게 인식하게 하려면 선입견을 깨뜨릴 수 있도록 자기만의 모습을 갖춰야 한다는 것이었다. 그때부터 키키는 모든 문장에 되도록 어려운 단어를 많이 써서 또박또박 말하기 시작했다. 그리고 일주일에 한두 번 도서관에 가서 제일 두꺼운 책을 빌려 읽었다.

키키는 초등학교 4학년 때 『작은 아씨들』과 『데이비드 코퍼필드』를 읽었고, 이어서 찰스 디킨스의 다른 작품도 읽기 시작했다. 키키는 결핍과 상실과 아버지의 부재를 다룬 고전 문학 속 이야기를 좋아하기도 했지만, 보통은 무시하는 시선을 떨쳐버리기 위해 부적처럼 책을 사용했다. 키키는 크고 무거운 양장본을 선호했고, 어딜 가나 책을 몸에 지니고 다녔다. 어머니를 따라 장보러 가서도 책을 읽었고, 병원 진료실이나 학교 복도에서도 책을 읽었다. 키키는 두꺼운 책이 지성의 무기라도 되는 것처럼 휘둘렀는데, 그것은 자신이 우등생 교실 소속이며 그에 따르는 온갖 특권을 누릴 자격이 있다고 세상에 알리는 상징적인 몸짓이었다.

초등학교 4학년은 키키가 명석한 두뇌를 인정받기 위해 길고 힘겨운 싸움을 시작한 해였지만, 동시에 전보다 훨씬 더 어려운 도전을 앞둔 시기였다. 키키는 소속감을 찾아야 했다. 뉴저지에서 키키는 누구와도 잘 어울렸고, 데니즈 선생님이 키키를 똑똑한 아이로 지목한 뒤에도 3학년 교실에서 잘 지냈다. 하지만 브룩파크에서는 상황이 전혀 달랐다. 키키는 같은 반에서 공부하는 부자 백인 아이들과 공통점이 하나도 없었다. 그리고 공통점이 많은 아이들은 옆 교실에서 쉬운 내용을 배우고 얇은 책을 읽었다. 키키는 중간에서 오도 가도 못하는 신세가 돼버린 것이다.

10학년 때도 비슷한 경험을 했다. 노스캐롤라이나주 샬럿으로 집이 이사하는 바람에 키키는 샬럿 최고의 명문 공립학교로 손꼽히는 마이어스파크 고등학교로 전학했다. 브룩파크 초등학교에 처음 갔을 때처럼 마이어스파크 고등학교에서도 인종에 따라 구분이 있었다. 초등학교 때와 달리 부유층 학생(거의 백인)이 대다수였고, 키키처럼 빈곤층에 속하는 흑인 학생은 전교생의 25퍼센트에 불과했다.

브룩파크 초등학교와 마찬가지로 마이어스파크 고등학교에서도 흑인 학생들은 거의 모두 '보통반' 교실에 배정되었고 백인 학생들은 대부분 '우등반' 교실에 배정되었다. 명문대학을 목표로 공부하는 학생들은 따로 IB(국제공통대학 입학자격시험) 과정에 등록할 수 있었다. 키키는 마이어스파크에 오기 전까지 IB라는 단어를 들어본 적도 없었다. 하지만 곧 IB 과정에 가장 머리 좋은 아이들이 모인다는 사실을 알게 되었고, 자기도 그 수업을 들어야겠다고 판단했다. IB 수업을 듣는 학생은 백인이나 아시아계가 대다수였고, 간혹 부유한 흑인이 섞여 있었다. 그리고 거기에 키키가 있었다. 또다시 유일하게 가난한 흑인이었다.

마이어스파크 고등학교에서, 키키는 초등학교 4학년 때 느꼈던 이름 모를 분노에 더해 그제야 자신의 인종을 뚜렷이 자각하게 되었다. 키키는 여전히 『악마의 시』『중력의 무지개』『센스 앤 센서빌리티』 등 최대한 크고 두꺼운 소설을 가지고 다니면서 읽었다. 주로 백인 작가의 작품이었다. 하지만 동시에 앤절라 데이비스나 엘드리지 클리버 같은 흑인 인권운동가가 쓴 책도 읽기 시작했다. 그러면서 급진적 흑인 인권 단체 '블랙 팬서Black Panther'와 '무브MOVE'에 대해서도 알게 되었고, 1985년 필라델피아 경찰이 무브 본거지를 폭격한 비극적인 사건의 전말도 알게 되었다. 키키는 '프라이드PRIDE'라는 흑인 학생 모임을 결성했고, 마이어스파크 고교에서 보통반과 우등반, 그리고 IB 과정반의 인종 불균형을 논의하는 토론회를 주도하기도 했다.

하지만 키키가 흑인이라는 자기 정체성을 완전히 받아들였음에도 불구하고, 여전히 어느 쪽에도 속하지 못하는 아웃사이더라는 느낌은 사라지지 않았다. 키키가 수준 높은 교육을 받으려면 보통반에 배정된 흑인 학생들과 물리적으로 분리되어 학교생활을 해야 했다. "흑인 학생회에 아는 사람이 없어요." 고등학교 졸업반 때 만난 키키가 내게 말했다. "흑인 학생들의 권리를 위해 노력하는 거니까 제게도 중요한데 말이죠. 그렇지만 솔직히 말해서, 흑인 친구들이 아니라도 학교 친구가 별로 없긴 해요." 키키와 가장 친한 친구는 IB 수업에서 알게 된 부유한 중국계 남학생이었고, 둘은 자유주의 정치와 철학에 대한 관심사를 공유했다. 하지만 학교에서 벗어나면 두 사람의 삶은 너무나 달랐다.

고교 시절 키키가 진정한 공동체 의식을 경험한 것은 졸업반에 올라가기 직전 여름이었다. 키키는 프린스턴대학에서 진행되는 '다양성 미국을 위한 리더십 프로그램LEDA'에 선발되었다. 이것은 1장에서 소개한 섀넌 토러스가 스탠퍼드대학을 목표로 공부하면서 참가한 것과 똑같은 여름방학 특강 과정이었다.

LEDA 프로그램에는 매년 전국에서 가장 성적이 우수하고 재능이 뛰어난 빈곤층 학생들이 선발되는데, 보통 두 범주로 분류된다. 우선 섀넌 토러스 같은 부류가 있다. 이들은 재학생 대다수가 가난하고 명문대 합격생이 거의 없는 빈곤 지역 저학력 고등학교에서 혼자 특별히 우수한 학생들이다. 그리고 키키 길버트 같은 부류도 있다. 이들은 재학생 대다수가 부유한 백인이고 명문대 합격생을 많이 배출하는 공립학교에서 최상위권에 속하는 유일한 빈곤층 학생들이다. (LEDA 프로그램에 간혹 빈곤층 백인 학생이 선발되기도 했지만 대부분은 흑인이나 라틴계 학생이었다.)

섀넌이나 키키 같은 아이들에게 고등학교는 외롭고 고립된 공간이다. LEDA에 선발되는 학생들은 십중팔구 학교에서 독보적으로 뛰어난 아이, 바꿔 말하면 '별종'으로 인식되기 때문에, 속마음을 터놓고 교류할 만한 친구가 없었다. 그러다 어느 날 갑자기 그들은 여름특강 프로그램에 선발되어 프린스턴대학 캠퍼스에 도착했고, 자신과 마찬가지로 '별종'인 친구를 99명 가까이 만나게 되었다. 그 아이들은 모두 키키처럼 공동체 의식과 연대감을 갈망하고 있었다. 더없이 기쁜 일이었다.

LEDA 프로그램을 마친 후 키키는 프린스턴대학을 목표로 1년 동안 입시를 준비했고 결국 합격했지만, 상황이 1년 전과 똑같을 수 없다는 것도 알았다. 키키는 인종적으로나 경제적으로 소수자minority에 속할 수밖에 없다는 것도 알았다. 그래도 키키는 프린스턴의 소수자들 속에서 자신의 무리, 다시 말해 가난과 인종차별에 맞서 난관을 극복하고 미국 최고의 대학까지 온 흑인 형제자매들을 만나게 될 거라고 기대했다.

2. 뿌리

2017년 10월, 키키가 프린스턴 대학생이 된 지 두 달쯤 지났을 무렵 『워싱턴포스트』에 「아이비리그가 변신하는 법: 프린스턴대학에 서민층 신입생 급증How an Ivy Got Less Preppy: Princeton Draws Surge of Students from Modest Means」이라는 제목의 기사가 실렸다. 『워싱턴포스트』는, 프린스턴대학 지도부가 10년 넘게 진행 중인 캠페인을 통해 "명문 사립고 졸업생과 부유층의 전유물이던 유서 깊은 이 대학의 평판을 완전히 바꿔놓았다"고 보도했다. 또 대학 측이 최근 몇 년에 걸쳐 빈곤층 학생을 더 많이 합격시키기 위해 집중적으로 노력한 결과 "인구통계학적 혁신을 이뤄냈고, 프린스턴 재학생 가운데 서민층 출신이 전례 없이 증가했다"고 분석했다.[5]

기사에 따르면, 펠 장학금을 받는 신입생의 비율이 2004년도에 7퍼센트, 2013년도에 15퍼센트, 그리고 키키가 입학한 2013년에는 22퍼센트까지 증가해 15년 만에 세 배 이상 늘었다.[67]

프린스턴대학의 빈곤층 입학 정원 확대 정책에 관심을 보인 매체는 『워싱턴포스트』뿐만이 아니었다. 시사 프로그램 「60분60minutes」도 같은 내용을 다뤘고, 『뉴욕타임스』는 칼럼을 실었다. 언론은 크리스토퍼 아이스그루버 프린스턴대학 총장이 「60분」과의 인터뷰에서, "사회경제적 다양성에 기초한 진정한 리더"가 되겠다고 공약하는 부분을 집중적으로 보도했다.

하지만 『워싱턴포스트』가 보도한 내용과 「60분」에서 방송된 내용은 프린스턴에 갓 입학한 키키의 경험과는 전혀 달랐다. 키키는 프린스턴 캠퍼스에 인구통계학적 혁신이 진행 중이라는 언론 보도를 실감할 수 없었다. 그런 기미는 전혀 없었다. 키키가 보기에 프린스턴은 예나 지금이나 변함없이 특권층과 명문 사립고 출신들로 가득했다. 그해 가을 나와 만났을 때, 키키는 캠퍼스에서 자신과 비슷한 길을 걸어온 학생을 찾아보기 어렵다고 했다. 초일류대학에 합격한 가난한 흑인을 찾기란 하늘의 별 따기만큼 어렵다는 말이었다.

개강을 앞둔 여름, 키키는 프린스턴대학이 주최하는 신입생 장학회 Freshman Scholars Institute, FSI에 초대되어 7주 동안 1세대 및 빈곤층 신입생을 위한 무료 오리엔테이션 프로그램에 참여했다. FSI 오리엔테이션은 재미있었고 마음이 맞는 사람들도 있었지만, 참가자들 가운데 흑인은 거의 없었다. 사실 FSI에서 만난 참가자 대부분은 빈곤층이라기보다 서민층 아니면 중산층에 접어드는 가정의 아이들이었다. 어린 시절 경험도 키키와는 비교할 수 없을 정도였다. "제가 생각하는 빈곤층 기준이랑 프린스턴이 생각하는 빈곤층 기준이 완전 다르더라고요." 여름에 통화했을 때 키키는 웃으면서 내게 말했다. 9월에 나머지 신입생이 캠퍼스에 도착했을 때 신입생들의 소득 격차는 더욱 뚜렷해질 뿐이었다. 키키 주변의 사람들은 누가 봐도 부자라고 할 만했다.

대체 어찌된 일일까? 인구통계학적 혁신일까 아니면 부자들의 전유물일까? 『워싱턴포스트』가 프린스턴 캠퍼스에서 확인한 변화는 대체 뭐였기에 키키가 실감하지 못했을까?

질문에 대한 답을 하려면, 프린스턴이나 다른 대학에서 캠퍼스의 사회경제적 다양성을 계산하는 방식을 먼저 이해해야 한다. 『워싱턴포스트』가 인용한 자료는 일반적으로 통용되는 통계 수치로, 연방정부로부터 펠 장학금을 받는 재학생 또는 신입생의 비율을 나타낸 것이다. '펠 백분율Pell percentage'이라고도 부르는 이 통계 수치는 여러모로 유용한 지표이며, 연방정부가 각 대학으로부터 자료를 수집해서 발표하는 수치다. 하지만 펠 백분율은 어느 정도 조정이 가능하다. 미 연방 교육부는 펠 장학금을 지원할 가정을 선별하기 위해 복잡한 공식을 적용한다. 부모의 소득을 기준으로 하지만, 그 밖에도 부양 자녀의 수나 대학생 자녀의 수에 따라 선발 대상이 달라진다. 따라서 가계소득이 연 8만 달러가 넘는 가정의 자녀가 펠 장학금 수혜 대상에 포함되기도 하고, 3만 달러도 안 되는 가정의 자녀가 펠 장학금 수혜 대상에서 배제되기도 한다.

또한 10년 전보다 펠 장학금을 받기가 훨씬 더 쉬워지기도 했다. 오바마 정부에서 경기침체기에 펠 장학금을 확대하기 위해 적격심사 완화 조치를 시행한 까닭도 있고, 중산층 이하 가구의 실질소득이 감소한 탓도 있다. 변화된 수치는 놀라울 정도다. 가계소득이 연간 5만 달러인 가정을 생각해보자. 5만 달러는 중산층 가계소득의 중간값에 가깝고, 전체 가계소득의 중간값보다 겨우 1만 달러 정도 낮은 수준이다. 2000년도에 5만 달러를 버는 가정의 자녀 5명 중 1명만이 펠 장학금을 받을 수 있었지만, 2011년도에는 5명 중 3명 이상이 펠 장학금을 받을 수 있었다.

따라서 프린스턴대학이나 애머스트 칼리지, 그리고 그 밖의 명문대학에서 지난 10년 동안 펠 백분율이 증가한 이유가, 정말 가난한 학생들이 아니라 펠 장학금을 받는 학생 가운데 가계소득이 3만 달러인 학생보다 8만 달러인 학생들만 중점적으로 합격시켰기 때문일 수도 있다. 그리고 2019년 초, 앞서 빈곤층 우등생에게 대학 입시 자료집을 배부한 연구로 잘 알려진 경제학자 캐럴라인 혹스비와 세라 터너가 새로운 연구에서 이들 대학이 실제로 그렇게 하고 있음을 밝혔다.

혹스비와 터너는 펠 백분율을 크게 개선했다고 널리 인정받은 대학 두 곳을 골라 분석을 시작했다. (공개적으로 어느 대학인지는 밝히지 않았다.) 연구진은 국세청 자료를 사용해서 이들 대학 재학생 부모의 가계소득 분포를 계산했고, 두 학교 모두 실질적으로 빈곤층에 해당되는 학생은 극소수만 뽑았다는 사실을 확인했다. 펠 장학생들은 대부분이 연방정부가 정한 기준에 약간 못 미치는 가계소득을 기록했다. 혹스비의 표현대로, 이와 같은 대학의 '왜곡된 행동'은 이들 대학이 정작 기준을 살짝 넘기는 가계소득을 기록한 학생들은 거의 뽑지 않았다는 사실과 대비되면서 더욱 두드러졌다. 이들 대학은 펠 백분율이 여전히 증가했다고 주장할 수 있는 범위 안에서 최대한 가계소득이 높은 가정의 학생들을 의도적으로 선발하면서 통계 수치를 조작하고 있었다. 평균적으로, 펠 장학금 기준선 바로 아래에 있는 지원자는 기준선 바로 위에 있는 학생보다 명문대학에 합격하고 등록할 가능성이 10배나 더 높았다.[8]

프린스턴대학은 혹스비-터너 연구에서 드러난 것처럼 펠 백분율을 최대한 높이기 위해 특정 부류의 학생들을 선발하는지 여부를 판단할 만한 통계 자료를 전혀 공개하지 않고 있다. 하지만 키키가 프린스턴에 입학하기 직전에 나온 확실한 자료가 있다. 바로 경제학자 라즈 체티와 존 프리드먼이 동료들과 함께 방대한 국세청의 세금 기록을 분석해 얻은 자료다. 체티의 자료에 따르면 프린스턴대학은 언론에 보도된 기간에 사회경제적 다양성의 선두주자가 될 수 없었다. 오히려 체티 교수가 축적한 미국 2395개 대학 관련 데이터베이스에서 경제적 다양성이 가장 떨어지는 대학 중 하나였다.

체티의 자료에 의하면(1장에서 언급했듯이), 2013년 기준으로 프린스턴대학 재학생 가운데 키키처럼 최하위 소득계층에 속하는 이들의 가계소득은 2만1000달러에도 못 미쳤는데, 이들의 수치는 2.2퍼센트에 불과했다. 이 수치는 아이비리그에서 두 번째로 낮은 비율이었고, 미국 대학 전체로 봐도 최저 수준이었다.

한편 프린스턴대학 재학생의 17퍼센트는 소득 최상위 1퍼센트에 해당되는 최고 부유층 출신이었고, 소득분위 5구간(80~100퍼센트)에 해당되는 부유층 출신도 무려 72퍼센트로 아이비리그에서 가장 높은 비율이었다. 이것은 2013년 프린스턴대학 재학생 중에 소득분위 1구간(0~20퍼센트)부터 4구간(60~80퍼센트), 즉 기본적으로 부유층을 제외한 모든 계층에 속하는 학생이 4분의 1을 조금 웃돌 뿐이라는 뜻이다.[9] 이 수치는 전국 대학 가운데 프린스턴대학에 부유층 아닌 학생이 가장 적다는 뜻이기도 하다. 『워싱턴포스트』가 보도한 혁신과는 거리가 멀었다.

체티의 자료는 몇 년 전에 나온 것이므로, 아이스그루버 총장이 최근에 추진하는 다양성 증진 캠페인의 효과가 앞으로 연구에서 확인될 수도 있다. 하지만 2004년부터 2013년까지 체티가 분석한 10년 치 자료를 살펴보자. 아이스그루버 총장과 『워싱턴포스트』 기사에 의하면, 프린스턴대학이 지난 10년 동안 펠 백분율을 7퍼센트에서 15퍼센트로 두 배이상 늘렸다고 돼 있다. 하지만 체티가 분석한 좀더 근거가 확실한 자료에 의하면, 같은 기간 프린스턴대학 재학생 중 소득분위 1~2구간, 즉 하위 0~40퍼센트 계층에 속하는 학생의 비율은 2004년 6.2퍼센트에서 2013년 7퍼센트로 소폭 증가하는 데 그쳤다. 어찌된 영문인지 프린스턴대학은 실제 빈곤층 학생 수를 늘리지 않으면서도 펠 백분율을 두 배나 늘렸다.

키키는 1학년 때 주로 흑인 학생들과 어울리면서 프린스턴 학생들의 경제적 다양성을 직접 경험할 수 있었다. 첫 학기를 보내면서 키키가 깨달은 것은, 비록 피부색이 같더라도 대부분의 흑인 학생이 자신과는 다른 경제적 배경에서 왔다는 사실이었다.

"프린스턴에 다니는 흑인 애들은 가난하지 않아요." 그해 가을 키키는 충격받은 목소리로 말했다. 키키가 이런 현실을 알아채는 데는 시간이 좀 걸렸고, 그 현실에 익숙해지기까지는 훨씬 더 오랜 시간이 걸렸다. 키키가 자라면서 마주친 흑인들은 모두 경제적 여유가 없는 사람들이었고, 그것이 키키가 알고 있는 미국 흑인의 삶이었다. 하지만 프린스턴대학에 와서 보니 신입생 1400명 가운데 가난한 흑인은 겨우 열 명 남짓이었다. 지난여름 FSI 장학회 오리엔테이션에서 그랬듯, 프린스턴 캠퍼스에서 노동자 계층이나 빈곤층 학생을 만나면 그들은 백인이나 히스패닉일 가능성이 높았다. 키키는 프린스턴대학에서 아이비G 콘퍼런스를 지원하는 '1세대 빈곤층 학생회First Generation Low-Income Council'에 참여했을 때도 똑같은 경험을 했다. 모임에는 빈곤층 백인 학생과 라틴계 학생이 많은 데다, 키키는 흑인이 자기 혼자뿐이라는 사실에 놀랐다.

키키가 프린스턴에서 만난 흑인 학생들의 부모는 대체로 고학력 전문직 종사자와 기업가, 그리고 기업 임원들이었다. 대부분 편부모 가정 출신이 아니었고, 재산이 많은 데다 비싼 사립학교에 다녔다. 그런 그들의 경험은 키키가 극복하기 힘든 장벽이 되었다.

프린스턴에 들어오는 흑인 신입생들에겐 또 하나의 특징이 있었다. 대다수가 이민 1세나 2세였고, 부모가 아프리카 또는 카리브해 국가에서 직장이나 대학원에 다니기 위해 건너온 경우가 많았다.

키키가 생각지도 못한 부분이었다. 줄곧 흑인 동네에서 자랐지만 아프리카에서 건너온 아이들은 별로 만나보지 못했다. 하지만 프린스턴에 와서 키키는 아프리카나 카리브해 출신 흑인들이 곳곳에 있다는 사실을 알게 되었다. 그들이 흑인 학생회의 주축을 이루는 듯했다.

알고 보니, 프린스턴 외에도 아이비리그 수준의 명문대학에서는 대체로 비슷한 현상이 나타났다. 그리 많이 언급되지 않을 뿐이었다. 15년 전에 이 현상을 대중에게 처음 알린 사람은 미국에서 가장 유명한 흑인 지식인이자 교수인 라니 기니어와 헨리 루이스 게이츠였다. 두 사람은 2003년 가을 하버드대학 흑인 동문회에서 그 자리에 모인 동문들이 대부분 아프리카나 카리브해 출신의 이민자 1~2세 아니면 그들과 비이민자 사이에서 태어난 혼혈 자녀라고 밝혔다.[10] 그리고 하버드 전체에도 똑같은 인종 분석이 명백히 적용된다고 주장했다. 이듬해 6월 『뉴욕타임스』에 실린 기사에서도, 두 사람은 하버드대학의 흑인 학생들 가운데 '조부모 세대부터 미국에서 태어난 노예의 후손' 즉 토착 흑인 가정의 자녀는 3분의 1 정도라고 주장했다.

게이츠와 기니어는 다소 미심쩍은 자료를 비롯해 다양한 출처에서 얻은 다소 엉성한 계산에 근거해서 이런 결론을 내렸다. (하버드는 흑인 학생들의 인구통계학적 변화에 대해서는 공식 자료를 발표하지 않는다.) 하지만 『뉴욕타임스』 기사가 나온 뒤에, 학자들이 더 타당하고 명확한 수치를 찾기 시작했다. 프린스턴대학 사회학과 교수 더글러스 매시와 동료들은 2007년 논문[11]에서 처음으로 확실한 데이터를 뽑아냈다.

매시의 논문은 게이츠와 기니어의 주장을 뒷받침했다. 흑인 이민 1~2세는 일류 명문대학에 주로 광범위하게 분포했으며, 들어가기 힘든 대학일수록 미국 토착 흑인보다 흑인 이민자의 비율이 높았다. 전국적으로는 18~19세 흑인 인구의 9~13퍼센트가 이민자나 이민자의 자녀였다. 하지만 매시가 조사한 명문대학에서는 흑인 학생의 27퍼센트가 이민자나 이민자의 자녀였다. 아이비리그 대학들만 집계했을 때는 41퍼센트로 더 높았다.

'대학 경험 연구National Study of College Experience'라는 별도의 장기적 연구도 진행되었다.[12] 연구자들은 게이츠와 기니어가 파악한 광범위한 결합 범주, 즉 부모가 흑인 이민자인 가정의 학생과 부모 중 한쪽만 흑인인 혼혈 가정의 학생을 결합한 범주를 조사했다. 연구 결과, 명문 사립대학에서 결합 범주에 속하는 흑인 학생이 꾸준히 늘어난 것을 알 수 있었다. 1980년대에는 흑인 학생들의 약 40퍼센트가 결합 범주에 속했고, 1990년대 중반에는 약 50퍼센트, 그리고 1990년대 후반에는 약 60퍼센트까지 늘어나며 꾸준히 증가했다.

한편 1960~1970년대에 급증했던 명문 사립대의 흑인 재학생 수는 수십 년 동안 거의 변화가 없다. 2017학년도 전미대학 입학사정관협의회 NACAC 콘퍼런스 기조연설을 맡은 숀 하퍼 서던캘리포니아대학 인종평등센터 대표가 다소 극단적인 주장을 폈다. 하퍼 교수는 아이비리그 대학들이 기본적으로 흑인 학생 수를 일정하게 유지하기 위해 담합하고 있다는 의혹을 제기했다.

"우연의 일치라고 하기엔 지나칩니다." 하퍼가 기조연설에서 말했다. "정확히 같은 수의 흑인 학생이 다트머스, 스탠퍼드, MIT, 예일, 프린스턴에 각각 지원했고, 그들이 한 명도 빠짐없이 모두 처음 지원한 대학에 입학했다고 말하려는 겁니까? 대학 측에서 흑인 학생을 얼마나 선발할지 조율하는 어떤 짬짜미가 있었겠죠. 아니라면 이런 비슷한 결과가 나올 리 없습니다."13

소수 집단 우대 정책Affirmative Action 미국에서 1965년부터 시행된 차별금지법으로 인종, 성별, 종교, 장애 등을 이유로 차별받는 사람들에게 혜택을 부여하는 정책의 역사에 논쟁을 불러일으킬 만한 순간에, 그 자리에 모인 각 대학의 입학사정관들은 그런 일은 없다고, 특히 입학전형과 인종 문제에 있어서는 더더욱 담합이 없었다고 열심히 해명할 것이다. 하지만 자료를 보면 하퍼의 주장을 반박하기 어렵다. 수치가 정말 놀라울 정도로 일치하고 있다. 연방 교육부 자료에 의하면, 미국 고교 졸업생 가운데 흑인은 약 15퍼센트다.14 그런데 프린스턴대학은 전교생 가운데 흑인이 8퍼센트다. 코넬대학도 흑인은 8퍼센트다. 브라운대학도 흑인은 8퍼센트다. 예일과 하버드대학 역시 흑인은 8퍼센트다.[15] 이 정도면 그냥 지나치기 어려워진다.

그리고 과거로 거슬러가도 똑같은 수치가 발견된다. 게이츠와 기니어를 인터뷰했던 2004년 『뉴욕타임스』 기사에서도, 당시 하버드대학 재학생의 8퍼센트가 흑인이라고 인용했다. 그뿐만이 아니다. 사회학자 제롬 캐러블은 저서 『선택받은 자들The Chosen』에서 이보다 훨씬 전인 1984년에 하버드대학 신입생 가운데 흑인은 8퍼센트라고 보고한 바 있다.[16] 비교적 최근 자료를 살펴보면, 프린스턴대학 학부생 가운데 흑인 학생 비율은 매년 정확히 8퍼센트를 유지했고, 2011년과 2012년에만 잠시 7퍼센트로 감소했을 뿐이다.[17]

대학들이 공모했든 할당제 쿼터를 적용했든 아니면 그저 우연의 일치든 간에, 8퍼센트라는 수치가 꾸준히 유지되었다는 사실은 프린스턴대학(또는 하버드나 예일이나 기타 명문대학 모두)이 앞으로도 흑인 학생을 지금보다 더 많이 선발할 가능성이 크지 않다는 신호임에 틀림없다. 그리고 적어도 당분간은, 아이비리그 등 명문대학에서 나이지리아나 바베이도스 출신의 부유한 이민자 흑인의 자녀를 한 명 선발할 때, 디트로이트나 시카고, 혹은 키키처럼 노스캐롤라이나 샬럿 출신으로 대대로 빈곤층에 속하는 흑인의 자녀 한 명이 기회를 잃게 된다는 뜻이다.

이처럼 간단한 셈법 때문에 명문대학 캠퍼스에는 긴장감이 돌고 이따금 갈등이 불거지기도 한다. 키키가 프린스턴에서 첫 학기를 보내는 동안, 코넬대학 흑인 학생들 사이에는 공공연한 논쟁이 벌어졌다.[18] 흑인학생연합Black Students United, BSU이라는 단체가 캠퍼스에서 일어난 인종차별 사건에 항의하고 다양성을 좀더 폭넓게 보장하라고 요구하는 시위를 벌인 것이다. "대학 측이 토착 흑인 학생의 정원을 늘리는 방안을 적극적으로 마련하라"는 요구가 특히 눈에 띄었다. BSU는 성명문을 내고 입장을 밝혔다. "토착 흑인 학생이란 미국에서 태어나 2세대 이상 살아온 흑인 가정의 자녀를 말한다. 코넬대학에는 아프리카 또는 카리브해 출신의 이민자 흑인 1~2세가 지나치게 많다. 물론 이들도 코넬에서 성공할 권리가 있지만, 미국 본토에서 흑인 대학살African Holocaust로 직접적인 피해를 입은 흑인들의 후손에 대한 투자가 부족하다."

마퀸 존스라는 흑인 학생은 BSU가 시위에 나선 배경을 자세히 설명하기 위해 『코넬데일리선』에 칼럼을 썼다. 그는 코넬대학에서 흑인들이 목소리를 내지 못하고 있다"고 주장했다. "우리는 캠퍼스에서 '토착 흑인just black'이라는 이름표를 달고 있으며 그 정체성을 끊임없이 확인받아야 한다. 같은 흑인 공동체 안에도 명백한 차별이 있지만, 아무도 나서서 문제를 제기하려 하지 않는다. 사실 '토착 흑인' 학생들은 소수자 중에서도 소수자다."

오늘날 미국의 대학 캠퍼스에서 이런 문제가 공론화되는 일은 극히 드물다. 코넬대학에서 흑인 학생들이 감정을 격렬히 표출한 것과는 대조적으로, 이 주제와 관련해서 내가 만나본 다른 흑인 아이비리그 학생들은 이민자 흑인과 본토 흑인의 차이가 심각한 문제라고 생각하지 않았다. 그들은 BSU 시위대가 주장하는 현상에 당연히 주목하고 있었지만, 걱정스럽다기보다는 흥미롭다는 입장이었다.

하버드처럼 프린스턴대학도 흑인 학생들의 이민 배경에 대한 자료를 공개하지 않는다. 따라서 프린스턴의 흑인 학생 가운데 최근 이민사에 뿌리를 둔 학생과 과거 노예제도에 뿌리는 둔 학생이 각각 얼마나 되는

지 확인할 방법은 없다. 하지만 키키가 프린스턴에서 첫 학기를 보내면서 이민자 출신 흑인이 확실히 대다수라고 믿게 됐다는 점은 분명히 할 수 있다.

왜 프린스턴대학 입학사정관들은 키키처럼 본토에서 뿌리를 내린 흑인 학생보다 이민자 출신을 선호하는 경향을 보일까? 매시의 2007년 논문에 단서가 있다.

매시는 엘리트 명문대에 입학한 흑인 학생들의 경우, 아프리카나 카리브해에서 건너온 자발적 이민자 출신이 노예무역으로 미국에 끌려온 흑인의 후손보다 사립학교에 다녔을 가능성이 더 크기 때문이라고 분석했다. 그리고 자발적 이민자 가정의 자녀는 부모가 이혼 또는 별거할 가능성이 크지 않고, 아버지가 대학을 졸업하고 최소한 석사 이상의 학위를 받았을 가능성이 크다. 그리고 이민자 출신 흑인 학생의 SAT 점수는 토착 흑인 학생보다 평균 50점 이상 높다. 프린스턴대학 입학처가 그런 학생을 키키와 같은 학생 대신 선발하면, 두 가지 문제가 한꺼번에 해결된다. 대학 입장에서는 8퍼센트의 흑인 비율 목표치를 달성하면서(만약 정말로 목표가 있다면), 동시에 인종을 제외한 모든 면에서 프린스턴에 입학하는 다른 학생들과 비슷한 배경을 가진 신입생을 선발할 수 있는 것이다.

이런 전략은 프린스턴대학 입학처로서 수월한 선택이었을지 모르지만, 키키에게 소외감을 주는 또 다른 요인이었다. 그래도 키키는 캠퍼스에서 마주치는 흑인 학생들이 거의 다 부자거나 이민자 2세거나, 아니면 둘 다라는 사실에 점차 익숙해졌다. 학교에서 키키와 가장 친하게 지내는 친구 앤절리카는 플로리다 출신의 중산층 흑인이었다. 앤절리카의 아버지는 자메이카 출신 이민자였다. 키키가 첫 학기에 가까이 지낸 남학생은 오클랜드에서 고등학교를 다녔다. (둘이 정식으로 사귀지는 않았지만 서로 '이성적 호감'을 가지고 있다고 키키가 내게 말해주었다.) 그 친구의 아버지는 가나 출신의 이민자였다.

친구들이 아프리카와 카리브해에서 건너온 부모 세대의 다채로운 가족사를 들려줄 때면, 키키는 가끔 자신이 초라하게 느껴졌다. '토착 흑인'이라는 표현대로, 키키는 흑인이라는 사실 말고는 주변 친구들처럼 독특하고 멋진 뿌리가 없었고, 이렇다 할 가족사가 없는 사람은 자기 혼자뿐이라는 기분이 들었다.

"걔들이 저한테 우리 집안은 어디 출신이냐고 물어요." 키키가 말했다. "그럼 전 그냥 우리 집안은 대대로 미국에서 살았다는 걸 설명해야 하죠."

키키는 노예제도의 역사를 공부했기 때문에, 미국 흑인의 뿌리가 어디서 왔는지 적어도 머리로는 잘 알고 있었다. 키키는 노예해방으로 자유를 되찾은 아프리카계 미국인 문화의 일원으로서, 노예해방운동의 선구자 프레더릭 더글러스, 흑인 인권운동 지도자 마틴 루서 킹, 노벨문학상 수상자 토니 모리슨, 글로벌 스타 비욘세와 같은 뿌리에서 나왔다. 키키도 잘 알고 있었다. 그럼에도 불구하고 키키가 생각하기에, 길고 깊은 아픔을 겪은 뿌리에서 자란 흑인 여성이라는 정체성은 프린스턴이라는 환경에서 오히려 뿌리가 없는 것이나 마찬가지였다.

브룩파크 초등학교와 마이어스파크 고등학교를 거치면서 키키는 자신이 아웃사이더이자 주변인이라는 느낌에 익숙해져 있었다. 하지만 프린스턴에 가면 상황이 달라질 거라고 자신했었다. "여기 오면 틀림없이 제

가 찾는 흑인 공동체가 있을 것 같았어요." 키키가 1학년을 마치고 내게
했던 말이다. "그런데 없더라고요. 정말 너무 간절했는데 말이죠. 정이 넘
치는 그런 흑인 모임에 속해서 흑인 동기들에게 둘러싸이고 싶었어요."

키키는 프린스턴에 와서 흑인들과 어울릴 수 있는 캠퍼스 환경에 감사
했다. 고등학교 시절에 외톨이였던 데 비하면 천국이나 다름없었다. 하지
만 여전히 편하게 지내기는 힘들었다. "여기서는 어느 순간 소속감을 느
끼다가도 금세 외로워져요."

앤서니 잭이 2003년 애머스트 칼리지 신입생으로 캠퍼스에 도착했을
때 주변에는 온통 부유한 백인 아이들뿐이었다. 놀랍지는 않았다. 전에
마이애미에서 명문 사립 걸리버 고교로 전학 갔을 때도 똑같은 상황이
벌어졌고, 그래서 예상은 했었다. 잭을 놀라게 한 것은 부유한 흑인 아이
들의 존재였다. 키키와 마찬가지로, 그는 콜로라도에서 스키 휴가를 보내
고 프랑스에서 유학한 이야기를 아무렇지 않게 하는 아프리카계 미국인
을 실제로 만난 적이 없었다. 마이애미에서는 이웃에 그런 아이들이 존
재하지도 않았다.

하지만 새로 만난 동기들과 이야기를 나누고 대화가 깊어질수록, 잭은
처음 생각했던 것보다 그들의 사연이 더 복잡하다는 사실을 알게 되었
다. 애머스트 칼리지에 온 흑인 학생 대다수가 상당히 부유한 것은 사실
이었다. 하지만 스키 휴양지나 프랑스 여행지 이야기를 태평하게 늘어놓
는 흑인 아이들이 한편으로는 범죄율이 높은 동네에서 자란 이야기, 편
부모 가정에서 자란 이야기, 감옥에 간 친척 이야기, 그리고 무료 급식카
드를 써본 이야기를 하고 있었다. 그들은 잭과 마찬가지로 노동자 계층

가정에서 고생하면서 가난한 어린 시절을 보냈다. 하지만 고등학교에 갈 무렵에는 용케 장학금을 받거나 뜻밖의 행운을 얻어 명문 사립고에 진학하게 되었다. 그리고 그것이 인생을 바꿔놓았다.

그들의 사연은 잭이 걸리버 고교로 전학했던 12학년 때의 경험과 비슷했다. 단지 그들은 졸업반 때 1년이 아니라 고등학교 4년 내내 장학금을 받으며 명문 사립 기숙학교에 다녔다는 점이 다를 뿐이었다. 그리고 4년은 산이나 해변 휴양지에 별장이 있는 부자 친구들과 친해지고, 명문 사립고 학생에게만 자격을 주는 해외 교환학생 프로그램에 참가하고, 미국 상류층 문화에 스며들기에 충분한 시간이었다.

몇 년 후에 잭이 사회학과 대학원생이 되어 하버드대학, 아니 '유명한 대학'이라고 해야겠지만, 아무튼 그 대학에서 현장조사를 시작했을 때도 이와 비슷한 사연을 가진 흑인이나 라틴계 학부생을 수십 명씩 마주쳤다. 그들도 어린 시절 가난했고 천운을 얻어 장학금을 받고 명문 사립 기숙학교에 진학할 수 있었으며, 덕분에 명문 사립대학에서 입학 허가를 받게 되었다. 잭은 이런 경로로 명문대 학생이 된 집단을 집중적으로 연구하기 시작했다.

10년 가까이 조사와 분석을 거듭한 끝에 잭이 얻은 결론은, 오늘날 미국의 명문 사립대학에 다니는 빈곤층 학생은 두 가지 뚜렷한 범주로 구분된다는 사실이다. 하나는 빈곤층이었지만 고교 시절 명문 사립학교에 통학 또는 기숙한 학생들이다. 잭은 이 부류를 '특혜 빈곤층Privileged Poor'이라고 불렀다. 한편 그렇지 않은 부류, 다시 말해 일반 공립 고등학교에서 명문대로 진학한 빈곤층 학생들은 '이중 빈곤층Doubly Disadvantaged'이라고 불렀다.

잭은 연구를 진행하면서 두 부류에 대해서 중요한 결론을 두 가지 이끌어냈다. 하나는 이른바 특혜 빈곤층이 아이비리그 수준의 명문대학에 지나치게 많다는 것이다. 미국에서 빈곤층 흑인 청소년이 명문 사립중고등학교에 진학하는 사례는 극히 드물다. 보통 이들은 프렙 포 프렙Prep for Prep이나 티크 펠로십TEAK Fellowship 같은 몇몇 장학재단의 도움을 받는다. 장학재단은 빈곤 지역 공립 초등학교 5~6학년생 가운데 우수한 아이들을 선발해서 중학교 내내 집중적으로 교육한 다음, 브리얼리 스쿨, 엑서터 아카데미, 밀턴 아카데미 등 값비싼 기숙형 사립 고등학교에서 전액 장학금을 지원받고 공부할 수 있게 진로를 열어준다. 하지만 장학금 수혜자는 그리 많지 않아서, 프렙 포 프렙 장학생은 일 년에 120명이고 티크 펠로십 장학생은 일 년에 겨우 25명이다. 이렇게 흑인 학생 중에서도 극소수에게만 주어지는 혜택을 받은 아이들이 아이비리그에 진학한 빈곤층 흑인 학생의 절반을 차지한다고 잭은 분석했다.

그리고 아이비리그 대학의 입학사정관들이 펠 장학금을 받는 빈곤층 학생보다 중산층 학생을 선호하고 토착 흑인 학생보다 이주민 흑인 학생을 선호하는 것과 마찬가지로, 대학에서는 "다양성에 양다리를 걸치려고" 이중 빈곤층보다 특혜 빈곤층을 선호한다고 잭은 설명했다. 초트 로즈메리 홀이나 앤도버 아카데미 같은 명문 사립학교를 졸업한 학생들이 아이비리그 대학에 무더기로 입학한다는 것은 널리 알려진 사실이다. 하지만 재학생이 거의 빈곤층 흑인이고 학업 성취도가 낮은 공립 고등학교를 졸업한 학생들은 그렇지 않다. 대학 입학처로서는 지금까지 해오던 대로 명문 사립고 출신 부유층 학생들을 대거 확보하면서도 다른 방법으로 대학이 바라는 가시적 다양성을 확보할 수 있다면, 일이 훨씬 더 수월해질 것이다.

잭 교수가 연구에서 이끌어낸 두 번째 결론은, 이중 빈곤층 학생이 특혜 빈곤층 학생보다 대학생활에 적응하기 훨씬 더 힘들다는 것이다. 그리고 이중 빈곤층 학생들이 적응하는 과정에서 가장 힘들어하는 부분은 공부가 아니었다. 물론 공부가 힘들 때도 있지만, 가장 스트레스가 심한 부분은 동기들과 소통하는 문제였다.

"다른 학생들과 교류하다보면 이중 빈곤층 학생들은 아직 낯선 캠퍼스 안에서 홀로 이방인이 된 기분을 느꼈다." 잭은 『특혜 빈곤층』에 이렇게 썼다. "특혜 빈곤층 대다수가 주변과 교류하는 것을 매우 힘들어했고, 교류가 늘어날수록 사회적으로 소외되고 정서적으로 지치며 때로는 분노하게 되었다. 그들은 사회적·감정적으로 무너지고 있었다. 그들은 한 번도 경험한 적 없는 암묵적인 사회적 관례를 접했고 암호와도 같은 그 의미를 해석하려 애썼다."

이와는 대조적으로, 특혜 빈곤층 학생들은 그런 암묵적인 사회적 관례에 상당히 익숙했다. 그들은 고등학교에 다니는 4년 동안 상류층의 사회적 규율을 내면화했다. 그들은 대체로 무난하게 아이비리그에 진학했고, 쉽게 대학생활에 적응했다. "그들에게 고등학교 시절은 아이비리그라는 본편으로 가는 4년짜리 예고편이었다."

잭이 면담한 스테퍼니라는 흑인 여학생은 특혜 빈곤층에 속했는데, 사립 기숙학교에서 이른바 '유명한 대학'으로 오는 것은 "말 그대로 데자뷔"였다고 말했다. 어린 시절 스테퍼니는 범죄가 들끓는 공공 임대주택가에서 자랐지만, 사립 기숙학교에서 받은 문화적 몰입 교육 덕분에 대학에 와서 마주치는 모든 상황에 이미 익숙했다. 사실 지나치게 익숙했다. 동기들이 남녀 공동 기숙사 생활은 어떨까 궁금해하고, 담쟁이덩굴로 뒤덮인 고딕 건물에 감탄하며, 소크라테스식 집중 토론 수업에 애를 먹을 때도 스테퍼니는 그저 시큰둥했다. "대학에 와서 사람들이 흥미롭게 여기는 것들이 제겐 너무 진부했어요. 나도 신이 나면 좋겠는데, 대학생이 돼도 시시하기만 해요. 고등학교 때 벌써 다 겪었으니까."

스테퍼니가 매사에 무덤덤한 대학 신입생이라 해도, 현실적으로 사회이동은 언제나 충격적이다. 사회이동을 경험하면서 그 파괴력에 휘청대지 않는 사람은 아무도 없다. 특혜 빈곤층 학생들의 최대 장점은 일찌감치 혼란을 겪었다는 것이다. 잭 교수는 "특혜 빈곤층에게는 문화 충격을 경험하느냐 마느냐의 문제가 아니라 어느 시점에 경험하느냐의 문제"라고 썼다. "그들이 문화 충격을 받는 시기는 사립학교에 처음 갈 때, 보통 사립고 신입생이 될 때지, 명문대 신입생으로 입학할 때가 아니다. 흑인이 대다수인 빈곤 지역 공립 중학교에서 백인 위주의 우아하고 화려한 사립 고등학교로 진학할 때, 그들은 고립감과 이질감을 실감한다."

하지만 시기의 차이도 결코 만만한 것이 아니다. 고등학교에 입학하는 열네 살 때가 대학에 입학하는 열여덟 살 때보다 문화적으로 재교육을 견디기 더 쉽다. 열네 살짜리는 아직 정체성이 확립되지 않았기 때문이다. 그리고 대학의 이상은 관리자가 되도록 개입하지 않고 제도적으로 학생들의 다양성을 존중하는 것이다. 하지만 사립 고교에서는 오히려 학생들의 다양성을 없애기 위해 노력하면서, 똑같은 교복을 입고 똑같은 음식을 먹으며 정해진 틀에 맞춰 글을 쓰고 생각하고 사회화하는 방법을 가르치는 것이 관행이다. 이처럼 문화적 규범을 주입식으로 교육하는 것도 사립학교에서 용인되는 교과과정의 일부분이다. 학부모들이 비싼 학비를 들여 자녀를 사립 기숙학교에 보내는 이유이기도 하다.

연구를 진행하면서 잭은 특혜 빈곤층과 이중 빈곤층의 가장 큰 행동 상의 차이는 교수들과의 관계에 있다고 확신하게 되었다. 그가 책에도 썼듯이 "다른 대학들도 그렇지만, '유명한 대학'에서 공부는 본질적으로 사회생활이다". 특혜 빈곤층 학생들은 그 사실을 직감적으로 알아차렸다. 사립 고교 때도 똑같은 원칙이 적용됐기 때문이다. 교수들은 물론 권위적인 존재가 틀림없지만, 특히 빈곤층 학생들은 교수를 일방적으로 따르기보다 교류해야 할 대상으로 여겼다. 그들은 교수의 비위를 맞추고 농담을 주고받고 강의실 밖에서 커피를 마시며 영화나 소설 이야기도 나누면서 친목을 다졌다. 그런 다음 도움을 청하는 것이 순서였다. 그들은 리포트를 쓰거나 시험 공부를 할 때는 물론이고, 추천서와 인턴십을 부탁하거나 대학생활 성공 비결 등 조언을 구할 때도 교수의 도움을 받을 수 있었다.

하지만 잭이 인터뷰한 이중 빈곤층 학생들은 그런 관계를 껄끄럽게 여겼다. 그들이 생각하는 대학생활은 "강의를 듣고 과제를 완수하고 공부해서 시험을 치르는 것, 통틀어서 이른바 '학업'이라 부르는 것"이었다. "그들은 인맥이 필요한 시기와 방법을 따져보는 것은 고사하고, 인맥이 왜 필요한지조차 이해하지 못했다."

이중 빈곤층 학생들의 문제는 교수와 친해지는 법을 몰랐다는 것만이 아니었다. 그들은 이런 관행이 비도덕적인 일이라도 된다는 듯 혐오감을 드러냈다. 이중 빈곤층에 속하는 라틴계 학생 발레리아가 그랬다. "교수님과 일대일로 대화하긴 싫어요." 발레리아가 인터뷰에서 한 말이다. "저희 아빠가 항상 그러셨어요. '알랑방귀 뀌면서 성공할 생각일랑 하지 말아라, 알겠니? 열심히 노력해서 성공해야 한다. 시간은 더 걸리겠지만 그게 더 가치 있는 일이지. 스스로도 더 자랑스러울 거다."

역시 이중 빈곤층에 속하는 라틴계 학생 대니얼도 인터뷰에서 발레리아와 비슷한 표현을 했다. "수업이 끝나면 교수님한테 가서 그냥 수다 떠는 애들이 있어요. 도대체 교수님한테 무슨 할 말이 그렇게 많은지 모르겠더라고요. 전 수업에서 배운 내용 말고는 질문할 것도 없던데 말이죠. 걔들은 아부하는 거예요! 추천서가 필요한 거겠죠. 교수 연구실에서 한 자리 얻어볼까 하고. 저는 굽신거리는 건 도저히 못 하겠어요."

이중 빈곤층 학생들이 사는 도덕적 세상에서 중요한 것은 학업이다. 대학생에게 에세이를 쓰고 시험을 보고 실험 과제를 완성하는 것보다 더 중요한 것은 없다. 하지만 그들이 입학한 대학에서는 조금 다른 도덕률이 적용된다. 잭은 "이중 빈곤층 학생들은 '학업'에 열중하면 충분히 성공할 수 있다며 실력주의를 굳게 믿지만, 결국 가장 손해를 보기 마련"이라고 저서에 썼다. "학점이 좋으면 인정받을 수 있고 성실하게 노력하면 보상받을 수 있지만, 학업 성적만으로 대학에서 성공하거나 원하는 바를 이룰 수 있는 것은 아니다."

키키는 불안감에 시달리면서도 첫 번째 인문학 연속강의 프리셉트에서 살아남았다. 그리고 첫 학기 내내 소크라테스 이전 고대 철학과 아이스킬로스와 소포클레스의 고전 문학을 힘겹게 정복해나갔다. 키키는 마치 전쟁을 앞두고 무기를 점검하는 기분으로 예습한 내용을 꼼꼼하게 메모하고 발표할 부분을 연습하면서 세미나를 준비했다. 그해 가을 내가 프린스턴에 갔을 때, 키키는 첫 세미나 때처럼 심장이 튀어나올 것 같은 불안은 이제 사라졌다고 말했다. 키키는 에세이 과제에서 모두 A를 받았고 수업에서 다루는 고전 작품을 좋아했으며 이제 자신감도 완전히 되찾았다. 하지만 키키는 아직도 매번 세미나에 들어갈 때마다 자신의 입지를 확인하고 힘과 존중을 얻기 위해 투쟁하는 기분이라고 털어놓았다. 그리고 프리셉트에서 토론을 주도하는 '알파 그룹'이 생겨났는데, 그룹의 우두머리는 거침없이 대화의 방향을 바꾸고 논점을 가로채면서, 키키의 표현에 따르면 '생각을 무기처럼 휘두르는' 목소리가 큰 백인 남학생이었다. 키키도 토론에서 자기 의견을 냈지만, 알파 그룹에 속하지는 못했다.

"지성인처럼 행동하는 어떤 스타일이 있어요." 키키가 설명했다. "사람들의 인식이죠. 캠퍼스에서 우린 똑똑한 그룹과 나머지 그룹으로 구분돼요. 각자 전형적인 모습들이 있거든요." 키키는 오로지 피부색 때문에 자신이 아웃사이더라고 느낀 것은 아니라고 했다. 키키는 배꼽티 차림에 에어조던 운동화를 신고 가닥가닥 많은 머리를 하고 있었다. 프린스턴 우등생의 전형적인 외모가 아니었고, 다들 그렇게 인식했다. "가난한 사람은 철학자가 되지 않아요. 되더라도 프린스턴에서 철학을 전공하진 않겠죠."

나는 키키와 동기생들이 로마 시대 작가 키케로와 플라우투스의 작품을 놓고 토론하던 날 수업을 참관했다. 읽어본 적 없는 책들이라 토론 내용을 제대로 이해하지는 못했다. 하지만 15명의 청년이 아이비리그 지성인의 역할을 해내기 위해 서로 공방을 벌이며 토론하는 모습을 관찰하는 동안, 키키가 설명했던 수업 분위기가 뭔지 대강 알 수 있었다. 키키의 말대로 토론을 독점하는 남학생 하나가 눈에 띄었다. 하지만 키키가 논쟁에서 우위를 차지하려고 설전을 벌이는 모습보다, 그녀만 혼자 완전히 다른 게임을 하고 있다는 점이 훨씬 인상적이었다.

키키는 진지하게 토론에 임했다. 내내 긴장을 풀지 않았고 꼿꼿하게 앉아 정신을 집중했으며 웃지도 않았다. 발언할 때는 목소리가 작고 억양에 변화가 없었으며 자기 생각을 완벽한 문장으로 빠르게 말했다. 초등학교 4학년짜리 키키가 『데이비드 코퍼필드』를 방패처럼 휘두르며 작문할 때 틀린 문법이 없는지 확인하는 모습이 내 눈앞에 떠올랐다.

다른 학생들도 물론 토론 준비를 해왔다. 하지만 그들은 의견을 낼 때 종종 비꼬는 말투로 뭐든 다 안다는 듯이 행동했다. 현학적인 농담을 던지고 일부러 아무렇지 않은 듯 의자에 비스듬히 기대어 앉았다. 한번은 알파 그룹의 우두머리라는 친구가 에루리피데스의 비극 『바쿠스』 속 주인공 디오니소스와 TV 드라마 「브레이킹 배드」에 등장하는 반영웅적 주인공 월터 화이트를 비교하면서 꽤나 흡족해했다. 키키를 제외한 다른 학생들의 반응은 암묵적으로 합의가 오간 듯 똑같았다. 모두들 보란 듯이 느긋하게 의자 등받이에 기대어 앉았다. 재미는 있지만 그 이상은 아니라는 뜻이었다. '대중문화와 고급문화의 비교라니. 맨날 저 소리지.'

키키는 가장 똑똑하고 가장 공부를 많이 한 사람이 점수를 따는 게임을 하고 있었다. 하지만 원목탁자를 둘러싸고 앉은 다른 학생들은 모두 가장 영악하고 가장 느긋한 사람이 점수를 따는 게임을 하고 있었다. 키키와 다른 학생들은 접점이 별로 없는 두 세상에 따로 존재하는 듯했다. 키키가 이국의 전쟁터라고 생각하는 프리셉트가 그들에게는 편안한 놀이터였다. 그들은 자기네가 조지프 헨리 하우스에서 열리는 토론 세미나에 어울리지 않는다는 생각은 꿈에도 하지 않았다.

학기가 계속되면서 키키는 프리셉트에 참여하는 학생들이 서로 친해지고 스터디그룹을 함께 하며, 수업 전후에 모여서 잡담하는 것을 알게 되었다. 하지만 토론 시간 외에 키키는 그들 중 누구와도 이야기하지 않았고, 그들도 키키에게 말을 걸지 않았다.

3. 혈통

키키가 경험하고 있던 일, 그리고 앤서니 잭 교수가 연구하던 과제는 대학에 오기 전 학생들의 사회경제적 계층 구분이 대학에서 그대로 되풀이되는 방식이었다. 노스웨스턴대학 사회학 및 경영학 교수인 로런 리베라는 여기서 한 단계 더 나아가, 대학 졸업 후 직장에서 계층 구분이 어떻게 지속되는지 연구했다. 리베라 교수는 2015년에 출판된 저서 『혈통: 엘리트 학생들은 어떻게 엘리트 직장에 들어가는가Pedigree: How Elite Students Get Elite Jobs』[19]에서 대학과 대학 졸업 이후 '문화자본cultural capital'의 역할을 조사했다. 문화자본이란 프랑스 사회학자 고故 피에르 부르디외가 학교나 가정에서 지배계층이 지식, 태도, 취향 등을 은연중 자녀에게 계승함으로써 대를 이어 상류계층을 유지하는 현상을 설명하기 위해 만든 용어다.[20]

사회학자들은 직업상 개개인을 일정한 범주로 묶으려 한다. 하지만 이제 40대 초반에 접어든 리베라 교수도 정작 본인을 어떤 범주에 넣으려 하면 좀 막막해진다. 그녀는 어떤 면에서는 상당히 가난하게 자랐다. 노동자 계층이나 빈곤노동계층일 수도 있고 중산층 맨 아래에 속할 수도 있다. 그녀가 아기였을 때, 푸에르토리코 출신 아버지는 자잘한 범죄를

저지르고 감옥에 갔다. 부모는 이혼했고, 동유럽 출신 유대인 이민자였던 어머니는 로스앤젤레스에서 최저임금을 받는 임시직을 전전하며 자녀들을 혼자 힘으로 키웠다.

문제는 어머니의 수입 외에 외할아버지의 경제적 지원이 간간이 있었다는 점이다. 리베라의 외조부는 나치의 박해에서 벗어나고자 오스트리아를 탈출한 뒤, 법망을 피해 출입국 관리소 직원보다 한발 앞서 국경선 너머로 여러 물품을 유통하는 밀수업자로, 살아왔고 괴팍하고 변덕스러운 성격이었다. 그래서 외할아버지의 독특한 직업과 어머니의 들쭉날쭉한 벌이 때문에 언제 돈이 생길지 예측할 수 없었다. 그리고 가족들은 보통 의식주 같은 생활비보다 교육비 같은 출세지향적 소비를 많이 했다. 먹는 것은 변변치 않았지만, 외할아버지는 리베라의 발레 교습비에 돈을 아끼지 않았다.

리베라의 어머니는 학창 시절 우등생이라 할 수 없었다. 고등학교 성적은 중위권이었고 졸업 후 전문대학 두 군데를 거쳐 세 번째 학교에서 겨우 졸업장을 땄다. 하지만 그녀는 자녀 교육의 중요성을 굳게 믿었다. 그녀는 할리우드 스타의 자녀들이나 간혹 실제 왕족이 많이 다니는 로스앤젤레스의 유명 사립학교 브렌트우드에 아들을 농구 특기생으로 들여보냈다. 그녀는 딸도 브렌트우드에 입학시키고 싶었지만, 딸은 운동선수가 아니었고 비싼 등록금은 엄두도 못 내는 형편이었다.

그래도 리베라의 어머니는 포기하지 않았고, 어느 날 오후 브렌트우드 정시 입학 면접에 초등학교 6학년 딸을 데리고 갔다. 시작은 그리 순조롭지 못했다. 학교 관계자들은 지원자를 마음에 들어하는 눈치였지만 전액 장학금을 제시할 정도는 아니었다. 그런데 면접 도중에 갑자기 소란

이 벌어졌다. 학교 서점을 운영하던 직원이 들이닥치더니 느닷없이 사표를 낸 것이다. 리베라의 어머니는 이때다 싶어, 그 자리에서 자기가 그 일을 할 수 있다고 나섰다. 그녀는 서점을 운영하기는커녕 서점에서 아르바이트를 해본 적도 없었지만, 어떻게든 해낼 자신이 있었고 무엇보다 브렌트우드에서 교직원 자녀가 무상 교육을 받는다는 사실을 알고 있었다. 결국 그녀는 학교에 일자리를 얻었고, 리베라는 전액 장학금을 받았다. 그리고 신기한 세계에 한발 들어섰다.

브렌트우드에 오는 학생들은 어린 리베라가 그때까지 경험했던 부자들과는 차원이 달랐다. 학생 주차장에는 포르셰와 벤츠밖에 없었다. 그들은 그냥 집이 아니라 호화로운 대저택에 살았다. 대다수가 명품 옷과 명품 가방과 개인 전용기에 돈을 펑펑 쓰며 재력을 과시하는 캘리포니아의 벼락부자들이었다. 부끄럼을 많이 타고 뚱뚱한 데다 공장 재고품을 입고 다니는 리베라는 감히 따라잡을 엄두조차 나지 않았다. 그녀는 그 시절에 부유하고 인기 있는 아이들에게 괴롭힘을 당하진 않았고, 아예 존재감이 없었다고 한다. 그녀는 보통 혼자 다니거나 다른 장학생들과 어울려 지냈고, 너무 힘들거나 외로워지면 학교 서점에서 근무하는 어머니를 찾아가서 힘을 얻곤 했다.

리베라 교수는 브렌트우드에서 두 가지 교육을 받았다고 생각한다. 하나는 정규 교과과정으로, 학습량과 난도가 엄청났고 덕분에 예일대학 입학도 가능했다. 또 하나는 주변 사람들을 관찰하면서 사회계층을 구분하는 비공식 훈련 과정이었고, 결국 그녀가 사회학자가 된 이유도 이것 때문이었다. 브렌트우드의 학생들은 그녀에게 끝없이 당혹스러우면서도 한없이 흥미로운 존재였다. 그들의 엄청난 재력은 물론이거니와 그들끼리 나누는 대화도 신기했다. "모두가 약속이라도 한 듯이 비슷했어요." 그녀가 설명했다. "나만 예외였죠."

브렌트우드에서 중고등학교 과정을 모두 마칠 때까지 리베라는 아웃사이더로 남았지만, 드디어 브렌트우드라는 생태계가 어떤 곳인지 조금은 알게 됐다는 기분이 들었다. 그리고 예일대학에 진학했다. 그녀는 브렌트우드보다 특권 계층이 더 많은 곳이 세상에 있으리라고는 예상하지 못했지만, 바로 예일대학이 그런 곳이었다. 그녀는 또 한 번 상실감과 당혹감에 휩싸였다. 브렌트우드에서 마침내 익숙해졌다고 생각한 계층 단서가 예일에서는 적용되지 않았다. 이곳은 신흥 부자들보다 태프트 가문, 부시 가문, 밴더빌트 가문처럼 대대로 정계나 재계에서 명망 높은 집안이 지배하는 세계였다. 예일에서는 모두 검정 계열의 옷을 입었다. 그들은 캘리포니아 부자들처럼 화사하게 입은 사람을 보면 눈살을 찌푸렸다. 그리고 『뉴요커』를 읽었다. 그것은 리베라가 그때까지 듣도 보도 못한 세련된 주간지였다.

브렌트우드에서 사회적으로 소외당한 시절이 길었기 때문에, 리베라는 한 번만이라도 주류에 소속되기를 갈망했다. 그녀는 당장 여학생 사교 동아리에 가입했고 그러자마자 상류층 학생들, 그것도 아주 부유한 학생들과 어울리게 되었다. 하지만 그들 무리에 속하는 일은 무척 힘들었다. 브렌트우드에서는 그녀가 교직원 자녀 특별전형으로 들어온 전액 장학생이라는 사실을 전교생이 알았기 때문에 집안 환경을 굳이 숨기지 않았다.

하지만 예일에 와서 그녀는 최대한 배경을 숨기고 한동안 동부 부유층 여대생의 가면을 썼다. 가족에 대해 말을 아꼈고 아르바이트를 한다는 사실을 아무에게도 말하지 않았다. 동아리 회비를 내기 위해서는 장학금을 신청해야 했지만, 그 일도 최대한 비밀에 부쳤다. 동아리 친구들이 고급 레스토랑에 가자고 하면 핑계를 대고 빠지거나, 가더라도 식욕이 없다면서 물만 들이켰다. "그때는 그 친구들처럼 되고 싶었죠. 드디어 멋있는 사람이 될 기회였거든요." 리베라 교수가 내게 말했다.

리베라에게 예일대학은 미국 사회의 계층 구조와 지위를 배우는 소중한 체험 현장이었다. 별로 재미있는 경험은 아니었다. "가끔 그 시절을 되돌리고 싶다는 생각을 합니다. 지난 몇 년 동안 엘리트 대학의 사회경제적 다양성 문제에 대해 많은 연구가 이뤄졌어요. 심지어 탄탄한 중산층 학생들도 이런 대학에서는 적응하기 쉽지 않다는 보고가 있어요." 하지만 1990년대만 해도 그녀는 예일대학 학부생 중에 그런 소외감을 느끼는 사람이 자기뿐이라고 생각했다. "나는 그때 대학생활을 하면서 수시로 소외감이 드는 건 전부 내 탓이라고 여겼어요. 그것이 사회 구조의 문제라고는 생각도 못 했죠. 엘리트 대학은 상류층의 꼭대기에 속하는 사람들이 다니는 부자 학교였고, 탈출구가 없었습니다."

2000년 봄, 리베라는 예일대학을 졸업하고 수많은 아이비리그 졸업생이 그렇듯이 좋은 직장에 취직했다. 그녀는 세계적인 경영 컨설팅 회사 모니터그룹 런던 지사에서 2년간 일했다. 보수도 넉넉했고 여러모로 만족스러운 삶이 한동안 이어졌지만, 딱히 천직이라는 느낌은 없었다. 예일대학 시절, 그녀는 현대사회학 이론 수업에서 부르디외의 문화자본론을 읽었는데 그 내용이 줄곧 머릿속에서 떠나지 않았다. 부르디외의 이론은 그녀가 브렌트우드나 예일대학 재학 시절뿐만 아니라 런던에서 몸담은 경영 컨설팅의 세계에 대해서도 너무나 많은 것을 설명해주는 듯했다. 여전히 그녀는 마음속 깊이 엘리트 사회가 어떻게 돌아가는지 제대로 알고 싶었고, 고등학교와 대학에서 보고 경험한 세계를 이해하고 싶었다.

그래서 리베라는 대학원에 지원했고 하버드대학 사회학 박사과정에 입학했다(몇 년 후 앤서니 잭 교수도 그랬다). 한동안 그녀는 바운서, 즉 나이트클럽 입구를 지키는 문지기가 입장객들의 미묘한 계층 단서를 어떻게 가려내는지 현장조사를 바탕으로 연구해볼까 했었다. 하지만 결국에는 본인이 가장 잘 아는 다른 문지기를 박사논문 주제로 택했다. 해마다 아이비리그를 방문해 졸업 예정자를 채용하는 일류 투자은행, 로펌, 경영 컨설팅 기업의 채용 담당자들이었다.

리베라는 컨설팅 업계에서 쌓은 인맥을 활용해, 한 기업의 채용 담당 인턴으로 일하기로 했다. 그리고 9개월 동안 무급으로 캠퍼스 채용박람회와 면접 준비를 도왔다. 물론 그녀가 실제로 하는 일은 현장조사를 진행하는 사회학자로서, 채용 담당자들을 관찰하고 메모하는 것이었다. 이번에도 리베라는 특권층에 둘러싸여 자신에게 어울리지 않는 옷을 입은 사람처럼 겉도는 기분이었다. 그녀는 자신의 책 『혈통Pedigree』에서, 캠퍼스 채용박람회를 준비하는 동안 빳빳하게 다린 와이셔츠와 정장 차림의 면접관들이 구름처럼 모여 있는 모습을 뒤편에서 지켜보던 순간을 묘사했다. 그녀는 자신의 낡고 흐늘흐늘한 옷깃을 내려다보며 노란 사무용지 여백에 '철옹성'이라고 메모했다.

회사 사람들은 모두 리베라가 현장 연구를 하는 사회학자라는 사실을 일찍이 알고 있었다. 그럼에도 불구하고 그들은 하버드와 예일과 모니터그룹이라는 이력을 가진 그녀를 자기네와 같은 부류라고 생각했다. 그녀가 칵테일 파티에서 급하게 연구 노트를 적으려고 몰래 화장실로 향할 때조차 그랬다. 그들이 보기에 리베라 교수는 같은 특권층이었고, 안심하고 직업상의 비밀을 공유해도 괜찮은 사람이었다. "아시죠?" 그들은 이런 말을 했다. "우린 한 식구잖아요."

미국의 실력주의가 공정하고 민주적이며 누구에게나 기회가 열려 있다는 믿음을 가지고 있는 사람이 있다면, 『혈통』은 그런 사람을 위한 책이 아니다. 리베라 교수는 세심한 연구를 토대로 해서 펴낸 350쪽에 달하는 이 책에서 미국에서 성공하는 법, 그리고 성공하는 이유에 대해 사람들이 믿고 있는 수많은 성공 신화의 가치를 축소하고 뒤집는다. 현실에서는 학벌이 대단히 중요한 것으로 밝혀졌다. 적어도 고액 연봉을 받는 전문직에 종사하려면 출신 대학이 중요하다. 세상은 라크로스 동호회 같은 고급 사교 클럽 위주로 돌아가기 때문이다. 실력보다 인맥이 지배하는 세상이다. 실제로 어느 투자은행 관계자는 지원자 중에 여직원은 "예쁘장해야" 뽑는다고 리베라에게 말했다. (그리고 설명을 덧붙였다. "물론 외모가 아주 뛰어나야 하는 건 아니지만, 그래도 어느 정도 매력은 있어야죠.") 그녀의 책을 다 읽을 때쯤, 독자들은 그 은행에 폭탄을 던지거나 내 자식을 당장 스쿼시 강좌에 등록시키거나, 아니면 아예 둘 다 해야겠다는 생각이 들지도 모른다.

리베라 교수가 연구에서 중점적으로 밝힌 내용은 다음과 같다.[21] 일류 로펌과 경영 컨설팅 회사 및 투자은행, 통칭해서 '엘리트 프로페셔널 서비스EPS'에 해당되는 회사는, 신입사원을 채용할 때 지원자가 대학에서 이룬 성취보다 대학 입학 당시의 조건을 일차적 기준으로 삼아 합격 여부를 판단했다. 엘리트 회사의 채용 과정은 불합리를 그럴듯하게 포장해 공정성을 보장하는 절차처럼 보이도록 고안되었다. 이른바 '포템킨 실력주의potemkin meritocracy'의 표본이다. 이와 같은 허구적 실력주의는 사회학에서 사회적 유동성의 반의어로 쓰이는 '사회적 봉쇄social closure'의 강력한 수단이며, 사회적 봉쇄란 기존 엘리트 집단이 특권적 지위를 독점하고 다른 집단의 유입을 막기 위해 보이지 않는 장벽을 세우는 과정을 말한다. 리베라가 현장에서 관찰한 채용 담당자들은 단계별로 지원자를 선별하고 평가할 때 "부모의 소득 및 교육 수준과 높은 상관관계를 보이는" 특정한 기준을 적용하고 있었다. 종합해보면, 엘리트 회사의 신입사원 채용 과정은 표면적으로 공정한 것 같지만 결과적으로 부모의 사회경제적 지위가 높은 지원자만 걸러지는 시스템이다.

리베라는 엘리트 기업에서 대졸 신입사원 채용을 담당하는 관리자들의 고충이 어마어마하다고 설명한다. 입사하는 신입사원들, 심지어 능력이 뛰어난 신입사원들도 고작 2~3년 만에 퇴사하는 경향이 있는데, 이는 회사에서 매년 수백 명의 신입사원을 새로 고용해야 한다는 뜻이다. 회사에서 해마다 충원해야 하는 분야는, 대학을 갓 졸업한 신입사원에게 책정된 연봉이 16만 5000달러 정도로 고소득을 보장하는 데다 특별한 지식이나 복잡한 기술도 필요 없이 그저 말끔하게 차려입고 업무 지시에 따르며 오랜 시간 근무하면 되는, 경쟁이 매우 치열한 일자리다. 결과적으로 채용 담당자들은 일정한 시기에 직무별로 50통이 넘는 지원서를 받기 때문에 지원자 가운데 누가 업무에 적임자인지 확실히 알아낼 방법이 없다.

그리고 이렇게 정보가 부족한 상황에서 채용 담당자들이 크게 비중을 두는 자격 조건이 하나 있다. 바로 출신 대학이다. 작은 차이가 당락을 결정짓는다. 아이비리그 출신이라고 무조건 합격하는 것은 아니다. 채용 담당자들이 특별히 선호하는 아이비리그 최상위권 대학은 따로 있다. 하버드, 프린스턴, 예일, 스탠퍼드 단 네 곳의 '초일류' 대학이다. 아이비리그에서도 브라운, 코넬, 다트머스 등 이른바 '이류'가 아니라 초일류 대학 졸업생이 지원하면 "그 지원자의 이력서를 들여다볼 가능성이 하늘과 땅 차이만큼 커진다"고 어떤 컨설턴트가 리베라에게 설명했다.

안타깝지만 이삼류 대학 출신 지원자는 점점 나락으로 떨어지게 된다. "정말 솔직히 말씀드리면, 가망이 없어요." 한 여성 채용 담당자가 리베라에게 말했다. "안타까운 일이지만 초일류 대학 출신이 아니면 우리 회사에 들어올 방법이 거의 없습니다."

회사에서 지원자를 이렇게 분류하는 이유는 최상위권 대학 입학처에서 신입생을 제대로 선발하고 있을 것이라는 관념이 널리 퍼져 있기 때문이다. 일류대학을 졸업하려면 그 전에 일류대학에 입학해야 한다. 리베라 교수가 만나본 채용 담당자들은 10대에 불과한 시기라 해도 일류대학에 합격했다는 사실 자체가 지원자를 판단하는 데 많은 정보를 준다고 입을 모았다. 가령 일류대학에 합격했을 정도면 당연히 똑똑할 테고 일머리도 좋을 테고 힘든 업무도 척척 해낼 것이라고 기대한다. 대학에 와서 얼마나 열심히 했고 무엇을 얼마나 배웠는지는 중요하지 않다고 생각한다. 중요한 것은 대학 입시 결과다. "일류 학생이 일류대학에 가는 겁니다." 어떤 변호사가 리베라에게 한 말이다.

리베라가 주목한 부분은, 앞서 라즈 체티도 강조했듯이, 이처럼 엘리트 회사에서 신입사원을 선발할 때 일류대학 입학처의 판단에 의존하면 필연적으로 대학 입시 때와 똑같은 불평등이 반복된다는 점이다. 아이비리그 같은 일류대학에는 가난한 학생이 드물다. 그래서 가난한 대학 졸업생이 신입사원 채용 과정에서 부자 회사의 선택을 받는 경우는 드물 수밖에 없다.

지원자의 출신 학교는 채용 담당자들이 최우선으로 고려하는 채용 심사 요건이다. 하지만 이 기준을 적용해서 '표적 목록target lists', 다시 말해 초일류 대학 출신 지원자들을 추려내고 나서도 아직 채용 정원보다 훨씬 많은 지원자가 남아 있다. 추가 심사가 필요하다는 뜻이다. 그들이 추가 심사에서 적용하는 기준은 리베라의 예상을 뛰어넘었다. 두 번째 심사 기준은 학과목 평점GPA도 아니고 직무 관련 경험도 아니었다. 두 번째 기준은 지원자가 고등학교와 대학 시절 참여했던 과외 활동, 특히 스포츠였다. 그저 열심히 공부하는 성실한 학생들, 이를테면 잭 교수가 이중 빈곤층이라고 정의한 빈곤층 명문대 학생들처럼 대학생의 본분은 학업이라고 믿는 고지식한 지원자는 채용 담당자의 눈에 '공붓벌레'나 '너드머리는 좋지만 사회성이 부족한 사람을 말한다'로만 비칠 뿐, 따로 눈여겨볼 만한 인재가 아니었다.

어떤 컨설턴트는 리베라에게 이렇게 설명했다. "우리 회사는 기꺼이 하버드나 예일 같은 일류대학에 나가서 졸업 예정자들을 채용합니다. 그런데 가령 GPA는 4.0 만점을 받았지만 친구와 전혀 어울리지 않고 온종일 전공 책만 들여다보고 있는 안경잡이 공대생이 우리 회사의 면접을 본다면, 전혀 승산이 없어요."

과외 활동에 많은 시간을 쏟아붓는 학생들, 특히 스포츠 경기에서 학교 대표로 뛰거나 전국대회에 참가할 정도로 공부 이외의 다양한 활동을 하는 학생들은 채용 담당자가 보기에 '성취 동기'와 '추진력'과 '열정'을 두루 갖춘 인재였다. 그들은 시간 관리에 능한 팔방미인이라는 인상을 주고, 무엇보다 유쾌한 사람이라는 평가를 받았다. 그래서 야근과 출장이 잦은 직종의 경우, 함께 즐겁게 일할 수 있는 사람이라는 장점이 돋보이면 채용 가능성이 크게 높아지는 것으로 리베라의 연구에서 밝혀졌다.

"우리는 성격이 좋은 사람, 이야깃거리가 풍부한 사람을 찾습니다." 은행 채용 담당자가 리베라 교수에게 설명했다. "음, 그러니까 마땅한 표현이 없어서 좀 그렇긴 한데, 같이 뒷담화를 풀 수 있는 사람 말입니다." 그리고 뒷담화를 잘 푸는 사람은 일반적으로, "학교 다닐 때 운동깨나 했던 사람들, 대학에서 다방면으로 활동했던 그런 사람들"이었다. "좀더 다재다능한 지원자를 뽑느냐, 아니면 전과목 A+를 받고 온갖 우등상과 경제학 강의를 섭렵한 지원자를 뽑느냐의 문제"였다.

엘리트 회사에 채용되려면 만능 스포츠맨이 되는 것만으로는 충분치 않다는 이야기도 리베라는 들었다. 스포츠 종목도 중요했다. 채용 담당자들은 대체로 레슬링이나 농구, 축구처럼 누구나 쉽게 접할 수 있는 스포츠를 했던 지원자는, 제아무리 수준이 높아도, 높이 평가하지 않았다. 오히려 그들은 라크로스나 필드하키, 테니스나 스쿼시, 조정 경기처럼 특수 장비 또는 비싼 입회비 때문에 진입 장벽이 높은 스포츠를 했던 지원자를 선호했다. 물론 리베라 교수가 지적했듯이, 이런 스포츠 종목들은 부자와 중상류층 백인들의 전유물이다. 그리고 보통 이런 종목을 하려면 중학교 혹은 그보다 어린 나이부터 학생뿐만 아니라 학부모도 상당히 많은 시간과 비용을 쏟아부어야 한다.

실력주의에 입각한 공개 채용 방식이라는 겉모습과 달리, 엘리트 회사의 채용 담당자들은 사실상 사회경제적 지위가 높은 부유층 청년들만 크게 환영하고 나머지는 고려 대상에서 제외했다. "열네 살 때 제대로 된 종목을 선택하지 않으면, 대학을 졸업한 후에는 골드만삭스에 취직하기가 정말로 대단히 어려워질 것이다." 리베라는 책에서 이 현상을 설명했다. "제대로 된 종목을 선택하는 사람들은 과연 누구일까? 단순히 재미로 하는 스포츠가 아님을 알고 자녀를 경기장에 보내는 부모들, 값비싼 장비를 마련할 여유가 있는 사람들, 라크로스가 상류사회의 일원에게만 허용되는 스포츠라는 사실을 아는 사람들이다." 한마디로 그들은 금융자본뿐만 아니라 문화자본까지 가진 사람들이다. 그리고 정확히 어떤 과외 활동을 해야 10년 뒤에 엘리트 투자금융사에서 원하는 스펙을 갖추게 될지, 그러기 위해 누구에게 아이를 맡겨 경기장에 실어 나를지 직감적으로 알게 된 부모의 손에 이끌려 중학교 때 운동을 시작한 청년들이다.

반면 엘리트 대학에 다니는 빈곤층 학생들은 대부분 게임의 규칙을 이해하지 못했다. 그들은 이미 몇 년 전에 출발 신호가 떨어졌다는 것을 이해하지 못했다. "중상류층 학생들과는 대조적으로, 가난한 학생들은 대학에 입학하면서 장차 성공하기 위해 중요한 것은 운동장이나 공연장이 아니라 강의실에서 얻는 성취라고 믿었을 가능성이 상대적으로 높고, 그 신념에 따라 공부에 에너지를 집중하는 경향이 있었다"고 리베라 교수는 분석했다. 그들은 어린 시절 존경하고 추구해야 한다고 배운 미국의 실력주의 신화 그대로 '학업'이 최우선이라고 믿었다. 그리고 대학 졸업 후 고소득 직종에 취업할 기회를 결국 날려버렸다.

4. 추수감사절

키키 길버트가 자기 어머니 이야기를 할 때 내게 처음 했던 말은 의외였다. "저희 엄마는 대책이 없어요." 실제로 키키가 쓴 표현이다. 11학년이 끝난 직후, 그날은 6월 하순의 따뜻한 오후였고 키키는 LEDA 여름 특강에 참가하기 위해 처음으로 프린스턴대학 캠퍼스에 갔다. 키키와 나는 기숙사 건물 1층 로비에 앉아 이야기를 나눴고, 나는 그녀에게, 이제 겨우 열일곱 살인데 지금까지 7개 주를 옮겨다니고 초등학교 때 아홉 번이나 전학을 다녔던 사연이 궁금하다고 했다. 키키는 엄마가 작곡가 지망생이어서 일자리를 구하기 위해 가족이 이사를 많이 다녔다고 설명했다. 그리고 가끔은 아무 이유 없이 이사했다고 덧붙였다. 키키의 어머니가 새 출발을 중요시했기 때문이다. 한번은 키키네 가족이 살림살이를 전부 꾸려 미니밴에 싣고 고속도로를 달리다가, 플로리다로 갈지 아니면 캘리포니아로 갈지 행선지를 정하려고 주 경계선에 서서 동전 던지기를 한 적도 있다고 했다.

그날 키키는 내게 자기 이야기를 어떤 식으로 어디까지 말해야 할지 고민하는 기색이었다. 나는 낯선 사람이자 처음 만난 백인 기자였기 때문에, 키키는 자신이 그동안 겪은 일들을 얼마나 구체적으로 설명해야 할지, 어느 정도까지 밝혀야 할지, 그리고 어떻게 표현해야 할지 잘 알지 못했다. 그리고 얼마 후 여름이면 대학 입시를 본격적으로 준비해야 하는 시기라서 키키는 자기소개서까지 범위를 넓혀 이 문제와 씨름하고 있었다. 그녀는 정시모집에 지원하기 위해 자기소개서를 써야 했고, 지원하고 싶은 대학 10여 군데에서 요구하는 추가 질문지에도 답해야 했다. 뿐만 아니라 장학금 신청 서류를 준비하는 것도 신경 쓰이는 일이었는데, 학교마다 서로 다른 양식에 맞춰 자기 이야기와 자기만의 고백, 요컨대 키키 길버트가 어떤 사람인지 소개하는 글을 써야 했기 때문이다.

키키의 머릿속에 계속 맴도는 것은, 그날 내게 말하진 않았지만, 10학년 때 이야기였다. 그해 키키는 자기가 많이 변했다고 느꼈다. 정확히 어떻게 변했는지는 좀더 생각해봐야겠지만 다른 어떤 해보다 더 철들었다는 기분이 들었다. 그때는 마이어스파크 고등학교에 전학한 첫해였고 수준 높은 교육과정을 접한 첫해였으며 프린스턴 같은 일류대학에 진학하려면 얼마나 많은 노력과 희생이 요구되는지 진심으로 이해하게 된 첫해이기도 했다. 하지만 그해는 어머니의 무모한 방랑 탓에 마침내 집안에 돈이 바닥나고 막다른 상황에 몰린 시기이기도 했다.

키키의 어머니는 창의적이지만 변덕스러워서, 늘 감정 기복이 심하고 우울증에 깊이 빠지는 편이었으며 가끔 스스로를 고립시켜 세상과 완전히 단절되기도 했다. 그녀는 맏딸 키키를 보면서 평정심을 되찾고 위안을 받곤 했다. 키키는 어머니가 위태로운 순간에 곁을 지켰고 복잡한 서류나 관공서 관련 처리에도 도움이 되는 든든한 딸이었다. 하지만 세월이 갈수록 키키 어머니는 불안과 우울 증세가 심해져 점점 사람들을 멀리했다. 점점 변덕이 심해져서 갑자기 이사하는 일은 더 잦아졌다.

키키가 브룩파크 초등학교 4학년을 우등반에서 마친 다음, 키키네 가족은 노스캐롤라이나주로 떠났다가 다시 인디애나폴리스로 돌아왔고 얼마 후 가까운 다른 동네로 옮겼다. 이사할 때마다 형편은 점점 나빠지는 듯했다. 매번 전보다 더 작은 아파트로, 더 위험한 동네로, 더 수준 낮은 학교로 옮겨갔다. 새 학교로 전학 가서 우등반 수업에 들어가게 해달라고 싸울 필요도 없었다. 우열반이 따로 없었고, 모두가 낙제생 같았다. 키키는 두꺼운 책들을 계속 읽었지만, 시간이 갈수록 열심히 공부해봐야 아무 소용 없을지도 모른다는 생각마저 들었다.

키키는 고등학생이 되어 인디애나폴리스 서북쪽에 있는 대형 빈곤지역 공립학교에 다니게 되었다. 하지만 10학년에 올라가기 직전, 어머니는 키키에게 이제 또 길을 나서야 한다고 말했다. 애틀랜타에서 운을 시험해보기로 한 것이다. 당시 키키네 가족은 어머니와 의붓아버지, 그리고 키키와 세 명의 형제자매였다. 어릴 때부터 말썽을 피우던 남동생 하나는 나중에 중증 자폐증으로 진단받았지만, 그때는 그저 사납고 다가가기 힘들었으며 대성통곡하면서 손으로 자기 머리를 마구 때리기 일쑤였다.

그해 늦여름, 키키네 여섯 식구는 또다시 미니밴에 살림살이를 전부 싣고 밤새도록 조지아주 스톤마운틴에 있는 한 모텔까지 차를 몰았다. 키키의 어머니는 애틀랜타에서 좀더 오래 지낼 수 있는 거처를 마련할 때까지 모텔에서 지내야 한다고 말했다. 하지만 일주일 후, 그녀의 계획은 형편없이 틀어져 돈도 떨어지고 변변한 일자리도 없었다. 식구들은 또 길을 나섰고, 이번에는 키키 의붓아버지의 친척이 있는 노스캐롤라이나주 샬럿으로 향했다.

샬럿에 도착했을 무렵, 키키는 이미 10학년 1학기를 2주나 빠진 상태였고 가족의 상황은 암담했다. 키키네 가족은 아파트 보증금을 낼 돈이 없었다. 다른 주에서 새로 전입했기 때문에 주택 지원을 받을 자격도 없었다. 보호소에 지낼 만한 곳이 있는지 알아봤지만, 자폐증이 있는 키키의 남동생에게 필요한 지원을 받을 수 있는 공간은 없었다. 최후의 수단은 싸구려 모텔에서 장기 투숙하는 것이었다.

키키의 어머니는 절박한 심정으로 여기저기 전화를 걸어 샬럿에서 가장 값싼 모텔을 여러 군데 알아보고 목록으로 만든 다음, 키키를 데리고 시내로 차를 몰아 공립학교 교육청에서 학생 배치를 담당하는 부서를 찾아갔다. 두 사람은 키키가 어느 학교에서 10학년을 시작할지 결정할 권한이 있는 담당자의 자리로 안내받았다.

보통 샬럿에 새로 온 학생이 전학할 학교를 배정받는 절차는 아주 간단했다. 학부모가 책상 너머에 있는 학교 배정 담당자에게 전입 주소지를 알려주면, 담당자가 해당 학군에 있는 고등학교를 알려준다. 하지만 키키의 경우, 아직 주소지가 없었기 때문에 상황이 좀 복잡해졌다. 키키의 어머니는 장기 투숙이 가능한 모텔 목록을 꺼내 책상 위에 펼쳐놓고 담당자에게 키키가 갈 수 있는 가장 좋은 고등학교를 골라달라고 부탁했다.

이것은 책상 너머에 앉은 배정 담당자가 특별히 도움을 줄 이유도 없었고, 심지어 도움을 줄 수도 없는 문제였다. 그해 고등학교 등록 기간이 벌써 지난 데다, 시내에 있는 명문 고등학교는 대부분 정원이 다 들어차 있었다. 그리고 무엇보다 다른 모든 도시와 마찬가지로 샬럿에서도 명문 고등학교는 싸구려 모텔이 있는 지역과는 완전 동떨어진 동네에 있었다.

담당자는 키키의 어머니가 손수 쓴 목록을 살펴보더니 눈을 들어 키키의 어머니를 쳐다봤다. 그런 다음 옆에 앉은 키키를 봤다. 어머니를 따라 시내를 돌아다니는 동안 언제나처럼 두꺼운 책을 들고 다녔던 키키는, 그곳에서도 고개를 숙인 채 무겁고 어려워 보이는 뭔가를 읽고 있었다.

독서에 열중하는 키키의 모습 때문인지 아니면 키키 어머니의 근심어린 표정 때문인지 확실치는 않았지만, 담당자는 이번 결정이 얼마나 중요한지 알아차릴 수 있었다. 그녀는 잠시 생각에 잠겼다.

"마이어스파크." 마침내 학교 배정 담당자가 입을 열었다. "따님을 마이어스파크 고등학교에 보내야겠네요."

마이어스파크 고등학교는 샬럿에서도 부촌에 속하는 마이어스파크라는 같은 이름의 동네 안쪽 길고 굽이진 가로수길 끝에 있었다. 마이어스파크 고교에 배정받는 학군에는 마이어스파크 전체와 브룩힐빌리지라는 빈곤층 밀집 지역도 일부 포함되었다. 브룩힐 방향 77번 고속도로에서 빌리그레이엄 파크웨이 인터체인지를 빠져나가는 도로가 브룩힐빌리지 쪽으로 휘어지면서 학군 경계가 살짝 걸쳤기 때문이다. 그 동네 정비소와 햄버거 가게 사이 교차로 옆에 키키의 어머니가 목록에 넣었던 알링턴 스위트 모텔이 있었다.

그날 밤 키키네 가족은 알링턴 스위트의 장기 투숙객이 되었고, 이튿날 아침 7시에 키키는 모텔 주차장 끄트머리에 서서 마이어스파크 고등학교의 통학버스를 기다렸다.

키키의 10학년 시절은 두 개의 행성이 서로 밀쳐내는 상태와 비슷했다. 학교에서, 키키는 야망과 특권에 둘러싸여 있었다. 로런 리베라 교수가 10대 시절 브렌트우드 학교에서 마주친 아이들처럼 태연하게 명품을 자랑하는 과시적 특권이 아니라, 더 높은 지위로 올라서기 위해 안달하는 중상류층의 출세지향적 특권이었다. 10학년 때 이미 키키와 같은 반에서 IB 수업을 듣는 아이들의 삶은 오로지 대학 입시 위주로 돌아갔다. 그 애들이 하는 이야기라고는 명문대 목록과 캠퍼스 투어, 부모의 출신 대학에 관한 게 전부였다. 대학 입시를 준비하면서 대충 넘어가도 되는 일은 하나도 없었다. 내신 교과목 성적과 SAT 점수는 물론이고 소속 스포츠팀과 가입한 동아리 그리고 수업 후에 받은 과외까지, 모두 입시에 반영되었다. 키키는 이처럼 과열된 성취 문화에 당황하기도 했지만 자극도 받았다. 키키는 매일 학교에서 이런 세계에 흠뻑 빠져 있다가, 수업이 끝나고 알링턴 모텔로 돌아가는 통학버스에 올라타는 순간 갑자기 전혀 다른 세계로 들어가는 느낌을 받았다.

키키네 가족 여섯 명은 1년 내내 작고 낡은 모텔 방에서 지냈다. 키키의 어머니와 의붓아버지와 남동생이 한 침대를 썼고, 키키와 다른 동생 둘은 바닥에 에어매트리스를 깔고 잤다. 알링턴 모텔은 일반적인 모텔과는 달랐다. 그곳은 얼음을 사용할 수 있는 노숙인 쉼터였다. 휴가 때 오는 사람은 한 명도 없었고, 투숙객은 하나같이 막다른 길에 몰린 슬픈 사연의 주인공 같았다. 객실 복도에서 싸움이 붙었고 주차장에서는 마약이 오갔으며 누군가 매춘을 한다는 소문도 떠돌았다. 방 밖으로 나가면 위험했고 키키가 밤에 불을 켜고 공부하면 동생들이 잠을 잘 수 없었다. 그래서 키키는 늦은 밤 욕실에 들어가 여기저기 책을 펼쳐놓고 마른 욕조 안에 앉아서 액정이 깨진 휴대전화로 타이핑을 해가며 숙제를 했다.

시간이 흐를수록 키키의 두 행성이 점점 더 멀어졌다. 키키는 정신적으로나 감정적으로나 모텔생활을 밀쳐내고 있었다. 전과 다름없이 모텔 방에서 하루하루를 보내야 했고, 매일 밤은 여전히 끔찍했다. 하지만 키키는 알링턴 모텔에 살고 있는 존재는 진짜가 아니고 실제 자기는, 동기부여 차원이 아니라 존재론적 차원에서도, 더 나은 곳에 있어야 한다고 생각하기 시작했다. 지금 돌이켜보면, 키키는 그때 자신을 정신적으로 분리시킨 자기 암시가 일종의 방어 기제, 다시 말해 매일 마주하는 트라우마에서 벗어나기 위해 발동된 잠재의식 속 생존 전략이었다고 생각한다.

"모텔 방에 여섯 식구가 부대끼며 사는 현실을 잊기 위해서 제가 짜낼 수 있는 방법이었던 것 같아요. 끊임없이 저 자신한테 되뇌었죠. 난 목표가 있어. 내가 있어야 할 곳이 어딘지 알아. 여긴 내가 있을 곳이 아냐! 그럼 주변에서 더 끔찍한 일이 벌어질 때 그나마 버틸 수 있는 보호막이 돼주었어요."

결국 키키네 가족은 알링턴 모텔에서 벗어났다. 그들은 주택임대료 지원을 받아 샬럿 북쪽에 있는 임대주택으로 이사했다. 좋지는 않아도 모텔보다는 나았다. 키키는 태어나서 처음으로 자기 방을 얻어 요새로 꾸몄다. 방문에 자물쇠를 단단히 채우고 4학년 때 받은 장학금 증서, 신문 스크랩, 상장 등 그동안 자기가 이룬 성취의 증거물을 벽에 붙였다. 키키는 매일 오후 학교에서 돌아오자마자 곧장 자기 방으로 들어가서 문을 잠그고 이튿날 아침까지 좀처럼 나오지 않았다. 가족과 거리를 두고 식구들을 부끄러워한다고 키키의 어머니가 가끔 나무랐지만, 사생활과는 거리가 먼, 욕조 말고는 혼자 있을 곳 하나 없는 모텔 방에서 1년을 지내고 나니 키키는 거리를 두고 싶었다. 혼자만의 공간에 욕심이 난 것이다.

키키가 대학 장학금과 여름특강을 신청하기 시작했을 때 대학마다 자기소개 에세이를 요구했는데, 모든 대학의 에세이 작성 양식에 공통되게 등장하는 한 가지 질문이 있었다. '인생에서 역경을 극복했던 경험에 대해 서술하시오.' '지금까지 가장 힘들었던 일이 무엇인지 서술하시오.' 키키는 10학년 때 샬럿으로 전학 간 일과 알링턴 모텔에서 지내던 일이 떠올랐다. 그러다 문득, 개인적으로 끔찍한 한 해라고 여겼던 시절의 이야기가 대학 입시 세계에서는 어느 정도 가치로 인정받는다는 사실을 깨달았다.

지원자들의 서류를 검토하고 엄청난 장학금을 나눠주는 대학 입학사정관들은 키키가 그렇게 고생을 하면서도 전 과목에서 A를 받는 학생이었다는 점에 감동을 받았다. 그것은 입학사정관들이 듣고 싶은 이야기, 바로 집 없는 10대의 성공 신화였다. 그래서 키키는 그 이야기를 매번 지원서에 적어넣었다. 그 시절 경험을 밝히는 것은 가슴 아프고 때로 뿌듯하기도 했지만 결국에는 분노가 치밀고 냉소적인 감정이 올라왔다. 모든 상황이 무슨 거래처럼 느껴졌다. 키키는 자신의 고통을 대학 합격증이나 장학금과 맞바꾸고 있다는 기분이 들었다. 인생에서 최악의 해가 최고로 잘 팔리는 상품이 돼 있었다.

그렇게 해서 키키는 프린스턴대학에 입학했고, 그러자 상품 가치가 달라졌다. 갑자기 그 이야기는 든든한 자본이 아니라 언제든 불리하게 작용할 수 있는 큰 약점이 된 것 같았다. 프린스턴은 성취를 나누는 곳이지, 고통을 분담하는 곳이 아니었다. 그래서 키키는 프린스턴에 와서 아무에게도 알링턴 모텔에서 살았던 이야기를 하지 않았다. 토론 수업을 같이 듣는 친구들이나 나중에 사귄 부자 흑인 친구들에게도 말하지 않았다. 심지어 가장 친한 친구 앤절리카, 그리고 키키가 이성으로 좋아하는 오클랜드 남학생한테까지 비밀로 했다. 키키는 사람들이 과거를 물어올 때, 딱히 거짓말은 아니지만 그렇다고 완전히 사실도 아닌 이야기로 두루뭉술하게 넘어가는 요령을 익혔다.

키키는 대학생이 되어 어머니와 더 가까워지는 상상을 혼자서 하곤 했다. 온 식구가 좁은 집에 뒤엉켜 사는 생활에서 벗어나면 서로를 더 잘 이해하고 가족애가 생길 것 같았다. 하지만 마음먹은 대로 되지 않았다. 그해 가을에 프린스턴으로 떠나온 뒤, 키키는 어머니와 거리를 두고 오랫동안 연락을 한번 안 했고, 11월이 돼서야 겨우 어머니의 페이스북에서 식구들 소식을 확인했다.

키키가 지난봄 프린스턴에 합격했을 때, 키키 어머니는 다 같이 대학이 있는 뉴저지주로 이사가야겠다고 결심했다. 뉴욕시 부근에 작사가 지인이 살고 있었고, 이래저래 새 출발하기에 안성맞춤이라고 생각한 것이다. 결국 6월에 키키가 고등학교를 졸업한 다음, 키키네 가족은 살럿 생활을 정리해 또다시 미니밴에 짐을 싣고 북쪽으로 향했다. 키키는 곧바로 펠 장학생 여름 오리엔테이션에 참가하기 위해 대학 기숙사에 들어갔고, 남은 가족은 뉴저지 북부의 도시 해컨색과 패터슨 부근에서 아파트를 구했다. 몇 주 후에는 다른 곳으로 이사했고, 얼마 못 가 또 다른 곳으로 이사했다.

가족이 마지막으로 정착한 곳은 프린스턴에서 불과 한 시간 거리였지만 키키는 가보지 않았다. 키키의 어머니도 딱 한 번, 학교에 찾아와 키키가 받은 장학금을 빌려갔다. 키키의 어머니는 키키가 식구들을 더 챙겨야 한다고 생각하고 있었다. 하지만 키키 역시 어머니가 자기를 더 챙겨야 한다고 생각했다.

키키에게는 생소한 기분이었다. 그동안 키키는 대학생활을 누구의 도움 없이 혼자 해내야 한다는 생각에 익숙해져 있었다. 그리고 보통은 혼자서도 아무렇지 않았다. 하지만 9월이 되자 다른 신입생들이 속속 기숙사에 도착했고, 그들의 부모가 프린스턴대학 로고가 찍힌 옷을 입고 뿌듯한 표정으로 짐 가방을 옮겨주는 광경이 사방에서 키키의 눈길을 끌었다. 가슴이 쿵 내려앉았다. 키키는 생각지도 못했던 순간에 상처를 입었다.

10월 마지막 주에는 짧은 방학이 있었다. 키키는 식구들을 보러 집에 갈까도 생각했지만, 결국 기숙사에서 지내기로 했다. 얼마 후 추수감사절 방학이 시작되었지만, 키키는 이번에도 기숙사에 남았고, 집에는 크리스마스 때나 가기로 했다. 그리고 친구들이 하나둘씩 기숙사를 비우는 모습을 지켜봤다. 모두 가족을 만나기 위해 고향에 돌아가거나 가족 여행을 떠나기 위해 전국 각지로 흩어졌다. 추수감사절 전날, 키키의 어머니가 연락을 해왔고 키키는 집에 가서 추수감사절 저녁 식사를 하고 하룻밤 자고 오기로 했다. 추수감사절 당일 아침, 어머니가 키키를 데리러 왔다.

북쪽으로 달리는 자동차 안에서 키키는 기분이 좋았다. 하지만 어머니가 새로 이사한 아파트에 도착해 현관문을 열고 들어서는 순간, 불행과 절망의 기분에 순식간에 사로잡혔다. 나중에 키키는 그 순간을 회상하면서, '공황 상태'라는 단어 말고는 달리 표현할 수 없다고 내게 말했다. 마치 무방비 상태에서 기습 공격을 당한 기분이었다고 했다. 키키의 반응은 앞뒤가 조금 안 맞기도 했다. 집 상태는 그렇게 나쁘지 않았고, 그동안 살았던 곳에 비하면 최악은 아니었다. 하지만 그래도 좁고 시끄럽고 꾀죄죄했다. 방이 두 개뿐이라서 여동생은 거실 바닥에 에어매트리스를 깔고 잤다. 알링턴 모텔보다는 나았지만, 처음 샬럿에 이사 가서 살았던 집보다는 확실히 한 단계 아래였다. 안방 침대 근처에는 양동이가 놓여 있었고 바로 위 천장의 구멍에서 시커먼 물이 떨어지고 있었다. 이제 다섯 살 된 남동생이 따로 놀 공간이 없어 소리를 지르면 온 집 안에 울려퍼졌다.

키키는 그날 오후, 추수감사절에 집에 돌아온 대학생 딸이 으레 하는 일들을 하나씩 해나갔다. 동생들과 이야기를 나누고 소파에 앉아 무릎 위에 접시를 올려놓고 마카로니 치즈와 케일 야채볶음도 먹었다. 하지만 충격은 좀처럼 가시지 않았다.

키키는 알링턴 모텔에서 살 때 현실을 이겨내기 위해 마음속으로 주문을 걸었던 일을 떠올렸다. 바로 자기 암시였다. '여긴 내가 있을 곳이 아니야. 알링턴 모텔에 사는 사람은 진짜 내가 아니야!' 그 방법 덕분에 키키는 알링턴 모텔 생활을 견뎌냈고 프린스턴대학 학생이 될 수 있었다. 사실 키키가 대학에서 늘 환영받는 기분으로 지낸 것은 아니었다. 자기가 원하는 모임이나 그토록 갈망하는 인정 넘치는 흑인 친구들을 아직도 찾는 중이었다. 하지만 키키는 자기가 있을 곳은 다른 어느 곳도 아닌 프린스턴이라는 확신을 점점 갖게 되었다.

그래서 추수감사절 날 충격을 받았는지도 모른다. 안락하고 조용한 프린스턴에서 지내는 몇 달 동안, 키키는 경계를 늦추었고 10학년 때부터 공들여 쌓아올린 심리적 방어벽을 무너뜨렸다. 키키는 마이어스파크에서 알링턴 모텔로 돌아와 매일 밤 자신에게 말했었다. '키키, 넌 절대 여기 있을 사람이 아냐. 이건 진짜 네가 아니야.' 그날 패터슨에 있는 아파트로 들어섰을 때, 천장에 뚫린 구멍을 봤을 때, 그리고 남동생의 비명을 들었을 때, 키키는 갑자기 훅 밀려드는 현실을 피할 마음의 준비가 안 된 상태였다. '이게 너야. 이 사람들이 네 가족이야. 넌 여기 속해 있어.'

"저는 고등학교 때부터 그런 환경에서 벗어나 마땅히 제가 있어야 할 자리를 찾겠다고 마음먹었어요. 하룻밤뿐이라고 해도 그 시절로 돌아가는 상상은 해본 적이 없었죠." 키키가 설명했다. "아마 그래서 공황 상태에 빠지고 마음이 편치 않았던 모양이에요. 도망치려고 그렇게 오랫동안 노력했던 곳에 또다시 갇혀버린 기분이었으니까요."

참담한 상황에 익숙해진 가족들을 보는 것도 고통스럽기는 마찬가지였다. "자꾸 되풀이되는 느낌이었어요. 어릴 때부터 우리 가족은 늘 이런 과정을 반복했으니까요. 짐을 싸서 새로운 곳으로 이사를 떠날 때 더 나아질 거란 희망과 꿈을 품었지만, 가보면 언제나 전보다 상황이 더 나빠졌어요. 전 그냥 우리 가족이 이런 상황에 놓인 게 대체 몇 번째인지 셀 수조차 없다는 현실이 너무 슬펐어요."

키키는 어머니를 원망하지는 않았다고 했다. 마치 도돌이표가 찍힌 것처럼 끝없이 되풀이되는 어머니의 고단한 인생 여정이 여러 세대, 아니 수백 년에 걸쳐 이어진 가난과 인종차별, 학대와 억압의 역사적 순환 고리와 맞물려 돌아간다는 것을 키키는 이해했다. 어머니와 동생들은 기회를 차단하고 실수를 용납하지 않는 어떤 거대한 틀 안에 갇힌 사람 같았다.

"그나마 저는 탈출한 셈이죠." 키키가 말했다. "집에 돌아가면 식구들이 고생하는 모습을 코앞에서 봐야 했어요. 세상이 얼마나 우리한테 불리하게 돌아가는지 아주 똑똑히 알 수 있었죠." 상황을 어떻게 바꿔야 할지 알 수 없다는 것이 최악이었다. "제가 철학 전공이라서 이것저것 생각을 많이 해요. 하지만 집에 가면, 가족들이 겪는 문제는 아무리 해도 제대로 이해할 수 없다는 생각이 들었어요. 도저히 해결 방법을 모르겠더라고요."

추수감사절 밤에 키키는 가족에게 둘러싸여 소파에서 잠을 잤다. 이튿날 아침 키키의 어머니가 차로 고속도로를 달려 프린스턴까지 키키를 데려다주었다. 기숙사 방에 돌아온 뒤 키키는 안도했지만, 여전히 허전하고 외로웠으며, 전에 없이 서러웠다.

일주일 후, 키키는 어머니에게 전화를 걸어 크리스마스 때 집에 못 간다고 말했다. 어머니는 낙담하는 듯했지만 이해해주었다. 키키는 친구 앤젤리카와 함께 탬파베이에 있는 앤젤리카네 해변가 별장에서 크리스마스를 보냈다. 그리고 다시는 패터슨에 있는 아파트에 가보지 못했다. 그해 봄, 키키네 가족은 미니밴을 타고 키키가 초등학교 때 살던 인디애나폴리스로 이사를 가서 처음부터 다시 시작했다.

5장

대학입학전형의
이상과 현실

1. 대학입학산업복합체

나는 블루푸에고BlueFuego 대학입학전형에 필요한 자료와 서비스를 대학들에 제공하는
온라인 입시 컨설팅 블로그의 존 베켄스테트 대표와 둥근 접이식 탁자를 사이
에 두고 마주 앉아 있었다. 랍스터 슬라이더랍스터 살을 넣어 만든 미니 버거를
세 개째 먹으려는 순간, 북치는 소리가 둥둥 울렸다. 깜짝 놀라서 고개
를 들었더니, 독립전쟁 시대 군인으로 분장한 10여 명의 성인 남자가 카
펫이 깔린 통로를 따라 우리 쪽으로 행진해오는 모습이 보였다. 그들은
반바지와 조끼 차림 군복에 검정 삼각모를 썼고, 쿵짝쿵짝 북소리가 보
스턴 컨벤션센터 전시장의 철제 기둥을 타고 천장까지 높이 울려퍼졌다.
맨 앞에 걸어가는 두 사람은 어느 고객관리 회사의 서비스를 홍보하는
밝은 주황색 현수막을 들고 있었다. 그 행렬이 지미ZeeMee 부스를 지나
캠퍼스캐스트CampusCast와 칼리지랩터College Raptor 모두 예비 대학생들에게 대
학 입시 관련 정보를 제공하는 SNS 운영 업체 부스 사이를 지나갈 때까지 북소리

는 계속되었고 홍보용 현수막이 에어컨 바람에 위풍당당하게 펄럭였다.

베켄스테트와 나는 다시 랍스터 슬라이더에 집중했다. 우리는 배가 고팠다. 아주 힘든 하루였기 때문이다.

대학 입시 관련 산업을 수백만 명의 지원자, 가령 섀넌이나 클래라, 키키나 벤과 같은 학생의 관점에서 바라보면, 대학 입학사정관은 강력한 권한을 가진 신적 존재로 비칠 수도 있다. 그들은 변덕스럽게 몇몇 인간의 소원만 들어주고 나머지 수천 명의 소원은 무자비하게 짓밟은 다음, 느긋하게 앉아서 어마어마한 등록금 수표가 굴러들어오기를 기다리는 존재들이다. 하지만 사실상 요즘 대학 입학처와 입학사정관들이 하는 일은 그런 것과는 거리가 멀다. 천만의 말씀이다. 2010년대 들어 대학입학 전형은 끊임없이 갈등을 조정하며 불안과 스트레스에 시달리는 과정이 되었다.

오늘날 대학 입시 전문가들이 얼마나 큰 스트레스를 받는지 이해하려면, 먼저 전미대학 입학사정관협의회NACAC 연례 콘퍼런스가 열리는 전시장 부스를 둘러봐야 한다. 이곳에는 해마다 이목을 끌기 위해 물불 가리지 않는 업계 관계자가 수천 명씩 몰려든다. 그리고 그중에 존 베켄스테트 대표만큼 훌륭한 안내자는 아마 없을 것이다. 그는 시카고 소재 드폴대학에서 학부생 입학전형을 관리하고, 남는 시간에 솔직하고 소신 있게 대학 입시 관련 블로그를 운영하는 인물이다.

예전에 대학 입학처가 하는 일은 차분하고 신사적이었다. 입학사정관들은 대학 입시 박람회에 부스를 열거나 예비 대학생들을 만나기 위해 전국을 돌며 고등학교에 입학설명회를 여는 일정을 순차적으로 진행했다. 그리고 학기마다 꼼꼼하게 일정에 맞춰 학생들에게 홍보용 소책자를 발송한 다음, 접수된 지원서를 심사하고 합격 통지서를 발송했다. 하지만 지금은 경제와 기술이 발전하고 인구통계학적 변화와 더불어 수험생의 선호도와 행동 양식까지 달라졌기 때문에, 대학입학전형도 마치 예측 불가의 도박처럼 다양한 방식으로 변모했다. 지원자 수가 점점 줄어드는 데다 대학의 학비 감면액이 늘어나, 소규모 대학은 재정 파탄 위기에 몰려 있다. 그래서 그날 오후 보스턴 컨벤션센터 전시장에는 초조하고 침울한 기류가 흘렀다. 독립군 코스프레를 한 일당이 소총을 들고 북을 치며 등장하기 전부터도 그랬다. 전시장을 가득 메운 부스에서는 대학 입시 관계자 수백 명이 자기 대학명이나 업체 로고가 박힌 스트레스 볼스트레스를 풀기 위해 손에 쥐고 주무르는 고무공과 피젯 스피너손가락으로 돌리며 스트레스를 푸는 장난감 같은 홍보 물품과 달콤한 플러퍼너터 푸딩땅콩버터와 마시멜로를 발라 만든 샌드위치나 디저트을 나눠주었다. 그들은 모두 똑같은 상품을 준비했다. 바로 마음의 평화였다.

"이쪽 일을 하는 사람들은 언제든지 해고당할 수 있으니까요." 베켄스테트가 설명했다. 내년에 입학 정원이 초과되거나 미달되거나 지원자들의 시험 성적이 너무 낮거나 등록금 수입이 충분치 않다면, 대학 입학처장이 추궁을 받고 때로는 자리에서 물러나기도 한다. "대학 측에서는 아무나 입학 관리를 할 수 있다고 생각해요. 입학처에서 하는 업무를 꽤 단순하게 봅니다. 실제로 대학입학전형이 얼마나 복잡한 과정인지 전혀 모릅니다."

존 베켄스테트는 아이오와주 더뷰크 출신으로 키가 크고 몸집이 우람한 백인 남성이다. 그의 선조는 19세기 중반 독일에서 아이오와로 이주한 후 수십 년 동안 더뷰크 지역에서 대대로 농사를 지었고, 아버지는 더뷰크 부두 회사에서 중장비 기사로 일했으며, 어머니는 가정주부로 살림을 도맡았다. 그의 부모는 대학은커녕 고등학교도 다니지 않았다. 베켄스테트는 더뷰크 가톨릭 고등학교에 다닐 때 피자집에서 일주일에 25시간씩 아르바이트를 하며 학비를 벌었다. 공부를 열심히 하는 편은 아니었지만 수학엔 늘 자신 있었고, 그가 ACT에서 예상외로 높은 점수를 받자, 학교 선생님은 대학에 지원해보라고 권했다. 베켄스테트는 제일 친한 친구 톰에게 어느 대학에 지원할까를 물었고 톰은 아이오와주립대학에 지원서를 내보라고 했다. 그래서 그는 아이오와주립대학 한 곳에만 지원서를 보냈다. 합격 통지서가 날아들었고 1977년 가을 베켄스테트는 집에서 300킬로미터 넘게 떨어진 아이오와주립대학 캠퍼스로 향했다.

베켄스테트는 대학에 잘 적응하지 못했고, 두 학기 만에 모아둔 돈도 바닥냈다. 그는 더뷰크 집으로 돌아가 부두 하역장에 기상 대피소를 제작해 납품하는 공장에 취직했다. 그 일은 운명처럼 느껴졌다. 대대로 그 집안 남자들은 손재주가 좋았다. 하지만 1년 반 동안 발포 고무를 잘라 목재에 붙이는 일만 하다보니, 그는 남은 인생을 공장에서 보내고 싶지 않다는 확신이 들었고, 그동안 일해서 모은 돈에 학자금 대출을 보태서 더뷰크에 있는 작은 가톨릭 계열 대학에 들어갔다. 그는 미시시피강을 바라보며 존 던의 시와 셰익스피어의 소네트를 읽었고, 결국 대학 졸업장을 받았다.

베켄스테트가 처음으로 대학 입시와 관련된 일을 시작한 곳은 아이오와주에 있는 또 다른 작은 가톨릭 계열 대학, 마운트머시 칼리지 입학처였다. 말단 직원 자리였지만, 그는 청소년들이 고등학교 졸업반 때 예전의 자기보다 유리한 선택을 하도록 돕고 싶다는 바람에서 일을 시작했다. 하지만 그는 한동안 입학사정관 업무에 적응하지 못했다. 베켄스테트는 숫기가 없고 내성적인 성격으로, 사람들과 어울리는 일을 특별히 좋아하지 않았지만 그럼에도 맡은 일을 묵묵히 해나갔다. 중서부 소도시를 여러 군데 돌아다니며 입학설명회에서 최선을 다해 고등학생들을 면담했고, 그들에게 마운트머시 칼리지가 얼마나 좋은 선택인지 최선을 다해 설득했다. 그는 대학 입학처에서 성공한 사람들이 무척 사교적이고 쾌활하며 외향적이라는 사실을 뒤늦게 알았다. 그가 입학처에서 일하면서 제일 좋았던 때는 학생들을 만나러 가는 길에 장거리 운전을 하며 혼자 있는 시간이었다.

하지만 베켄스테트는 입학처에서 버텼다. 그는 자신이 사람을 대하는 일에는 소질이 없을지 몰라도 다른 쓸모 있는 재주가 있다는 것을 차차 깨달았다. 그는 누구보다 데이터를 잘 다뤘다. 베켄스테트는 입시 면담 학생을 분류하고 분석하기 위해서, 색인카드와 소형 계산기, 그리고 녹색 선이 그어진 컴퓨터 용지를 동원해 손수 학생 관리 시스템을 개발했다. 그는 엑셀 시트의 원형이라고 할 수 있는 긴 종이에 연필로 학생 정보를 직접 써넣으면서, 수험생의 행동 유형을 이리저리 살펴보았다. 어떤 학생들이 자신과 면담한 뒤에 실제로 지원서를 내는지 그리고 합격 통지서를 받은 뒤에 어떤 학생들이 실제로 등록을 하는지, 일정한 패턴이 보이기 시작했다. 일단 패턴을 발견하자 일하기가 더욱 수월해졌다. 그는 댈러스대학 입학처로 직장을 옮겨갔다가 다시 아이오와로 돌아와 그리넬 칼리지 입학처에서 일했다. 그리고 세월이 흘러 뜻하지 않은 일이 벌어졌다. 입학처 입학사정관의 역할이 달라지면서 그에게 유리하게 작용한 것이다. 외향적인 응원단장식 입학사정관의 시대는 한물가고, 사회성이 떨어지는 컴퓨터 괴짜들의 시대가 왔다.

1976년, 보스턴 칼리지 입학처장 잭 매과이어는 대학 동문 잡지에 자신이 최근에 개발한 새로운 개념의 대학입학전형 방식을 설명하는 기사를 실었다.[1] 매과이어가 제안하는 신개념 입학관리enrollment management 입학생 등록관리라고도 한다 시스템은 당시로서는 혁명적이라고 할 만한 몇 가지 아이디어를 선보였다. 매과이어는 입학전형에 과학적으로 접근해서, 수학 이론과 현대 경영학 원리를 접목했다. 강화된 입학전형 요건에 맞는 새로운 지원자를 찾기 위해 시장조사 기법도 활용했다. 매과이어는 자료 분석을 통해, 당시 사용하던 집채만 한 중앙컴퓨터에 학생 정보를 수천 건씩 저장하고 지원자와 실제 입학자의 유형을 추적했다. 그리고 학생들의 개별적 요구에 대응하는 맞춤형 지원 정책뿐만 아니라, 장기적으로 대학의 발전 목표에 가장 필요한 학생들을 유치하고 유지하기 위한 방법으로 장학금을 활용했다. 보스턴 칼리지는 매과이어의 획기적인 대입전형 방식에 힘입어 입학 지원자가 수천 명이나 늘었고 재정 위기에서 벗어날 수 있었다.

매과이어의 신개념 방식이 다른 대학까지 퍼지는 데는 몇 년이 더 걸렸다. 하지만 1980년대 후반 베켄스테트가 입학사정관의 길로 들어설 무렵에는, 매과이어의 새로운 입학관리 방식이 전국적으로 확대되기 시작했다. 베켄스테트는 전통적인 입학사정관 역할에 적합하지 않았을지 모르지만, 새로운 입학관리 시스템에 딱 맞는 성격이었다. 그는 분석적이고 체계적이며 꼼꼼했다. 그는 전략가였고, 이해하기 힘든 데이터를 분석해서 패턴을 발견하는 일을 즐겼다. 대학 입시 관련 산업이 계속 발전하면서 베켄스테트는 한 계단씩 승진했고 입학관리 전문가로 이름을 널리 알렸다. 그는 현재 드폴대학 입학처장으로서 해마다 2500명의 신입생을 심사하고 합격시키고 등록시키는 입학관리 책임을 맡고 있다.

한때 혁신적이라 여겼던 매과이어의 방식은 이제 업계 표준이 되었다. 40년 전에는 입학생 등록관리를 담당하는 부서를 따로 운영하는 대학이 한 군데도 없었다. 하지만 현재 미국의 거의 모든 종합대학과 단과대학에는 입학사정, 재정 지원, 학생 지원 등을 담당하는 입학관리 부서가 있다. 각 대학 입학사정관들은 해마다 우수한 신입생을 유치해야 할 뿐만 아니라, 여느 교직원 못지않게, 대학의 재정 건전성을 확보하고 심지어 대학의 생존 전략까지 책임져야 한다.

한편, 재정이 워낙 탄탄해 등록금 수입에 별다른 영향을 받지 않는 몇몇 대학이 있다. 하버드, 프린스턴, 스탠퍼드 같은 최고 명문 사립대학은 막대한 후원금과 든든한 졸업생 기부금 덕분에, 재학생들이 내는 등록금 수입의 일부만으로 학생 교육비를 넉넉하게 충당할 수 있다. 하지만 그날 보스턴 콘퍼런스 전시장에 부스를 열고 학교 로고가 박힌 증정용 가방에 면양말을 넣어주며 열심히 자기 학교를 홍보하던 사람들 대부분은, 명문 사립대학과 달리 등록금 수입에 거의 전적으로 의존하는 대학, 다시 말해 상대적으로 재정이 빈약한 대학에서 일하는 입학사정관들이었다.

재정 상태가 좋지 않은 이들 대학은 최근 들어 상당한 압력을 받고 있다. 신용평가회사 무디스에 따르면 2018년 미국 전체 사립대학의 4분의 1이 등록금 수입보다 비용 지출이 많은 적자 경영 상태였고, 그 밖에도 수백 군데 대학이 간신히 적자만 면하는 상태였다.[2] 따라서 만약 입학사정관 일을 하면서 입학처 사무실에 앉아 예비 대학생들의 지원서만 뒤적이고 있는 사람이 있다면, 시대착오적인 것이다. 이제 대학 입학처는 위대함, 우수성, 공정성, 형평성 같은 추상적인 관념에 근거해서 신입생을 선발하는 사치를 부릴 여유가 없다. 대학마다 입학사정관이 찾아 나서야 하는 대상은, 노골적으로 말하자면 돈이 되는 고객, 즉 대학이 제공하는 교육 서비스를 받기 위해 기꺼이 거액의 등록금을 치르는 학생들이다.

그날 보스턴 컨벤션센터 회의실에서 전미대학 입학사정관협의회는 이주민 자녀를 지원하는 방안, 과학·기술·공학·수학 융합교육STEM 중심 대학을 강화하는 방안, 2년제 커뮤니티 칼리지에서 4년제 종합대학으로 편입하는 절차를 간소화하는 방안 등 여러 고상하고 유익한 프레젠테이션을 진행하고 있었다. 하지만 베켄스테트가 '대학입학산업복합체admissions-industrial complex'라고 부르는 아래층 전시장에서는 독립전쟁 군인들까지 나서서 홍보에 열을 올리고 있었다. 대학 입시 홍보전은 '글렌개리 글렌 로스Glengarry Glen Ross 생존을 위해 치열하게 경쟁하는 4명의 부동산 중개업자 이야기를 담은 블랙코미디'의 캠퍼스 버전이었고, 달콤한 플러퍼너터 푸딩은 마지막에 살아남은 단 한 사람의 몫이었다.

대학입학전형도 사업이라면 사업이지만, 부동산 중개업이나 중고차 판매업과는 비교도 되지 않을 만큼 복잡하게 얽혀 있는 희한한 사업이다. 판매자와 고객이 서로를 동시에 선택해야 한다는 뻔하고도 묘한 원칙 때문이다. 일부 최하위권 대학을 제외하고, 대학은 수없이 많은 잠재 고객을 외면한다. 잠재 고객이 얼마를 지불하더라도 대학이 판매하는 교육 서비스를 마음대로 구매할 수 없다는 뜻이다. 그리고 입학사정관이 지원자 가운데 누구를 받아들이고 누구를 물리칠지 결정하는 것은 단순히 가을학기 신입생 정원을 채우기 위해서가 아니다. 신입생을 선발하는 입학 심사 기준은 그보다 훨씬 복잡한 의미를 갖는다. 올해 어떤 학생을 합격시키고 탈락시켰는지에 따라 내년 지원자의 수준이 대략 결정되기 때문이다.

이런 현상이 벌어지는 배경에는 『US 뉴스 앤드 월드 리포트』 편집자들이 매년 선정하는 '미국 우수 대학America's Best Colleges' 순위'US 뉴스 대학 순위'라고도 한다가 있다. US 뉴스는 합격자의 SAT 점수가 높은 대학, 그리고 지원자 전체에서 합격자 비율을 계산하는 이른바 '합격률acceptance rate'이 낮은 대학에 높은 순위를 매긴다. SAT 점수가 높은 합격생이 많을수록, 그리고 조건에 상관없이 탈락자가 많을수록 US 뉴스 대학 순위는 올라간다. 베켄스테트가 있는 드폴대학은 합격률이 약 70퍼센트이고 실제로 등록한 신입생들의 SAT 평균은 약 1200점으로, US 뉴스 목록에서 119위였다.[3]

2010년 전미대학 입학사정관협의회 입학사정관들을 대상으로 실시한 여론조사[4]에서, US 뉴스 대학 순위가 우수 대학을 제대로 반영한다고 생각하는 응답자는 3퍼센트에 불과했고 87퍼센트는 이 목록에서 높은 순위에 오르기 위해 대학들이 교육적 사명에 반하는 '제 살 깎아먹기' 정책을 추진할 수밖에 없다고 생각했다. 하지만 US 뉴스 대학 순위에 큰 거부감을 보이는 것과 별개로 입학사정관들이 이 순위를 무시하지는 않는다. 현실은 오히려 정반대다. 입학사정관들은 대입 수험생이 있는 가정에서 US 뉴스 대학 순위를 신뢰한다는 것을 잘 알고 있다. DC에 사는 클래라를 기억할 것이다. 클래라의 아버지는 딸에게 전국 대학 순위 30위권이 아니면 지원할 생각도 말라고 못 박았었다. 클래라의 아버지가 유별난 것이 결코 아니다. 학자들은 데이터 분석을 통해 입학사정관도 순위에 민감하다는 사실을 증명했다. 만약 어떤 대학의 US 뉴스 대학 순위가 한 자리라도 오르면, 이듬해 그 대학 입시에서 성적이 더 좋은 고등학교 12학년들의 지원서가 밀려들 것이다. 그리고 만약 순위가 한 자리라도 떨어진다면…… 그저 신의 가호를 빌 수밖에.[5]

그러므로 대학마다 입학사정관들은 부유층 자녀를 더 많이 선발하려 한다. 그래야 등록금 수입이 올라간다. 그리고 SAT 고득점자를 더 많이 선발하려 한다. 그래야 대학 순위가 올라간다. 또한 최대한 많은 지원자를 탈락시키려 한다. 역시 대학 순위에 도움이 되기 때문이다. 세 가지 동기를 종합하면 전략은 하나다. 최대한 많은 지원자를 확보하고 이왕이면 부유한 데다 SAT 점수가 높은 학생을 자기 대학에 지원하게 하는 것이다.

하지만 이 전략은 보기보다 쉽지 않다. 물론 입학사정관 입장에서는 자기가 몸담은 대학의 독특한 매력을 잘 알고 있겠지만, 졸업을 앞둔 고등학생 대다수가 그 대학 이름을 들어본 적이 없고 들어봤다 해도 수천 가지 다른 선택지가 있다. 그래서 대학에도 마케팅이 필요하다. 수십 년 전에 이미 상황을 꿰뚫어본 매과이어는, 모집하려는 학생을 직접 겨냥해서 그들의 마음을 움직일 수 있도록 개별 맞춤형 홍보 전략을 세우라고 제안했다. 1976년에는 컬러 광택지로 제작된 홍보 책자와 광고 우편물DM을 발송하는 정도였다. 하지만 오늘날 대학 입학처는 매과이어가 상상도 못 했던 최첨단 디지털 기술로 데이터베이스에 접근할 수 있다. 덕분에 대학 입학처는 갈수록 인구가 줄어드는 수험생들에게 문자, 전화, 이메일, 그리고 사려 깊은 선물을 넘치도록 보내 결국 그들이 마음을 돌려 자기 대학에 지원하도록 하는 맞춤형 마케팅 캠페인을 목표로 삼는다.

그런 다음에도, 입학사정관의 고민은 여전히 남아 있다. 현실적으로, 무조건 지원자를 많이 확보하는 것만이 능사가 아니다. 우수한 학생이 많이 지원한다고 다가 아니다. 입학등록 관리자들은 지원자에게 합격 통지서를 보내면 어떤 반응이 나올지 적중률 높게 예측할 수 있어야 한다. 다시 말해, 예측 분석이 필요하다는 뜻이다. 이제 대학 입학처에서는 최신 경영학에서 각광받는 새롭고 강력한 예측 분석 기법을 적용해서, 대규모 데이터베이스와 자동 조정 알고리즘으로 지원자의 이력과 유사한 과거 지원자들의 행동 패턴을 분석하고 이를 근거로 예비 신입생의 실제 입학 가능성을 예측한다.

여기서부터 입학 관리가 양자물리학처럼 복잡해지기 시작한다. 적어도 내게는 그렇다. 무슨 뜻인지 설명하려면 우선 대학 입시 '업계 용어' 하나를 짚고 넘어가야 한다. 바로 '입학률yield 신입생 등록률이라고도 한다'이다. 대학 입학처의 학생등록 관리자들은 학생들에게 합격 통지서를 보낼 때 상당수의 학생이 등록을 거절하고 다른 대학에 등록할 것을 예상한다. 합격 통지서를 받은 지원자 가운데 실제 대학에 입학한 학생이 얼마나 되는지 백분율로 나타낸 수치가 바로 대학 입학률이며, 대학별 입학률은 지난 수십 년 동안 꾸준히 감소하고 있다. 현재 4년제 비영리 대학의 입학률 평균은 27퍼센트까지 떨어졌다.[6] 말하자면 어느 대학 입학처장이 신입생 정원 800명을 채우기 위해서는 평균 3000명 이상에게 합격 통지서를 보내야 한다는 뜻이다. 그런 다음, 합격 통지서를 받은 예측 불허의 18세 청소년 중 몇 명이나 대학의 입학 제의를 받아들일지 정확히 예측해야 한다는 뜻이기도 하다.

그리고 입학률을 정확히 맞혔다 해도 거기서 끝이 아니다. 합격 통지를 수락하고 실제로 등록하는 800명 중에 부유층 고득점자가 많아야 등록금 수입을 충분히 확보하고 US 뉴스 대학 순위를 높게 유지할 수 있다. 그리고 지망한 대학에 떨어진 경험이 있는 10대들은 이미 다 아는 사실이지만, 어떤 대학에서 최우선으로 선발하려는 학생은 보통 그 대학을 가장 후순위로 미룬다. 수험생들이 대학을 선택할 때 대체로 혹스비 원칙('합격한 대학 중 최고 명문대를 선택하라')을 따르기 때문에, 입학처에서 원하는 가장 매력적인 학생은 다른 좋은 학교에 뺏길 수밖에 없다.

여기서 재정 지원이 개입한다. 잭 매과이어가 등장하기 전까지 재정 지원은 입학관리와 전혀 상관없는 업무였다. 예전에는, 먼저 입학사정관이 한 해의 신입생 정원을 확정하고 나면, 보통 다른 건물에 있는 재정 지원 부서에서 빈곤층 학생들에게 학비 보조금을 지급하는 방식이었다. 그런데 매과이어는 한 수 앞을 내다보고, 학비 보조금 정책을 전략적으로 활용하면 대학이 원하는 우수한 신입생을 효과적으로 유치할 수 있다는 해결책을 제시했다.

당시 대학에서 경제적 도움이 필요 없는 학생에게 학비 보조금을 지원한다는 것은 참신한 발상이었고, 처음에는 앞뒤가 안 맞는 이야기 같았다. 하지만 1980년대에 처음으로 이 전략을 도입한 몇몇 사립대학에서 이런 유형의 학비 보조금에 '성적우수 장학금merit aid'이라는 그럴듯한 이름을 붙였고, 장학금 정책은 놀랄 만한 성과를 거뒀다. 부유층 학생들에게 아무리 적은 금액이라도 성적우수 장학금을 제안하면, 실제로 입학할 확률이 훨씬 더 높아졌다. (이 보조금에 '학술 장학금scholarship'이라는 듣기 좋은 이름을 붙이면 효과는 더 컸다.) 그리고 만약 우수한 학생이 등록금 4만 달러 중 3만 달러를 기꺼이 지불한다면, 대학으로서도 손해 보는 거래는 아니었다.7

지난 30년 동안, 이런 장학금 정책이 거의 모든 사립대학과 대부분의 공립대학에 퍼졌다. 하지만 시간이 흐른 뒤 입학사정관들은 이 방법이 초기에 몇몇 대학에서 시행될 때는 상당히 효과적이었지만 전국적으로 확대되면서 효과가 미미해진 것을 알게 되었다. 2000년대 초반부터 대학이 경쟁적으로 성적우수 장학금을 지급했고, 최근 들어서는 '죽음의 소용돌이death spiral 비행기가 추락하는 모습에 빗대, 비용이 수익을 초과하는 재정적 위기를 말한다'로 휩쓸려가고 있다. 현재 비영리 사립 종합대학 재학생의 89퍼센트가 각종 장학금을 지원받고 있으며,8 이것은 등록금 전액을 내고 대학에 다니는 학생이 거의 없다는 의미다. 그리고 대학의 장학금은 갈수록 부유한 학생들 몫으로 돌아간다.9 전국적으로 가계소득이 연간 10만 달러 이상인 학생 1인당 지원금이 2만 달러 미만인 학생 1인당 지원금보다 더 많다.

대학은 전과 다름없이 공식 등록금을 발표하고 있으며, 그 액수는 엄청나다. 하지만 공식 등록금은 학생들이 실제로 내야 하는 등록금이 아니다. 해마다 대학에서 우수한 학생을 뽑기 위해 점점 더 큰 폭으로 '등록금 할인'을 해주기 때문이다. 2018년 비영리 사립 종합대학의 등록금 평균 할인율이 처음으로 50퍼센트를 돌파했는데,10 이 수치는 대학이 평균적으로 공식 등록금의 절반도 안 되는 금액을 학생들에게 받는다는 의미다.

등록금 인상 소식이 요즘도 신문 머리기사를 장식하지만, 실제로는 등록금 할인율이 그만큼 빠르게 높아지고 있고 따라서 대학의 실질 수입은 매년 대동소이하다.[11] 중고차 판매업자가 으레 하는 말처럼, 반값 할인 행사를 오래하면 파산할 수도 있다.

만약 대학에서 모든 학생에게 똑같이 50퍼센트 할인율을 적용한다면, 입학사정관들의 고충은 엄청날 것이다. 하지만 사실, 할인율은 학생마다 달리 적용된다. 따라서 같은 대학에 입학했더라도 신입생들이 실제로 학교에 내는 등록금 액수는 천차만별이다. 등록금 할인율은 대학이 제공하는 교육 서비스의 수준이나 학부모의 경제력에 따라 결정된다기보다, 대학과 학생이 서로에게 얼마나 쓸모 있는지 따져보는 복잡한 계산을 거쳐 결정된다.

많은 대학에서 이런 계산을 맡기기 위해 고용하는 이른바 '장학금 최적화' 분야의 컨설턴트는 입학관리 분야의 숨은 인재로, 대부분 예측 분석을 한층 더 심오한 수준으로 발전시키는 고급수학 및 회계 전공자들이다. 이들은 분석실에서 비공개로 작업하는데, 학생들의 의사결정 과정을 철저히 분석한 다음 계량경제학 모델에 접목해서, 대학이 가령 클로이나 조시를 입학시키는 데 정확히 얼마가 드는지 계산해낸다.

보스턴 콘퍼런스 전시장에서, 이런 실력자를 보유한 회사는 가장 크고 시설이 좋은 부스를 차지하고 있었다. 그 회사들은 '닷컴'으로 끝나는 귀여운 이름을 쓰지 않는다. 그들은 마치 런던의 명품 백화점에서 판매하는 고급 비스킷 이름처럼 기품 있고 세련된 이름을 쓴다. 홉슨스, 로열, 케네디 앤드 컴퍼니가 바로 그들이다. 그들이 대학 입학관리 업무 외에 또 어떤 일을 하는지는 거의 알려져 있지 않다. 그들의 이름은 좀처럼 드러나지 않는다. 대학 입학처 명의로 학생들에게 보내는 홍보 이메일이나 장학금 안내서에서도 결코 이름을 찾아볼 수 없다. 하지만 대학 입학처와 함께, 그들은 미국 고등학생 수백만 명의 진로를 결정하는 데 누구보다 큰 역할을 한다.

2006년, 퓰리처상을 수상한 『월스트리트저널』 기자 대니얼 골든은 미국 명문대학의 입시 문제를 다룬 책,『왜 학벌은 세습되는가The Price of Admission』를 펴냈다.12 골든은 이 책을 준비하는 과정에서 거액 기부자 자녀에게 특혜를 제공하는 명문 사립대학 이야기를 찾아다녔고, 하버드대학의 비밀 파일 속에서 한 가지 사례를 발견했다. 지금 생각하면 소름 끼치는 선견지명으로, 파일 속 인물은 바로 재러드 쿠슈너였다. 책이 출간될 당시 쿠슈너는 맨해튼 부자들의 자선행사장에서나 들을 수 있는 이름이었지만, 10년 뒤 그의 장인인 도널드 트럼프가 미국 대통령에 당선되고 그를 백악관 선임보좌관 자리에 앉히면서 유명 인사가 되었다.

골든이 책에서 밝힌 내용은 이렇다. 1998년 찰스 쿠슈너는 뉴저지에 있는 사립학교 프리시스쿨에 다니던 아들 재러드가 12학년에 올라가자마자 하버드대학에 250만 달러를 기부했다. 프리시스쿨 관계자들은 하나같이 재러드 쿠슈너가 성적으로 하버드에 합격했을 리가 없다고 말했다. 그들은 쿠슈너가 공부 잘하는 학생이 아니었고 시험 성적도 아이비리그 기준에 못 미쳤다고 했다. "재러드는 반에서 상위권 근처에도 못 갔죠." 프리시스쿨 진학상담실장 마고 크레브스가 말했다. 하지만 쿠슈너의 아버지가 하버드대학 총장을 개인적으로 만난 직후, 하버드 입학처는 쿠슈너의 성적을 눈감아주기로 결정했고, 그렇게 쿠슈너는 1999년 하버드에 입학했다.

"하버드로서는 이례적인 선택이었어요." 크레브스 실장이 결론지었다.

어쩌면 이례적인 선택이 아닐지도 모른다. 골든은 엘리트 대학에서 이른바 '혈통legacy'이라는 동문 2·3세들에게 대를 이어 특혜를 주는 관행을 파헤쳐 보도했고, 골든의 책이 출판된 후에도 여전히 특례입학은 확대되고 있다. 지금도 하버드대학 동문 2·3세 가운데 3분의 1 이상이 하버드에 입학한다.[13] 전체 합격률이 5퍼센트도 안 되는 하버드대학 입시에서 이들은 분명 지름길로 가고 있다. 2018년, 하버드대학에 지원한 아시아계 학생들이 입학전형에서 차별받았다고 주장하며 대학을 상대로 낸 소송에서, 법원은 대학 측에 오래전부터 소문만 무성했던 'Z 리스트'[14]라는 부정입학자 명단을 제출하라는 명령을 내렸다. 하버드대학이 Z 리스트를 이용해 고등학교 내신과 입학시험 점수가 낮은 동문 2·3세, 그리고 거액 기부자 자녀를 뒷문으로 입학시킨 정황이 드러났다. 하버드대학은 1년간 입학을 유예하는 조건으로 이들에게 합격을 통지했다. Z 리스트에 포함된 지원자 절반이 동문 2·3세였고, 대다수가 백인이었다. 또한 하버드대학 교지 『크림슨』에 따르면, 그들의 고교 내신은 "합격자보다 탈락자 수준에 가까웠다".

아이비리그 대학 대부분이 그렇듯이, 하버드대학 입학처에는 입학관리 부서가 없다. 베켄스테트에 따르면, 학교 위신의 문제라고 한다. 엘리트 명문대학은 입학관리가 그들 취향에는 발끝에도 못 미치는 뻔뻔한 장삿속이라고 여긴다. 물론 하버드에 입학관리 부서가 없다고 해서, 하버드대학 입시가 시장의 영향을 전혀 고려하지 않는 것은 아니다. 단지 하버드대학에서는 시장을 움직이는 세력이 개인적으로 한 번에 한 명씩, 대개 후원자나 찰스 쿠슈너 같은 거액 기부자와 대학 관계자 사이에 은

밀히 오가는 대화나 이메일로 영향력을 발휘한다는 점이 다를 뿐이다.

재러드 쿠슈너의 부정입학 사례는 엘리트 명문대 입학전형이 재력가에게 유리하도록 조작된다는 대중의 의혹을 확신으로 바꿔놓았다는 점에서 주목을 끈다. 하지만 전미대학 입학사정관협의회 콘퍼런스에 모인 입학사정관들의 시점으로 보면, 쿠슈너는 특별히 주목받은 단편적 사례에 불과하며 사실상 모든 대학이 명성에 따라 정도의 차이만 있을 뿐, 철저히 시장 수요에 따라 움직인다. 하버드대학의 경우, 그런 수요가 총장이나 이사회 임원의 전화 한 통으로 생겨난다. 보통 다른 대학에서는 홉슨스나 로열, 케네디 앤드 컴퍼니 같은 전문가 집단에서 장학금 최적화 보고서를 받을 때 수요가 생긴다.

장학금과 입학관리 분야에서 예측 분석이 널리 활용됨에 따라, 입학사정관들이 전부터 느끼던 재정 압박도 더 강화되었다. 대학마다 예측 모델을 다루는 방식과 특정한 입력값에 따라 분석 과정이 조금씩 달라질 수 있지만, 결국 출력값은 모두 같기 때문이다. '부유층 자제를 더 많이 선발하시오!' 어느 대학이나 마찬가지다. 부유층 신입생은 대학 재정에 도움이 된다. 기부금 모금에도 도움이 된다. 무엇보다 US 뉴스 대학 순위를 올리는 데 도움이 되고, 결과적으로 이듬해 우수한 지원자를 더 많이 끌어모으는 데 도움이 된다.

이상적인 경우라면, 다시 말해 대학 순위 피라미드의 꼭대기에 있는 대학이라면, 부유층 학생이 전부 학계의 슈퍼스타가 될 것이다. 하지만 현실적으로 부유층이면서 동시에 SAT 고득점자인 12학년 학생은 귀하기 때문에, 입학전형에서 이들을 원하는 수요가 넘친다. 그 결과 엘리트 명문대학이 아닌 대학에서는 학업 성적이 좋지 않아도 재력이 확실한 재러드 쿠슈너 같은 학생들을 뽑을 수밖에 없다.

"입학사정관들이 공개적으로 인정하진 않겠지만, 어쩌면 모두 똑같은 고충을 느낄 겁니다." 베켄스테트가 했던 말이다. "대학입학전형은 우리가 뽑고 싶은 학생을 떨어뜨리는 과정이 아닙니다. 오히려 뽑기 싫은 학생을 뽑아야 하는 과정이죠."

미국인들은 오래전부터 소수 집단 우대 정책을 기반으로 다양성을 확보하기 위해 대학에서 학업 성적이 높은 부유층 학생들을 덜 뽑고 학업 성적이 낮은 빈곤층 학생들을 그만큼 더 선발한다고 믿어왔다. 베켄스테트는 현실은 오히려 그 반대에 가깝다고 말한다. 대체로 입학사정관들이 가장 판단하기 쉬운 지원자는 '고소득 가정/중하위권 성적' 범주라고 그는 설명한다. 이 범주에 속하는 학생들은 사교육을 받을 여유가 있기 때문에 입학시험에서 좋은 점수를 받을 가능성이 높고, 따라서 대학 순위에 악영향을 주지 않는다. 이들은 대학에 와서 뛰어난 학업 성과를 얻지 못하더라도 등록금 전액을 낼 수 있는 부류다. 그리고 무엇보다 다른 선택지가 많지 않아서 대학의 입학 제안을 받아들일 가능성이 높다.

"먹이사슬에서 위로 올라가기 위해 비싼 등록금을 기꺼이 내는 학생들이죠." 베켄슈테트가 설명했다. "나는 그런 학생들을 CFO-특화 학생이라고 부르는데, 그 이유는 대학의 최고재무책임자CFO에게 아주 매력적인 후보군이기 때문입니다. 교수들은 애를 먹을지 몰라도 대학에 많은 수익을 가져다주니까요."

최근 수십 년 동안, CFO-특화 학생들은 전국 대학에서 매력적인 시장으로 성장해왔다. 경제학자 랜스 로크너와 필리프 벨리의 2007년 연구[15]에 따르면, 평균 이하의 시험 성적과 평균 이상의 가계소득을 기록한 학생들은 1980년대 초부터 2000년대 초까지 대학 진학률이 무려 85퍼센트 이상 증가한 것으로 나타나, 다른 어느 집단보다 가파른 증가세를 보였다. 만약 대학 진학을 고려하는 고등학생이 있다면, 바로 지금이 대학 입시에서 CFO-특화 대학생이 되기 좋은 시기다. 그리고 요즘 대학 입학사정관들은 좋든 싫든, CFO-특화 학생을 최대한 많이 찾아내야 한다.

2. 입 학 시 험 선 택 제

지난 10년 동안, 미국의 대학입학전형과 사회계층의 연관성에 대해서 두 가지 논의가 별개로 진행 중이다. 하나는 칼리지보드 수뇌부 회의와 백악관 콘퍼런스, 자선가 및 비영리단체 지도자 회의 위주로 진행되는 공개적 논의를 말한다. 혹스비 입시정보자료집, 칸 아카데미의 온라인 SAT 공식 모의고사, 칼리지포인트의 온라인 진학 상담 등 앞서 2장과 3장에서 소개했던 몇 가지 정책적 개선 방안은 여기서 나왔다. 이들은 대학 교육의 불평등 문제가 대부분 수요(학생) 측의 문제라는 전제에서 출발해, 가난한 아이들이 대학 입시에서 안타깝게도 오판을 하고 '스스로를 과소평가'하는 것이 문제의 원인이라고 분석한다. 그리고 엘리트 명문대학도 대학이 요구하는 학력 기준을 충족하는 우수한 인재를 빈곤층에서 찾을 수만 있다면 빈곤층 학생을 더 많이 선발할 것이라고 판단한다.

또 다른 논의는 전미대학 입학사정관협의회 콘퍼런스 전시장에 모인 입학사정관들, 즉 눈에 띄지 않는 위치에서 입시 산업을 이끌어가는 전문가들이 실무 차원에서 이어가는 비공식적 대화를 말한다. 이들은 빈곤층 학생들이 기회를 얻지 못하는 이유는 무엇보다 공급(대학) 측에서, 특히 대학 입학처에서 진입 장벽을 높였기 때문이라는 전제에서 출발한다. 입학관리를 담당하는 실무자들은 엘리트 명문대학에 지원할 자격이 충분한 학생이 빈곤층에도 꽤 있다는 사실을 잘 알고 있다. 해마다 그런 학생들을 손수 탈락시키기 때문이다. 입학사정관들이 우수한 빈곤층 학생을 뽑지 않는 것은 대학 재정이 빠듯하기 때문이다. 그들은 '저소득 가정/상위권 성적' 학생보다 '고소득 가정/중하위권 성적' 학생, 즉 CFO-특화 학생들을 찾기 위해 시간과 에너지를 쏟는다. 그것이 대학에서 예산을 짜는 방법이자, 수지타산을 맞추는 방법이다.

사실, 이런 이유에서 칼리지보드가 빈곤층 우등생 3만 명에게 해마다 대입 정보 안내서를 발송해도 그들의 대학 선택에 별다른 영향을 미치지 못했을 수도 있다. 어쩌면 안내서를 받은 우수한 빈곤층 학생들이 명문대학에 지원하기를 꺼렸던 것이 아니라, 명문대학에서 그들을 기피했는지도 모른다. 어쩌면 대학이 충분한 재정을 지원하지 않아 빈곤층 학생들이 등록을 포기했는지도 모른다.

공식적으로, 대학 총장들은 신입생이 다양한 계층 출신이며 장학금이 넉넉하다는 점을 과시하고 싶어한다. 하지만 비공식적으로는 등록금 수입을 유지하고 US 뉴스 대학 순위에 반영되는 대학의 위신을 유지해야 한다는 부담감을 크게 느낀다. 대외적 우선순위와 대내적 우선순위가 충돌할 수밖에 없다. 그리고 그 갈등이 표출되는 곳이 바로 대학 입학처다.

미시간대학에서 입학 관리를 연구하는 마이클 바스티도 교수는 최근

한 논문에서 이 문제를 다뤘다. 그는 "대학 총장들이 대학에서 인종적·경제적으로 다양한 계층의 신입생을 더 많이 선발하겠다고 공공연히 주장하지만, 뒤로는 입학처장에게 대학의 수입과 위신을 높여야 한다고 은근히 압력을 가한다"고 설명했다. "입학사정관들이 대학에서 얼굴 없는 실무자로 입학관리 업무를 진행하는 동안, 나머지 관계자들은 두 마리 토끼를 다 잡을 수 있다는 듯 태연하게 행동한다."16

존 베켄스테트는 드폴대학에서 얼굴 없는 실무자 업무에 꽤 만족하면서, 주로 사무실에 혼자 앉아 탄산음료를 홀짝이며 엑셀 스프레드시트를 열어 신학기 등록률을 예측하고 학비 보조금 예산을 검토한다. 하지만 몇 년 전부터는 좀더 자신을 드러내고 블로그와 트위터를 하면서 사람들과 소통하기 시작했다. 그는 대학 입학사정관제 이면에 감춰진 진실을 밝혀, 대학 내부의 갈등을 공론화하려 한다.

베켄스테트는 때로 무뚝뚝해 보이지만, 입학사정관 일을 성심성의껏 하고 있다. 드폴대학에서 일하기로 결심한 것은 어느 정도 사명감 때문이라고 그는 말했다. 1898년, 프랑스 사제 뱅상 드폴의 추종자들이 19세기 말 독일과 아일랜드에서 건너온 가톨릭 이민자들의 자녀 교육을 위해 시카고에 설립한 드폴대학은, 학부생만 1만2000명이 넘는 미국 최대의 가톨릭 계열 대학이다. 현재 드폴대학은 빈곤층 학생을 비교적 많이 선발한다. 해마다 신입생 정원의 3분의 1은 1세대 대학생, 다시 말해 부모가 모두 대학에 가지 않은 가정의 자녀들로 채워지며, 가장 최근의 신입생 중 36퍼센트는 펠 장학금을 받는 빈곤층이다. 1년에 1만7000달러 이상 벌지 못한 육체노동자의 아들인 베켄스테트에게 이것은 의미 있는 통계 수치였다.

"난 일반적인 1세대가 아니었어요." 그가 되새기듯 알려주었다. "1세대 고등학생이기도 했습니다. 어렸을 때는 내가 지금과 같은 인생을 살게 될 거라고 상상도 못 했죠. 다른 아이들도 그렇게 되도록 돕고 싶습니다."

요즘 베켄스테트가 애용하는 표현 방식은 인포그래픽으로, 지난 몇 년 동안 그는 이 정교한 데이터 시각화 기술을 독학으로 익혔고, 그 결과물을 자신의 블로그 「대학 교육 데이터 스토리High Ed Data Story」에 정기적으로 올린다. 최근에 포스팅한 게시물에는, 1000곳이 넘는 대학의 입학 기록을 비교해서 대학별로 신입생의 SAT 평균 점수, 펠 장학금 수혜자 비율, 그리고 흑인이나 라틴계 학생의 비율, 세 변수에 따라 자세하게 분류한 도표를 만들어 넣었다.[17]

베켄스테트가 만든 인포그래픽에서는 대학입학전형의 철칙이라고 할 만한 내용이 특히 눈에 띈다. 신입생들의 SAT 평균 점수가 높은 대학, 그리고 US 뉴스 대학 순위가 높은 대학이면서 동시에 합격률은 가장 낮고 기부금이 풍족한 엘리트 대학에서는, 빈곤층이나 흑인 및 라틴계 학생을 극소수만 선발한다. 베켄스테트의 도표에는 엘리트 대학과 가계소득이 완벽에 가까운 정비례 관계임을 보여주는 사선이 그래프 위에 흔들림 없이 죽 그어져 있다. 몇몇 예외를 빼고 미국의 모든 대학이 같은 패턴을 따른다.

베켄스테트는 대학이 신입생을 선발할 때 여전히 이 철칙에서 크게 벗어나지 못하게 만드는 일종의 '유인 구조금전이나 명예를 제공해서 어떤 경제 행위를 유도하는 여러 체계를 말한다'가 숨어 있다고 설명한다. "일반적으로 신입생들의 SAT 점수가 높을수록 펠 장학금을 받는 신입생 비율은 낮아지고 다양성도 축소된다." 그가 블로그에서 밝힌 내용이다. "따라서 우리가 대학에 '우수성'을 요구하고 SAT나 ACT 같은 입학시험 점수를 기준으로 우수성을 규정한다면, 결론은 하나뿐이다. 옳은 일을 하고자 하는 대학은 대학의 이익에 반하는 행동을 해야 한다."

베켄스테트가 말한 유인 구조에는, 그의 표현을 빌리자면, '옳은 일'을 하기 위해 빈곤층 학생을 더 많이 입학시키려는 입학사정관의 앞길을 가로막는 두 가지 특징이 있다. 하나는 등록금 수입이라는 분명한 요구다. 대학이 비용을 줄일 수 없다면, 즉 학생들에게 쓰는 돈을 줄일 수 없다면, 대학 입학처에서 등록금 전액을 지불할 수 있는 부유층 학생의 유혹을 뿌리치기 힘들 것이다. 그리고 입시 시장에는 대학이 지출을 줄이기 어렵게 만드는 몇 가지 비정상적인 유인도 있다. 가장 대표적으로, US 뉴스 대학 순위 알고리즘에 따르면 대학이 지출한 비용만큼 높은 순위로 인정받는다. 가령 교직원의 봉급을 인상하고 학생들에게 더 많은 비용을 지출하면 곧바로 US 뉴스 대학 순위가 올라가고,[18] 비용을 줄이면 순위가 떨어져 이듬해에는 지원자도 줄어든다. 그래서 대학은 되도록 비용을 높게 유지하려 하고, 그렇게 하려면 등록금 수입이 늘어야 하며, 따라서 부유층 학생을 더 많이 입학시켜야 한다.

재정이 풍부한 대학의 경우, 입학처장이 빈곤층 학생을 더 많이 선발하지 못하게 막는 유인은 좀더 미묘하지만 여전히 강력하다. 베켄스테트는 빈곤층 학생을 가장 수월하게 선발할 수 있는 부자 대학이 빈곤층 학생을 가장 적게 선발한다는, 어쩐지 뻔하고 어이없는 사실을 지적한다. 드폴대학은 하버드나 프린스턴대학보다 기부금이 훨씬 적다. 그럼에도 드폴대학 관계자들은 상대적으로 엘리트 대학의 두 배 이상 되는 빈곤층 학생을 입학시키고 장학금을 지원할 재정을 어떻게든 마련한다.

미국에서 가장 돈 많고 들어가기 힘든 20여 곳의 엘리트 대학은 등록금 수입에 의존하지 않는다는 사실을 기억하라. 펠 장학생 자격이 있는 빈곤층이면서 동시에 학업 성적이 우수한 우등생만으로 한 해 입학 정원을 모두 채우고, 설령 신입생들에게 등록금을 한 푼도 받지 않는다 해도, 이들 대학의 등록금 손실액은 한 해 예산에서 반올림 오차 정도 될까 말까 한 미미한 수준이다. 하지만 엘리트 대학은 그런 대책을 세우지 않을 뿐만 아니라, 해가 갈수록 반대 방향으로 가고 있다. 전국적으로 엘리트 대학에 펠 장학생이 가장 적다는 사실은 그들도 인정한다. 그들은 빈곤층을 교육하는 데 필요한 자원을 최대로 확보하고 있음에도 불구하고 최소한만 사용한다.

왜 그럴까? 베켄스테트가 생각하는 답은 이렇다. 이른바 '엘리트' 대학의 이름값을 유지하려면 단순히 공부 잘하는 학생만 많이 선발해서는 안 된다. 더 나아가 돈 많은 학생도 많이 선발해야 한다. 학자들은 대학에서 인종적으로나 사회경제적으로 다양성을 확대하는 입장을 취하면, 이듬해부터 지원자가 줄어드는 경향을 확인했다.[19] "아마도, 혹시 어쩌면 '엘리트'라는 말이 '가난한 사람이 없다'는 뜻일지도 모르죠. 아마 그게 문제일 겁니다."[20]

재정 문제는 그렇다 치고, '옳은 일'을 하려는 입학사정관의 앞길을 가로막는 구조적 문제는 또 있다. 바로 SAT나 ACT처럼 표준화된 입학시험의 어마어마한 영향력, 그리고 가계소득과 SAT/ACT 점수의 분명한 상관관계다.[21] 예를 하나 들어보자. 2017년 칼리지보드 자료에 따르면, SAT에 응시한 어떤 학생의 부모가 연간 20만 달러 이상을 벌었다면 그 학생은 약 20퍼센트의 확률로 1400점(1600점 만점)을 넘겼다. 하지만 학생의 부모가 연간 2만 달러 이하를 벌었다면, 1400점을 넘길 확률은 2퍼센트로 극히 낮아진다. 가계소득과 SAT 점수의 상관관계는 비스듬한 경사가 아니라 깎아지른 절벽에 가깝다. (그리고 기억하라. 2017년 데이터는 SAT 개편과 칸 아카데미의 SAT 공식 모의고사 도입 등, 콜먼 위원장 시대 칼리지보드의 프로젝트가 모두 발표된 다음에 수집되었다.)

그렇다면 옳은 일을 하고자 하는 대학 입학처는 어떻게 해야 할까? 베켄스테트가 해답을 가지고 있다. 입학사정관들이 SAT와 ACT에 너무 큰 비중을 두지 말아야 한다. "대학에서 진지하게 1세대, 빈곤층, 유색인종 학생을 더 많이 선발하려면, 입학전형에서 차지하는 시험 성적의 비중을 재고해볼 필요가 있다"[22]고 그는 제안한다.

2010년, 베켄스테트가 이끄는 드폴대학 입학처에서 한 일이 바로 그것이었다. 그들은 입학전형에서 표준화 시험에 대한 의존도를 진지하게 재검토했다. 그리고 내부적 논의 끝에 입학전형 방식을 변경할 필요가 있다고 결론지었다. 지난 수십 년 동안, 점점 더 많은 대학이 '입학시험 선택제test-optional'를 채택했는데, 이것은 대학에서 지원자에게 SAT나 ACT 점수를 통상적으로 요구하지 않는다는 의미였다. 드폴대학도 그 대열에 동참하기로 결정했다. 2011년 2월, 드폴대학은 이듬해부터 지원자들이 SAT나 ACT 등 표준화 시험 점수를 제출할지 여부를 임의로 선택할 수 있다고 발표했다. 이로써 드폴대학은 입학시험 선택제 방식으로 입학전형을 실시하는 미국 최대의 사립대학이 되었다.

지원자들이 대학 입학 후 얼마만큼 학문적 성과를 낼지 예측하는 지표로서, 대학입학시험 점수와 고등학교 내신 점수 비교치를 놓고 오랫동안 열띤 논쟁이 지속되고 있다. 하지만 관련 자료를 연구한 학자들은 대체로 세 가지 기본 전제에 동의한다.

첫째, 입시 점수와 내신 점수는 상당히 높은 상관관계에 있다. 다시 말해 고등학교 때 성적이 좋은 학생들이 대체로 대학 입시에서도 좋은 점수를 받는다.

둘째, 신입생의 대학 1학년 때 평점GPA 또는 유급이나 휴학 없이 제때 졸업할 가능성을 예측하는 지표로는, 입시 점수보다 내신성적이 더 유용하다.

셋째, 신입생의 대학 1학년 때 평점GPA을 예측할 때, 내신 점수와 입시 점수를 합치면 내신 한 가지로만 예측하는 것보다 적중률이 다소 높아진다.

이 세 가지 외에는, 고교 내신성적과 대학 입시 성적을 비교 분석하고 해석하는 연구자마다 의견이 분분하다. 대학입학전형에서 표준화 시험을 사용하지 말자는 쪽은 세 가지 전제 가운데 처음 두 가지에 집중하는 경향이 있다. 한편 표준화 시험을 사용해야 한다는 쪽은 세 번째 전제에 집중하는 경향이 있다.

입학시험을 지지하는 사람들, 말하자면 주로 칼리지보드와 ACT사에 고용된 많은 연구자는 정보가 많을수록 좋다고 강조한다. 티끌 모아 태산이라고, 시험 점수가 예측에 조금이라도 도움이 된다면 충분히 가치가 있다는 주장이다. 한편, 베켄스테트를 비롯해서 표준화 시험을 반대하는 사람들은, SAT 점수를 내신성적에 추가해서 얻는 미미한 통계적 이익보다 SAT가 부유층 학생들에게만 지나치게 유리한 시험이라는 사실이 더 중요하다고 생각한다.

해마다 SAT를 치르는 학생 수백만 명 가운데, 약 3분의 2가 고등학교 내신성적에 상응하는 점수를 받는다. 그런 학생들에게 SAT는 별 의미가 없다. 대학 입학처는 그들의 입시 점수와 고교 내신성적을 똑같은 신호로 받아들인다. 입학전형에서 시험 점수가 중요하게 작용하는 경우는 이른바 '모순된discrepant' 점수를 보이는 두 부류의 지원자들을 심사할 때다. 이런 학생들은 SAT 점수가 내신보다 지나치게 높거나, 반대로 내신에 비해 SAT 점수가 지나치게 낮다. 두 부류는 각각 전국 고교 졸업반 학생의 6분의 1을 차지한다.

첫 번째 범주에 속하는 학생들을 'SAT-과대평가inflated-SAT' 집단이라고 부르자. 이 학생들에게는 SAT 점수가 큰 힘이 된다. 아마 고등학교 때 성적이 중간 정도지만 SAT에서 예상외로 대박을 친 경우라서, 이들에게는 SAT를 중시하는 대입전형이 유리할 것이다.

두 번째 범주에 속하는 학생들은 'SAT-과소평가deflated-SAT' 집단이라고 하자. 이 학생들은 SAT 점수가 입시에서 큰 걸림돌이다. 고등학교 때 공부를 아주 잘했지만 SAT에서 기대에 못 미치는 평범한 점수를 받은 경우일 것이다. 이들에게 SAT를 중시하는 대입전형은 재앙에 가깝다. 그 대신 이런 학생들은 드폴대학처럼 입학처에서 입학시험 점수를 문제 삼지 않고 고등학교 내신을 더 눈여겨보는 입학전형에서 혜택을 받을 수 있다.

따라서 표준화된 입학시험과 입학시험 선택제가 수험생들에게 전반적으로 미치는 영향을 살펴보려면, 먼저 한 가지 중요한 문제를 짚어봐야 한다. 두 범주의 학생, 다시 말해 SAT-과대평가 집단과 SAT-과소평가 집단은 각각 어떤 학생일까? 한쪽이 표준화 시험에 특화되고 다른 쪽이 내신에 특화된 학생이라는 분명한 사실을 제외하고, 두 집단은 서로 어떻게 다를까?

알고 보니 칼리지보드에서 실제로 이 문제를 상당히 자세하게 검토한 적이 있었다. 2010년에 칼리지보드 연구원 세 명이 내부적으로 SAT 응시자 15만 명의 데이터를 분석했고, 그 결과 두 '모순된' 집단의 인구통계학적 구성에서 커다란 특징을 발견했다.[23] 이 연구는 요즘처럼 칼리지보드가 홈페이지에 공개하는 자료는 아니지만(그 이유는 곧 밝혀질 텐데), 지금까지 나온 '모순된 점수' 관련 연구 가운데 최고로 완벽한 분석이다.

칼리지보드가 알아낸 사실은 다음과 같다. SAT-과대평가 집단의 학생들은 과소평가 집단의 학생들보다 백인이나 아시아계인 경우가 많았고, 대부분 남학생이었다. SAT-과대평가 집단이 가정 형편도 훨씬 더 좋았다. 과소평가 집단에 비해, SAT-과대평가 집단 학생들은 부모의 연소득이 10만 달러 이상이거나 부모가 최소한 석사학위를 받았을 확률이 각각 두 배 이상 높았다. 이들은 유일하게 대학 입시전형에서 SAT 덕을 크게 보는 집단이었다.

다음으로 SAT-과소평가 집단이 있다. 이들은 고등학교 내신에 비해 SAT 점수가 훨씬 낮은 학생들이다. 칼리지보드의 인구통계학적 분석에 따르면, 이들은 과대평가 집단에 비해 여학생이거나 흑인인 경우가 각각 두 배 많았고 라틴계는 세 배나 많았다. 과대평가 집단에 비하면, SAT-과소평가 집단 학생들은 부모의 연소득이 3만 달러 미만이거나 부모가 대학에 가지 않았을 확률이 각각 세 배 이상이었다.

칼리지보드 자체 조사에 따르면, 고등학교 졸업반 학생 가운데 3분의 2 정도에게는 SAT 점수가 별로 중요하지 않았다. 나머지 3분의 1 가운데 절반인 6분의 1의 학생들, 즉 주로 남학생이고 부유하며 백인 또는 아시아계인 데다 대학 교육을 받은 부모를 둔 집단의 경우, SAT 점수는 그들이 엘리트 대학에 입학할 가능성을 높인다. 그리고 나머지 6분의 1, 즉 주로 여학생이고 흑인 또는 라틴계이며 빈곤층 1세대에 속하는 집단의 경우, SAT 점수는 그들의 대학 진학 기회를 가장 크게 저해하는 요인이다.

2011년에 베켄스테트와 동료들이 드폴대학 신입생 선발 정책을 바꾸게 된 계기도 이와 비슷한 자료를 얻었기 때문이다. 입학시험 선택제를 도입하기 전, 입학처에서 지원자의 SAT 점수를 필수로 요구하는 동안에는, SAT-과소평가 집단에 해당되는 학생들을 선발하기가 힘들었고, 따라서 대학의 사명에도 어긋나는 문제였다. SAT-과소평가 집단 학생들은 여러모로 100년 전 드폴대학에 모여든 아일랜드나 폴란드, 혹은 독일 출신 소년들과 많이 닮아 있었다. 물론 지금 고군분투하는 신세대 빈곤층은 대다수가 여학생이고 전에 유럽에서 건너온 선조들보다 피부색은 훨씬 어두웠지만, 성별과 인종의 차이를 넘어서면 그들은 드폴대학 설립 취지에 가장 잘 맞는 학생이었다. SAT-과소평가 집단에 속하는 학생들이 다름 아닌 '가난한 노동자 계층 이민자의 후손으로 태어나고 자라면서, 공립학교에서 좋은 성적을 거두고 대학에 진학해 더 나은 기회를 잡으려고 노력하는 시카고의 아이들'이기 때문이다. 이런 학생들은 종종 SAT 점수 때문에 드폴대학에 지원할 엄두조차 못 냈다.[24] 하지만 드폴대학 자체 연구에서, 만약 이런 학생들이 지원한다면 대학에 들어와 성공할 가능성이 높다고 예측했다.

드폴대학에는 해마다 신입생 정원 2500명 가운데 약 10퍼센트에 해당되는 학생들이 SAT 점수 없이 입학한다.[25] 인구통계학적으로 보면, 이 학생들은 드폴대학에 지원한 나머지 학생들과 상당히 다르다. 그들은 빈곤층일 가능성이 더 높다. 그들 중 48퍼센트는 펠 장학생이고 절반 이상이 흑인이나 라틴계 학생들이다.[26]

베켄스테트와 동료들은 입학시험 성적을 제출하지 않고 드폴대학에 입학한 신입생들로부터 연구 목적으로 성적표를 받아 그들이 졸업할 때까지 추적 조사를 진행한 끝에, 몇 가지 사실을 확인할 수 있었다. 우선 드폴대학 신입생 가운데 입학시험 점수를 제출하지 않기로 결정한 학생들은, 점수를 제출하기로 결정한 학생들보다 SAT나 ACT 점수가 훨씬 낮았다. 비제출자들의 ACT 평균 점수는 제출자들보다 약 5점 낮았는데, 36점 만점인 ACT 시험에서는 상당히 큰 점수다. 하지만 입학시험 점수가 낮았다 하더라도 비제출자는 제출자만큼이나 대학에서 좋은 성적을 냈다. 두 집단의 1학년 때 GPA는 비슷했고, 유급이나 휴학 없이 곧바로 2학년에 올라가는 비율도 똑같았다. 그리고 입학시험 선택제로 입학한 비제출자들의 졸업률은 69.4퍼센트로 전체 졸업률 72퍼센트보다 불과 2.5퍼센트포인트 정도 낮았을 뿐이다.

모든 자료를 종합해서 베켄스테트는 결론에 도달했다. 비제출자들의 낮은 입학시험 점수를 기초로 그들이 대학에서 결코 좋은 성적을 낼 수 없으리라고 예견한 것이 애초에 잘못이었다. 입학시험 점수는 거짓 신호였던 것이다. 입학시험 선택제를 도입한 뒤로 드폴대학에는 비제출 지원자가 늘었을 뿐만 아니라, 베켄스테트와 동료 입학사정관들이 더 이상 거짓 신호에 현혹되지 않게 되었다. 옳은 일을 하기가 더 수월해진 것이다.

시험 선택제 입학전형을 도입한 이후 처음 몇 년간의 자료를 확인하고 나서, 베켄스테트와 동료들은 기뻐했다. 정책 변화가 드폴대학의 입학전형을 통째로 바꾸지는 못했더라도 나름 중요한 목표를 달성했기 때문이다. 입학시험 선택제를 도입하지 않았다면 입학은 고사하고 지원조차 하지 않았을 우수한 빈곤층 1세대 학생들이 해마다 수백 명씩 신입생으로 입학한 것이다. 게다가 드폴대학 학생들의 학력 수준도 여전했다.

하지만 드폴대학이 입학시험 선택제로 성공을 거두고, 시험 선택제가 전국 대학으로 확산되자, 칼리지보드와 ACT사에는 심각한 위기가 닥쳤다. 1969년과 1984년에 각각 보든 칼리지와 베이츠 칼리지가 미국 최초의 입학시험 선택제를 도입한 이래, 시험 선택제 입학전형을 채택하는 대학이 꾸준히 늘어났다. 현재 US 뉴스 대학 순위 목록에서 100위권에 드는 단과대학 가운데 절반이 입학시험 선택제를 시행하고 있으며, 웨이크 포리스트, 브랜다이스, 조지워싱턴대학 등 공립 종합대학도 마찬가지다. 입학시험 선택제를 지지하는 사람들은 2006년, 데이비드 콜먼 칼리지보드 위원장의 어머니인 엘리자베스 콜먼이, 당시 베닝턴 칼리지 총장으로서 시험 선택제 입학전형을 도입한 것을 크게 반겼다.[27]

입학시험 선택제 전형은 칼리지보드와 ACT사의 수익 구조에 당장 큰 위협이 되지는 않는다. 두 입시 주관사는 여러 주 정부와 계약을 맺고 전국의 수많은 공립학교에서 공인시험을 시행하고 있기 때문에, 해마다 수험생 수천 명이 추가로 입학시험 점수를 대학에 제출하지 않는다거나 아예 입학시험 자체를 거부하지 않는 한, 큰 타격을 없을 것이다.

칼리지보드와 ACT사가 입학시험 선택제 때문에 직접적으로 위협을 느낀 부분은, 사실 경제적 문제라기보다 존재 자체의 문제였다. SAT가 등장한 배경에는, 현재 드폴대학이 입학시험 선택제 전형으로 선발하는 학생 유형, 즉 고교 내신은 높지만 SAT 점수가 낮은 학생들을 대학에서 걸러내기 위한 의도가 있었다. 그런데 만약 이들이 낮은 SAT 점수에도 불구하고 드폴대학이나 다른 입학시험 선택제 대학에 들어가서 당당하게 성공한다면, SAT 점수가 무색해지기 때문이다.

2017년, 칼리지보드는 시험 선택제 확산을 억제하고 고교 내신의 신뢰도에 의문을 제기하기 위해 홍보 캠페인을 시작했다. 칼리지보드 지도부는 대담한 전략을 택했다. 고교 내신이 특권층 학생들에게 부당한 이득을 주는 반면, SAT는 비특권층 학생들에게 혜택을 준다는 주장을 펴기로 결정한 것이다. 칼리지보드 자체 연구에서 여러 해 동안 정반대의 증거가 나왔음에도 밀어붙인 전략이었다.

칼리지보드는 사내 연구소 연구원 마이클 허위츠와 제이슨 리의 연구 보고서를 기초로 전략을 수립했다. 「고교 내신 인플레와 표준화 시험의 역할」[28]이라는 제목의 이 보고서는, SAT 응시생들이 칼리지보드에 보고하는 고등학교 내신성적GPA이, 1998년 평균 3.27에서 2016년에는 평균 3.3으로 올라가는 등 지난 몇십 년 동안 차츰 상승하고 있다는 현황 보고로부터 시작된다. 2016년 8월, 허위츠와 리는 고교 유형별로 성적 변화를 분석했는데, 그 결과 같은 기간에 가장 큰 학점 인플레가 나타난 곳은 사립학교였다. 연구진은 내신 인플레고등학교에서 내신성적이 높은 학생이 늘어나 그 가치가 떨어지는 현상을 말한다가 백인과 아시아계, 그리고 부유층 학생들에게만 전적으로 혜택을 준다고 주장하기 위해 이 결과를 인용했다.

이 주장의 문제점은 보고서 자체에 이미 내신 인플레가 인종 및 사회경제적 계층과 상관없이 한결같은 현상이라고 보여주는 자료가 포함돼 있다는 것이다. 보고서 자료에 따르면, 인종과 계층에 따라 한결같지 않은 요소는 SAT 점수였다.

먼저 흑인과 아시아계 학생들의 자료를 살펴보자. 이들은 일반적으로 SAT에서 각각 최저점과 최고점을 받는 인종이다. 2001~2016년 아시아계 학생들의 고교 내신 GPA가 0.12점 오른 것은 사실이다. 하지만 흑인 학생들의 GPA 역시 0.11점 올랐다. 그런데 두 집단의 GPA가 평행선을 달리는 동안, SAT 점수는 급격히 벌어졌다. 같은 기간에 아시아계 학생들의 SAT 점수는 평균 55점이나 오른 반면, 흑인 학생들의 점수는 16점 떨어졌다.

따라서 보고서 자료는 지난 15년 동안 실제로 대학 입시에서 아시아계 학생이 흑인 학생보다 상당한 이점을 얻었다는 증거가 될 수 있다. 하지만 그 이점은 전적으로 그들의 SAT 점수가 올랐기 때문이지 고등학교 내신 인플레 때문이 아니었다.

부모의 교육 수준으로 학생들을 분류할 때도 같은 현상을 확인할 수 있다. 대학원을 졸업한 부모를 둔 학생들의 고교 내신 GPA는 1998~2016년에 0.15점 올랐다. 2년제 커뮤니티 칼리지를 졸업한 부모를 둔 학생들의 GPA도 똑같이 0.15점 올랐다. 내신 인플레가 특권층 학생들에게 아무런 혜택도 주지 못했다는 의미다. 하지만 같은 기간, 부모가 대학원을 졸업한 학생들의 SAT 평균은 5점 올랐으며, 부모가 2년제 커뮤니티 칼리지를 졸업한 학생들의 SAT 평균은 27점이나 떨어졌다. 다시 말해, 대학 입시에서 특권층이 얻은 추가적인 혜택은 전적으로 SAT 점수의 상승 때문이지 내신과는 무관했다.

이 자료는 연구 보고서의 '표와 그림' 항목에서 쉽게 찾아볼 수 있다.

(그림 3.9와 그림 3.10에 나와 있다.) 하지만 보고서 본문에는 자료가 보여주는 증거와 정반대의 결론이 쓰여 있다. 허위츠와 리는 보고서 머리글에 이렇게 썼다. "대학 입시에서 고등학교 내신성적을 이용하면 심각한 형평성 문제가 발생한다. 또한 내신 인플레는 상류층 학생과 백인 및 아시아계 학생에게 훨씬 더 유리하다."

"내신 인플레가 계속된다면, 입학사정관들은 지원자를 선별하기 위해 SAT나 ACT 같은 표준화 시험에 더욱 의존해야 할 것이다." 이런 경고를 하면서 그들은 결론을 내렸다. "입학시험 선택제 전형은 오래 지속될 수 없을 것이다."

번역하자면, 검정은 흰색이고 위는 아래라는 헛소리다.

칼리지보드는 2017년 여름, 허위츠와 리의 연구 보고서를 교육 전문 기자들에게 공개했고, 곧 『USA투데이』『애틀랜틱』『교육주간』『브라이트바트뉴스』와 수많은 온라인 매체가 보고서 내용을 대대적으로 보도했다. 어떤 언론에서도 보고서의 데이터와 결론이 서로 동떨어진 주장을 한다고 지적하지 않았다. 칼리지보드의 홍보 캠페인은 『애틀랜틱』 인터넷판에 노출되는 「고교 내신의 맹점When Grades Don't Show the Whole Picture」[29]이라는 제목의 '광고성 기사'로도 이어졌다. 신문에 싣는 일반 기사와 비슷해 보이지만 실제로는 칼리지보드가 제작한 유료 광고였다. 이 광고성 기사의 본문은 허위츠와 리가 보고서에서 주장한 내용을 반영했다. "고교 내신 격차가 갈수록 벌어져, 소수자와 빈곤층 학생들이 고교 내신만으로 대학 입시를 통과하기가 점점 더 어려워지고 있다." 그러면서 이렇게 혜택받지 못한 학생들을 위해 기울어진 운동장을 바로잡을 수 있는 유일한 힘은 바로 SAT라고 암시했다. 그리고 "내신 인플레로 인해,

고교 수석 졸업자의 명예가 예전만 못하지만, SAT는 그렇지 않다. "SAT 점수는 대학입학전형에서 소수 특권층이 아니라 모두에게 기회의 문을 열어줄 것이다"라고 결론지었다.

그러나 칼리지보드는 이미 자체 조사를 통해 이 결론, 즉 빈곤층 학생들에게 고교 내신은 상처가 되지만 SAT 점수는 힘이 된다는 주장이 명백히 거짓이라는 증거를 가지고 있었다. 칼리지보드 연구 부서에서는 부정기적으로 SAT 응시자를 분석하고 공식 자료집 「전국 SAT 타당성 조사National SAT Validity Study」를 펴낸다. 그리고 매번 똑같은 내용을 싣는다. "가계소득은 학생들의 SAT 점수에 큰 영향을 미치지만, 고교 내신성적에는 거의 영향이 없다."

칼리지보드가 가장 최근에 실시한 타당성 조사[30]는 2018년에 발표되었고, 그 자료에 따르면 서민과 중산층 학생들, 즉 부모가 4만 달러에서 8만 달러 사이의 소득을 올리는 학생들은 고교 내신 GPA가 평균 3.63으로 나타났다. 부유층 학생들, 즉 부모가 20만 달러 이상을 버는 학생들은 고교 내신 GPA가 평균 3.66으로 서민층과 거의 차이가 없었다. 따라서 부유층 학생에게 고등학교 성적은 실질적인 도움을 주지 않는다. 고교 내신은 칼리지보드의 주장과 달리 "소수 특권층"에게 혜택을 주지 않는다. 따라서 그들이 주장하는 "형평성 문제투성이"가 아니다.

그렇지만 SAT 점수를 계산에 넣으면, 형평성 문제가 순식간에 복잡해진다. 같은 타당성 조사에 따르면, 서민과 중산층 가정 학생들은 SAT가 평균 1624점(2400점 만점)인 반면, 부유층 가정 학생들은 평균 1793점을 받았다. 따라서 부유층 학생에게 169점이나 이득이다. 10년 이상 거슬러 올라가서, 그동안 발표된 전국 SAT 타당성 조사를 전부 찾아보더라도 결과는 마찬가지다. 부유층 학생들은 고등학교 내신에서 전혀 얻을 것이 없지만, SAT 점수에서는 큰 도움을 얻는다. 대학이 부유층 지원자를 더 많이 뽑고 싶다면, 입학전형에서 SAT 점수를 계속 강조해야 한다. 하지만 부유층 이외의 아이들을 위해 기울어진 운동장을 바로잡으려 한다면, 고교 내신에 더 초점을 맞출 필요가 있다.

칼리지보드가 추진한 시험 선택제 반대 홍보전은, 진위 여부와 상관없이, 여러모로 성공적이었다. 대학 출판부는 내신 인플레가 부유층에 유리하다는 칼리지보드의 주장을 대부분 되풀이했다. 2018년 초, 허위츠와 리의 연구 보고서는 시험 선택제 입학을 다룬 책에도 수록되었는데, 이 책은 칼리지보드의 전·현직 직원 세 명이 편집하고 존스홉킨스대학 출판부가 출판한 일종의 홍보성 단행본이었다. 이 책은 시험 선택제 입학에 반대하는 칼리지보드의 논리를 학계에서 승인한 것이나 다름없었다.

결과적으로, 칼리지보드는 마치 담배회사가 폐암 연구비를 지원하고, 석유회사가 지구온난화 연구비를 지원하는 것처럼, 쟁점을 흐리고 통계 자료 분석에 익숙지 않은 언론인과 교육자들에게 SAT 점수와 가계소득의 상관관계가 대부분 해결된 문제가 아니라 한창 논쟁 중인 복잡한 문제라는 인상을 심어주는 데 성공했다.

하지만 칼리지보드의 홍보 효과는 오래가지 않았다. 책이 출간된 지 몇 달 후인 2018년 6월, 시카고대학은 앞으로 지원자들에게 SAT나 ACT 점수를 요구하지 않겠다고 발표하고, 최고 명문대학 가운데 최초로 시험 선택제를 도입했다.

시카고대학의 발표는 시험 선택제 전형의 역사적 전환점이라고 할 만

하다. 시카고대학은 현재 US 뉴스 대학 순위에서 예일대학과 함께 공동 3위에 자리한, 미국 최고의 명문대학이다. 같은 시카고 소재 대학으로, 정의와 공정성이라는 가톨릭 사상을 대학의 사회적 사명으로 삼는 따뜻하고 편안한 분위기의 드폴대학이 표준화 시험 요건을 폐지한 것은 이해할 만하다. 하지만 시카고대학은 냉정하고 보수적이며 학구적인 대학으로 명성이 높다. 따뜻함과는 거리가 먼 분위기다. 그럼에도 입학사정관들은 표준화 시험에 의존하지 않더라도 계속해서 미국 최고의 수재를 모집하고 선발할 수 있다는 결론에 도달했다. 시카고대학의 발표는 아이오와시티 ACT 본사에서 로어맨해튼의 칼리지보드 사무실까지, 그리고 전국 대학의 입학처 입학관리자들 사이에 널리 퍼지며 냉혹한 의문을 제기했다. 시카고대학이 SAT를 요구하지 않는 마당에, 어느 대학이 감히 SAT를 요구하겠는가.

3. 트리니티 칼리지의 문제

2014년 가을, 앙헬 페레스는 코네티컷주 하트퍼드의 너른 언덕 꼭대기에 그림같이 자리 잡은 학부 중심의 인문대학 트리니티 칼리지의 입학관리 책임자로 고용되었다. 몇 달 전 트리니티 칼리지 이사회는 신경학자인 조앤 버거스위니 박사를 대학 역사상 최초의 흑인 여성 총장으로 지명했다. 페레스는 스위니 총장이 부임 초기에 고용한 교직원이었다.

트리니티 칼리지는 여러모로 전형적인 동북부 사립대학이다. 19세기 초에 성공회 교인들에 의해 설립된 이래, 캠퍼스를 거쳐간 학생들은 거의 모두 뉴잉글랜드 지역 사립 기숙학교를 졸업한 백인 부유층이었다. 학교 건물은 고딕 양식으로 지어졌고, 대학 스쿼시 팀은 전국 최상위권 이며, 학부생 총인원이 2200명에 불과한 작은 규모에도 불구하고 재학 생 아카펠라 중창단이 다섯 팀이나 활동하고 있다. 트리니티 칼리지 졸 업생 가운데 가장 유명한 인물은 조지 윌과 터커 칼슨인데, 이로써 트리 니티 칼리지가 나비넥타이를 매고 TV에 출연하는 것으로 유명한 보수 언론인 세계를 거의 장악했다고 짐작할 수 있다.

페레스는 전혀 다른 환경에서 자랐다. 그는 1976년 푸에르토리코에서 10대 어머니와 우유 배달부 아버지 사이에서 태어났다. 페레스가 다섯 살 때, 가족은 더 나은 기회를 찾고자 뉴욕으로 이주했지만, 정착한 곳 은 마약과 폭력이 난무하는 무법천지 시절의 사우스 브롱크스 공공주택 개발지였다. 페레스는 아버지가 엘리베이터 부품 공장에서 일한 덕분에 빈민가 이웃들에 비해 더 나은 생활을 할 수 있었다. 하지만 아버지는 술을 많이 마셨고 성질을 부렸으며 때때로 어머니에게 폭력을 휘둘렀다. 페레스는 어린 시절 집에서든 밖에서든 온통 무서웠던 기억뿐이었다. 그 는 책읽기를 좋아하는 핼쑥한 공부벌레였고, 그래서인지 동네를 주름잡 는 갱단의 손쉬운 먹잇감이 되었다. 페레스는 두 번인가 길거리에서 습격 을 당했는데, 너무 심하게 얻어맞아 결국 병원에 입원한 적도 있었다.

페레스가 처음으로 대학생활을 엿보게 된 계기는 TV 드라마였다. 그 는 「코스비 가족」의 스핀오프로 가상의 대학 '힐먼 칼리지'를 배경으로 한 시트콤 「별천지A Different World」를 보면서 대학 문화를 접했다. 페레스 는 브롱크스를 벗어난 삶이 어떨지 궁금해졌고, 자신도 언젠가는 하루 종일 책에 파묻힐 수 있는 평화롭고 안전한 곳에 가게 될지도 모른다고 상상하게 되었다. 고등학교 시절, 페레스는 동아리마다 다 가입했고 여름 방학 현장실습을 나갔고 학생회장 선거에 출마했다. 집에 들어가기 싫었기 때문에, 더 나은 미래를 앞당길 기회가 될 만한 것은 무엇이든 닥치는 대로 했다. 어느 날 고등학교 상담교사가 페레스에게 뉴욕 북부에 있는 명문 사립 스키드모어 칼리지에 지원해보라고 설득했다. 처음 들어보는 이름이었지만 페레스는 학생회실에서 전자 타자기로 지원서를 작성했다. 그는 SAT를 딱 한 번 치렀는데, 점수가 좋지 않았다. 하지만 기적적으로 스키드모어 칼리지 입학처에 근무하는 누군가가 페레스의 형편없는 시험 점수를 무시하고, 전액 장학금을 지원해주기로 결정했다. 그것은 앙헬 페레스의 인생을 바꾼 결정이었다.

페레스는 대학을 졸업한 뒤 곧바로 대학 입학처에서 일하기 시작했다. 처음에는 스키드모어 칼리지에서, 다음에는 남부 캘리포니아의 클레어몬트 칼리지에서 경력을 쌓으며 책임자 위치까지 오르는 동안, 고등교육 전공으로 석사와 박사학위를 받았다. 그가 입학사정 전문가가 되기로 한 근본적인 계기는, 과거에 상담교사와 입학사정관이 그에게 해준 일, 말하자면 색다른 성적을 제출한 학생의 숨은 잠재력을 알아보고 대학에 받아들여 그 학생의 인생을 바꾸어놓는 일을 스스로도 지금 청년들에게 하고 싶었기 때문이다.

2015년 6월 페레스가 트리니티 칼리지 입학관리실장으로 부임했을 때, 학교는 몇 년 동안 서서히 실체를 드러내는 심각한 재정 위기에 빠져 있었고, 학생등록관리가 가장 문제였다. 미국 동북부의 인구 변화가 트리니티와 같은 대학에 불리하게 작용하고 있었다. 노령화가 진행되고 청년층이 남부와 서부로 이동하면서 해마다 대학에 진학하려는 수험생 인구는 줄어들었던 것이다. 그뿐만 아니라, 장학금을 남발하고 등록금을 경쟁적으로 할인하는 바람에 이제 대학들은 등록금 전액을 낼 수 있는 명문 사립고 학생을 서로 차지하려고 우수학생 장학금을 미끼로 내걸고 있었다. 트리니티 칼리지의 등록금 수입은 계속해서 줄었고 재정 상태는 악화 일로였다.[31]

페레스가 트리니티 칼리지에서 일한 지 1년 반쯤 지난 2017년 겨울, 나는 캠퍼스를 처음 방문했다. 페레스와 나는 축구장이 내다보이는 사무실에 마주 앉았고, 그는 자신이 입학처에 오기 전에 트리니티 칼리지가 어떤 전략으로 입시전형을 운영했는지 설명했다. "뽑지 말았어야 할 학생들을 신입생으로 받았어요. 등록금을 낼 수 있는 부자 학생들 말입니다. 그 학생들은 명문 사립고 출신이지만 성적은 아마 바닥권이었을 겁니다. 열심히 공부할 이유가 없었겠지요. 그러다보니 학부생들 학력이 계속 떨어지고 있었습니다."

칼리지보드 연구진이 두 가지로 구분한 '모순된' 성적 집단을 떠올려 보자. 하나는 SAT-과소평가 집단으로, SAT 점수에 비해 고등학교 성적이 훨씬 더 좋고, 대부분 학창 시절 페레스처럼 빈곤층 1세대 유색인종 학생들이었다. 이들은 트리니티가 원하는 학생이 아니었다. 트리니티 칼리지는 해마다, 또 하나의 모순된 성적 집단, 다시 말해 고등학교 성적이 SAT 점수에 비해 눈에 띄게 낮은 SAT-과대평가 집단에서 주로 신입생을 선발했다. 이들은 칼리지보드 연구에서 주로 부유층 백인 남학생으로 확인된 집단이다.

"생각해보세요. 결코 의욕적인 학생들이 아닙니다. 고등학교에서 겨우 기본만 하고 있었고요. 또래들처럼 열심히 공부하지 않았지만, 입시 사교육 덕분에 SAT 점수를 어떻게 올리는지 잘 알고 있는 학생들이었죠." 페레스가 과거에 트리니티 칼리지에서 선발했던 학생들을 묘사했다.

트리니티 칼리지 입학처를 거쳐간 페레스의 전임자들은 대학 입시전형에서 통용되는 뻔한 이치를 최대한 이용했다. 학비가 비싼 명문 사립고 출신들은 반에서 꼴찌에 가까운 학생들도 꽤 높은 SAT 점수를 받는다. 고액 입시 과외를 받을 여력이 있기 때문이다. 트리니티 칼리지의 전임 입학사정관들에게, SAT 점수는 대학 재정을 꾸리기 위해서 이런 지원자를 선발해야 하는 대학 측의 입장을 손쉽게 합리화하는 근거였다. 물론 학구열이 넘치는 가난한 집 아이를 외면하고 공부와 담쌓은 부잣집 아이를 선택하는 일이 유쾌하지는 않았을 것이다. 하지만 대학에 입학하는 부유층 학생의 SAT 점수가 탈락한 빈곤층 학생보다 더 높다면, 입학처의 결정이 지원자의 경제적 배경보다 이른바 '대학 준비성college readiness 새로운 과제를 효율적으로 습득하는 데 필요한 신체적·지능적·정서적·사회적·경험적·교육적 발달이 이뤄진 상태를 말한다'에 근거를 둔 합리적 판단이라고 스스로를 설득할 수 있었다.

문제는, 고등학교 때 학구열과 노력이 없는 부잣집 아이들은 SAT 점수가 아무리 부풀려지더라도 대학 교육을 받을 준비가 안 된 경우가 많다는 사실이었다. 대학생이 됐다고 해서 갑자기 공부에 관심을 돌리는 일은 드물다. 트리니티 칼리지에서 강의를 따라가지 못하고 특별히 노력할 생각도 없는 부유층 학생들이 캠퍼스에 점점 더 많아지고 있다는 의미였다. "교수진의 사기가 떨어졌어요." 페레스가 내게 말했다. "교수들이 극과 극의 학생들을 가르쳐야 했습니다. 대다수는 똑똑하고 성실하고 학문적 호기심이 넘쳤지만, 한편에는 전혀 다른 학생들이 있었던 거죠.

SAT 점수로 과대평가된 부유층 학생들은 자기네가 도대체 어떻게 대학에 합격했는지 의아하게 생각할 정도였어요."

내가 트리니티 칼리지를 처음 방문하기 몇 주 전에, 라즈 체티와 동료 경제학자들이 미국 대학의 사회유동성을 연구한 논문 「사회이동 보고서」가 발표되어 전국적으로 화제였다. 이 논문에 의하면, 트리니티 칼리지는 전국에서 부유층 재학생 비율이 가장 높은 대학 중 하나였고, (2013년도 기준) 가구 중위소득이 25만7000달러로 전국에서 다섯 번째로 부자 학생이 많은 것으로 나타났다. 하지만 무엇보다 눈에 띄는 점은 트리니티 칼리지 전교생 가운데 무려 26퍼센트가 상위 1퍼센트에 속하는 초고소득층 가정 출신이라는 통계 수치였다. 체티 연구팀이 조사한 2395개 대학 가운데 최고 수준이었다.[32]

트리니티 칼리지는, 입학처가 CFO-특화 학생을 점점 더 많이 선발하면 무슨 일이 벌어지는지 관찰하는 거대한 실험실이 된 것 같았다. 실험의 전망은 그리 밝지 않았다. 단기적으로는 등록금 수입이 대폭 늘었고, 신입생들의 SAT 점수도 그럭저럭 유지되었다. 하지만 캠퍼스 분위기는 최악이었다. "대학에서 행동 문제가 심각한 학생들을 입학시키고 있었어요." 페레스가 설명했다. "상담 지도사들이 그러는데, 이미 고등학교 때부터 품행에 문제가 많았던 학생들이랍니다. 하지만 등록금을 낼 수 있는 부유층 자녀들이라 대학 입장에서는 부담을 감수하고 받아들였겠죠. 그러다보니 캠퍼스 전체의 학문적 수준은 물론이고 사회적 수준까지 떨어졌어요." 트리니티 칼리지는 노는 학교로 소문이 나서 학생들의 음주 사고가 자주 일어났다. 남학생 사교 동아리 파티에 간 학생 한 명은 하반신이 마비됐고, 또 다른 파티에서는 학생이 뇌 손상으로 응급실에 실려

갔다.[33]

트리니티 칼리지 캠퍼스를 점령한 CFO-특화 학생들에 가려진 소수의 빈곤층 학생 집단도 있었다. 페레스가 처음 부임했을 당시, 전교생의 약 10퍼센트가 펠 장학금 수혜 대상자였고, 그들 중 상당수가 유색인종이었다. 트리니티 칼리지에 다니는 빈곤층 학생들에겐 두 가지 특징이 있었다. 첫째, 공부를 아주 잘했다. 학업 성취 면에서 빈곤층 학생들이 부유층 학생들을 압도하고 있었다. 펠 장학금을 받은 학생들의 6년 내 졸업률은 92퍼센트로,[34] 나머지 전체 졸업률 76퍼센트를 크게 웃돌았다. 두 번째 특징은 이들 빈곤층 학생이, 적어도 내가 만나본 빈곤층 학생은 대부분, 우울한 대학생활을 하고 있었다. 그들은 주변 학생 대다수가 너무나 부유한 백인 특권층인 환경 속에서 자기 자리를 찾으려고 노력하지만 종종 실패했다.

페레스는 트리니티 칼리지에 오자마자, 기존의 입학관리 전략으로는, 재정적으로나 학문적으로나 도덕적으로 오래갈 수 없다고 결론 내렸다. 그는 총장과 이사회에 건의해 트리니티가 입학전형에서 과거의 접근 방식을 버리고 반대 방향으로 나아가야 한다고 설득했다. 페레스는 입학관리의 부실 탓에 캠퍼스가 이런 난장판이 됐다고 생각했고, 신입생 선발 정책을 바로잡으면 혼란에서 벗어날 수 있으리라 판단했다. 따라서 그는 입학전형 방식을 입학시험 선택제로 전환해, 지원자들의 SAT나 ACT 대신 고교 내신과 자기소개서 비중을 늘리자고 제안했다. 또한 빈곤층과 1세대 학생을 더 많이 찾아내서 입학시킬 것도 제안했다. 페레스는 트리니티 칼리지가 이렇게 비특권층 학생들을 더 환영하고 중시하는 입시 정책을 추진해야 한다는 의견을 밝혔다.

버거스위니 총장과 대학 이사회가 페레스의 제안을 받아들였고, 2015년 10월, 페레스가 트리니티 입학관리실장이 된 지 불과 넉 달 만에, 트리니티 칼리지는 이미 지원자 모집이 서서히 진행 중인 2016학년도 입학전형부터 입학시험 선택제로 전환한다고 공식 발표했다. 소식이 빠르게 퍼졌고, 지원서 마감일인 1월 초까지, 지원자의 40퍼센트가 입학시험 점수를 제출하지 않는 전형을 선택했다. 페레스와 입학처가 2016년 봄에 선발한 신입생들은 이전 신입생들과 인구통계학적으로 크게 다르지 않았다. 그들은 여전히 대다수가 부유층 백인이었다. 하지만 입학처가 지원자의 학문적 자질을 판단하는 척도(고교 내신과 엄격한 커리큘럼을 입학시험 점수보다 강조하는)를 달리한 결과, 트리니티 칼리지는 여러 해 만에 가장 우수한 신입생들을 선발할 수 있었다.[35]

그러나 이듬해 가을 US 뉴스 대학 순위가 발표됐을 때, 미국 우수 단과대학 목록에서 트리니티 칼리지는 38위에서 44위로 여섯 계단 하락했다. 일반적으로 US 뉴스 대학 순위 선정 알고리즘은, 입학시험 선택제를 채택한 대학에 불리하고 빈곤층이나 1세대 학생 비중이 늘어난 것에는 가산점을 주지 않는다. 트리니티 칼리지는 점점 더 다양성과 학문성 우수성을 늘리고 있었지만, US 뉴스 대학 순위 선정 기준에 따르면, 완전히 잘못된 방향으로 가고 있었다.

US 뉴스 대학 순위가 공개된 직후, 트리니티 칼리지 영문과 교수 17명이 전체 교수진을 대표해 대학 이사회에 입장문을 전달했다. 교수들은 US 뉴스 대학 순위가 떨어진 것에 대해 "이사회가 앙헬 페레스가 추진하는 신입생 선발 정책에 대해 의구심을 가질 수 있다"는 점을 인정하면서도, 이사회가 그 순위를 무시하고 입학처의 새로운 입시 정책을 계속해서 지지해줄 것을 당부했다. 또한 교수들은, 페레스가 선발한 학생들이 과거와는 질적으로 다르다는 평가도 덧붙였다. 가르치는 보람이 있는 학생들, 한마디로 훨씬 더 우수한 학생들이라는 평가였다.

교수들은, "우리는 새로운 학생들을 통해 지난 몇 년간 트리니티 신입생에게서 찾아볼 수 없었던 우수한 자질을 새삼 확인하고 있다. 지적 호기심, 마음과 사고방식의 개방성, 그리고 동기들과 소통하려는 진정한 의지가 그것이다"라면서 이렇게 결론지었다. "만약 페레스의 새로운 입시 정책이 '우수성' 기준이 의심스러운 US 뉴스 대학 순위에 우연히 일시적인 영향을 미친다 해도, 우리는 이것이 트리니티가 오랜만에 맞이한 긍정적 변화에 따르는 작은 대가라고 생각한다."

해마다 2월 하순부터 3월까지 몇 주 동안, 트리니티 캠퍼스를 다양한 계층의 우수한 학생들로 채우려는 페레스의 이상적 비전이 입학관리라는 21세기의 실제적 요구와 노골적으로 맞부딪치는 기간이 있다. 트리니티의 신입생 선발 전형은 새로운 학년이 시작되기 훨씬 전, 여름과 가을 내내 대학 홈페이지에 신입생 모집 광고를 띄우고 입학사정관이 고등학교 입시설명회를 진행하면서 시작된다. 그리고 지원자 모집이 마감되면, 페레스와 12명의 입학사정관이 미국 전역과 해외에서 학생들이 제출한 6000건의 입학 지원서를 하나하나 신중하게 심사하며 초겨울을 보낸다.

페레스는 이것을 입학전형 절차에서 '양심적 심사read your conscience' 단계라고 부른다. 그는 입학사정관들에게 처음 지원서를 심사할 때 누가 얼마를 낼 수 있는지 계산기를 두드리면서 대학의 재정 압박을 의식하지 말라고 지시한다고 했다. 그 대신 지원자를 순전히 하나의 인격체로 보고 스스로에게 물어보라고 한다. 그 지원자가 트리니티 칼리지에 어울리는지, 대학생의 본분을 다할지, 대학 공동체에 보탬이 될지, 그래서 과연 트리니티에 입학할 자격이 있는 학생인지 자문해보라는 것이다.

2월 말까지, 입학사정관들은 이런 질문을 거듭한 끝에 지원자 가운데 약 3200명을 '임시 합격자tentative admit' 명단에 올린다. 지나치게 많은 인원이다. 트리니티 칼리지의 신입생 정원은 해마다 약 600명이며, 그중 절반은 가을에 수시 전형으로 선발한다. 대입 수시 전형은 1980년대와 1990년대에 미국 대학들, 특히 트리니티 칼리지와 같은 명문 단과대학 사이에서 인기를 끌었다. 학생들은 딱 한 군데 대학에만 수시 지원을 할 수 있으며, 합격하면 반드시 그 대학에 입학하겠다는 서약을 해야 한다. 학생들 입장에서 장점은, 수시 전형이 일반적으로 정시 전형보다 합격 가능성이 더 높다는 것이다. 학자들은 다양한 이유로, 수시 전형이 중산층이나 빈곤층 학생보다 부유층 학생에게 유리하다는 사실을 확인했고,36 트리니티 칼리지도 마찬가지로 전체 신입생에 비해 수시 전형으로 선발된 300여 명이 평균적으로 더 부유한 학생들이었다.

수시 전형으로 입학하는 학생들은 절반 정도가 운동선수다. 트리니티 칼리지는 전미대학체육협회National Collegiate Athletic Association, NCAA 3부 리그에 속하며, NCAA 규정에 따르면, 상위 리그에 속하는 대학들과 달리 3부 리그 대학은 입학생에게 체육장학금을 지원할 수 없다. 하지만 대학 스포츠팀 감독들이 선수를 선발하면 대학에서 특례입학을 허용하기도 한다. 초가을부터 트리니티 칼리지팀 운동 감독과 코치들이 페레스에게 그들이 데려오고 싶은 선수들 명단을 가져오는데, 엄밀히 말하면 입학처에서 그들을 선발할 의무는 없지만, 페레스는 압박감을 느끼며 명단에 있는 학생 대부분을 체육 특기자 수시 전형으로 합격시킨다. 대학팀 운동선수는 흑인 빈곤층일 가능성이 높다는 것이 고정관념이지만, 트리니티 칼리지에 영입된 선수들은 대부분 기숙형 사립학교에서 인기가 높고 도심의 공립학교에서는 보기 드문 종목, 가령 필드하키, 라크로스, 골프, 조정, 특히 스쿼시를 한다. 결과적으로, 트리니티 칼리지에 체육 특기자 전형으로 들어오는 학생들은, 동북부의 3부 리그 대학 대부분이 그렇듯, 평균적으로 다른 신입생들보다 백인 부유층인 경우가 더 많았다.

페레스나 다른 수많은 입학사정관 입장에서, 수시 전형의 장점은 불확실성을 줄이는 데 있다. 입학률이 갈수록 떨어지는 요즘 같은 시대에, 1월에 최소한 신입생 정원 절반이 입학을 결정한다는 것은 안심되는 일이다. 하지만 물론, 뒤집어 생각하면 페레스와 입학사정관들이 3월 초에 정시 전형 지원자들을 심사하기 시작할 때, 남은 자리가 300개뿐이라는 뜻도 된다. 트리니티 칼리지의 최근 신입생 입학률은 약 30퍼센트로, 수시 전형 합격자 300명의 입학률 100퍼센트를 포함한 수치다. 정시 전형 합격자의 입학률은 20퍼센트 미만으로 나타났다. 페레스가 가을에 실제로 입학하는 신입생 300명을 확보하려면, 정시 지원자 가운데 1700명을 뽑아야 한다는 뜻이다. 그러므로 신입생 정원을 맞추기 위해서는, 페레스와 12명의 입학사정관이 양심적 심사 단계를 거쳐 추려낸 임시 합격자 3200명 가운데, 또다시 절반 정도를 탈락시켜야 한다.

2017년 겨울, 처음 500명까지는 비교적 쉬웠다. 페레스는 입학사정관들을 담당 지역에 따라 두세 명씩 팀으로 나누고, 입학처 건물 주변 회의실이나 다른 사무실에 별도로 심사소를 마련했다. 여기서 각 팀은 담당 지역에 있는 고등학교에서 지원한 임시 합격자들을 다시 검토했고, 학생들의 장점을 서로 비교해서 심사한 끝에 자격 미달인 학생들을 탈락시켰다. 이렇게 해서 임시 합격자 명단을 3200명에서 2700명까지 줄였지만, 아직 1000명을 더 추려내야 했다.

페레스가 외부 전문가를 불러들인 것은 3월 6일, 바로 이 단계에서였다. 대부분의 입학전형 전문가들처럼, 페레스는 통계 전문가들이 모인 장학금 최적화 전문 회사와 위탁 계약을 맺고 임시 합격자 2700명에 대한 계량경제 모델링econometric modeling 경제 변수 간의 상호 의존 관계를 수식화해 경제 현상을 분석하고 예측하는 통계 시뮬레이션을 진행했다. 페레스가 분석을 의뢰한 회사는 미네소타 블루밍턴 소재의 '하드윅데이Hardwick Day'였는데, 최근 업계를 휩쓴 인수 합병 이후 EAB라는 초대형 대학 재정 컨설팅 회사에 편입되었다. 페레스는 3월에 임시 합격자를 계속 추려내면서 하드윅데이와 꾸준히 접촉했고, 그들이 막연하고 애매하게 느껴지는 입학 심사 과정에 작은 확신을 가져다주기를 기대하고 있었다.

트리니티 칼리지에서 합격 통지를 받은 지원자들이 입학 여부를 결정해야 하는 마지막 시한인 5월 1일까지 페레스가 달성해야 하는 두 가지 목표치가 있었다. 하나는 신입생 총 정원으로, 최대한 600명을 채워야 했다. 좀더 시급한 다른 하나는, 바로 600명의 신입생으로부터 거둬들여야 하는 등록금 총액이었다.

지난 2월 트리니티 칼리지 이사회는 2018학년도 신입생 등록금 목표액을 1900만 달러로 정했다. 트리니티 칼리지의 등록금 수입은 전체 운영 예산의 약 3분의 2를 차지하며, 대학은 교직원 봉급과 공과금 및 시설 유지비로 사용할 예산이 필요했다. 최근 몇 년 동안, 등록금 할인 등으로 인해 등록금 총수입이 감소하고 있었고, 결과적으로 총예산이 우려스러울 정도로 축소되었다. 이에 트리니티 칼리지는 부채를 상환하고 거래 업체들과 재계약 협상을 했지만, 여전히 연간 800만 달러의 영업 손실을 기록 중이었고, 이 수치는 매년 증가 추세였다.[37] 따라서 등록금 수입 목표액을 달성하는 것이 무엇보다 중요했다.

페레스가 채워야 하는 등록금 목표액 1900만 달러는, 신입생 1인당 평균 금액으로 나누면 3만2000달러였다. 그해 트리니티 칼리지가 공식적으로 발표한 신입생 등록금은 기숙사비와 식비를 제외하고도 5만 4000달러까지 올랐는데, 이것은 페레스가 전체적으로 42퍼센트의 할인율을 목표로 하고 있다는 의미였다. 하지만 등록금 할인을 대폭 적용하고 있음에도, 목표액을 달성할 만큼 신입생을 충분히 모집하는 것은 여전히 어려운 일이었다. 전액 장학금이나 학비 보조금이 필요한 뛰어난 지원자가 많이 있었고, 페레스는 그런 지원자를 최대한으로 선발하고 싶었다. 재정이 어려운 상황이었지만 그래도 대학에 다양성을 확보하기 위해 노력하는 중이었다. 하지만 페레스는 전액 장학금을 받는 신입생 수와 등록금 전액을 내는 신입생 수를 똑같이 맞춰야 목표한 만큼 등록금을 거둬들일 수 있다는 현실을 알고 있었다.

페레스가 3월 6일, 하드윅데이에 의뢰한 계산 문제는 다음과 같다. '총 1900만 달러를 지불할 수 있는 600명의 최종 신입생을 추려내기 위해 필요한 1700명의 학생 집단을 정확히 선별하고, 그들에게 각각 얼마씩 등록금 할인을 제시해야 하는지 계산해주십시오.' (하드윅데이의 예측 모델을 적용해 분석하면, 과거 신입생들의 행동을 근거로, 합격자 개개인이 정확히 얼마의 등록금을 지불할 의사가 있는지 예측해낼 수 있다. 가령 지원자 가운데 GPA 3.1점과 SAT 1200점을 기록한 코네티컷주 댄버리에서 온 백인 학생이 있다고 치자. 하드윅데이의 예측 모델에 따르면, 만약 트리니티 칼리지가 그에게 등록금 1만5000달러를 할인해주겠다고 제안하면 트리니티에 입학하겠지만, 5000달러를 할인해준다고 제안하면 차라리 코네티컷대학을 선택할 것이다.)

그 후로 2주 동안, 페레스와 입학사정관팀은 하드윅데이 분석팀과 서로 데이터를 주고받았다. 그들은 대학에 필요한 학생과 대학에서 원하는 학생 사이에서 균형을 맞추기 위해 애쓰면서, 임시 합격자 명단을 2500명에서 2300명으로, 그리고 2100명까지 줄여나갔다. 매일 아침, 페레스는 전날 하드윅데이에서 받은 분석 자료에 기초해서 입학사정관팀에 새로운 지시를 연달아 내렸다. 어느 날은, 임시 합격자 명단에 학비 보조가 필요한 동북부 출신 남학생이 너무 많아서 그들을 추려서 자르느라 하루를 보냈다. 또 어느 날은, 동북부 출신 여학생들을 잘라내야 했다. 그리고 비슷한 과정이 반복되었다. 페레스가 매번 조금씩 짧아진 명단을 하드윅데이에 보내면, 한두 시간 후에 PDF 파일로 된 '장학금 모니터링 보고서'가 페레스의 이메일 수신함에 도착하곤 했다.

보고서가 도착할 때마다 그 안에는 페레스가 추려낸 가상 합격자 명단에서 정확히 예측한 총 학생 수와 등록금 총수입 수치가 표시돼 있었고, 매번 전체적인 상황은 변함없이 정원 초과에 등록금 부족 상태였다. 페레스가 원하는 합격자 명단에는 전액 학자금 지원이 필요한 지원자가 너무 많고, 전액 등록금 납부가 가능한 지원자는 너무 적었다.

하드윅데이에서 거의 매일 보내오는 보고서에는 심도 있는 데이터 분석도 포함되었다. 구체적인 예상 입학률 수치와 등록금 수입 총액은 물론이고, 캘리포니아에 사는 학생, 여학생, 등록금 전액 납부가 가능한 학생, 해외 유학생, 라틴계 학생 등 임시 합격자 명단에 있는 학생들을 인구통계학적으로 구분한 상세 데이터도 있었다. 페레스는 보고서에 제시된 예상 수치를 보면서 다시 명단을 수정했다. 매일 이쪽저쪽에서 학생 몇 명을 넣었다 뺐다 하면서, 자신의 두 가지 목표에 점점 더 다가가려 애썼다. 정원 600명, 그리고 등록금 1900만 달러.

목표치를 맞춰나가는 계산은 냉정하고 고된 작업이었지만, 명단이 줄어들수록 입학처 내에서 감정이 교차되었다. 이때쯤 되자, 입학사정관들이 임시 합격자들에게 정서적으로 애착을 느끼게 된 것이다. 매일 아침, 그들은 페레스의 사무실 반대편 끝에 있는 회의실에 모였다. 그리고 한 번에 한 명씩, 페레스가 프로젝터를 이용해 아직 당락이 확실치 않은 임시 합격자들의 지원서 파일을 회의실 벽 스크린에 띄우며, 입학사정관들이 함께 상의하고 토론하는 가운데 지원자를 꼼꼼하게 심사했다. 사정관들은 어떤 학생을 왜 뽑아야 하는지 열심히 설명하기도 했다. 그렇지만 몇 시간 뒤 하드윅데이에서 날아온 최신 보고서에서 결국 그 학생이 제외된 명단을 확인하는 일도 생겼다.

3월 17일, 트리니티 칼리지 입학처가 2017학년도 최종 합격자 명단 발표를 일주일 앞둔 시점에서, 페레스와 입학사정관팀은 아직까지 목표 정원보다 25명 많고, 목표 등록금보다 수십만 달러가 모자란 임시 합격자 명단을 손에 들고 있었다. 팀원들의 사기는 떨어졌다. 페레스는 앤서니 베리 입학처장과 함께 최종 명단을 확정할 때가 왔다고 판단하고, 나머지 직원들은 모두 퇴근시켰다. 그리고 주말 동안 두 사람은 페레스의 사무실에 앉아 학생들을 한 명씩 줄여나갔다. 처음 입학 심사를 시작할 때 그들은 빈곤층 1세대 학생 중 뛰어난 지원자를 최대한 지키려고 애를 썼다. 하지만 마지막 순간까지 등록금 총수입 예상치가 1900만 달러에 못 미치는 상황에서는, 결국 전액 장학금이 필요한 빈곤층 지원자부터 탈락시킬 수밖에 없었다.

입학시험 선택제 전형에서 입학사정관들은 과거의 앙헬 페레스 같은 12학년 학생, 다시 말해 입학시험 성적은 별로였지만 잠재력이 큰 빈곤층 고교 졸업반 학생을 선발하기가 쉽다. 하지만 입학시험 선택제를 시행한다고 해서 오늘날 미국 대학에서 입학관리 담당자들이 짊어져야 할 엄청난 재정적 압박이 덜어지지는 않는다. 입학시험 선택제 전형을 채택한 덕분에 빈곤층 1세대 합격자가 크게 늘어난 대학도 있다. 하지만 연구에 의하면, 전반적으로 볼 때 대학이 입학시험 선택제를 시행해도 신입생의 인종적 또는 경제적 다양성에는 그리 큰 변화가 없었다.[38] 페레스와 동료 입학사정관들도 의욕적으로 빈곤층 학생을 선발하려 했지만, 주변에서 거센 압력을 받았다. 스쿼시 우승자를 영입하라는 체육학과로부터, 동문 2·3세를 더 많이 선발하라는 동창회 사무실로부터, 그리고 특히 1900만 달러의 등록금 수입으로 대학을 운영해야 하는 재무책임자 CFO로부터.

결국 페레스는 목표치를 거의 달성했다. 입학처가 최종 선발한 2017학년도 신입생은 모두 580명이었고, 이들이 납부한 등록금 총액은 1900만 달러를 살짝 넘었다. 신입생 가운데 15퍼센트가 1세대 학생이었고, 14퍼센트가 펠 장학생이었으며, 16퍼센트가 흑인이나 라틴계 학생이었다. 페레스가 트리니티 칼리지에 오기 전보다 모든 수치가 높아지긴 했지만 오름세는 두드러지지 않았고, 여전히 페레스가 처음 목표했던 기준에는 못 미쳤다.

2016년 겨울, 페레스가 매슈 리베라의 입학 지원서를 처음 읽었을 때, 마치 거울을 보는 듯한 느낌이 들었다. 매슈는, 20년 전 페레스가 그랬던 것처럼, 복잡한 가정사와 성공 욕구를 지닌 브롱크스 빈민가의 라틴계 학생이었다. 페레스와 매슈는 둘 다 어머니가 10대에 임신해서 그들을 낳았고, 공공주택에 살면서 그들을 키웠다. 페레스와 매슈는 둘 다 맨해튼의 공립학교에 다녔으며 생활비를 벌기 위해 방과 후에 패스트푸드점에서 아르바이트를 했다. (페레스는 타임스스퀘어에 있는 웬디스에서 주문을 받았고, 매슈는 리버데일에 있는 치폴레에서 브리토를 만들었다.) 그리고 둘다 가족 중에서 처음으로 대학 진학을 꿈꾸었다.

이런 공통점들이 페레스의 관심을 잡아끌었다. 하지만 매슈를 트리니티 칼리지 신입생으로 뽑고 싶은 이유는 따로 있었다. 매슈는 우수한 학생이었고, 공부 잘하는 고등학교에서 내신성적이 평균 93퍼센트로 최상위권이었다. 또한 1세대 학생이었고 빈곤층 유색인종이었다. 매슈는 트리니티 칼리지가 캠퍼스에 다양성을 확보하고 새로운 변화를 가져오기 위해 반드시 더 늘려나가야 할 청년, 바꿔 말해 페레스의 비전에 딱 맞는 유형의 학생이었다.

매슈는 표준화 시험 비제출 전형에 지원했고, 그것은 현명한 선택이었다. 그의 ACT 점수는 21점(36점 만점)으로, 트리니티 신입생 평균 29점보다 훨씬 낮았다. 21점은, 매슈가 트리니티 같은 일류대학에서 제대로 공부를 따라갈 수 없을 거라는 분명한 메시지를 주는 점수였다. 하지만 물론 페레스는 그런 메시지를 받지 못했다. 매슈의 ACT 점수를 보지 않았기 때문이다. 그렇게 페레스와 입학사정관들은 매슈를 2016학년도 신입생으로 선발했고, 매슈는 페레스가 트리니티 입학처에 와서 처음 뽑은 신입생이었다.

그해 가을, 매슈가 트리니티 칼리지에 입학했을 때, ACT 점수는 지원자의 학문적 잠재력을 정확히 예측하는 지표가 아님이 확실해졌다. 오히려 고교 내신이 정확했다. 첫 학기에 매슈는 전 과목 A를 받고, 트리니티에서 최고의 학업 성취를 거둔 학생 소수만 선정되는 우수 학부생 명단에 이름을 올렸다.

하지만 공부를 제외하면 다른 모든 면에서, 매슈는 트리니티 칼리지에 적응하는 데 대단히 애를 먹었다. 대학생이 되기 전에도 부잣집 백인 아이들의 존재는 어느 정도 알고 있었다. 고교 시절 학교에는 백인이 대부분이었고(절반이 좀 넘는 정도지만), 부잣집 아이도 꽤 있었다. 하지만 트리니티의 문화 격차는 완전 차원이 달랐다. "트리니티에 오니까 좀 겁이 나더라고요. 여긴 잘사는 백인 애들이 진짜 어마어마하게 많거든요." 매슈가 내게 말했다. "고등학생 때는 잘사는 백인 애들도 다른 애들을 깔보거나 잘난 척하지 않았어요. 다들 서로 동등하게 대했고요. 그런데 트리니티에 다니는 돈 많은 백인들은 되게 잘난 척해요. 마치 자기가 남들보다 훨씬 우월하다는 듯이 행동하죠."

매슈는 점차 트리니티에서 재력 표시를 알아보게 되었다. 부자 백인 학생들은 주로 보트 슈즈를 신고 비니어드바인 셔츠를 입고 프레피 룩이라는 미국 부자 사립학교 학생들의 전형적인 옷차림을 말한다 벤츠 G바겐을 몰고 다녔다. 매슈는 그런 비싼 브랜드가 아니라 브롱크스 출신의 전형적인 옷차림, 이를테면 청바지에 티셔츠와 후드티 차림으로 다녔고, 벤츠는커녕 차가 아예 없었다. 수업이 없는 시간에는 학과 공부 외에 아르바이트를 세 개나 했고, 생활비로 쓰고 남은 돈은 어머니에게 보냈다.

트리니티 학생들 사이에서 매슈가 느낀 건 빈부 격차만이 아니었다. 인종 격차 또한 뚜렷했다. 매슈는 흑인이자 라틴계였고(그의 아버지는 도미니카인이었다), 그가 보기에 백인 학생들은 흑인이나 라틴계 학생들과 어울려 파티에 가거나 학생 식당에서 함께 식사하는 경우가 없었다. 유일하게 인종에 구애받지 않는 부류는 특별전형으로 들어온 운동선수들이었다. 매슈는 사립고 출신 백인 학생들이 운동을 하는 흑인들과는 편하게 어울렸지만, 자신과 같은 흑인을 대할 때는 다르다고 느꼈다. 그는 학구적이고 인상이 강해 보이는 도심의 공립학교 출신이었다. 매슈는 그들에게 먼저 다가가 친해지려고 최선을 다했지만, 트리니티 칼리지의 주류인 백인 학생들은 매슈와 말을 섞으려 하지 않았다.

2학기가 되어, 매슈는 사회학 강의를 들었고 공부가 무척 재미있었다. 그는 곧바로 사회학을 전공하기로 마음먹었다. 그는 에밀 뒤르켐, 막스 베버, 카를 마르크스, 그리고 비판적 인종 이론을 읽으면서 트리니티에서 자신이 경험한 관습과 격식과 여러 격차를 바라보는 지적 체계를 다져나갔다. 사회학과 정치학을 수강하는 학생 중 유색인종은 몇 명뿐이었다. 매슈는 수업에서 토론할 때, 백인 학생들의 터무니없는 의견에 맞서 싸워야 했다. 그들은 흑인의 교도소 수감률이 높은 것은 흑인들 탓이고, 불법체류 이민자들은 세금을 한 푼도 내지 않으며, 미국 사회에서 여성이 남성보다 더 큰 혜택을 누린다는 소신을 갖고 있었다.

"누군가 그런 주장을 할 때마다, 제가 나서야 될 것 같았어요." 매슈가 설명했다. "제가 아무 말 않고 가만히 있으면, 교수들도 그 생각을 바로잡지 않기 때문에 그 친구들이 그릇된 생각에서 벗어나지 못할 테니까요." 그것은 좋은 지적 훈련이었다. 매슈는 토론을 통해 자신의 의견을 내고 생각을 분명히 설명하며 간단명료하게 논지를 펴는 방법을 배워나갔다. 하지만 진 빠지는 일이기도 했다. 누구도 매슈의 주장을 귀 기울여 듣지 않는 듯했기 때문이다. 수업에 참석할 때마다 자신과 같은 부류를 변호하기 위해 불려나가는 기분이 들었고, 매슈의 정체성은 끊임없이 위협을 받았다.

4월의 어느 주말, 매슈는 입학 후 처음으로 트리니티 캠퍼스에서 인종 경계를 넘어보려는 계획을 실제로 감행했다. 그때는 봄 축제 기간이었는데, 봄학기마다 호화롭게 벌어지는 이 대규모 연례행사에서 트리니티 학생들은 DJ를 여러 명 불러 동아리마다 파티를 열었고, 다양한 공연과 게임을 즐기며 잔디밭에서 술을 마셨다. 친하게 지내던 동기 중에 백인 학생들과 주로 어울리는 흑인 운동선수가 있었기 때문에, 매슈도 그 친구를 따라 봄 축제에 참가했다. 순전히 백인들을 위한 행사였지만 분위기에 젖어보려고 노력했다. 결과적으로 축제는 끔찍했다. 모두 술이나 마약에 취해 몸도 제대로 못 가눌 만큼 엉망이었고, 매슈를 마주치면 경계하고 껄끄러워하거나 아예 대놓고 싸움을 걸 정도였다고, 매슈는 말했다.

봄 축제가 지나고 며칠 후, 매슈와 나는 트리니티 칼리지 학생 식당 건물 지하 커피숍에서 시간을 보냈다. 매슈는 꽤나 우울해 보였고, 봄 축제 때 받은 충격에서 아직 완전히 벗어나지 못한 채, 앞으로 어떻게 해야 할지 고민하는 것 같았다. "이 학교에 와서 제가 안 좋은 쪽으로 변하는 것 같아요. 원래 내성적인 성격이 아닌데, 점점 그렇게 되네요."

그 봄에 매슈가 대학을 그만둘까 고민하던 순간들이 있었다. 어쩌면 올버니로 가서 고등학교 동창들이 다니는 뉴욕주립대학으로 편입할까 하는 생각도 했다. 트리니티에 비해 훨씬 수준 낮은 대학이고 지금처럼 풍족한 학자금 지원은 기대할 수 없지만, 그래도 대학을 옮길 만한 가치가 있지 않을까 싶었다. "계속 그 생각만 나더라고요. 뉴욕주립대학으로 가서 편하게 대학생활을 하면서 여기보다 수준 낮은 교육을 받아야 하나? 아니면 여기서 버티면서 계속 비참한 기분을 느껴야 하나?" 매슈는 스스로에게 이런 질문을 던지곤 했다고 말했다.

봄학기가 끝나고 여름이 되자, 트리니티 칼리지 동기들이 대부분 이름난 회사 인턴십에 참가하거나 해외연수를 떠났지만, 매슈는 그런 프로그램에 지원할 기분이 아니었다. 심한 정서적 스트레스 속에서 1년을 보낸 뒤라, 그는 다른 활동을 줄이고 뭔가 쉽고 익숙한 일을 찾아 기운을 차려야 했다. 그는 브롱크스에 있는 집으로 가서 가족과 시간을 보내고 친구들을 만났다. 그리고 고등학생 때 일했던 바로 그 치폴레 매장에서 주당 40시간씩 일했다. 그러는 동안 트리니티 칼리지는 아주 멀게만 느껴졌다.

하지만 2학년이 되어 캠퍼스에 다시 돌아갈 무렵에, 매슈는 브리토 만드는 일에 싫증이 났고, 다시 시작할 각오가 돼 있었다. 매슈와 아주 가까운 트리니티 동기 중에 '소수자 남학생 연합Men of Color Alliance'이라는 학생 단체의 대표를 맡고 있는 친구가 있었다. 그 친구가 8월에 매슈에게 공동대표 자리를 제안했고, 매슈는 이를 수락했다. 매슈는 하트퍼드 지역에서 활동하는 흑인 목사 AJ 존슨의 초청을 받아, 시내 공립 초등학교의 개교를 알리는 '모두가 형제Calling All Brothers'라는 기념행사에 소수자 학생연합 공동대표 자격으로 참석하게 되었다. 초등학교 개교 당일, 아침 7시 30분이 되자 흑인 지역 유지들이 정장을 갖춰 입고 나타나, 개학 첫날 등교하는 흑인 아이들과 한 명 한 명 인사를 나눴고, 박수 치고 하이파이브도 하며 새 학교 새 학년에서 열심히 공부하라고 격려했다. 매슈도 이들 옆에 나란히 서서, 어린 학생들과 차례로 악수를 나눴다. 흑인 공동체의 긍정적 기운에 둘러싸인 기분은 정말 좋았다.

매슈는 1학년 때 하트퍼드 지역사회를 전혀 경험해보지 못했다. 트리니티 칼리지는 하트퍼드에 위치해 있지만, 예로부터 도심과는 전혀 동떨어진 세상이었다. 사실 인구 구성 면에서 보면, 하트퍼드는 브롱크스와 더 비슷했다. 인구의 16퍼센트만 백인이고, 도심에 사는 아이들 절반이 가난했다. 하지만 사회경제적인 어려움에도 불구하고, 하트퍼드는 교회와 비영리단체가 활발하게 사회복지사업을 펼치는 도시였다. 매슈는 '모두가 형제' 행사에 참석한 것을 계기로 이들 단체의 후원자들을 소개받았다. 트레버 뷰퍼드라는 침례교 목사, 브랜던 맥기라는 시의원, 압둘 라만 무하마드라는 사업가가 그들이었다. 매슈는 후원자들을 만나보고 크게 자극을 받았는데, 그들은 하나같이 명석하고 헌신적인 데다 전문적이며 포부가 큰 흑인 공동체 리더였다. 그들은 흑인 청소년이 가난에서 벗어나 교육을 받을 수 있도록 돕는 일에 헌신했다. 문득 매슈는 드디어 하고 싶은 일을 찾았다는 기분이 들었다.

2학년 가을학기부터, 매슈는 틈만 나면 캠퍼스 밖으로 나가, 하트퍼드에서 자원봉사와 행사 기획을 하면서 힘닿는 데까지 일손을 보탰다. 뷰퍼드 목사와 존슨 목사, 그리고 맥기 의원이 매슈의 멘토가 되었고, 매슈는 그들과 함께 사회사업에 열중하면서 이듬해 봄학기까지 마쳤다. 여름방학이 됐지만 매슈는 브롱크스 집에 돌아가지 않았고 치폴레 아르바이트도 뒷전이었다. 그는 하트퍼드에 남았고, 뷰퍼드와 무하마드와 함께 하트퍼드 지역 흑인 남녀 청소년들에게 용기와 희망을 주는 청소년 캠프와 대학 준비성 워크숍 운영을 도왔다.

매슈는 이제 트리니티 칼리지의 3학년이 되어 사회학 전공 필수 과목을 하나씩 이수했고, 여전히 우수한 성적을 유지하며 우수 학부생 명단에 올랐다. 하지만 이미 매슈의 무게중심이 트리니티 칼리지에서 하트퍼드 흑인 지역사회로 쏠려 있었고, 백인 위주의 캠퍼스에서 연대감을 찾으려는 노력도 거의 접은 상태였다. 그는 트리니티 칼리지에서 지식과 기술과 자격을 쌓은 다음, 그것을 자신이 소명으로 여기는 일을 하는 데 잘 활용했다.

어느 가을 오후, 매슈와 나는 트리니티 칼리지 캠퍼스를 가로지르는 전원풍 산책로 '롱워크Long Walk'를 따라 천천히 걸었다. 콘크리트 벽돌을 깔아 만든 산책로를 사이에 두고 한편에는 오래된 너도밤나무와 오리나무가 늘어서 있고, 반대편에는 담쟁이덩굴로 뒤덮인 갈색 벽돌 건물이 들어서 있었다. 스테인드글라스로 장식된 높은 빅토리아풍 아치 밑을 지나갈 때 내가 그에게 물었다. "그래, 지금은 학교가 편해졌어요?"

매슈는 옅은 미소를 짓고는 고개를 가로저었다. "아뇨, 여긴 직장 같아요."

매슈는 트리니티 칼리지에서 자신이 당면한 문제를 효과적으로 해결했지만, 트리니티 칼리지의 문제가 진짜 해결된 것은 아니었다. 페레스의 희망과 달리, 매슈의 모든 에너지와 노력과 새로운 생각은 트리니티 칼리지가 아니라 하트퍼드 도심으로 향하고 있었다. 그곳에서 매슈는 환영받고 인정받고 노력을 보상받을 수 있었다.

이것은 앙헬 페레스가 트리니티 칼리지에 와서 추진한 입학관리 정책의 역설이며, 더 나아가 변화된 입학사정관제 시대를 맞은 엘리트 명문대의 크나큰 역설이다. 페레스는 입학시험 선택제 전형으로 신입생을 선발함으로써, 다양한 계층과 어려운 환경에서 자란 뛰어난 학생들을 모집하고 있으며, 입학시험 점수를 중시하는 다른 전형이라면 명문대 입학이 어려울 수 있었던 학생들이 트리니티에 와서도 학업에서 성공한다는 사실을 해마다 증명해내고 있다. 하지만 입학전형에 큰 영향을 미치는 대학의 재정적 압박 때문에, 페레스는 자신이 이상적으로 여기는 다양한 학생을 원하는 만큼 충분히 확보하기 어렵다. 또 한편, 페레스가 추구하는 새로운 입학전형 방식이 지금보다 더 큰 성과를 얻기에는, 트리니티 칼리지를 지배하는 문화가 워낙 강력하고 뿌리 깊어 변화를 쉽게 받아들이지 못한다. 최근 트리니티 칼리지의 모습은 마치 살아남기 위해 장기 이식이 꼭 필요하지만 이식된 장기에 거부반응을 일으키는 환자 같기도 하다.

페레스는 자신이 새로 뽑은 학생들이 트리니티 칼리지에 변화를 몰고 올 선구자라고 생각한다. 페레스가 보기에 그들은 변화된 입학전형의 결실이자 더 새롭고 평등한 세상에 첫발을 디딘 초기 정착민이다. 그리고 어쩌면 페레스의 기대가 실현될 것이다. 매슈와 같은 학생들이 앞으로 트리니티를 바꿔놓을 수 있다. 혹은 그러지 못할 수도 있다. 어쩌면 그들은 출근 도장을 찍듯 트리니티에 와서 공부를 하고 학위를 따고, 입학할 때와 조금도 달라지지 않은 캠퍼스를 뒤로한 채 졸업할 수도 있다. 그때도 대학 스쿼시 대회 우승팀과 아카펠라 중창단 다섯 팀이 건재한 가운데, 매슈 같은 학생들이 해결할 수 없는 인구통계학적 위기를 향해 시계는 째깍째깍 돌아갈 것이다.

6장

대학에서 살아남기

1. 졸업률 격차

입학한 신입생 대부분을 졸업시키는 대학이 있다. 신입생이 입학한 지 정확히 4년이 아니라도 5년이나 6년 안에는 졸업하는 경우를 말한다. 프린스턴대학을 예로 들면, 6년 이내 졸업생 비율이 거의 97퍼센트로 나타나는데,[1] 이것은 해마다 전체 신입생 가운데 몇십 명만 빼고 모두 프린스턴대학에서 학사학위를 받는다는 의미가 된다. 하지만 보통은 대학 졸업률이 그렇게 높지 않다. 전국적으로 4년제 대학 신입생들이 6년 안에 졸업하는 비율은 60퍼센트에 불과하다.[2] 커뮤니티 칼리지를 포함해서 2년제 대학은 중퇴율이 훨씬 높아서 신입생의 30퍼센트만 3년 안에 학위나 졸업증명서를 받는다.[3]

얼마 전까지, 미국의 대학 운영진들은 기본적으로 대학이 나서서 졸업률을 끌어올려야 하는 것은 아니라는 입장이었다. 대학에 입학해서 무사히 졸업하는 학생이 있는가 하면, 중간에 그만두는 학생도 있는 법이다. 그건 학생들 몫이고, 죽든 살든 각자도생으로 헤쳐가야 한다는 것이 그들의 생각이었다. 하지만 최근 몇 년 사이에 사정이 달라졌다. 이제 그들은 많은 대학에서 심각한 문제로 밝혀진 졸업률을 해결하려 한다. 그리고 재학생들을 졸업시키려면 어떻게 해야 하나 고심하고 있다.

2012년, 텍사스주립대학 오스틴 캠퍼스UT가 대규모 공립종합대학 가운데 최초로 이 문제를 해결하려고 진지한 노력을 기울이기 시작했다. 그리고 데이비드 로드 화학과 교수를 초대 '졸업률 책임자graduation-rate champion' 자리에 앉혔다. 당시 50대 중반이던 로드는 텍사스주립대학 교수로 25년째 재직 중이었고 대학 측으로부터 새로운 직함과 함께 아주 특별한 임무를 부여받았다. 학부생의 4년 이내 졸업률을 70퍼센트로 끌어올리는 일이었다. 그 무렵 텍사스주립대학 신입생의 4년 이내 정시 졸업률은 50퍼센트를 약간 웃돌았다.

로드 교수가 새로운 보직을 맡았을 때, 텍사스주립대학은 어수선한 분위기였다. 공화당 출신 릭 페리 텍사스 주지사가 어느 보수 정책 단체의 제안을 공개적으로 지지하고 나선 것이다. 그것은 재학생과 텍사스 주민 모두에게 더 책임감 있고 효율적인 교육 서비스를 제공하기 위해, 기업 경영 방식으로 텍사스주 공립대학 제도를 개편한다는 내용이었다. 새로운 계획에 따르면, 텍사스주립대학을 비롯해 텍사스주에 있는 모든 공립대학에서 학생들이 교수진을 평가하고 순위를 매기며, 등록금 수입에 따라 교수들에게 성과급을 차등 지급하기로 했다. 본질적으로 교수들도 상거래를 하듯 학생들을 고객으로 대하라는 요구였다. 요컨대 교수들의 수업료와 미래의 수익력을 맞교환하는 방식이었다.

페리 주지사의 정책 제안은 마치 운석이 지구와 충돌한다는 뉴스처럼 캠퍼스를 충격에 빠뜨렸다.[4] 수많은 교수, 졸업생, 그리고 대학 행정가들이 주지사의 새로운 정책은 연구 중심 공립대학의 전통적 역할에 대한 공격이라며 우려를 나타냈다. 빌 파워스 텍사스주립대학 총장은 엄밀히 말하면 주 정부 공무원이라, 주지사가 지명하는 텍사스주 교육위원회의 뜻에 따라 움직여야 했다. 그런데도 파워스 총장은 페리 주지사의 정책을 공개적으로 거부했다. 대학 행정처는 공식 반박문을 내고, 대학에서 학생들이 존중받아야 하는 것은 맞지만, "그들은 전통적 의미의 고객이 아니다. 대학 교육을 받는다는 것은 아이튠즈에서 콘텐츠를 다운받거나 바나나리퍼블릭 매장에서 옷을 사는 것과는 다르다"[5]고 주장했다. 『텍사스먼슬리』는 '텍사스주 교육위원들이 파워스 총장에 대한 불복종 해임안을 논의 중'이라는 기사를 실었다.

주 정부의 압박을 받으면서, 파워스 총장과 텍사스주립대학 지도부는 주지사 측의 구미에 맞을 법한 정책을 한 가지 찾아냈다. 바로 대학 졸업률을 높이는 것이었다. 만약 학생을 고객으로 대하라는 주지사의 정책에 조금이라도 동조하는 반응을 보이려면, 우선 신입생 절반이 4년 안에 졸업하지 못한다는 현실부터 부각시키면 좋을 것 같았다. 그리고 사실, 그 무렵 텍사스주립대학 졸업률은 파워스 총장과 행정처로서도 꽤나 골칫거리였다. 경쟁관계에 있는 다른 대표 주립종합대학들, 예를 들어 버지니아대학이나 노스캐롤라이나대학 채플힐 캠퍼스 같은 곳은 4년 이내 졸업률이 텍사스주립대학보다 20~30퍼센트포인트나 더 높았기 때문이다.

파워스 총장은 이미 2011년 특별조사단TF을 꾸려, 갈수록 떨어지는 졸업률을 검토해보라고 지시했고, TF팀 보고서[6]에 의하면 4년 이내 졸업률을 51퍼센트에서 70퍼센트까지 끌어올리는 일이 실제로 가능했다.

다만 그러기 위해서는, 캠퍼스 전체를 책임질 단 한 명의 행정가, 즉 졸업률 책임자가 필요하다고 TF팀은 덧붙였다. 로드 교수가 그 일을 맡았다. 2012년 여름 그는 책과 가족사진과 원소주기율표 벽보를 챙겨 짐을 쌌고, 자연과학대학 건물에서 나와 캠퍼스 한가운데 우뚝 솟은 90미터 높이의 시계탑 건물, UT타워로 자리를 옮겼다. UT타워에는 총장실이 있었고, 로드의 새 사무실은 거기서 두 층 아래였다.[7]

로드는 대학 권력의 중심부에 자신이 그렇게 가까이 있다는 사실에 기분이 묘했다. 그는 기성 학계에서 항상 스스로를 아웃사이더라고 생각했다. 1970년대, 테네시산맥에 자리잡은 작은 사립대학인 사우스대학에 입학했을 때, 그는 혼란과 위화감을 느꼈다. 캘리포니아주 센트럴밸리에서 온 이탈리아계 노동자 집안 출신이자 가톨릭 신자로서, 남부의 부유한 지주 가문 학생들이 비밀결사에 가입하고 강의실에서 대학 가운을 입는 등 특권과 전통에 젖어 있는 캠퍼스에서 자기 자리를 찾기는 쉽지 않았다. "정말 엄청난 문화 충격이었습니다."[8] 처음 만난 자리에서 로드는 이렇게 회상했다. "도대체 어떻게 적응해야 할지 눈앞이 캄캄했죠. 게다가 난 공부도 굉장히 못 했어요. 총체적 난국이랄까요."

로드는 첫 학기 내내 사우스대학에 마음을 붙이지 못하고 괴로워하며 지냈다. 고립감과 향수병에 시달렸고, 공부를 못 따라가서 학점은 대부분 C를 받았다. 크리스마스에 집에 들렀을 때, 로드는 대학을 자퇴하기로 마음먹었다. 하지만 해병대 출신이자 대학 때 미식축구팀 최고의 인기 선수였던 그의 아버지는 중도 포기를 용납하지 않았다. 그는 아들을 테네시로 돌려보냈고, 로드는 다시 학교로 돌아갔다. 결국 로드는 대학에서 살아남는 법을 터득했고, 그 뒤로 성공적인 학문적 성과를 이어갔다. 하지만 대학 신입생 때 생긴 자아상에서 완전히 벗어나지는 못했다. 그때 로드는 똑똑한 부자 엘리트들 사이에서 따돌림을 받는 지방에서 온 가난한 아이였다.

로드가 졸업률 책임자로서 맞닥뜨린 첫 번째 난관은, 정작 졸업률 책임자가 뭔지 아무도 모른다는 것이었다. 텍사스주립대학 사상 최초로 생긴 자리였다. 로드가 아는 한, 다른 대학 어디에도 그런 직책은 없었다. 그는 5년 이내 졸업률 70퍼센트를 정해진 기간 안에 달성하라는 매우 정확한 명령과 함께 약 3000만 달러의 예산도 받았지만,9 이 야심찬 목표를 어떻게 달성할지 알려주는 명확한 로드맵은 받지 못했다.

졸업률 책임자라는 역할을 새로 만들어낸 TF팀은 텍사스주립대학에 대해 다소 모순된 두 가지 진단을 내렸다.10 첫 번째는 몇몇 사소한 절차상의 문제를 제외하면 대학이 대체로 잘 운영되고 있다는 진단이었다. 그들은 텍사스주립대학의 4년 이내 졸업률이 51퍼센트에 불과하지만 신입생 중 약 75퍼센트가 5년 만에 졸업한다는 사실을 긍정적인 신호로 파악했다. 실제로 신입생 64퍼센트가 4년 반 만에 졸업하는 것으로 나타났고, 이것은 각 학년에서 졸업 연한 4년보다 불과 몇 달 늦게 졸업하는 학생이 상당히 많다는 의미였다. 따라서 비교적 양호한 첫 번째 진단 결과에 따르면, 로드가 졸업률 70퍼센트 목표에 도달하는 가장 효율적인 방법은 간단히 이들을 목표로 삼는 것이었다. TF팀은 보고서에서, 몇 가지 행정적인 학사 관리 절차만 손보면 라우드의 임무가 쉽게 완수될 수 있다는 전망을 내놓았다.

하지만 로드는 TF팀의 보고서에서 이보다 복잡한 두 번째 진단을 확인했고, 그것은 대학이 현재 심각한 불균형 상태라는 내용이었다. 보고서 부록에는, 텍사스주립대학 오스틴 캠퍼스 재학생들 사이에서 인구 통계학적 집단마다 졸업 유보율(중퇴율)과 졸업률의 격차가 상당하다는 사실을 알려주는 자료가 실려 있었다. 흑인이나 라틴계 학생들이 입학한 지 4년 만에 졸업하는 비율은 40퍼센트 미만인 데 비해, 백인 학생은 57퍼센트였다. 또한 부모가 대학에 진학하지 않은 1세대 학생들의 4년 이내 졸업률은, 부모가 둘 다 대학을 졸업한 학생들보다 20퍼센트포인트 이상 낮았다. 로드가 확인한 펠 장학생 명단에서도 같은 패턴이 나타났다. 요컨대 부유층 학생들은 대부분 제때 졸업했고, 빈곤층 학생들은 대부분 졸업을 미뤘다.

4년 안에 졸업하지 않은 학생들 가운데, 5~6년 안에 결국 학위를 받고 졸업하는 학생들도 틀림없이 있었다. 하지만 그들 가운데 특히 불리한 배경을 지닌 학생들은 완전히 대학을 떠나고 있었다. 1세대 학생들의 30퍼센트가 학위를 마치기 전에 자퇴하거나 제적된 것에 비해, 부모가 둘 다 대학에 간 학생들은 중퇴율이 12퍼센트에 불과했다. 로드는 텍사스주립대학 학생들의 졸업률과 중퇴율에 영향을 미치는 가장 큰 요인이 부모의 소득 수준이라는 것을 알게 되었다.

그래서 로드는 자신의 임무를 확장하기로 결심했다. 그는 4년 안에 특권층 학생 몇 명을 더 졸업시키기 위해 학사 행정을 살짝 손보는 일은 하지 않기로 했다. 그 대신, 졸업률 책임자에게 주어진 권한과 예산으로 정면승부를 걸 생각이었다. 그는 심각한 졸업률 격차를 직접 해소하고, 텍사스주립대학의 기존 시스템에서 제대로 공부하거나 졸업하지 못하는 수천 명의 학생을 위해 종합 대책을 마련하기로 했다.

그것은 실용적인 결정이기도 했다. 로드는 졸업률이 가장 낮은 학생들의 문제를 해결하지 않고서는 70퍼센트라는 목표치를 달성하기 힘들 거라고 판단했다. 하지만 그가 졸업률 개선 방안을 생각할 때, 수십 년 전 테네시에서 자신이 경험한 일들, 이를테면 돈이나 연줄도 없고 대학에 대한 아무런 사전지식도 없이 고향에서 멀리 떠나와 혼란스럽고 소외된 대학생 시절, 자퇴 위기에 몰렸던 기억들이 영감을 주기도 했다. 아버지의 압박, 시의적절한 도움, 그리고 몇 번의 행운이 겹친 덕분에, 로드는 대학에서 거의 낙오자가 될 뻔했지만 학문적으로 성공하며 교수로 변신했다. 텍사스주립대학에서 해마다 얼마나 많은 학생이 그런 성공 잠재력을 제대로 발휘하지 못한 채 중간에 대학을 포기하고 있었을까?

대학 졸업률 국가 통계를 보면, 텍사스주립대학에서 로드가 발견한 패턴을 전국적인 규모로 확인할 수 있다. 부유한 미국 대학생은 그렇지 않은 대학생보다 학사학위를 받고 졸업할 가능성이 훨씬 더 크다. 한 연구에 따르면, 가계소득 중위값 이하 가정에서 태어난 대학 신입생 가운데 겨우 25퍼센트가 만 24세까지 학사학위를 마치는 반면,[11] 가계소득 상위 20퍼센트 가정에서 태어난 신입생은 그 나이까지 거의 90퍼센트가 학위를 받는다.

졸업률 격차가 벌어지는 것은, 부유한 청년들이 고등학교 졸업 후 나머지 청년들과는 다른 대학에 진학하기 때문이다. 부유층 학생들은 대개 운영 예산이 많고 기부금이 넉넉한 4년제 명문 사립대학에 진학하는데, 그런 대학은 보통 졸업률이 높다. 빈곤층 학생들은 재정이 쪼들리는 2년제 또는 4년제 공립대학이나 영리법인 대학에 입학할 가능성이 더 크고, 그런 대학은 보통 졸업률이 상당히 낮다.

물론 이와 같은 상관관계는 졸업률 격차의 근본적 원인을 밝히는 데 별 도움이 되지 않는다. 빈곤층 학생들이 재정이 부족한 대학에 다니기 때문에 중퇴하는 걸까, 아니면 재정이 부족한 비명문대에 빈곤층 학생이 워낙 많이 입학하기 때문에 그만큼 중퇴율이 높은 걸까? 혹은 이와 반대로 질문해볼 수도 있다. 프린스턴대학이 97퍼센트라는 높은 졸업률을 기록한 원인은, 대학이 재학생들을 위해 조교와 상담사를 여럿 배치하고 학부생 전원에게 무료로 '학습 전략 컨설팅'을 지원해주는 환경 때문일까, 아니면 애초에 프린스턴대학 입학사정관들이 어떤 대학에 가더라도 난관을 이겨내고 제때 졸업할 가능성이 높은 학생을 가려 뽑기 때문일까?

학자들은 서로 경제적 배경이 다른 학생들이 같은 대학에 입학하는 경우, 그들의 졸업률은 상당히 비슷하다는 점을 발견했다. 교육신탁Education Trust 소외계층 학생들의 교육받을 권리를 옹호하기 위해 다양한 활동을 하는 미국의 비영리단체이 발행한 2015년도 보고서[12]에 따르면, 조사에 포함된 전국 4년제 대학을 통틀어, 펠 장학생 계층의 6년 이내 졸업률은 나머지 계층보다 평균 약 5퍼센트포인트 낮게 나타났다. 그러므로 대부분의 대학에서 학부생들 사이에 졸업률 격차가 나타나는 것은 사실이지만, 그 차이는 비교적 작았다. 그리고 일반적으로 대학의 졸업률이 높든 낮든 상관없이, 한 대학 안에서 소득 격차에 따른 졸업률 격차는 그리 크지 않았다.

텍사스주를 예로 들어보자. 휴스턴에 있는 명문 사립 라이스대학은 6년 이내 전체 졸업률이 90퍼센트였고, 펠 장학생들의 졸업률은 나머지 학생보다 0.6퍼센트포인트 낮아 그 차이가 미미했다. 한편 라이스대학보다 대학 순위가 낮은 주립대학인 노스텍사스대학의 6년 이내 졸업률은 약 50퍼센트에 불과했지만, 이 대학 역시 펠 장학생과 나머지 학생들의 졸업률 격차는 2퍼센트포인트 미만이었다.[13] (실제로 펠 장학생의 졸업률이 나머지 학생들보다 높은 대학이 전국에 몇 군데 있다. 그중 가장 눈에 띄는 곳은 바로 트리니티 칼리지로, 매슈 리베라 같은 우수한 펠 장학생들의 졸업률이 나머지 부유층 학생들보다 16퍼센트나 더 높게 나타났다.[14])

하지만 로드를 텍사스주립대학 졸업률 책임자 자리에 앉힌 TF팀의 보고서에 의하면, 펠 장학생들의 6년 이내 졸업률이 나머지 학생들보다 11퍼센트포인트나 낮았다. 그런데 4년 이내 졸업률은 펠 장학생들이 나머지 학생들보다 18퍼센트포인트가 오히려 높았다.[15] 어떻게 된 일일까? 텍사스주립대학은 나머지 대학과 무엇이 달랐을까?

로드는 질문에 대한 해답을 대학의 독특한 입학전형 정책에서 찾았다. 텍사스주립대학은 소수 집단 우대 정책을 놓고 오랫동안 법적 다툼을 지속해왔다. 1996년, 제5차 미연방 순회 항소법원은 그동안 텍사스주립대학이 입학전형에서 인종을 고려해온 관행은 위헌이라는 판결을 내렸다. 이에 텍사스주 의회에서는, 백인과 히스패닉 의원들이 초당파 연합을 결성하고 캠퍼스에서 다양성을 유지하기 위한 대체 법안을 상정해 통과시켰다.

흔히 '상위 10퍼센트 규정Top 10 Percent Rule'[16]으로 알려진 이 법률에 의하면, 텍사스주 고등학교 졸업반 학생 가운데 고교 내신 GPA가 상위 10퍼센트 안에 드는 사람은 누구나 본인이 원하는 텍사스주립대학 캠퍼스를 선택해 자동으로 입학할 수 있었다. 주 의회는 더 나아가 텍사스주립대학 오스틴 캠퍼스에는 해마다 신입생의 3분의 2를 자동입학 대상자로 배정하라고 별도로 요구했다. 오스틴 캠퍼스의 인기가 높아지면서 자동입학 심사 기준은 강화되었다. 이제 텍사스 지역 고등학생들이 오스틴 캠퍼스에 자동입학하려면 상위 6퍼센트 안에 들어야 한다.

댈러스나 휴스턴 교외의 부촌에 위치한 고등학교에서 상위 6퍼센트에 해당되는 학생들은, 엘리트 명문대학에 진학하는 다른 지역 학생들과 비슷한 유형이었다. 대부분 부유하고 대부분 백인이고 대부분 SAT 점수가 높았다. 텍사스주립대학 오스틴 캠퍼스가 여느 엘리트 대학과 다른 점은, 러벅이나 브라운즈빌 그리고 휴스턴 서드워드 같은 저소득층 지역에 있는 공립 고등학교에서도 상위 6퍼센트에 속하는 학생들을 자동입학전형으로 선발했다는 것이다. 그 지역 학생들은 인구통계학적 구성이 상당히 달랐고, SAT 평균 점수도 훨씬 낮았다.

제5차 미연방 순회 항소법원의 판결이 오스틴 캠퍼스의 다양성에 종지부를 찍게 될 거라며 일부 좌파 성향의 대학 관계자가 반대했지만, 실제로는 상위 10퍼센트 규정이 인종을 기반으로 한 소수 집단 우대 정책보다 캠퍼스를 더 다채롭게 만들었다.

그리고 새로운 다양성은 인종 외에 다른 면에서도 확보되었다. 법안이 발효된 이후 10년 동안, 오스틴 캠퍼스에서 소수 집단 입학률이 높아지는 동시에, 농촌 지역이나 빈곤 지역 출신 학생들이 더 많이 모여들었다. 한편, 과거에는 오스틴 캠퍼스에 학생을 많이 보냈던 부촌에 있는 학교나 '피더 스쿨feeder school 학군 내의 특정 상급 학교에 학생들을 보내는 일종의 예비학교' 출신 학생들의 입학률은 상대적으로 낮아졌다. 1996년 상위 10퍼센트 규정이 시행되기 전까지, 오스틴 캠퍼스에 학생을 입학시키는 텍사스 지역 고등학교는 700곳이 채 안 됐지만, 2007년에는 900곳을 넘어섰다.

상위 10퍼센트 규정이 시행된 결과, 텍사스주립대학(오스틴 캠퍼스) 학생들은 현재 미국 각 주를 대표하는 엘리트 명문대학 학생들과 인구통계학적으로 상당히 다른 면모를 보인다. 이른바 '대표flagship' 대학은, 보통 각 주에서 가장 규모가 크고 재정이 풍부하며 대학 순위가 높은 공립대학을 말한다. 그리고 공교롭게도, 전국에서 대표 주립대학들은 모두 최근에 나름대로 변화를 겪었다. 그들 대부분은 텍사스주립대학과 정반대 방향으로 가고 있다. 다른 대표 주립대학에는 이전보다 백인과 아시아계 학생이 늘었고, 부유층도 더 늘었으며, 다른 주에서 넘어온 외지인 학생이 많아졌다.[17]

미국 전역에서 대표 주립대학에 이런 변화가 감지된 시기는 1990년대였지만, 변화가 가속화된 시기는 2008년 이후였다. 2008년 금융위기가 닥치면서 급격한 적자에 직면한 주 정부는 대학 교육 지원 예산을 대폭 삭감했다. 한편, 전통적으로 공립대학은 거주민인 주내in-state 학생들보다 다른 주에서 온 주외out-of-state 학생들에게 등록금을 더 많이 받았다. 예산 부족에 허덕이던 대표 주립대학의 운영진은 고액 등록금을 내는 주외 학생을 중요한 잠재적 수입원으로 보기 시작했고, 점점 더 많은 외지인 학생을 모집하고 선발했다. 비록 주립대학의 설립 목적은 해당 주에 거주하는 청년들에게 대학 교육을 제공하는 것이었지만, 현재 많은 대표 주립대학에서 해마다 타지역 학생을 수천 명씩 입학시키고 있는 실정이다. 신입생의 절반 이상을 주외 학생으로 선발하는 경우도 있다. 오리건대학은 신입생의 53퍼센트가 타지역 출신이고, 버몬트대학은 무려 77퍼센트가 타지역 출신이다.[18]

대표 주립대학이 비싼 등록금을 감당할 수 있는 주외 학생 유치 경쟁에 나서면서 그들도 엘리트 사립대학이 받아들인 입학관리 원칙, 즉 재매과이어가 수십 년 전에 도입했던 전략을 따를 수밖에 없었다. 대표 주립대학들은 전국에서 부유층 학생들을 모집하고 선발하기 시작했다. US 뉴스 대학 순위에서 랭킹을 올리기 위해 지원자 탈락률을 높였고, 입학 전형에서 지원자의 SAT 점수를 최우선 기준으로 심사했다. 또한 합격한 부유층 학생들이 실제로 신입생 등록을 하도록 설득하기 위해 성적우수 장학금을 전략적으로 이용했다.

이 과정을 몇 년 동안 거치면서, 많은 대표 주립대학에서 선발한 신입생들은 다른 명문 엘리트 사립대학 신입생들과 점점 닮아갔다. 다시 말해, 부잣집 아이를 많이 뽑고 가난한 아이를 조금 뽑았다. 버지니아대학은 전체 학부생의 13퍼센트가 펠 장학생이었다. 이것은 프린스턴이나 트리니티 칼리지보다 낮은 수치다. 미시간대학의 펠 장학생은 16퍼센트였다.[19] 심지어 미국에서 가장 가난한 주에 속하는 앨라배마주의 대표 주립대학 앨라배마대학의 재학생 가구 중위소득이 부유한 펜실베이니아주 브린모어 칼리지 재학생들보다 높다.[20]

이들과 대조적으로 텍사스주립대학은 상위 10퍼센트 규정 때문에 입학관리 시스템을 충분히 활용하지 못했다. 처음부터 의도한 것은 아니지만, 텍사스주 의회는 텍사스주립대학을 다른 비슷한 수준의 대표 주립대학에서 찾아볼 수 없는 색다른 유형, 즉 좀더 전통적인 대표 대학으로 만드는 데 한몫했다. 텍사스주립대학 학부생들은 성취 동기가 강한 다양한 배경의 텍사스 청년들이며, 다른 대표 주립대학들에 비해 다양성이 훨씬 풍부하면서 동시에 응집력도 강하다는 특색이 있다. 여전히 빈곤층보다 부유층 학생이 더 많긴 하지만, 상위 10퍼센트 규정 덕분에 학생들의 경제적 격차가 다른 엘리트 주립대학처럼 터무니없는 정도는 아니다.

텍사스주립대학 입학전형에는 또 하나 흥미로운 특징이 있다. 이 대학은 서로 다른 두 가지 입학관리 접근법을 자연스럽게 비교할 수 있는 시범 사례가 된다. 앞서 말했듯이 상위 10퍼센트 규칙은 해마다 신입생의 3분의 2에게만 적용된다. 나머지 3분의 1에 대해서는 대학이 독자적으로 입시 정책을 마련하도록 텍사스주 의회가 자율권을 보장했다. 그러다보니 텍사스주립대학 입학처도 신입생의 3분의 1을 선발할 때는 다른 모든 대학에서 하는 것처럼 시장경제 원칙에 따른 입학관리 시스템을 적용한다.

해마다 텍사스주립대학 입학처는 입학시험 점수가 높지만 고교 내신은 평범한 명문 사립고 출신, 등록금을 전액 납부할 수 있는 주외 학생, 대학 스포츠팀 선수, 그리고 잠재적 기부자의 자녀들로 신입생의 3분의 1을 선발한다. (실망스럽게도 이들 가운데, 학업 성적이 미달되지만 유력 정치인 인맥으로 입학하는 학생이 많은 것으로 널리 알려져 있다.[21] 이런 자격 미달 지원자들은 대학 예산을 쥐락펴락하는 주 의회 의원들의 추천서를 들고 찾아온다.) 결과적으로, 해마다 텍사스주립대학에 입학하는 신입생 가운데 3분의 2는 전형적인 텍사스 학생들인 반면, 나머지 3분의 1은 다른 대표 주립대학, 즉 버지니아대학이나 미시간대학 신입생과 거의 똑같이 SAT 고득점자에 장학금이 필요 없는 부유층 백인이 대부분이다.

입학률 책임자인 로드의 관점에서 보면, 상위 10퍼센트 규정의 가장 의미 있는 효과는 신입생들의 학력이 고르게 분포하는 것이다.[22] 해마다 오스틴(텍사스주립대학)에는, 앤아버(미시간대학)나 채플힐(노스캐롤라이나대학)이나 버클리(캘리포니아주립대학)에 입학하는 학생들보다 학업 준비도가 훨씬 더 다양한 학생들이 입학했다. 텍사스주립대학 신입생들은 대부분 우수하고 성실하다. 처음부터 자동입학전형은 출신 고등학교에서 성적 상위권 학생들을 선발하게 돼 있기 때문이다. 하지만 신입생 일부는 AP 선행 과정과 방과 후 과외를 받을 기회가 많은 고등학교 출신이고, 다른 일부는 AP 선행은 고사하고 대학 입시 정보가 거의 없는 고등학교 출신이다.

이들의 SAT 점수를 비교해보면, 학생마다 대학 준비성과 가정 환경이 서로 크게 다르고, 그 결과 텍사스주립대학 신입생들의 SAT 점수는 다른 명문 주립대학이나 사립대학 신입생들에 비해 훨씬 더 광범위하게 분산되어 있다. 구체적으로 말하면, 텍사스주립대학과 버지니아대학 모두 신입생 대부분의 SAT 점수가 1500점 이상이다. 하지만 버지니아대학과 달리, 텍사스주립대학에는 SAT 점수가 1100점 미만인 학생도 많다.

로드가 자신의 역할을 고심하는 동안, 머릿속에 대략 두 가지 상호 보완적인 가설이 떠오르기 시작했다. 한 가지는, 텍사스주립대학에 유달리 졸업률 격차가 크게 나타나는 원인이 대학 준비성의 격차와 밀접하게 연관된다는 가설이었다. 러벅과 브라운즈빌과 서드워드에서 자동입학전형으로 들어오는 학생들은, 대체로 졸업을 늦게 하거나 아예 중퇴할 가능성이 높았다. 로드가 생각한 두 번째 가설은, 졸업률 격차를 충분히 바로잡을 수 있다는 것이었다. 자동입학 학생들의 졸업률이 낮은 이유는 그들의 능력이 부족해서가 아니었다. 오히려 대학이 학생들의 성공을 지원할 준비가 부족해서 그들을 놓쳤던 것이다.

로드 교수는 입학률 책임자 업무 외에도, 자연과학을 전공하는 학생이 필수로 이수해야 하는 선수 과목이자 신입생이 주로 수강하는 대규모 수업 '화학301' 강의를 맡았다. 전통적으로, 대학교수와 행정가들 사이에서 화학301 같은 수학 및 과학 입문 강의는, 학문적으로 탁월한 학생과 그렇지 않은 학생들을 구분하는 수단으로 인식된다. 수업이 어렵고 과제도 많아서 많은 신입생이 낙제하고, 무사통과한 학생들도 학점이 형편없어 과학 전공을 완전히 포기하는 일이 비일비재하다. 과학자들에게 이는 당연한 절차고, 그들이 생각하기에 우수한 학생을 추려내는 것은 학문적으로 '유익한' 일이다. 몇몇 교수가 첫날 강의에서 즐겨하는 장난이 있는데, 학생 두세 명을 지목해 자리에서 일어서라고 한 다음, 통계적으로 볼 때 그들 중 한 명은 이 과정을 끝까지 마치지 못할 거라고 공개적으로 선언하는 것이다. 1990년대 중반에 화학301을 처음 가르치기 시작했을 때, 로드도 그런 판에 박힌 소리를 하곤 했다. 그러면서 자신이 과학의 순수성을 지키는 수호자라도 된 듯 우쭐한 기분도 들었다.

하지만 시간이 흐를수록, 로드는 수업에 뒤처지는 학생들을 달리 바라보게 되었다. 그가 사우스대학 1학년 1학기 때 '화학입문' 수업에서 낙제할 뻔했고, 그 경험이 과학자로 성공한 지금의 자신을 만드는 밑거름이 되었다는 생각이 어느 정도 작용했을 것이다. 로드는 수강생들의 성적을 좀더 자세히 살펴보았다. 그 결과, 화학301의 성적 분포는 그가 기대했던 멋진 종 모양 정규분포 곡선이 아니라는 사실이 드러났다. 학생들의 성적은 이른바 '양봉 분포bimodal distribution', 다시 말해 종 모양이라기보다는 무게중심이 한쪽으로 치우친 아령 모양에 가까웠다. 각 반 수강생 500명 중에 A에서 B+까지 비교적 우수한 학점 구간에 약 400명이 집중돼 있었고, 반대쪽 D에서 F까지 최저 학점 구간에 나머지 100여 명이 몰려 있었다. 그들 100명에게 화학301은 과학이나 의학, 공학 분야에

첫발을 내딛자마자 발목을 잡은 복병이었다.

고전을 면치 못하는 이 학생들을 상세히 알아보기 위해, 로드는 교무처에 가서 학생기록부를 뽑기 시작했다. 일정한 유형이 얼른 눈에 들어왔다. 낙제 위기에 있는 학생들은 대부분 빈곤층이었고 보통 AP나 IB 같은 선행 과정이 없는 공립 고등학교 출신인 데다 대부분 1세대 대학생이었다. 또한 텍사스 서부 시골에서 온 백인이나 댈러스 혹은 휴스턴에 사는 흑인이나, 리오그란데 계곡에서 건너온 라틴계 학생이 많았다. 그리고 거의 모든 학생의 SAT 점수가 텍사스주립대학 신입생 전체 평균보다 낮았고, 일부는 1000점(1600점 만점)에도 못 미쳤다.

1999년, 로드는 가을학기가 시작되기 직전, 화학301 강의를 신청한 신입생들의 학생부 기록에서 낮은 SAT 점수, 낮은 가계소득, 부모의 낮은 학력 등 이른바 '역경 지표adversity indicator'를 확인한 다음, 전에 이 과정에서 낙제했던 학생들과 최소한 두 가지 이상의 역경 지표가 겹치는 학생 50여 명을 따로 찾아냈다.

로드는 이 50명의 학생을 'TIP Texas Interdisciplinary Plan(텍사스 학제간 계획)'라고 이름 붙인 새로운 과정에 지원하도록 했다. TIP 과정에 지원한 학생들은 다른 학생들보다 SAT 점수가 평균 200점가량 낮았고, 이들은 따로 '화학301-TIP' 과정에서 로드의 지도를 받았다. 로드는 TIP 과정의 수준을 낮추지 않고, 학생들이 본 강의와 똑같이 어려운 내용으로 숙지할 때까지 공부해야 한다고 주장했다. 실제로 로드는 화학301 본 강의와 TIP 강의를 연속으로 진행하며, 똑같은 내용을 똑같이 강의하고 똑같은 시험문제로 학생들을 평가했다. 하지만 본 강의와 달리, 로드는 TIP 강의에서 보충설명을 더 했고, 학생들에게 서로 짝을 지어 도와가며 공부하라고 한 데다 자신이 지도교수 역할까지 맡았다.

TIP 과정은 성공적이었다. 본 강의 수강생들보다 SAT 점수가 200점이나 낮았던 TIP 과정 수강생 50여 명이, 평균적으로 본 강의 수강생들과 같은 학점을 받고 학기를 마쳤다. 그들은 대학 전체 평균보다 높은 비율로 2학년에 올라갔고, 3년 후 화학301 본 강의 수강생들보다 높은 졸업률을 기록했다.

TIP의 성공을 경험한 후, 로드는 교수로서 그리고 졸업률 책임자로서 자신의 역할을 새로운 눈으로 바라보게 되었다. 전에는 자기 수업에서 낙제생이 나오면 항상 다른 누군가를 탓했다. 학생이 수준 낮은 고등학교 출신이거나, 가정사가 불행하거나, 학생 자신에게 문제가 있을 거라고 생각했다. 하지만 자신에게도 책임이 있었다는 것을 이제는 안다. 어떤 학생이 자신의 수업에서 낙오했다면, 그것은 자신이 그 학생을 방치했기 때문이었다.

2012년에 로드가 텍사스주립대학 졸업률 책임자로 임명되었을 때, 그는 TIP의 교훈을 정책에 반영했다. TIP 과정이 생기기 전까지 화학301 본 강의에서 낙오하던 학생들과, 그 당시 대학 전체 평균보다 4년 이내 정시 졸업률이 낮은 학생들은 같은 범주였다. 로드는 화학301 수강생들이 TIP의 도움으로 크게 도약할 수 있었듯이, 그와 비슷한 지원과 교육적 개입을 통해 대학 전체의 졸업률 격차를 좁힐 수도 있겠다고 생각했다.

하지만 먼저, 도움이 필요한 학생을 정확히 가려내야 했다. 500명 규모의 화학 수업에서 낙제 가능성이 높은 학생을 가려내는 작업과는 차원이 달랐다. 로드는 이제 7000명이 넘는 신입생 전체를 책임지고 있었다. 그는 대학 연구소에서 예측 분석을 전문으로 하는 데이터 과학자들을 불러 모아 팀을 꾸렸다. 데이터 전문가들은 최근 텍사스주립대학을 거쳐간 학생 수만 명의 자료를 분석해서, 가계소득부터 SAT 점수, 고교 내신 등급, 부모의 학력까지 모두 14가지 개별 변수를 통합한 통계 모델을 개발하고, 신입생의 4년 이내 정시 졸업 가능성을 확실하게 예측할 수 있는 단일 알고리즘을 개발해냈다. 그들은 이 새로운 도구에 '정시 졸업율 계기판Four-Year-Graducation-Rate-Dashboard'이라는 이름을 붙였다.

2013년 봄, 로드와 팀원들은 텍사스주립대학에 갓 입학한 신입생의 데이터를 '계기판'에 입력했고, 통계 알고리즘을 거쳐 신입생들의 정시 졸업 가능성을 개인별로 정확히 예측한 수치를 소수점 둘째 자리까지 얻어냈다. 어떤 학생은 정시에 졸업할 것이 거의 확실했다. 하지만 또 어떤 학생에게 정시 졸업은 하늘의 별 따기만큼 힘들어 보였다. '계기판'에 따르면, 신입생 6명 중 1명은 정시에 졸업할 확률이 40퍼센트 미만이었다. 바꿔 말하면, 정시 졸업 확률이 40퍼센트 미만인 학생이 모두 1200명이었고, 이 1200명이 로드의 관심사였다. 로드는 1200명 모두를 4년 안에 제때 졸업시킬 수 있을지 확신하지 못했다. 하지만 그들이 졸업할 수 있도록 지원책을 마련하는 일은 가능할 듯싶었다. 그리고 지원책이 효과를 발휘한다면, 정시 졸업률 70퍼센트라는 목표가 달성될 것이고, 그 과정에서 대학을 변화시킬 수도 있을 거라고 로드는 내다봤다.

내가 데이비드 로드 교수를 만난 것은 2013년 가을이었고, 그가 졸업률 책임자가 된 지 1년쯤 지났을 무렵이었다. 처음 만나면, 그는 대학 행정 책임자라기엔 좀 특이해 보일 수 있다. 로드는 키가 크고 꼿꼿하며, 근엄한 표정과 크고 걸걸한 목소리는 「머펫 쇼」1976년부터 1981년까지 미국에서 방영된 인형극과 코미디 위주의 버라이어티 프로그램에 나오는 독수리 샘을 닮았다. 그는 친절하지만, 입에 발린 소리는 하지 않는다. 태도는 무뚝뚝하고 꾸밈없으며, 사람들의 호감을 사는 데는 별 관심이 없어 보인다. 그래도 나는 그를 알면 알수록, 독특한 경험과 지식을 겸비한 그가 입학률 책임자라는 특별한 임무에 적임자임을 분명히 알 수 있었다.

로드는 데이터를 신봉하는 과학자로, 70퍼센트 달성 아니면 실패라는 극명한 대비를 좋아했다. 또한 '계기판'이 빈틈없는 계산으로 대학과 자신이 객관적으로 공정하게 학생들에게 자원을 배분할 수 있도록 해준 데 대해서도 높이 평가했다. '계기판'이 2013학년도 신입생 가운데 졸업 가능성이 가장 낮다고 예측한 학생 1200명은 사실상 대부분 가난한 유색인종이었다. 하지만 그들이 특정한 인구통계학적 범주인 것보다, 예측 분석 알고리즘에 의해 선택된 추가 지원 대상이라는 사실이 로드에게는 더 중요했다. 그들의 정시 졸업률을 40퍼센트 아래로 끌어내린 환경적 영향이 무엇이든 간에 로드에게는 상관없었다. 예측 분석에 의하면 그들은 대학의 지원이 필요한 학생들이고, 따라서 지원을 받게 될 것이다.

하지만 로드는 지원할 '대상'이 누군지 수학적으로 정확하게 판단하면서도, 그들을 돕는 '방법'에 있어서는 완전히 즉흥적으로 본능과 감정에 휘둘렸다. 이성적으로는 로드도 여러 가지 중에 분명히 더 효과적인 개입이나 지원 방법이 있으리라는 점을 잘 알고 있었다. 하지만 그가 졸업률 책임자로 임명된 2012년은 '학생 성공student success 대학 교육의 질을 평가하고 향상시키기 위해 졸업률, 중퇴율, 학점, 대학원 진학률, 전인적 발달 등 다양한 지표를 연구하는 교육학의 한 분야' 연구의 초창기였기 때문에, 어떤 방법이 효과적인지 확인할 만한 자료가 거의 없었다. 로드에게 주어진 빠듯한 기한을 고려할 때, 직접 다른 방법을 시험해볼 여유도 없었다. 그래서 로드는 모든 수단을 총동원해 제때 졸업할 가능성이 가장 낮은 학생들을 돕기 위한 종합 지원 대책을 세웠다. 그리고 이것을 '요리식 접근법kitchen sink approach'이라고 불렀다. "대학에서 학생들에게 온갖 종류의 다양한 조치를 시행하는 겁니다. 학생마다 상황이 제각각이니, 학생 각자가 그중 본인에게 맞는 재료를 찾아서 효과적으로 요리할 거라고 믿습니다." 로드의 설명이었다.

로드가 첫 단계로 취한 조치는, 자연과학대와 인문대와 공대 등 단과대학 전체에 '학업 성공 프로그램'을 구성하도록 보조금을 지급하는 것이었다. 이 프로그램에는 로드가 화학301 강의에서 TIP 과정을 진행할 때 원칙으로 삼았던 소규모 강의와 또래 멘토링, 조교 지원과 지도교수 상담 등이 포함되었다. "텍사스주립대학 신입생 중에는 늘 변함없이 부유층과 빈곤층이 있을 겁니다." 로드가 설명했다. "그리고 가난한 신입생은 부유한 신입생만큼 학업 준비나 자아 형성의 기회를 얻지 못했겠지요. 중요한 문제는, 그들이 대학에 입학한 다음부터입니다. 이미 앞서나간 부유한 학생들만큼 가난한 학생들도 학문적으로나 인격적으로 발전을 이루도록 뒷받침하려면 대학이 어떻게 하는가가 관건이죠."

하지만 동시에, 로드는 학생들의 학업 문제를 학업 외적인 문제와 따로 떼어서 접근하는 것은 불합리하다고 확신했다. 그리고 그가 사우스대학 1학년 때 경험했던 것과, 텍사스주립대학 1학년생들의 경험이 크게 다르지 않을 거라고, 특히나 신입생 때는 학업 부담에 경제적·심리적 압박까지 더해져서 스스로의 힘만으로 도저히 해결할 수 없는 지경이 되기도 할 거라고 짐작했다. 대학에 와서 외톨이가 되고, 돈 문제로 근심하고, 학점까지 형편없다면, 그것은 세 가지 별개의 문제가 아니라, 커다란 하나의 문제로 학생들에게 다가온다. 그래서 로드는 학업 성공 프로그램 같은 학습 지원 외에도, 신입생을 위한 여름 오리엔테이션 프로그램을 도입했고, 학생들이 모든 단과대학에서 심리상담사들의 도움을 받을 수 있도록 정신건강센터를 확대했다.

로드가 추진하는 학생 지원 전략의 핵심은 '리더십 네트워크University Leadership Network, ULN'라는 새로운 프로그램이었다. "학업 성공 프로그램은 공부에 관련된 것입니다. 리더십 네트워크는 다른 측면, 즉 학생들의 인간적인 발전과 성숙을 돕는 프로그램입니다." 로드가 설명했다.

리더십 네트워크에 선발되기 위해서는 '계기판'이 예측한 정시 졸업 가능성이 40퍼센트를 밑돌고 재정 지원 부서에서 말하는 '미충족 재정' 학생, 즉 빈곤층에 속해야 했다. 해마다 빈곤층 신입생 가운데 500명이 리더십 네트워크에 선발되었다. '계기판'은 경제적 제약 때문에 이들 500명의 정시 졸업 가능성이 학업 성공 프로그램 대상자 1200명의 정시 졸업 가능성보다 훨씬 더 낮을 거라는 예측을 내놓았다. 리더십 네트워크 참가자 500명의 졸업 가능성은 30~20퍼센트 혹은 그보다 아래였다.

리더십 네트워크 참가자들은 1학년 때, 시간 관리와 팀 빌딩team building 같은 주제로 매주 강연을 듣고, 동기들과 함께 소그룹 토론 시간을 가졌다. 2~4학년 때는 캠퍼스에서 실무 또는 학술 인턴십에 참여하며 대학 안팎에서 다양한 기회와 인맥을 늘렸고, 저학년들의 멘토나 기숙사 조교 같은 리더 역할을 맡았다. 그리고 이 모든 활동에 참여하는 대가로, 연간 5000달러의 장학금을 매달 나눠 받았다.

로드는 학생 지원 및 참여 네트워크가 일종의 캠퍼스 안전망 기능을 하게 되면, 곤란을 겪는 학생들이 위기를 맞을 때 뭔가 의지가지로 삼을 수 있는 장치가 마련되지 않을까 기대했다. "리더십 네트워크 참가자들의 졸업률이 지금은 30퍼센트도 채 안 되지만, 몇 년 뒤에 65퍼센트까지 끌어올리는 게 목표입니다." 로드가 말했다. "그게 우리 계획입니다. 제대로만 된다면, 18~22세의 청년기 동안, 우리는 18년간 부실한 학문적 준비로 빈곤층 학생들이 받은 피해를 멈출 수 있습니다. 대학이 학생들을 올바른 장소와 올바른 환경에 배정하고 제대로 지원하면, 기적 같은 일이 벌어질 수도 있을 겁니다."

2. 소 속 감

에이미 A.가 2013년 가을, 텍사스주립대학 신입생으로 오스틴에 도착했을 때, 그녀는 그해 처음 생긴 리더십 네트워크에 배정받았다. 에이미는 텍사스주 자동입학전형으로 대학에 들어왔고, 댈러스 교외의 저소득층 아이들이 주로 다니는 작은 고등학교에서 전체 350명 가운데 12등으로 졸업했다. 에이미의 부모는 아들딸을 대학에 보내기 위해 수십 년 동안 희생하고 저축하며 살아온 서아프리카 출신의 이민자였다. 고등학교 때 에이미는 모범생일 뿐만 아니라 외향적이고 모든 일에 열심이었다. 그녀는 연설을 잘했고 학생회를 이끌며 봉사활동 프로젝트를 계획하는 일을 좋아했다. 에이미가 식구들과 함께 다니는 댈러스의 오순절 교회에는 그녀의 가족처럼 아프리카 이민자가 대부분이었고, 교인들 사이에서 에이미는 우등생으로, 미래의 대학 졸업자로, 그리고 앞날이 창창한 아이로 알려져 있었다.

하지만 고등학생 때 에이미는 확실하게 믿을 만한 대학 입시 정보를 접하기 어려웠다. 동창생 대부분은 커뮤니티 칼리지에 진학하거나 곧바로 취업에 나섰지만, 에이미는 4년제 명문대학에 꼭 가고 싶었다. 단지 어느 대학으로 가야 할지, 등록금은 어떻게 마련해야 할지, 그리고 대학에 진학하려면 당장 뭐부터 해야 할지 잘 몰랐다. 12학년 때, 그녀는 대학에서 장학금이나 학비 지원을 받는 경로를 알아보기 위해 진로상담실에 들르곤 했지만, 상담교사들은 어깨만 으쓱하고 말았다. 그들은 에이미에게 우선 커뮤니티 칼리지에 가서 나중에 4년제 대학으로 편입하는 방법을 고려해보라고 충고했다. 그 모든 과정에서 에이미는 엄청난 좌절감을 맛봤고, 가끔 울기까지 했다. "선생님들이 제가 대학에 가는 걸 말리는 것 같았어요." 에이미가 내게 말했다. 그러다 AP 수업을 담당하는 영어교사가 마침내 대학 진학 의지가 확고한 에이미를 위해 누군가를 초빙해왔는데, 그 사람은 포트워스에 있는 영리법인 실업대학 에베레스트 칼리지의 대표였다. 하지만 몇 년 후, 이 대학의 모회사가 파산하고 말았다.

에이미는 학교의 진학 지도나 부모의 도움 없이 텍사스주와 오클라호마주에 있는 몇몇 공립대학과 사립대학에 지원했다. 결국, 그녀는 텍사스주립대학 오스틴 캠퍼스를 선택했다. 합격 통지서와 함께 데이비드 로드가 막 도입한 신입생 여름 오리엔테이션 프로그램에 참여하라는 초대장이 날아왔기 때문이다.

몇 달 후, 1학년 1학기가 마무리되는 1월에 나는 에이미를 처음 만났고 캠퍼스 근처 카페에서 이야기를 나눴다. 그녀는 지금까지 힘든 시간이었다고 했다. 텍사스주립대학에 입학할 때 에이미는 아주 구체적인 진로를 염두에 두고 있었다. 바로 치과의사였다. 1년 전, 11학년 때 야후 검색창에 '미국의 고소득 직종'을 입력한 순간, 거의 꼭대기 순위에 치과의사가 떴기 때문에 그렇게 정했다. 특별히 치의학에 관심이 있는 건 아니었지만, 에이미에게는 별로 중요한 고려 사항이 아니었다.

"치과의사는 돈을 많이 벌잖아요." 에이미가 딱 잘라 말했다. "대학에 오면 졸업 후에 돈을 많이 벌 수 있는 전공에 집중해야 해요. 그래서 저도 제가 좋아하는 일은 이만 정리했죠. 연설이나 프로젝트나 사람들과 함께 하는 봉사활동 같은 거요. 행복을 찾기보다 좋은 직업을 얻으려고 다른 건 미뤄둔 거예요."

에이미는 이것이 어른스럽고 떳떳한 계획이라고 생각했지만, 실제로는 마음먹은 대로 잘되지 않았다. 그녀는 1학기 때 미적분학을 C-로 마치며 고전했다. 더 심각한 문제는 화학301이었는데, 미적분학과 마찬가지로 의대나 치의대에 가려면 반드시 수강해야 하는 필수 과목이었다. "노력하고 또 노력했죠. 하지만 소용없었어요." 에이미가 말했다. "머리에 하나도 안 들어오더라고요." 에이미는 지도교수를 찾아가 도움을 구하고 캠퍼스 학습센터에 가서 나머지 공부도 열심히 했다. 하지만 시험을 치르는 날, 강의실 의자에 앉기만 하면 공부한 내용이 머릿속에서 하얗게 지워졌다. "정말 엄청 무서웠어요."

11월, 마지막 순간에 에이미는 화학301을 '수강 철회'하기로 했다. 수강을 철회한 과목은 성적증명서에 낙제로 기록되지 않았다. 그래도 상처는 남았다. "정말이지 우울했어요." 에이미가 말했다. "수강 철회를 하고 나니 제가 이 대학에 어울리지 않는다는 생각이 들었죠. 여긴 고등학교 수석 졸업자들만 오는 학교 같았고, 전에 상담 선생님 말대로 커뮤니티 칼리지부터 시작할 걸 그랬나 싶기도 했고요." 에이미는 커뮤니티 칼리지를 선택한 고등학교 친구들이 페이스북에 올린 글을 읽어보곤 했는데, 다들 재미있게 지내고 학점도 잘 받는 것 같았다.

크리스마스가 되어 집에 갔을 때, 에이미는 휴가가 끝난 뒤에 학교로 돌아갈지 확신할 수 없었다. "완전히 실패자가 된 기분이었어요. 그래도 대학을 자퇴할 수는 없었죠. 우리 교회에 오는 꼬마들이 절 우러러보니까요. 아이들은 제가 여대생이니까 똑똑하고 멋있는 언니라고 생각해요. 하지만 제가 그 아이들을 실망시켰다는 기분이 들었어요." 교회 사람들이 그녀에게 대학생활이 어떠냐고 물으면, 에이미는 차마 힘들다는 말을 할 수가 없었다. 아는 사람 누구에게도, 심지어 부모님에게도 화학 수업을 철회했다는 이야기는 하지 않았다.

에이미는 결국 대학에 돌아가기로 했지만, 얼마나 오래 버틸지 자신이 없었다. 내가 카페에서 에이미를 만난 것은 그로부터 딱 일주일 후였고, 인터뷰를 마치고 헤어질 때 나는 에이미가 진심으로 걱정됐다. 그녀는 영리하고 재주도 많아 보였지만, 대학 신입생 생활에 정말 많이 지친 듯 보였다. 에이미는 신입생으로서 몇 번 심각한 좌절을 맞았고, 그 여파로 학업에서도 뒤처지고 있었다.

3년이 흐른 뒤, 나는 다시 오스틴을 방문하기 직전에 에이미에게 이메일을 한 통 보냈다. 그녀의 텍사스주립대학 계정이 아직 살아 있기를 바랐는데, 다행히 에이미가 메일을 확인했다. 에이미는 대학을 중퇴하지 않았을 뿐만 아니라 곧 졸업을 앞두고 있었다. 2016년 12월, 마지막 학기만 남은 시점에서 우리는 다시 만났고, 이번에는 학생회관 건물 로비에 앉아 이야기를 나눴다. 에이미는 그동안 무슨 일이 있었는지 밀린 이야기를 풀어놓기 시작했다.

그때 우울한 크리스마스를 보내고 1학년 2학기가 시작됐을 때, 에이미는 지도교수를 만나 자신의 상황을 설명했다. 지도교수는 학업이나 진로 계획을 세울 때 미래의 경제적 수익성만 따지지 말고, 본인이 정말 좋아하는 일이 무엇인지, 인생의 관심사가 무엇인지 진지하게 고민해보는 것도 도움이 될 거라고 듣기 좋게 에이미를 타일렀다. 에이미는 그 질문의 답을 이미 알고 있었다. 그녀는 사람들을 좋아했다. 모임을 결성하고 명단을 만들고 다른 사람들을 도울 때가 가장 행복했다.

에이미의 지도교수는, 그녀가 자연과학부 대신에 커뮤니케이션학부나 경영학부 수업을 듣는 게 더 좋지 않겠느냐고 제안했다. 그래서 1학년 2학기에 에이미는 시험 삼아 몇몇 커뮤니케이션 강의를 수강했고, 수업이 적성에 맞는다는 사실을 깨달았다. 2학기를 마치고 그녀는 커뮤니케이션학부에 지원했다. 그리고 합격했다. 자신감이 되살아나기 시작했다.

대학이 제공하는 리더십 네트워크 프로그램도 도움이 됐다고 에이미는 말했다. 그녀는 1학년 때 리더십 네트워크에 선발된 학생들이 매주 참석해야 하는 강연회에서 리더십과 전문성에 대한 강연을 듣고 큰 자극을 받았다. "거기서 너무나 많은 걸 배웠어요!" 에이미가 말했다. "제가 대학에서 성공하는 데 도움이 된 프로그램은 단연 리더십 네트워크라고 할 수 있어요."

에이미는 2학년 봄학기에 경영대학원 강의를 하나 들었는데, 어느 날 강의 시간 내내 교수가 인적자원관리 분야를 설명했다. 주위 학생들은 세세한 부분까지 신경을 써야 하는 인력개발 업무에 아무 감흥을 느끼지 못하고 지루해하는 것 같았다. 그러나 에이미에게 그 강의는 하나의 계시였다. "인적자원관리 수업은 정말 놀라웠어요. 교수님이 계속해서 인력개발팀에서 하는 업무를 설명했고, 저는 확신했죠. 내가 하고 싶은 일이 바로 저거였구나!"

강의가 끝나고 나서 에이미는 교수에게 다가가 말문을 터뜨렸고, 교수는 다음 학기에 개설되는 자신의 강의에 참석하라고 에이미를 초대했다. 그 강의는 보통 인적자원관리를 전공하는 경영대학원 학생들만 수강할 수 있는 과정이었다. 그녀는 경영대학원 강의가 대학 4년 동안 들었던 수업 중에 가장 흥미진진하고 보람 있었다고 말했다. 그리고 에이미는 인적자원관리가 자신이 애초부터 찾던 천직이라고 확신했다.

에이미는 SAT 점수가 기준 이하였지만 빈곤층 1세대 자동입학전형으로 텍사스주립대학에 입학했다. 로드의 졸업률 계기판 모델에 따르면, 텍사스주립대학에서 그녀의 성공 가능성은 매우 낮았다. 그리고 예측대로 그녀는 대학에서 고군분투했다. 자퇴를 심각하게 고민했지만, 끝까지 포기하지 않고 버텼고, 결국 대학생활을 즐기게 되었다. 그녀는 자신에게 딱 맞는 강의와 신바람 나게 일할 수 있는 직업을 찾았고, 의리 있는 친구를 여러 명 만났다. 그리고 데이비드 로드의 다양한 학생 지원 프로그램 덕분에, 다행히 에이미는 정확히 4년 만에 학사학위를 받고 제때 대학을 졸업했다.

에이미의 성공 비결은 무엇일까? 신입생 첫 학기 때의 악몽에서 어떻게 빠져나올 수 있었을까? 지금도 텍사스주립대학과 다른 수많은 대학에서 에이미와 똑같이 벽에 부딪히고 좌절한 신입생들이 대학을 중도 포기한다. 그런데 무엇이 에이미를 졸업까지 버티게 했을까?

로드의 학생 지원 프로그램 덕분일까? 아니면 에이미를 새로운 전공으로 이끈 지도교수의 조언이나 리더십 프로그램 강연 덕분일까? 신입생 오리엔테이션은 또 어떤가? 과연 도움이 됐을까?

　그것도 아니라면, 대학에 와서 에이미가 끈기를 발휘한 것일까? 그녀는 원래 그런 능력을 타고났을까? 아니면 부모나 교회로부터 받은 메시지, 또는 고등학교 때 받은 교육을 통해 내면에 잠재된 능력이었을까?

　에이미는 2013학년도 텍사스주립대학 신입생 가운데, 내가 신입생 때 처음 만나고 3년이 지난 뒤 4학년 때 다시 만나본 몇 안 되는 학생이었다. 나는 졸업을 앞두고 만난 학생 대부분이, 대학에서 에이미와 비슷한 경로를 밟아왔다는 것을 알게 되었다. 그들 모두가 1학년 때 여러 번 고비를 넘겼고, 2학년이나 3학년 때까지도 난관에 부딪혔지만, 결국 상황을 역전시킬 수 있는 순간을 맞이했다.

　멕시코 국경에 인접한 이글패스라는 마을에서 온 제시카는, 1학년 때 멕시코 출신 이민자 부모가 자신을 텍사스주립대학에 보내기 위해 얼마나 고생했는지 이야기하면서 울었던 여학생이다. 4학년 때 다시 만난 자리에서, 그녀는 자신이 교환학생으로 중국에 다녀왔고 캘리포니아주립대학 버클리 캠퍼스에서 연구 논문을 내고 지질학 전공으로 학위를 받을 예정이라고 했다.

　휴스턴 출신의 드마커스는, 텍사스주립대에서 첫 학기에 화학301과 미적분 강의를 수강 철회한 뒤로, 1학년 내내 우울증과 불면증, 불안장애에 자주 시달렸다. 졸업하는 데 5년이 걸렸지만, 결국 친구를 사귀고 불안감을 다스릴 줄 알게 되었으며, 심리학 전공과 지질학 부전공으로 학사학위를 받았다.

또 한 명의 휴스턴 출신 학생 미카는, 컴퓨터 운영체제OS 수업을 제대로 따라가지 못하는 바람에 전공인 컴퓨터공학부에서 쫓겨날 뻔했다. 첫 학기에 두 번 연달아 시험을 망친 뒤, 그는 침대에 몸을 웅크리고 「키 앤 필Key&Peele」 코미디언 듀오 키건 키와 조던 필이 진행하는 TV 코미디 프로그램 영상만 밤새도록 보면서, 프로그래머 경력은 시작도 하기 전에 끝났다고 확신했다. 하지만 결국 털고 일어나서 OS를 정복할 방법을 찾아냈고, 컴퓨터공학부에서 용케 살아남았다. 그는 제때 졸업했고 곧바로 오스틴에 있는 부동산 회사의 OS 개발자 자리를 얻었다.

로드의 요리식 접근법은 텍사스주립대학 학생들을 성공적으로 변화시켰다. 그리고 성공의 증거는 학생 개개인의 성공담으로만 확인되는 것이 아니라, 데이터로도 증명되었다. 로드가 이끄는 팀은 2013학년도 신입생을 대상으로 목표했던 졸업률에 살짝 못 미치는 성과를 냈다. 에이미를 포함해 그해 신입생들의 4년 이내 정시 졸업률은 66퍼센트로 집계되었는데, 이것은 로드가 졸업률 책임자로 임명된 당시의 51퍼센트보다 훨씬 높은 수치였다. 그리고 이듬해, 2014학년도 신입생들의 4년 이내 정시 졸업률은 파워스 총장이 요구한 70퍼센트를 달성했다.

2017년과 2018년, 텍사스주립대학 전체 졸업률이 언론에 공개되었고 66퍼센트와 70퍼센트라는 수치가 신문 1면을 장식했다. 하지만 로드가 가장 뿌듯하게 생각했던 부분은, 그가 졸업률 책임자를 처음 맡았을 때 최저 졸업률을 기록했던 학생들의 정시 졸업률이 크게 올랐다는 통계였다. 텍사스주립대학 신입생 가운데 펠 장학생들의 정시 졸업률이, 2008년 40퍼센트에서 2014년 61퍼센트로 크게 개선되었고, 1세대 학생들의 정시 졸업률도 2008년 41퍼센트에서 2014년 62퍼센트로 개선되었다. 또한 SAT 점수가 하위 25퍼센트에 속하는 신입생들의 정시 졸업률도 39퍼센트에서 63퍼센트로 향상되었다. 흑인 학생들은 37퍼센트에서 58퍼센트로, 라틴계 학생들은 43퍼센트에서 64퍼센트로 각각 개선되었다.

대학 전체로는 이렇게 확실한 성공을 거뒀지만, 2013학년도 신입생 모두가 행복한 이야기의 주인공은 아니었다. 2013년 가을에 내가 만난 또 다른 신입생 빅토리아는, 샌안토니오의 작은 공립 고등학교를 전교 4등으로 졸업한 학생이었다. 그녀는 수학과 과학을 좋아했고 텍사스주립대학에 와서 다른 과학도 지망생처럼 1학년 때 미적분학 입문 과정을 수강할 계획을 세웠다. 빅토리아는 미래의 경쟁자들보다 한발 앞서나가기 위해, 입학 전 여름 샌안토니오에 있는 커뮤니티 칼리지에서 미적분학 입문 과정을 청강하면서 많은 것을 배웠다.

하지만 빅토리아가 입학했을 때, 모든 신입생은 필수 이수 과정인 전산수학 강의를 듣기 위해 진단고사를 치러야 했고, 그녀는 시험을 완전히 망쳤다. 미적분학을 예습한 상태였는데도, 그녀의 점수는 텍사스주립대학에서 미적분학 입문 과정을 수강할 수 없는 수준이라고 판명되었다. 따라서 미적분학 예비 과정을 먼저 수강하고 다시 진단고사를 치러야 정식 미적분학 과정을 수강할 수 있었다. 빅토리아는 아예 수학과 과학을 포기하기로 마음먹고, 첫 학기에 인문학부 과정을 이것저것 신청했다.

에이미가 첫 학기에 그랬던 것처럼, 빅토리아는 자신감을 잃었다. 에이미처럼 빅토리아도 자신이 텍사스주립대학에서 공부하기에 부족하지 않을까 걱정했다. 하지만 빅토리아는 좌절감을 털고 일어나기까지 에이미보다 더 애를 먹었다. 리더십 네트워크 강연과 세미나는 에이미에게 위안이 되었지만, 빅토리아에게는 아니었다. 빅토리아는 리더십 네트워크에서 만난 다른 학생들이 모두 분명한 목표와 계획을 가지고 있는 것 같아 더 주눅이 들었다. 자기처럼 불안하고 우유부단한 사람이 진심으로 어울릴 수 있는 공동체가 아닌 것 같았다.

한편, 빅토리아는 샌안토니오 집도 골치 아픈 상황이라고 했다. 그녀는 음주와 가정 불화, 고질병, 만성적인 금전 문제가 한데 뒤엉킨 가족 이야기를 내게 들려주었고, 그 모든 문제가 대학생이 돼서도 내내 마음을 짓누른다고 털어놓았다. 텍사스주립대학에서 첫 학기를 마쳤을 때 빅토리아의 GPA는 2.0을 밑돌았고, 다음 학기에 GPA를 2.0 위로 끌어올리지 못하면 한 학기 동안 제적이라는 학사경고를 받았다. 다음 학기에도 GPA는 그대로였고, 빅토리아는 정학 처리되었다.

빅토리아는 가을에 샌안토니오 집으로 돌아갔고 메이시 백화점에서 아르바이트를 했다. 크리스마스가 지났고, 그녀는 하루빨리 대학에 돌아갈 날만 기다렸지만, 복학을 며칠 앞두고 할머니가 돌아가셨다. 할머니의 죽음에 충격을 받은 빅토리아는 우울증에 빠졌고, 학교 수업에 집중하기는커녕 일상생활을 하는 것조차 힘들어졌다. 결혼을 약속한 남자친구는 그녀의 우울증을 감당하지 못해 함께 살던 아파트에서 떠나갔고, 빅토리아의 우울증은 더 깊어질 뿐이었다. 그녀는 모든 강의에 빠짐없이 출석했지만, 실제로는 눈과 귀에 아무것도 들어오지 않았다. 결국 학기 말에 GPA는 2.0을 넘지 못했고, 그녀는 또다시 정학을 당했다. 이번에는 3년 동안 복학할 수 없다는 규정이었다.

원래대로라면 4학년 1학기가 되어야 했을 시점에 나는 빅토리아를 다시 만났다. 두 번째 정학 기간이 반쯤 지나고 있었다. 그녀는 오스틴 시 내에 있는 고급 레스토랑에서 매니저로 일하고 있었고, 여전히 대학으로 돌아갈 생각을 하고 있었다. 하지만 혹시라도 높은 연봉을 받고 바텐더로 일하게 된다면, 복학을 미룰 의향도 있었다. 그녀는 여전히 자기 인생의 방향을 확실히 정하지 못한 상태였다.

미국에서 대학 중퇴자 중에 가장 문제가 되는 범주는 에이미와 빅토리아, 미카 그리고 텍사스주립대학 리더십 프로그램에 배정되는 다른 많은 학생과 비슷한 이력을 가지고 대학에 입학하는 학생들이다. 그들은 SAT 고득점자가 아니면서 빈곤층에 속한다. 텍사스주립대학에서, 이 범주에 속하는 학생들은 현재 대부분 제때 졸업한다. 하지만 전체 대학으로 확대해보면, 이들은 대부분 제때 졸업하지 못한다.

2010년에 시행된 국가 연구에서, SAT가 1000~1200점(1600점 만점)인 대학 신입생들을 추적해 이들의 졸업 가능성을 구체적으로 예측했다.[23] 이 점수는 고득점은 아니지만 평균 이상의 점수다. 연구 결과, SAT 1000~1200점을 받은 어떤 신입생이 만약 소득 상위 25퍼센트 가정 출신이라면, 만 24세까지 학사학위를 받고 졸업할 확률이 약 66퍼센트로 나타났다. 한편, 그 신입생이 만약 소득 하위 25퍼센트 가정 출신이라면, 확률은 16퍼센트로 크게 낮아졌다. 대다수의 학생이 충분한 SAT 점수에도 불구하고 중도 탈락한다는 의미다.

그렇다면 앞서 내가 했던 질문의 답을 찾는 일이 더 시급해진다. 에이미(그리고 제시카와 미카)가 대학에 끝까지 남아 순조롭게 졸업할 수 있었던 원동력은 무엇이었을까? 그리고 왜 빅토리아에게는 효과가 없었을까?

1970년대 후반, 듀크대학에서 두 명의 심리학자가 간단하지만 중요한 실험을 했다.[24] 대학생들이 학교에 남아 있을지 아니면 중퇴할지를 결정해야 하는 혼란기에 그들에게 일어나는 심리 작용의 비밀을 밝히려는 연구였다. 티머시 윌슨과 퍼트리샤 린빌은 실험을 위해 1학년 2학기 초에 모두 40명의 듀크대학 재학생을 모집했는데, 실험 참가자들은 모두 첫 학기 때 생각만큼 잘하지 못했고 GPA가 걱정된다고 말하는 신입생들이었다.

전체 실험은 한 시간도 채 걸리지 않았다. 윌슨과 린빌은 참가자들을 실험군과 대조군으로 나누고, 이 실험이 대학생활에 대한 조사라고 안내했다. 그리고 실험군 학생들에게 다음과 같은 간단한 메시지를 전달해주는 몇 가지 통계를 보여주었다. '다 괜찮아질 거야.' 통계 수치는, 신입생때 성적이 보통 기대에 못 미친다 해도 1학년 1학기 이후로 GPA가 꾸준히 올라간다는 정보를 담고 있었다. 그런 다음 비디오 영상을 보여주었는데, 듀크대학에 다니는 고학년 선배 네 명이 개인적 경험에 비춰 똑같은 이야기를 전달하는 내용이었다. '1학년 1학기 때 나도 정말 힘들었지만, 험난한 첫 학기를 넘기면 학점은 오르더라.'

윌슨과 린빌은 이 간단한 심리학적 개입 실험을 마친 후, 1년 반 동안 실험 참가자 40명의 학업 진척도를 추적했다. 그 결과, 대조군에 비해 실험군 학생들의 학점이 훨씬 많이 올랐고, 자퇴한 이도 적었다. 표본 크기는 작았지만, 이 실험은 흥미로운 질문으로 이어졌다. '어떤 메시지가 불안한 대학 신입생들의 상심을 가장 잘 달래줄 수 있을까?'

듀크대학 실험 이후 20여 년이 지나서, 예일대학에서 두 명의 심리학자가 윌슨과 린빌의 연구 방법을 그대로 모방했다.[25] 그레고리 월턴과 제프리 코언은, 고정관념 위협stereotype threat 소속 집단에 대한 부정적 고정관념 때문에 그 고정관념이 적용되는 상황에서 행동적·사회적·심리적으로 위축되는 현상 연구로 유명한 사회심리학자 클로드 스틸 교수의 스탠퍼드 재직 시절 제자였다. 클로드 스틸은, 가령 엘리트 대학에 다니는 흑인처럼 고정관념에 의해 평가받을지도 모른다고 우려할 만한 상황에서 사람들이 불안해하며 실력을 제대로 발휘하지 못한다는 이론을 펼쳤다.

월턴과 코언은, 소수 인종 학생들이 대학생활에 좀처럼 적응하지 못하는 이유가 지능과 능력에 대한 개개인의 불안감 때문만은 아닐 거라고 생각했다. 그들은 사회적 원인도 의심했다. 대학 시절은 '소속belonging'에 대한 불안감이 종종 극에 달하는 시기다. 내가 이곳에 어울릴까? 나 같은 사람이 여기서 적응할 수 있을까? 에이미의 두려움을 생각해보자. 그녀는 화학301 수강을 철회하고 나서, 고교 수석 졸업자로 가득한 텍사스주립대학에 설 자리가 없다고 느꼈다. 빅토리아는 또 어떤가? 리더십 네트워크에서 다른 학생들이 모두 야무지게 인생을 설계해나가는 모습에 불안을 느꼈다. 리더십 네트워크는 자존감 낮은 사람이 끼어들 만한 자리가 아니었다.

월턴과 코언은 예일대학을 포함해 일류 명문대학에 진학한 흑인 학생들이 학업 성적뿐만 아니라, 그보다 폭넓게 대학이라는 사회적 환경에 적응하는 과정에서 불안을 느낀다고 가정했다. 그리고 이 가설을 검증하기 위해, 불안을 덜어주는 격려 메시지에 신입생을 노출시키는 실험을 고안했다. 과거 듀크대학 실험과 같이, 실험군 학생들은 고학년 선배들의 조언이 담긴 영상을 보면서, 대학에 소속감을 느끼지 못해 불안한 것은 지극히 당연한 걱정이며, 처음엔 누구나 다 그렇지만 그런 걱정은 시간이 지나면 자연히 사라진다고 안심시키는 메시지를 전달받았다.

이번에도 표본 크기가 작아서, 확실한 결론을 도출하기는 어려웠다. 하지만 채 한 시간도 되지 않는 간단한 실험적 개입만으로도, 실험군 흑인 학생들의 GPA가 높아졌으며 졸업할 때까지 꾸준히 유지된 것으로 나타났다.

월턴-린빌과 윌슨-코언 외에도 이 분야의 심리학자들은, 관련 실험을 계속하면서 이런 결과가 나오게 된 배경을 설명하는 이론을 발전시켰다. 그들의 이론에 따르면, 사람들은 누구나 첫 출산이나 대학 입학처럼 인생을 송두리째 뒤흔들 만큼 얼떨떨하고 혼란스러운 특별한 순간을 맞이하며,[26] 그 경험은 개인의 삶과 자아상을 형성한다. 그런 상황에서 불안을 느끼지 않는 사람은 없다. 인간은 대체로 삶에 애착을 갖고 인생이 기복 없이 평탄하게 흘러가기를 바라기 때문이다. 하지만 때때로 찾아오는 극단적인 변화의 시기에는, 외부 세계로부터 모호한 메시지, 다시 말해 해석이 분분한 메시지를 끊임없이 받게 된다. 그 모호한 메시지를 전부 모아 논리정연한 이야기로 끼워맞추려 하는 것 또한 인간의 속성이다. 그것은 바로 사람들이 긍정적이든 부정적이든, 자신의 새로운 정체성을 훨씬 더 순순히 받아들이게 된다는 뜻이다. 예를 들어 생각해보자. 아기가 계속 울어대는 건 모호한 메시지다. 아기들은 원래 그런 걸까, 아니면 내가 형편없는 부모라서 그럴까? 불안이 시작된다. 화학 강의 첫 시험에서 낙제했다. 남들도 다 그럴까, 아니면 전공이 내게 맞지 않는 걸까? 혹시 내가 이 대학에 어울리는 사람이 아닌가?

비록 마음이 괴롭긴 하지만, 이렇게 전환의 순간에 찾아오는 불확실성은 좋은 신호일 수도 있다. 심리적으로 긍정적인 메시지와 생산적인 대안을 찾게 해준다. 그것이 아마도 독창적인 듀크대학 실험이 학생들의 학업 성적에 유익한 영향을 끼친 원인일 것이다. 그들은 몇 년 동안 고등학교에서 우등생이라는 정체성을 가지고 있다가, 대학에 와서 순식간에 낙제생이 된 혼란스러운 상황을 어떻게 해석해야 할지 몰랐다. 만약 누군가가 그런 불확실한 순간에 지푸라기 같은 희망의 메시지를 던져준다면, 가령 '그건 지극히 정상이고, 곧 해결될 일시적인 문제'라는 논리정연한 이야기를 들려준다면, 그들은 두 손으로 그 지푸라기를 움켜잡을 것이다.

물론 정처 없이 방황하는 학생들은 사실 부정적인 이야기에 매달릴 가능성이 더 높다. 고등학교 내내 수학을 아주 잘했던 빅토리아는 대학에 와서 치른 진단고사 결과, 갑자기 자신에 대해 완전히 다른 메시지를 받게 된 셈이었다. '사실 명문대 학생들 사이에서 네 수학 실력은 형편없어.' 빅토리아는 이 새로운 메시지에 반박하려 하지 않았다. 그저 순순히 자신의 새로운 정체성으로 받아들였다. 그녀는 대학 입학이라는 통과의례를 거치면서 혼란스럽고 불안한 마음에, 팥으로 메주를 쑨다 해도 믿을 참이었다.

빅토리아의 경험을 미카의 경험과 비교해보자. 미카가 첫 학기 OS 강의에서 두 번 연달아 시험을 망친 경험은, 분명 크고 고통스러운 메시지를 전달하고 있었다. '넌 프로그래밍에 소질이 없어, 넌 컴퓨터공학부에 어울리지 않아.' 한동안, 그러니까 태아처럼 침대에 웅크리고서 코미디 프로그램을 밤새워 보는 동안, 미카는 이 새로운 정체성을 받아들여야 할지 말아야 할지 확신하지 못했지만, 결국 마음을 다잡았다. '아니, 그메시지는 사실이 아냐. 난 컴퓨터공학부 소속이야!' 그리고 결국 그가 옳왔다.

어느 가을 오후, 나는 스탠퍼드대학에 전화를 걸어 월턴과 이야기를 나눴다. 그는 특히 대학 1학년은 이런 모호한 순간들의 연속이고, 신입생들은 보통 그것을 어떻게 해석해야 할지 스스로 터득하기 힘들다고 설명했다. 월턴은, 자신이 코언을 비롯해 동료들과 진행한 오랜 연구의 핵심은, 이런 불확실한 순간에 학생들을 제지하기보다는 도움이 될 만한 메시지를 받아들이도록 방향을 잡아주는 일이라고 했다. "우리가 연구에서 바라는 것은, 학생들이 대학에 와서 외로움과 소외감을 느끼거나, 배척과 비난을 받는 등 낙담하는 일이 생겼을 때도, 그것이 온 세상이 그들에게 등을 돌린 것처럼 너무 심각하게 받아들일 필요가 없다는 메시지를 전달하는 겁니다." 월턴이 설명했다. "혹시 교수한테 혹평을 듣더라도, 물론 기분은 엉망이겠지만, 대학에 어울리지 않는다는 의미로 해석할 필요는 없어요. 지도교수가 그냥 '또라이'일지도 모르니까요."

2012년 초에 데이비드 예거라는 심리학자가 텍사스주립대학 오스틴 캠퍼스의 심리학과 부교수로 임용되었다. 예거는 그때 막 스탠퍼드대학에서 월턴·코언과 공동 연구를 진행하면서 박사학위를 받은 젊은 학자였고, 오스틴으로 와서 새로운 심리학적 개입 연구에 몰두했다. 그 무렵까지 예거와 월턴, 코언이 진행한 연구는 모두 비교적 소규모 실험이었다. 하지만 예거는 텍사스주립대학에 부임하자마자, 이듬해에 입학하는 7000명이 넘는 신입생 모두에게 적용할 수 있는 개입 프로그램을 개발하는 임무를 맡게 되었다.

예거와 월턴은 지금까지 이렇게 큰 규모로 심리학적 개입을 실험해본 적이 없었지만, 단 몇 주 만에 쉽게 실행할 수 있는 방법을 고안해냈다.

그들은 2012년 가을학기에 텍사스주립대에 입학하는 모든 신입생에게, 5월부터 시작되는 온라인 오리엔테이션에 접속하라고 공지하고, 그들에게 텍사스주립대학 재학생 선배로 보이는 학생들이 신입생 시절을 회고하는 개인적 진술을 읽고 간단한 설문에 응하도록 했다.[27] 앞선 실험과 마찬가지로, 메시지는 신입생 시절이 힘들겠지만 고통은 잠시뿐이라는 내용이었다. '가끔은 너만 뒤처지고 있다는 기분이 들 거야, 때로 소외감도 느낄 거야, 하지만 그게 정상이야, 넌 극복하게 될 거야. 다 잘될 거야.' 예거와 월턴은 신입생들을 대조군 외에 세 개의 실험군으로 나눴다. 그리고 두 학기가 지난 뒤에 대학의 공식 학생기록부를 검토해서, 실험 참가자 가운데 1학년 말까지 정규 등록생으로 학교에 남아 있는 학생이 실험 집단별로 각각 얼마나 되는지 확인했다.

1세대가 아닌 학생들에게, 개입은 아무런 영향을 미치지 않았다. 그들은 처음부터 소속에 대한 불안감이 없었기 때문일 것이다. 하지만 1세대와 다른 비특권층 학생들의 경우, '점점 나아질 거야'라는 메시지는 작지만 분명한 영향을 미쳤다. 즉, 대조군 학생들의 69퍼센트가 1학년 내내 정규 학생으로 등록한 반면, 개입을 경험한 실험군 학생들은 73퍼센트가 1학년 내내 등록했다. 아주 큰 효과는 아니었지만, 참가자 1인당 겨우 몇 달러의 비용과 30분의 시간을 소요한 실험이었으므로, 적은 비용과 최소한의 개입을 통해 얻어낸 효율적인 결과였다.

하지만 예거와 월턴이 6년 후에 실험 참가자들의 졸업률 자료를 확인했을 때, 개입의 효과는 거의 사라졌다. 그들의 간단한 개입은 중·단기적으로 학생들의 학업 수행을 개선하고 GPA도 높이는 것으로 나타났다. 하지만 적어도 아직까지는, 이런 유형의 개입이 학생들의 중대한 결심을

바꿔놓을 만큼 강력해 보이지는 않았다. '졸업할 때까지 버틸까? 아니면 그냥 포기할까?'

3. 적극적 개입 문화

데이비드 로드가 텍사스주립대학 졸업률 책임자가 된 후 여러 해 동안, '학생 성공'에 대한 연구는 학술회의와 연구 논문, 재단 또는 자선가들의 투자 덕분에 전국으로 퍼져나갔다. 아직 이 분야에서 최선의 전략이나 최적의 프로그램, 그리고 효과적인 예측 분석법이 확실하게 완성되진 않았지만, 캠퍼스에서 몇몇 관행이 변화하고 있는 것은 분명했다. 나는 취재차 신입생들이 계속 학교에 남아 정상적으로 졸업하도록 학생 성공 분야의 새로운 기법을 시범적으로 운영하는 대학을 여러 곳 방문했다.

리틀록에서 차를 타고 북쪽으로 30분쯤 달리면 센트럴아칸소대학이 있다. 나는 이 대학의 강의실에 앉아, 비교적 널리 알려진 최신 기법, 즉 보충수업 방식을 적용한 어떤 글쓰기 수업을 청강했다. 많은 대학에서 많은 신입생이 대학 정규 과정에 등록하기 전에, 영어 및 수학 과목에서 보충수업(또는 예비수업developmental class)을 필수로 수강해야 한다. 하지만 보충수업 과정은 신입생들의 졸업이수 학점에 포함되지 않을뿐더러(다른 정규 과정과 똑같은 수업료를 부담하지만), 낙제율이 꽤 높다. 신입생들이 이런 예비 과정을 무사히 통과하지 못하면, 정식으로 정규 과정에 등록하기 전에 1년 이상 지루하고 초보적인 고등학교 수준의 영어 및 수학 보충수업을 계속 들어야 한다. 예비 과정에서 영영 벗어나지 못하는 학생들도 있다.

센트럴아칸소대학이 운영하는 대안적 커리큘럼은 이른바 '통합필수 모델corequisite model'이었다.[28] 통합필수 과정의 목표는, 학생들이 학업에서 부족한 부분을 보충하는 동시에 난도가 높고 흥미로운 정규 과정의 학점을 따게 하는 것이었다. 내가 청강했던 '작문1310' 수업은 보충수업 과정이 아니라, 센트럴아칸소대학 신입생 전원이 수강해야 하는 통합필수 과정이었다. 작문1310 수업을 맡은 베키 보고슬라프스키 교수는 일주일에 세 번, 한 반에 20명씩 신입생을 가르쳤다. (내가 청강한 날은 에세이 다듬는 법에 대해 토론하고 있었다.) 수업에서 공개적으로 언급하지는 않았지만, 보고슬라프스키의 강의를 듣는 신입생 20명 가운데 ACT 작문 점수가 18점 이하인 학생이 절반이었다. 다시 말해, 작문 점수가 낮은 10명은 대학 규정에 따라 작문 보충수업을 필수로 수강해야 하고, 나머지 10명은 ACT 작문 점수가 19점 이상이라 보충수업이 필요 없었다. 보고슬라프스키는 매주 월수금 강의에서 점수 구분 없이 20명 모두를 한 반에서 가르쳤다.

그리고 매주 화요일과 목요일 오전에, 보고슬라프스키는 ACT 작문 점수가 낮은 10명의 학생을 '예비 작문'이라는 별도의 수업에서 만났다. 그녀는 예비 작문 수업에서도 본 강의와 똑같은 내용을 가르쳤다. 다만 학습 준비가 부족한 학생들이 어떤 부분에서 특히 어려워하는지 주의해서 살피며 좀더 천천히 꼼꼼하게 수업을 진행했다. 말하자면, 예비 작문 수업은 이들이 새로운 강의 내용을 미리 공부해서 이튿날 본 강의에 더욱 잘 집중하고 적응하도록 준비하는 보충수업 과정이었다.

수업이 끝난 뒤에 학생 몇 명에게 물어보니, 이 통합필수 과정에서 자신감을 얻었다고 했다. 그 학생들은 보충수업만 들었다면 생겼을지 모를 열패감과 소외감을 느끼지 않았다. 자기네보다 높은 시험 점수와 대학 준비성을 갖춘 동기들과 어깨를 나란히 할 수 있다는 자신감이 붙었기 때문이다. 또한 그들은 별도의 도움이나 지원 없이 정규 과정을 바로 수강했다가 혼란스러워하며 자포자기에 빠지는 학생들과도 달랐다. 지금까지는 대학의 노력이 효과를 보고 있는 듯하다. 센트럴아칸소대학이 통합필수 작문 과정을 도입한 이후 몇 년 동안, 평균적으로 이 과정에 등록한 학생의 80퍼센트가 예비 작문과 작문1310 강의를 동시에 이수했다. 한편 통합필수모델을 도입하기 전에는 이런 학생이 25퍼센트에 불과했다.

조지아주립대학은 애틀랜타 시내에 있는 공립 종합대학으로, 학생들이 낙오하는 것을 막기 위해 또 다른 방법을 찾아냈다. 바로 학생 상담 서비스였다. 조지아주립대학 상담센터는, 정교한 데이터 분석을 통해 학생들의 학업 진척 상황을 추적하고, 작은 문제가 큰 위기로 바뀌기 전에 일찌감치 개입하는 전략을 택했다. 조지아주립대학에 갔을 때 나는 이른 아침부터 학생상담센터에서 일하는 에밀리 비스를 그림자처럼 따라다녔다. 그녀는 애틀랜타 시내를 비추는 거대한 코카콜라 네온 광고판이 가까이 보이는 대학 상담센터 건물의 5층 작은 사무실에서 일했다. 비스는 친화력 있고 다정한 사람이었다. 두꺼운 뿔테 안경을 쓰고 카디건 스웨터를 입었고, 상담실 벽에는 요가하는 고양이 사진과 달력이 붙어 있었다. 비스는 학생들을 상담할 때 우선 공감하고 불안을 없애주는 방식으로 접근했지만, 데이터 분석도 많이 참고했다.

조지아주립대학은 앞서 로드가 텍사스주립대학에서 '졸업률 계기판'을 만들 때 이용한 것과 똑같은 예측 분석 전략을 도입했다. 비스는 책상 위에 큰 컴퓨터 모니터를 두 대 놓고 썼는데, 상담 중에 방문한 학생과 함께 볼 수 있도록 각도를 꺾어 세웠다. 그리고 상담할 때 모니터에 디지털 학생생활기록부를 띄웠다. 이 기록에는 상담 온 학생이 수강한 강의 목록과 학점, 이전 상담 기록과 상담에서 다룬 내용을 포함해 수많은 학생 정보가 색깔별 차트에 보기 좋게 정리돼 있었다. 또한 모니터 화면에 불러올 수 있는 GPA 계산기, 학점이수계획 일정표, 강의 소개 카탈로그 등 각종 프로그램과 애플리케이션이 비스의 모니터 화면에 가득했다. 모니터를 들여다보고 있자니, 조지아주립대학에서 학사학위를 받는 것이 마치 비디오 게임에서 초보자 단계를 마스터하는 것만큼 쉽고 간단해 보였다.

봄방학이 막 끝난 3월의 어느 포근한 아침, 상담실에 맨 처음 들어선 학생은 니컬러스라는 1학년생이었다. 니컬러스는 말끔하게 차려입은 금발머리 남학생이었는데, 마른 체격에 말투가 조용조용했다. 비스가 니컬러스의 학생부 파일을 열자, 크고 빨간 동그라미가 모니터 화면 위로 떠올랐다. '예측 위험 수준: 높음!' 니컬러스의 첫 학기 성적은 형편없었다. 애팔래치아주립대학에서 첫 학기를 망쳐 GPA 0.8을 받고 친구들 사이에서 '쩜팔이'라고 놀림받았던 킴 헤닝의 오빠 트레버를 기억하는가? 니컬러스는 더했다. 그는 GPA 0.25라는 흔치 않은 성적을 기록하며 조지아주립대학에서 1학기를 마쳤다. 니컬러스는 미국사 개론 수업에서 겨우겨우 D학점을 받았을 뿐, 나머지 모든 수업에서 F학점을 받았다.

비스는 니컬러스와 상담하는 동안 그를 격려하고 있었지만, 분명 심각한 상황이었다. 니컬러스는 학사경고를 받았고, 다음번 학사경고를 피하려면 2학기까지 누적 GPA를 2.0점 이상으로 올려야 했다. 비스는 니컬러스가 여름방학 전에 학사경고에서 벗어나려면, 2학기에는 거의 만점에 가까운 성적을 내야 한다고 조언했다. 학사경고를 받으면, 고등학교 성적 우수자에게 조지아주 정부가 지원하는 HOPE 장학금을 더 이상 받을 수 없기 때문에, 니컬러스는 장학금 없이 다음 학기 등록금을 마련하는 데 애를 먹고 있었다.

하지만 천만다행으로, 니컬러스는 2학기 때 엄청나게 좋은 성적을 거뒀다. 그는 B+를 받은 정치학 강의를 제외하면 전 과목에서 A학점을 받았다. "이렇게까지 열심히 해본 건 태어나서 처음이에요." 니컬러스가 비스에게 말했다. "1학기 때 실패를 최대한 빨리 만회하고 싶었죠." 그는 철학이나 문학, 혹은 둘 다 전공할 계획이라고 했고, 대학원에 진학해서 적어도 석사, 어쩌면 박사과정까지 밟겠다는 목표로 열심히 대학생활을 하고 있었다.

나는 궁금해졌다. 1학기에 도대체 무슨 일이 있었던 걸까? 그리고 그 후에 뭐가 달라졌을까?

한 달 뒤에 애틀랜타에 들르는 길에, 나는 니컬러스에게 이메일을 보내 시간을 좀 내줄 수 있는지 물었다. 우리는 4월 어느 월요일 저녁 늦게, 조지아주립대학 캠퍼스 한가운데 있는 와플 하우스에서 만나기로 했다. 계란과 해시 브라운 감자튀김을 앞에 두고 커피를 연거푸 마시면서 니컬러스가 지난 이야기를 쏟아냈다.

그동안 내가 인터뷰한 수많은 학생, 이를테면 킴이나 키카나 에이미처럼, 니컬러스가 대학에 입학한 사연도 가족을 빼놓고는 도저히 할 수 없는 이야기 같았다. 엄밀히 말하면 니컬러스는 1세대 대학생이었다. 그의 어머니는 2년제 대학에 잠시 다녔지만 졸업은을 못 했고, 아버지는 열다섯 살 때 고등학교를 중퇴했다. 하지만 한 세대 위, 적어도 친가 쪽 식구들은 모두 대학 졸업장을 받았다. 니컬러스의 할머니는 문학 석사, 할아버지는 교육행정학 석사였고, 나중에 할머니가 재혼한 할아버지는 수학 박사학위를 보유하고 있었다.

니컬러스의 아버지는 학자가 되라는 부모의 기대에 반기를 들며 고등학교를 자퇴했지만, 이제 니컬러스는 그의 아버지에게 반항하며 학자가 되려 하고 있었다. 조지아주 서배너에서 대부업체를 운영하는 니컬러스의 아버지는 대학 진학을 앞둔 아들에게, 사우스캐롤라이나대학에 가서 경영학을 전공하기로 약속하면 학비를 지원해주겠다는 조건을 내걸었다. 아마 그래서 니컬러스가 조지아주립대학에서 문학과 철학을 공부하는지도 모른다.

"우리 집안은 대대로 머리가 좋은 편이에요." 니컬러스가 내게 말했다. "권위에 반항하는 기질이 좀 있어서 그렇지."

고교 시절 니컬러스는 깊은 우울증에 빠져 수시로 자살 충동을 느꼈다. 고등학교 졸업반이 되면서 담뱃불로 자해하는 습관이 생겼고, 술을 너무 마셔서 자주 의식을 잃었다. 그렇게 방황하는 와중에도, 그는 뛰어난 학생이자 독서가였으며 전 과목에서 A를 받고 고등학교를 졸업했다. 니컬러스는 SAT 시험을 딱 한 번 치렀는데, 독해에서 800점 만점을 받았다. 하지만 그는 여전히 자신의 정체성과 삶의 목적을 찾아 헤매며, 불안하고 위태로운 상태 그대로 대학 신입생이 되었다. "그런 상황이 가뜩이나 힘든데, 환경까지 변하면 충격이 몇 배로 더 커져요."

니컬러스는 대학이라는 변화된 환경에서 새로운 사상이나 문학과 정치에 대한 격렬한 토론으로 가득 찬 지적 모험을 하게 되리라 기대했다. 하지만 현실은 고등학교 때와 별로 다르지 않았다. 개론 수업들은 하나같이 지루했다. 교수들이 별도 과제에 추가 학점을 주거나 수업 참여 점수를 주면서, 학점을 볼모로 삼아 학생들을 이러저리 휘두르는 수업 분위기도 마음에 들지 않았다. 그는 긴 에세이를 쓰거나, 어떤 책이나 아이디어를 놓고 자신의 의견을 교수들과 서로 나누고 싶었다. 환멸과 우울에 빠진 니컬러스는 수업을 빼먹기 시작했다. 그러다 자기처럼 버번위스키를 마시고 담배를 피우며 예술과 철학에 대해 이야기하기 좋아하는 친구들을 만났고, 그때부터 위스키 향과 캐멀 담배 연기에 파묻혀 밤새 친구들과 대화하다 정신을 잃는 일상이 반복되었다. 그는 1학기 기말고사에 한 번도 나타나지 않았다.

상황이 뒤집힌 순간은 크리스마스 휴가 때였다고 니컬러스는 말했다. 그때 그는 집 거실에 어머니와 함께 앉아 있었다. 그는 휴대전화를 꺼내 대학 홈페이지에 방금 올라온 첫 학기 성적표를 확인하고, 처음으로 0.25라는 점수를 눈앞에 마주했다.

"그래, 이제 어떻게 할 거니?" 어머니가 물었다.

니컬러스는 잠시 어떻게 할지 생각해봤다. 앞으로 어떻게 해야 할까? 바로 그때, 그는 대학 중퇴자가 될 수는 없다고 결심했다. 학자가 되고 싶었다. 그는 생각의 세계에서 살고 싶었다. 그리고 만약 학자가 되기 위해 지루한 강의와 말도 안 되는 추가 학점 과제가 필요하다면, 그것까지도 감당할 수 있을 것 같았다.

2학기에도 니컬러스는 술을 꽤 많이 마셨지만, 매일 밤 과제를 마친 뒤에만 마셨고, 이튿날 아침이면 어떻게든 일어나 강의실에 들어갔다. 에밀리 비스가 3월의 어느 날 아침 상담실에서 말했듯이, 학사경고를 피하기 위해 2학기에 GPA 3.75점이 필요했다. 결국 그는 3.93점을 얻었다. 거의 모든 수업에서 F학점을 받은 지 몇 달 만에 니컬러스는 우등생 명단에 들며 봄학기를 마쳤다.

니컬러스는 자신이 성공한 것이 거의 전적으로 상담 덕분이라고 했다. "비스 선생님한테 정말 고마워요." 그가 말했다. "그분이 아니었다면 제가 어떻게 됐을지 끔찍해요. 정말 신경을 많이 써줬거든요."

나중에 애틀랜타에 있는 니컬러스를 한 번 더 만날 기회가 있었는데, 2학년 1학기를 맞은 니컬러스는 그때도 여전히 잘 지내고 있었다. 긍정적이고 활발한 모습이었다. 아버지와의 갈등이 계속해서 그를 괴롭히고 있었지만, 그의 대학생활은 갈수록 흥미진진해졌다. 그가 원하던 수준 높은 강의, 사상과 이념에 관한 깊이 있는 토론 수업이 시작되었기 때문이다.

그리고 이듬해, 내가 다시 연락하려 했을 때, 니컬러스는 사라지고 없었다. 그는 더 이상 내 이메일과 문자에 응답하지 않았다. 조지아주립대학을 자퇴한 것 같았다. 그러다 나는 그의 페이스북 페이지가 삭제된 것을 알아차렸다. 니컬러스는 그냥 대학을 떠난 게 아니었다. 그는 세상을 떠났다.

그날 밤 와플 하우스에서 달걀과 커피를 시켜놓고 니컬러스와 이야기를 나누면서, 대학생들의 졸업률을 높이기 위한 노력은 항상 예측과 현실이 서로 어긋나는 싸움이 될 수밖에 없다고 생각했던 기억이 난다. 물론 한편에서는 예측 분석 알고리즘, 통합 과정 프로그램, 그리고 소속감을 높이는 실험적 개입이 성공을 거두고 있다. 그러나 다른 한편에는 미국 사회에서 통과의례를 치르는 열여덟 살 아이들이 언제 폭발할지 모르는 심리적 불안 속에, 각자 고유한 강점과 고민과 복잡한 문제를 안고 대학에 발을 들인다. 이렇게 각양각색의 학생들을 일정한 방향으로 유도하려는 예측은 필연적으로 오류를 낳을 수밖에 없다.

텍사스주립대학과 마찬가지로 센트럴아칸소대학과 조지아주립대학에서 가장 효과적인 대학 측의 개입은, 학생들에게 필요한 실질적인 도움과 함께 소속감, 격려와 지지, 사회적 연결 같은 심리적 메시지를 영리하게 결합시키는 방법이었다. 에밀리 비스가 맞은편에 앉아 있는 조지아주립대학 학생에게 대학의 학사 행정에 맞춰 무사히 졸업에 필요한 학점을 채우는 방법을 제시하고 조언할 때, 상담을 통해 아마도 그 학생은 숨어 있는 메시지를 전달받을 것이다. '누군가 날 돌봐주고 있어. 대학은 내가 여기 남길 원해.'

고층건물이 밀집한 시카고 시내의 한 사무용 건물에서, 비교적 최근에 설립된 아루페 칼리지는 새로운 방식으로 환영과 포용의 메시지를 제도화하려고 노력 중이었다. 아루페 칼리지는 2년제 대학으로 졸업률은 50퍼센트를 조금 넘는다. 하지만 학생 지원, 다시 말해 학생들의 등록률을 유지하고 그들이 성공 궤도를 벗어나지 않도록 지원하는 일에 있어서는 내가 방문한 다른 어느 대학보다 더 인상적이었다.

아루페 칼리지는 2015년 가을에 개교했으며, 시카고 지역 공립고교와 교구 학교 및 차터 스쿨을 졸업한 160여 명이 신입생으로 입학했다. 아루페 칼리지는 시카고 로욜라대학에 속한 커뮤니티 칼리지이며, 로욜라대학은 학술적 평판이 매우 높은 시카고의 대규모 가톨릭 계열 교육 기관이다.[29] 로욜라대학 신입생들의 ACT 평균 점수는 27점이며, 학부생의 약 4분의 3은 백인 또는 동양인이고, 약 4분의 1은 펠 장학금을 받는다. 등록금은 연간 4만4000달러이고, 학생들의 6년 이내 졸업률은 77퍼센트에 이른다.

아루페 칼리지 학생들은 전혀 다른 프로필에 속한다. 이들의 ACT 평균 점수는 17점이며, 고교 GPA는 2.85점(B-)이다. 거의 모든 학생이 흑인이나 라틴계이고, 그들 중 4분의 3은 펠 장학생이다. (다른 학생들은 대부분 불법 이민자이기 때문에, 펠 보조금과 다른 정부 보조금을 받을 자격이 없다.) 아루페 칼리지는 입학전형이 까다로워서 합격률이 50퍼센트 미만이지만, 지원자들은 대부분 입학시험 점수가 아니라 교직원과 교수진의 개별 인터뷰를 근거로 평가받는다. 여느 대학들과 달리, 아루페 칼리지는 경제적으로 곤란한 지원자일수록 선호한다. 만약 어떤 지원자가 불법 이민자나 펠 장학금 수혜자가 아니라면, 입학을 거절당하거나 합격 대기자 명단에 들어갈 가능성이 크다.

시카고에서, 그리고 사실은 미국 전역에서도, 아루페 칼리지만큼 빈곤층 학생들이 믿고 선택할 만한 훌륭한 2년제 대학은 없다. 물론 시카고에는 커뮤니티 칼리지 제도가 잘 마련되어 있지만, 일반적으로 졸업률은 20퍼센트 미만이며,[30] 2년제 대학 학생들이 4년제 대학에 성공적으로 편입하는 경우는 거의 없다. 하지만 아루페 칼리지 학생들은 누구나 로욜라대학이나 다른 대학에 편입해서 학사학위를 받는 것을 목표로 삼는다.

대학 재정 규모는 크지 않다. 학생들에게 개인 노트북 컴퓨터를 지원하고 매일 조식과 중식을 제공하는 비용을 포함해, 아루페 칼리지가 해마다 학생들에게 지출하는 비용은 2만 달러 정도다. 이 중에 학생들이 대학에 내야 하는 등록금은 1700달러 정도다. (참고로 거의 모든 학생이 보통 소매점이나 패스트푸드점에서 임시직 또는 정규직으로 일한다.) 그리고 나머지 1만8000달러는 연방정부가 지원하는 펠 장학금, 일리노이주 정부가 지원하는 MAP 장학금, 로욜라대학의 지원금, 그리고 아루페 칼리지의 초대 학장이자 예수회 사제인 스티븐 캣소로스 신부가 개인적으로 모금한 금액 등으로 채워진다.

50대 후반인 캣소로스 신부는 뉴욕 퀸스에서 태어났다. 그곳에서 가족이 작은 식당을 운영했는데, 그는 당시 뉴욕의 모든 식당에서 사용하던 파란 종이컵에 적힌 슬로건, '정성을 다해 모시겠습니다We are happy to serve you'라는 말이 태어나서 처음 배운 말이라고 농담 삼아 말한다. 그는 브롱크스에 있는 가톨릭 계열 포덤대학을 졸업한 뒤, 로어이스트사이드에 살면서 휴스턴가에서 얼마 떨어지지 않은 가톨릭 계열 중학교 예수 탄생 미션스쿨Nativity Mission Center School에서 근처 공공주택에 사는 남학생들을 가르쳤다. 차츰 캣소로스는 자신의 소명이 봉사와 성직에 있다는 것을 깨달았고, 1987년에 예수회에 입회해 가톨릭 사제가 되는 과정을 밟기 시작했다. 그 후로 25년 동안 그는 줄곧 뉴욕에서 사목활동을 하고 학생들을 가르쳤다. 그러다 2014년, 캣소로스는 시카고에 와서 아루페 칼리지의 초대 학장이 되어달라는 로욜라대학 총장의 제안을 받았다. 로욜라대학 총장은 대학의 교육적 사명을 소외계층까지 확대하려는 강한 열망을 갖고 있었다.

아루페 칼리지 학장으로서 캣소로스의 목표는, 새로 설립한 이곳 대학 입학생들이, 과거 미션스쿨 중학생들이 그랬던 것처럼, 인생을 바꿀 만한 수준 높은 교육을 받는 것이다. 그는 아루페 칼리지에 들어오는 학생들이 "예수회 전통을 바탕으로 사립대학 수준의 인문교양 교육을 경험"하기를 바란다고 말한다. 그러기 위해 학생들은 셰익스피어와 거시경제학과 철학을 공부하는데, 이 모두가 4년제 학위 과정에 곧바로 편입하기 위한 준비 과정이다.

캣소로스는 데이비드 예거나 그레고리 월턴의 소속감 연구가, 대학에 와서 환영받지 못한다고 느끼는 아루페 칼리지 학생들의 욕구와도 매우 깊은 관련이 있다고 확신한다. (그는 예거를 세 번이나 초청해서 아루페 칼리지 교직원들을 만나게 했다.) 그는 아루페 칼리지 학생들에게 소속감 메시지가 자주 분명하게 표현되어야 한다고 믿고 있다. "아루페 칼리지가 성공하는 이유는, 학생들에게 아주 적극적으로 개입하는 문화intrusive culture가 있기 때문입니다." 캣소로스가 내게 설명했다. "예수회에서는 '쿠라 페르소날리스cura personalis'를 강조합니다. 라틴어로 '전인적 보살핌'이라는 뜻이죠. 우리는 우리 학생들에 대해 잘 알아요. 학업에 관련된 일뿐만 아니라, 그들의 배경이나 관심사, 포부, 그리고 복잡한 가족관계까지 속속들이 다 알죠. 우린 학생들과 많은 시간을 보냅니다."

캣소로스의 제자들은 거의 모두 1세대인데, 대부분 아루페 칼리지에 입학하기 전에는 대학 문화를 전혀 접하지 못했다. 학생들의 삶은 복잡하다. 몇몇은 아기를 낳아 키우고, 대부분이 주거 문제로 골치를 앓으며, 많은 학생이 자라면서 폭력을 경험했다. 매일 수업에 출석하는 일조차 그들에게는 도전이다. 그래서 아루페 칼리지에는 다른 대학보다 훨씬 더 촘촘한 인간관계와 제도적 유연성이 필요하다고 캣소로스는 믿는다. 아루페 칼리지 교직원 중에는 사회복지사가 두 명 있어서, 학생이 2회 연속 수업에 빠지면 전화를 걸어 안부를 확인한다. 그리고 교수를 포함해서 다른 모든 교직원도 학생 지원은 마땅히 해야 할 일이라고 생각한다. 블랭카라는 학생이 2학년 1학기 초에 아기를 낳았을 때, 캣소로스는 병원에 전화해 축하 인사를 전하고 아기의 영세식을 준비했다. 그러고 나서 서둘러 수업에 복귀하라고 격려했다.

"우리 학생들은 로욜라 캠퍼스에 에세이 첨삭을 도와주는 작문 교실이 있다는 걸 알고 있어요." 캣소로스가 말했다. "하지만 제 발로 찾아가지는 않지요. 우리 학생들에게 더 효과적인 건, 조교가 강의실 문밖에서 기다리고 있다가 수업이 끝나자마자 이렇게 말하는 거예요. '캣소로스 신부님이 네 에세이 좀 봐주라고 하셨어.' 우린 아주 대놓고 참견을 한답니다."

내가 지켜본 바로는, 아루페 칼리지의 학생 지원 업무는 캣소로스와 교수진과 교직원들, 그리고 학생들에게 모두 쉽지 않은 일이었다. 많은 학생이 실직, 주거 곤란, 가족 갈등, 돈 걱정을 끊임없이 반복하고 있었다. 그리고 수업 자체도 만만치 않았다. 대학 수학이나 윤리학은 대부분의 공립 고등학교 수준보다 몇 단계나 더 어려웠다. 아루페 칼리지에서 철학과 문학과 통계학 강의를 참관하면서, 나는 학생들이 너무나 진지하고 집중력 있게 수업에 임하는 걸 보고 여러 번 감탄했다. 하지만 여전히 아루페 칼리지 학생들은 곧잘 경로를 벗어났다. 그 많은 적극적 개입과 대면 지원에도 불구하고, 입학생 가운데 거의 절반이 졸업에 성공하지 못했다.

그럼에도, 아루페 칼리지 개교 이래 첫해와 두 번째 해에 입학한 학생 가운데 51퍼센트가 학자금 대출 없이 제때 졸업했고, 그 졸업생 가운데 88퍼센트는 로욜라대학, 조지타운대학, 위스콘신주립대학 매디슨 캠퍼스 등 유수의 4년제 대학에 곧바로 편입했다. 내년 가을이 되면, 또 다른 200명의 시카고 청년이 아루페 칼리지에 신입생으로 입학한다. 그리고 캣소로스 신부와 교직원들, 그리고 텍사스주립대학과 조지아주립대학을 포함한 전국의 모든 2년제 및 4년제 대학의 교수와 교직원들이, 또다시 상식과 혁신과 인간적 보살핌의 완벽한 조합을 찾으려 노력할 것이다. 그들이 최적의 조합을 찾아낸다면 학생들은 졸업할 때까지 대학에 머무르게 될 것이다.

7장

대학 졸업장의 가치

1. 대학 무용론

앞서 2장에 묘사했던 장면으로 잠시 돌아가보자. 그때 나는 노스캐롤라이나주 서부 애팔래치아 언덕에 있는 킴 헤닝의 집에서, 코넬대학 대신 클렘슨대학을 선택한 킴 그리고 그녀의 의붓형제들과 이야기를 나누고 있었다. 금요일 늦은 저녁 시간에 커피메이커가 돌아가고 있었고, 우리는 돈과 가족과 대학 이야기를 하면서 주방의 아일랜드 식탁 주변에 몇 시간째 서 있었다.

그 자리에는 애팔래치아주립대학 1학년 때 첫 학기를 거하게 말아먹은 킴의 큰오빠 트레버, 일명 '쩜팔이'가 있었다. 아일랜드 식탁을 사이에 두고 마주 서 있는 트레버와 킴은, 어떤 면에서 대학 교육과 미국 사회의 계층이동에 관한 우리 논쟁에서 양극단을 대변하는 듯했다. 당시는 킴이 사우스캐롤라이나로 이주하려는 계획을 세우기 몇 주 전이었다. 킴은 클렘슨대학에 입학하기까지 남은 수많은 장애물을 과연 극복할 수 있을지 여전히 불안해하던 중이었고, 대학 교육이 인생의 구원이자 대대로 킴과 가족들의 발목을 잡은 경제적·정서적 족쇄를 풀어내는 열쇠라고 여겼다. 반면 트레버는 애팔래치아주립대학 시절의 충격에서 아직 완전히 회복하지 못했고, 대학에 간다 해도 인생이 달라지지 않는다고 좀 더 냉소적인 입장에 서 있었다. 트레버는 학생 때 저질렀던 실수를 인정하면서도, 자기 같은 사람들이 기회를 잡기엔 대학 교육이 너무 복잡하고 비용만 많이 드는 시스템이라는 인상도 받았다. 그는 아직도 학자금 대출 수천 달러를 빚지고 있지만 갚는 것은 포기했고, 지금은 해마다 주정부가 그의 소득세 환급금을 압류해 대출금 상환에 돌리고 있는 상태였다.

그리고 킴의 둘째 오빠 오리가 있었다. 대학에 얽힌 오리의 이력은 간단한 말로 요약하기가 힘들었다. 킴과 트레버는 둘 다 테일러즈빌 소재 알렉산더센트럴 고등학교에서 AP 과정을 듣고 전교 1등에 가까운 내신 성적으로 졸업한 우등생이었지만, 오리는 훨씬 험난한 사춘기와 고교 시절을 보냈다. 오리는 자기가 태어나기도 전에 집을 떠난 친아버지를 전혀 몰랐고, 아버지의 부재로 본받을 만한 남성상이 없었기 때문에 거칠고 자기 파괴적인 행동을 하게 되었다는 말을 했다. 특히 10대 초반 때 심각했다. 그는 9학년 때 유급을 했고, 10학년에 올라가서도 겨우 낙제만 면했다. 그리고 마침내 고등학교를 졸업할 때의 성적은, 전교생 389명 중에 388등이었다.

원래 오리의 계획은 고등학교 졸업과 동시에 해병대에 입대하는 것이었다. 12학년 졸업반 때 모병 담당자가 서류를 검토하러 집에 몇 번 왔고, 모든 준비를 마쳤다. 하지만 해병대가 마지막으로 오리의 경찰 기록을 조회했을 때 미성년 음주와 마약류 소지 등 범죄 기록이 확인되자 더 이상 관심을 보이지 않았다. 오리는 진로를 바꿔 해군에 지원했는데, 이번에는 잘될 것 같았다. 적어도 해군에서 눈에 띄는 문신을 금지한다는 규정을 알기 전까지는 그랬다. 오리가 목덜미에 새긴 네 잎 클로버 문신이 군복 깃 위로 손가락 한두 마디만큼 드러나 보이는 정도였지만, 그것만으로도 충분한 탈락 사유였다.

그래서 오리는 고등학교를 졸업하고 취직을 했다. 처음에 그는 인근 회사에서 자물쇠를 설치하는 일을 하며 1년을 보냈고, 다음 1년은 차량 정비소에서 오일을 교환했다. 그동안 오리는 겨우 최저임금을 받고 일했고, 그나마도 일이 있다 없다 해서 언제 해고될지 몰라 불안해했다. 인생을 설계할 만한 직종은 아니었다. 오리는 스물한 살에 결혼을 했고, 테일러즈빌에서 아내와 함께 캠핑카를 빌려 생활했다. 의붓아버지 빌리가 자신이 일하는 제철소에 오리를 취직시켜주었고, 오리는 거기서 철사 뽑는 일을 했다. 시끄럽고 지저분하고 고된 단순반복 노동이었지만, 보수는 시간당 13.90달러라 정비소 일보다 훨씬 나았다. 1년 반 뒤에, 오리는 결근을 너무 많이 한다고 해고당했다. 하지만 곧 30분 거리에 있는 다른 공장에 취직할 수 있었다. 이번에는 시간당 14.50달러를 받았다. 그리고 얼마 후 그 직장에서도 해고되었다.

그 무렵이 2016년 봄이었고, 오리는 스물네 살에 실업자가 되었다. 아내와도 헤어져 전처 케이티와 낳은 두 아이를 기르고 있었고, 크리스털이라는 새 여자친구와 살면서 아이 둘을 더 낳았다. 오리는 5년 동안 열심히 일했지만, 아무것도 없는 빈털터리였다. 그동안 일했던 직장에서 그는 전혀 중요하지 않은 사람으로, 마치 일회용품처럼 다뤄졌다. 근무 시간이나 업무량도 회사에서 정해준 대로 따라야 했고, 고용주들은 그가 조금만 실수해도 난리를 치며 당장 해고하겠다고 협박했다. (노스캐롤라이나주 제조업체 대부분이 그렇듯, 오리가 거쳤던 직장에도 노조는 없었다.[1])

오리의 여자친구 크리스털도 같은 시기에 실직 상태였는데, 그녀가 오리에게 함께 대학에 가면 어떻겠냐고 제안했다. 처음에 오리는 대학이라면 생각하기조차 싫었다. 그는 항상 학교를 싫어했다. 게다가 트레버가 애팔래치아주립대학에서 겪은 악몽이 아직도 집안에 먹구름처럼 드리워져 있었다. 하지만 크리스털이 오리에게 근처 히커리에 있는 카토바밸리 커뮤니티 칼리지cvcc의 웹사이트를 보여주었고, 그는 그 학교에서 용접 관련 전문학사 학위를 딸 수 있다는 사실을 알게 되었다. 그는 고등학교 때 용접을 조금 배운 적이 있었고, 그 일을 좋아했다. 그때부터 오리는 대학 진학을 구체적으로 계획했다. "직장에서 잘리는 바람에 오히려 내게 기회가 왔다는 생각이 들었어요." 오리가 자신을 해고한 고용주를 언급하면서 이렇게 말했다. "대학에 가면 나 자신도 발전하고 다른 직업도 찾고, 아무튼 한심한 상황에서 벗어날 수 있다고 생각했어요."

그날 밤 테일러즈빌에서 킴과 트레버와 함께 오리를 만났을 때가 2016년 11월이었고, 오리는 카토바밸리 커뮤니티 칼리지에 두 달째 통학하고 있었다. 아직까지는 좋다고 오리가 말했다. "대학에 가보니까 성취감 같은 게 생기더라고요." 고등학교에서 매일매일 느끼던 감정과는 정반대였다. "모두들 내가 죽었다 깨도 대학에 못 갈 거라고 했는데, 지금 다니고 있잖아요." 용접은 어려운 기술이었지만, 그는 이미 꽤 잘하는 편이었고 점점 더 나아지고 있었다.

겉모습만 보면, 오리는 내가 만났던 고등학생과 대학생들, 가령 키키 길버트나 DC 교외에 살면서 네드 존슨에게 SAT 과외를 받는 학생들처럼 야심차고 단호한 성취자들과 달랐고, 심지어 여동생인 킴과도 상당히 달랐다. 오리는 헤비메탈 밴드 멤버처럼 긴 머리에 수염이 듬성듬성했고, 몸 여기저기에 문신을 새기고 코에는 코뚜레 같은 금속 피어싱을 하고 있었다. 그는 청바지와 가죽 옷을 즐겨 입으며 어둡고 반항적인 분위기를 풍겼다. 가장 좋아하는 밴드는 액스운드와 파이브핑거 데스펀치 각각 영국과 미국 출신의 5인조 하드코어 메탈 밴드라고 했다. 내가 그를 만난 날 저녁, 오리는 2리터짜리 마운틴듀를 병째 들이켜고, 커스터드를 섞어 제조한 '크리미 박사의 고양이 우유'라는 액상 전자담배를 피웠다. 그리고 이야기 도중에 한 번씩 멈추고 치즈케이크 향이 나는 담배 연기를 구름처럼 자욱하게 천장으로 내뿜었다.

하지만 키키나 킴, 에어리얼, 그리고 다른 이들과 똑같은 점이 오리에게도 있었다. 스스로도 놀랄 일이었지만, 오리는 이제 대학을 자신뿐만 아니라 자기 가족이 더 나은 삶으로 나아가기 위한 발판으로 삼으려 했다. "아이들한테 내가 자라면서 못 누렸던 것들을 주고 싶어요." 오리가 작정한 듯 말했다. "내 아이들이 끼니 걱정 없이 살면 좋겠어요. 나보다 훨씬 더 잘되면 좋겠어요."

오리가 선택한 특별한 학위 과정은, 그 당시 미국 정치사에 상징적인 의미가 있었다. 2014년 4월, 『월스트리트저널』은 오하이오주 재무장관 조시 맨들의 칼럼을 실었다. 맨들은 2년 전 상원의원 선거에서 민주당의 셰러드 브라운을 상대로 낙선했던 공화당원이었다. 칼럼의 제목은 「용접공 연봉 15만 달러 시대? 기술 과목을 부활시켜라Welders Make $150,000?

Bring Back Shop Class」[2]였고, 칼럼이 나온 배경에는 오하이오주에 숙련된 용접 기술자가 부족해서 고용주들이 연간 15만 달러 이상을 주고 용접 공을 주기적으로 모집하는 실상이 있었다. 오하이오 일부 지역에서는 용접공 연봉이 20만 달러를 돌파했다고 맨들은 주장했다. 칼럼에서 맨들은 많은 대학 졸업자가 직면한 암울한 현실과 기술직 노동자들 앞에 놓인 수많은 가능성을 대비시켰다. "4년제 인문학부 졸업자들은, 수천 달러씩 빚을 떠안은 채 스타벅스에서 커피를 내리거나 쇼핑몰에서 물건을 팔며 임시직으로 일한다."

맨들의 칼럼이 나오기 전에도 이미 미국인들 사이에는 경기침체를 맞아 4년제 대학 졸업장의 가치가 전과 같지 않다고 회의적으로 보는 의견이 많았다. 하지만 맨들은 그 논의의 초점을 용접이라는 특정한 직종에 집중시켰다. 석 달 뒤, 『월스트리트저널』은 애팔래치아와 텍사스 지역에서 용접공이 주당 7000달러, 연봉으로 따지면 35만 달러를 받는다는 조사를 발표해, 맨들의 주장에 힘을 실었다.[3] 이듬해 밀워키에서 열린 공화당 대선후보 토론에서 마코 루비오 상원의원은 노골적으로 말했다. "아무리 생각해봐도 미국 사회가 왜 기술 교육에 오명을 씌웠는지 도무지 모르겠어요. 용접공이 철학 전공자보다 돈을 더 많이 법니다. 용접공은 부족하고 철학 전공자는 남아도니까요."[4]

고소득 기술자 밈meme 모방을 통한 문화 요소 또는 유행은 용접 기술에만 국한되지 않았다. 『블룸버그비즈니스위크』는 「100만 달러 연봉을 원한다면, 대학에 가지 말고 목재 야적장으로 가라Want a \$1 Millon Paychck? Skip College and Go Work in a Lumberyard」[5]는 제목으로 기사를 싣기도 했다. 하지만 대체로 가장 주목받는 직종은 용접이었다. 2016년 대선이 끝난 뒤,

미국기업연구소American Enterprise Institute 미국 공화당 계열의 정책 연구 기관가 후원하는 최고회의에서 폴 라이언 하원의장을 비롯해 여러 정치인이 용접 분야의 이점을 극찬했다.6 트럼프 대통령은 취임 후 첫 국정 연설에 오하이오주 데이턴 출신의 용접공을 귀빈으로 초청했다.7 그런가 하면, 엘리자베스 디보스 교육부 장관은 기자들을 거느리고 플로리다주 올랜도 포트워스, 일리노이주 시카고 교외, 뉴욕주 퀸스의 파로커웨이를 돌며 용접 훈련을 참관했고,8 대통령 딸 이방카 트럼프는 언론사들을 이끌고 미주리주 세인트루이스 근처에 있는 커뮤니티 칼리지에 나타나, 직접 용접용 마스크를 쓰고 용접 토치를 손에 잡는 모습을 대중에게 선보였다.9

이렇게 각계 공식 행사에서 용접 기술을 부각시킨 것은, 단순히 용접이라는 직종을 옹호하기 위한 것이 아니었다. 거기에는 대학을 깎아내리려는 의도도 숨어 있었다. 미국은 단순히 용접 기술자가 더 많이 필요한 게 아니라, 대학 졸업자 수를 줄여나가야 했다. 케이블 TV 폭스뉴스 채널은 앞으로 숙련 기술 분야에 엄청난 부가 집중된다고 주장하는 동시에 기술 훈련 대신 4년제 대학 졸업장을 선호하는 사회 분위기를 비판하는 논조로 방송을 내보냈다. "미국 사회에는 속물근성이 있다고 생각합니다."10 폭스뉴스 채널에서 자기 이름을 딴 시사 프로그램을 진행하는 스튜어트 바니가 딱 잘라 말했다. "육체노동은 저급한 일이고, 정신노동은 고귀하다는 인식이죠. 몹시 분개할 노릇입니다."

아마도 이때부터 런던 정경대학 출신의 부유한 시사평론가 바니가 고상한 영국 상류층 말투로 속물근성을 가진 고학력자들에 대한 계급적 분노를 표현하기 시작했을 것이다. 그리고 바니뿐만이 아니었다. 「폭스

앤 프렌즈」나 「터커 칼슨 투나잇」 같은 시사 프로그램에서도 매일 똑같은 주장을 되풀이했다. '4년제 대학은 미국 젊은이들에게 안전한 도피처, 정신적 위안, 엄청난 학자금 대출 말고는 아무것도 준 게 없다. 한편, 나약한 밀레니엄 세대의 젊은이들이 육체노동을 꺼리는 바람에 용접 같은 고소득 직종에 일손이 부족한 실정이다.'

용접을 대학의 대척점에 놓고 옹호하는 논리에서 이상한 점은, 용접공이 되려면 대학에 가야 한다는 사실이다. 용접은 어렵고 복잡한 기술이다. 오리처럼 고등학교 기술 수업에서 기본은 배울 수 있지만, 용접을 제대로 하려면 여러 정밀한 수작업 기술을 익혀야 할 뿐만 아니라, 대부분의 기술이 엄격한 훈련과 고된 연습을 필요로 한다. 또한 금속을 제대로 다루기 위해서는, 금속에 작용하는 전기적·화학적 과정을 과학적으로 깊이 이해해야 한다. 오리가 카토바밸리 커뮤니티 칼리지에서 용접 기술로 전문학사 학위를 받으려면, 기본적인 금속 절단부터 시작해 스틱 용접, 플레이트 및 파이프 용접, 가스금속 아크 용접외부 대기의 영향을 차단하기 위해 보호 기체를 공급하면서 전기 아크열을 발생시켜 연속으로 금속을 용접하는 방법까지 13개 과목의 개별 용접 과정을 통과해야 한다. 또한 이런 기술 훈련 과정 외에도 영어와 수학 기본 과정은 물론 금속공학 이론 과정을 수강해야 하며, 설계도에 사용되는 수많은 기호와 전문 용어를 암기해야 한다.

오리는 카토바밸리 커뮤니티 칼리지에서 첫해를 무사히 넘겼다. 완벽하지는 않았지만, 온라인 강좌로만 진행되는 필수 영어 과정에서 낙제점을 받은 것 말고는 용접 관련 수업에서 전부 A와 B를 받았다. 1학년을 마친 뒤, 오리는 학자금 지원 문제로 재등록을 하지 못해서 2017년 여름과 가을 동안 휴학했다고 했다. 나는 그때 페이스북으로 가끔 오리와 연락을 주고받았는데, 한동안 그가 영영 복학하지 못하는 게 아닐까 싶었지만, 2018년 1월에 오리는 다시 정규 과정에 등록하며 복학했다. 나는 그다음 달에 히커리에 들러 오리를 다시 만나 함께 대학을 둘러보고 오리가 대부분의 현장 훈련을 받았던 용접 공장도 방문했다.

오리는 대학에 돌아와서 기쁘지만, 그동안 사는 게 힘들었다고 말했다. 그는 빈털터리였고, 그 어느 때보다 심각한 재정난을 겪고 있었다. 오리와 크리스털은 월세가 계속 밀려 히커리에 얻은 집에서 쫓겨났고, 비슷한 시기에 자동차도 도둑맞았다. 오리는 마지막으로 퇴거 명령을 받은 직후, 학교고 뭐고 다 포기할 뻔했던 순간이 있었다고 했다. 소파에서 사흘 동안 엑스박스Xbox로 비디오 게임만 하며 지냈고, 학교 수업도 빠지고 아예 집 밖에 나갈 수도 없을 만큼 우울했다. 그냥 크리스털과 아이들을 버리고 떠나버릴까, 차를 얻어타고 다른 주로 넘어가서 새 출발을 할까, 어느새 그는 헛된 망상에 빠져 있었다.

마침내 다시 정신을 차리게 된 건 아이들 때문이라고 오리는 말했다. 아이들이 계속 그에게 괜찮은지 물었고, 오리는 아버지로서, 어려움이 닥쳤을 때 쉽게 포기하고 마는 모습을 자식들에게 보여주기 싫었다. 그래서 소파에서 털고 일어나 다시 학교에 가려 했다. 하지만 그것도 쉽지 않았다. 차가 없어서 시내버스를 타고 학교에 가야 했는데 버스비조차 없었던 것이다. 그가 대학 교직원들에게 사정을 설명하자, 그들은 버스표를 한 무더기 손에 쥐여주었다. 얼굴이 조금 화끈거렸지만, 그것은 생명줄과도 같았다. 2월에 우리가 히커리에서 만났을 때 오리는 복학한 상태였다. 그는 고급 용접과 설계 과정, 그리고 기초 수학을 수강하는 중이었고, 전에 낙제했던 온라인 영어 과정도 재수강하고 있었다.

몇 달 뒤에 학기를 마치면서, 오리는 여러모로 자신이 갈림길에 서 있는 심정이라고 말했다. 용접 과목은 성적이 좋았지만, 영어는 또 낙제였다. 이 과정은 여전히 온라인 강좌로만 제공되었고 오리는 인터넷 접속을 할 수 없었다고 했다. 한편, 오리는 크리스털과 헤어지고 전처 케이티와 다시 합쳤다. 오리와 케이티, 그리고 두 아이는 테일러즈빌의 어머니 집에 얹혀살게 되었다.

오리는 가을학기에 바로 학교로 돌아가서 학위를 마치고 싶었지만, 과연 해낼 수 있을지 자신이 없었다. 용접 전문학사 학위를 마치는 데 필요한 60학점보다 아직 16학점 정도가 모자랐고, 그 16학점에는 필수 영어와 수학 과정도 있어 쉽게 통과할 자신이 없었다. 그해 여름, 오리는 윌크즈버러에서 괜찮은 일자리를 잡았다. 문 만드는 공장에서 프레스 기계를 다루는 일이었다. 하지만 작업장은 열기가 뜨거워 쉽게 지쳤고, 작업 일정은 살인적이었다. 오리는 7일 동안 저녁 6시부터 이튿날 새벽 6시까지 12시간 야간 근무를 하고, 다음 일주일은 쉬었다. 교대 근무 일정을 소화하면서 대학을 졸업할 방법은 없어 보였다. 오리가 공장에서 받는 임금은 시간당 16.75달러로 꽤 큰돈이었지만, 대학에 다니기 전에 받던 시급보다 몇 푼 더 많을 뿐이었다. 게다가 이제부터 갚아나가야 할 학자금 대출이 1만 9000달러나 남아 있었다.

오리는 더 이상 용접 일을 낙관적으로 보지 않았다. 『월스트리트저널』과 마코 루비오 상원의원이 아무리 용접공 예찬론을 펼쳐도, 현실적으로 오리가 노스캐롤라이나주 서부에서 알아본 용접업계에서 숙련 용접공은 시급 12~15달러를 받고 일했다. 오리가 문 공장에서 받은 시급보다 적은 액수였다. 오리는 보수가 좋은 용접 일자리가 있다는 건 알았지만, 콜로라도주나 애리조나주의 공장이나 아니면 알래스카주의 파이프라인 공사 현장처럼 모두 멀리 떨어져 있었다. 그리고 그런 일은 보통 단기 고용직이고 육체적으로 힘든 데다, 오리가 그런 일자리를 잡으면 아내와 아이들과 떨어져 살아야 했다. 케이티와 재결합한 뒤로 진정한 가족이 된 느낌이었기 때문에, 그는 집 가까운 곳에서 일하면서 아이들에게 좋은 아버지, 이를테면 그가 자라면서 늘 그리워했던 안정적인 남성상이 되고 싶었다. 더구나 보수가 좋은 용접 직종이라 해도 생각보다 많이 벌지는 못했다. 운이 좋으면 시간당 30~40달러 정도였다.

이것이 대학에 가는 대신 용접 기술을 배우라는 주장에 숨어 있는 또 하나의 두드러진 결함이었다. 미국에서 용접공 대다수는 연간 15만 달러를 벌지 못한다. 어림도 없다. 노동통계청 통계에 따르면, 2014년 숙련 용접공의 평균 연봉은 3만6000달러를 살짝 넘어, 4인 가구 기준으로 빈곤선보다 1만2000달러 정도 높은 수준이었다.[11] 그렇다면 오리처럼 20대 중반에 용접 일을 막 시작하는 단계에서, 연봉 3만6000달러는 꽤 괜찮은 수준이다. 차량정비소에서 받는 임금보다 많고, 4년제 대학을 갓 졸업한 사회 초년생이 받는 월급과 맞먹는다. 그러나 3만6000달러는 용접 종사자 전체 연봉의 중간값이므로, 그보다 더 적게 버는 사람이 절반이고 더 많이 버는 사람이 나머지 절반이라는 의미다. 게다가 중간값 이상의 연봉을 받는 용접공들은 대부분 초보자가 아니라, 가족 전체를 부양해야 하는 40대와 50대 가장이다.

용접을 직업으로 할 때 좋은 점은 최초 연봉이 비교적 높다는 점이다.

용접공이 되면 특별한 사정이 없는 한, 항상 최저임금보다 높은 연봉을 받고 일을 시작하게 된다. 하지만 임금 최대 상한액이 꽤 낮다는 단점도 있었다. 노동통계청에 따르면, 용접 직종에서 소득 상위 10퍼센트에 속하는 용접공의 연봉은 세전 6만3000달러로 나타났다.[12] 통계상으로 최고소득 용접공들의 연봉이 그 정도였다. 『월스트리트저널』의 머리기사에 실린 것처럼 연봉을 15만 달러나 받는 사례는 매우 희귀하거나 아예 없다고 봐도 무방하다.

그렇다면 점점 더 궁금해진다. 공평한 통계 수치가 알려주는 진짜 현실이 이런데, 왜 부자 용접공 신화는 그렇게 널리 특정 계층을 중심으로 퍼지게 됐을까? 마코 루비오 상원의원은 왜 용접공이 철학 전공자보다 돈을 더 많이 번다고 믿거나, 혹은 믿는다고 주장할까? (실제로는 그렇지 않다.[13])

내가 짐작하는 이유는 세 가지 정도다.

우선 가장 분명한 사실은, 대중 연설을 하고 신문에 칼럼을 쓰고 케이블 TV 뉴스 채널에 나와서 논평하는 사람들은 용접공을 직접 만나보지 않았다는 것이다. 최근에 나는 지난 몇 년간 케이블 TV 뉴스 채널에서 방송된 용접공 관련 대담 프로그램을 밤늦게까지 유튜브로 보면서 저녁 시간을 보냈다. 그리고 몇 년 치 방송을 확인한 결과, 4년제 대학 학위가 어리석은 선택이라고 열변을 쏟아내는 대담 프로그램의 일관된 특징 하나를 확실히 말할 수 있다. 시사 프로그램 출연자들은 모두 4년제 대학 학위를 선택한 사람들이었다. 그러므로 내가 생각하는 첫 번째 이유는, 어쩌면 단순히 몰라서다.

두 번째 이유는, 과거의 향수에 젖은 희망적 전망이다. 연봉 문제를 제쳐두면, 용접은 멋지고 훌륭한 일이다. 오리가 카토바밸리에서 용접 작업장을 구경시켜주었을 때, 나는 그가 왜 용접을 좋아하는지, 그리고 배운 기술을 왜 자랑스러워하는지 바로 이해할 수 있었다. 용접은 거칠고 힘든 노동이지만 창조적인 정신과 정교한 장인정신이 담겨 있는 섬세한 기술이다. 그 일을 하면서 실제로도 연간 15만 달러를 벌 수 있다면 정말 멋질 거다. 그리고 기술직 노동자가 중산층 가정을 부양하기에 충분한 돈을 안정적으로 벌 수 있는 경제, 즉 수십 년 전에 미국이 누렸던 경제 호황이, 어쩌면 지금의 경제 상황보다 더 공정하고 사회적으로 더 안정적이며, 더 가정 친화적이다.

부자 용접공 신화가 널리 퍼진 세 번째 이유는 좀더 악의적이다. 만약 고등학교를 별로 좋아하지 않았던 오리 같은 청년들에게도 큰돈을 벌 기회가 있다고 굳게 믿으면, 사회가 그들의 열악한 경제적 현실을 해결하지 못하더라도 공동 책임은 면할 수 있다. 만약 더 많은 젊은이가 연간 15만 달러를 벌지 못하는 유일한 이유가 용접같이 힘든 일을 감당하지 못하는 나약한 청년들의 엄살 때문이라면, 안 됐지만 그건 그들의 책임이다. 하지만 진짜 문제가 만약 오리가 이해하게 된 현실, 즉 용접 기술을 배우느라 2년을 투자하고 수천 달러를 빚져도 결국 시간당 12달러밖에 못 버는 현실이라면, 이는 훨씬 크고 심각한 사회적 문제가 된다.

한편, 실제로는 여느 대학 전공과 다를 바 없지만, 용접 훈련이 대학과는 별개라는 인식을 대중에게 심어줄 수 있다면, 또다시 교묘한 말장난을 할 수 있다. 그것은 오리 같은 청년들이 중산층에 도달하기 어려워지는 정부의 정책 변화를 대중이 눈치 채지 못하게 하는 수단이 된다.

분명한 것은, 지난 10년 동안 부자 용접공 신화가 점점 더 확산되면서 실제 청년들이 제대로 된 용접을 배울 수 있는 2년제 대학에 공공지출이 상당히 줄어들었다는 사실이다. 몇몇 주에서는 심각한 수준이다.

　노스캐롤라이나주 정부가 각 커뮤니티 칼리지 학생들에게 지출하는 교육 재정은, 물가상승률을 반영했을 때 2007년에 학생 1인당 5830달러에서 오리가 카토바밸리 커뮤니티 칼리지에 입학한 2016년에는 4891달러로 줄어들었다.[14] 지원금이 약 16퍼센트 삭감된 것이며, 더구나 노스캐롤라이나주에서 세수가 증가했던 시기에 있었던 일이다.[15] 다시 말해, 주 정부 예산은 충분하지만 의회에서 카토바밸리 커뮤니티 칼리지 같은 2년제 대학에 돈을 쓰지 않기로 결정한 것이다. 도대체 이유가 뭘까? 노스캐롤라이나 납세자들은 왜 정부에게 2년제 대학에 예산을 배정해서 오리 같은 청년들이 생계에 필요한 기술을 배우게끔 지원하라고 요구하지 않는 걸까? 어쩌면 '대학'은 오리가 하는 일과 정반대라는 말을 귀에 못이 박히도록 들어서인지도 모른다. 대중이 생각하는 '대학'은 나약하고 불평만 많은 응석받이들이 젠더학 같은 걸 전공하려고 가는 곳이다. 그 예산을 좀 줄인다고 무슨 문제가 되겠나?

　노스캐롤라이나주에서 일어난 일은 다른 주에서도 흔히 일어났던 일이다.[16] 2008년 금융위기가 닥쳤을 때, 세수는 급감했고 주 정부는 대학 교육비 예산을 대폭 축소했다. 그 후 경기가 회복되었고 세수도 다시 증가했지만, 대부분의 주에서 2년제 커뮤니티 칼리지와 4년제 공립대학 지원 예산은 원상 회복되지 않았다.

　노스캐롤라이나주의 정부 지원 예산이 줄어들면서, 커뮤니티 칼리지에 다니던 오리도 직접적으로 영향을 받았다. 우선 등록금이 오른 만큼 학자금 대출이 늘었다. 노스캐롤라이나주에서 커뮤니티 칼리지 등록금은 2007년 이후로 60퍼센트나 올랐다.[17] (카토바밸리 커뮤니티 칼리지의 연간 등록금은 2300달러 정도다.) 하지만 인상된 등록금 수입으로도 정부 지원 삭감 폭을 메꿀 수 없었기 때문에, 카토바밸리 커뮤니티 칼리지뿐만아니라 주 전체에서 대부분의 공립대학이 학교 예산을 낮춰 잡고 경비를 줄이는 방법을 찾아야 했다.[18] 오리가 다니던 대학에 온라인 영어 과정이 개설된 것도 비용 절감을 위해서였다. 오리가 자상하고 성실한 영국인 교수의 수준 높은 강의를 직접 들으면 당연히 더 좋겠지만, 현실적으로 거의 불가능한 일이다. 그리고 만약 대면 강의가 현실이 된다면, 오리가 시험을 통과하기는 더욱더 힘들어질 테고 따라서 졸업하기도 힘들어진다. 지금도 오리는 전문학사 학위를 꼭 따겠다고 말하지만, 혹시 학위를 받지 못하더라도 혼자가 아닐 것이다. 현재 카토바밸리 커뮤니티 칼리지에서 3년 안에 2년제 학위 과정을 마치는 학생은 23퍼센트뿐이다.

2. 불량 교육

오리가 노스캐롤라이나에서 더 나은 삶을 찾아 고군분투하며 과연 대학학위가 성공에 도움이 될지 고민하는 동안, 600마일 떨어진 뉴욕에서 태슬림 모하메드라는 이름의 청년이 똑같은 질문을 스스로에게 하고 있었다. 나는 2016년 가을에 오리와 태슬림 둘 다 만났는데, 두 사람은 전혀 다른 겉모습이었지만 적어도 내 생각에는 같은 상황에 놓여 있었다.
  태슬림은 어퍼맨해튼에 있는 4년제 공립인 뉴욕 시티 칼리지CCNY 컴퓨터공학부 2학년 학생이었다. 역사적으로, 미국에서 이 대학만큼 계층 상승과 밀접하게 연관된 고등교육 기관은 없을 것이다.[19] 뉴욕 시티 칼리지는 미국 최초의 무료 공립대학이었으며, 19세기 후반부터 경제적으로 어려운 수만 명의 젊은 뉴욕 시민, 특히 동유럽에서 건너온 유대계 이민자들이 중산층과 전문직으로 도약하는 데 커다란 역할을 하면서 유명세를 탔다. 하지만 1970년대 들어 뉴욕 시티 칼리지, 그리고 현재 이 대학이 속한 대규모 뉴욕시립대학CUNY 전체에 공공 지원이 큰 폭으로 줄어들었다. 등록금은 오른 반면(지금은 연간 7000달러에 달한다) 학생 지원 예산은 줄었고, 결과적으로 대학의 명성은 떨어졌다.[20] 하지만 2017년 라즈 체티 연구팀이 발표한 「사회이동 보고서」에 의하면, 뉴욕 시티 칼리지는 해마다 빈곤층 출신 학생들이 졸업 후 부유층으로 계층 이동하는 비율이 가장 높은 대학에 속했다.[21]

뉴욕 시티 칼리지를 방문한 2016년, 나는 칼리지 본관 건물 2층 학생 식당에서 태슬림과 긴 대화를 나눴다. 이 칼리지를 거쳐간 수많은 학생처럼, 태슬림도 이민자였다. 그의 부모는 어린 태슬림을 데리고 방글라데시의 가난한 마을에서 뉴욕으로 건너온 무슬림이었다. 태슬림은 부모님이 보수적이고, 이슬람 전통에 따라 중매결혼을 했으며, 어머니는 브루클린 중심가에 있는 집에서 외출할 때마다 히잡을 쓴다고 내게 말했다. 그의 아버지는 택시 기사로 일하며 가족을 부양했다. 태슬림의 부모는 교육을 별로 못 받았지만, 방글라데시 이민자 공동체에서 부모의 사회적 지위는 자녀의 학벌과 직결되다시피 했다. 그들은 아들이 의사나 변호사, 또는 엔지니어가 되기를 바라고 있었다. 친구들 사이에서 자랑할 만한 전문직을 원했던 것이다.

첫눈에는 태슬림이 전형적인 뉴욕 시티 칼리지 학생처럼 보였다. 머리가 좋고 특히 수학에 재능이 있지만, 가정 형편 때문에 공립 고등학교를 다닌 이민 2세 학생이었다. 하지만 한 가지 중요한 점에서 대부분의 학생과 달랐다. 태슬림은 칼리지 생활을 싫어했다. 그는 학교 수업이 지루하고 집에서 통학하기도 먼 데다 친구를 사귀기도 힘들다고 말했다. 첫 학기부터 몇 번의 시험에서 나쁜 학점을 받아 일찌감치 학교에 반감이 생겼다. 태슬림은 차츰 우울증에 빠졌다. 그는 학교 공부에 집중할 수가 없었다. 공강 시간에 그는 도서관에 혼자 앉아 노트북으로 비디오 게임을 했다. 고등학교 때 그는 프로그래머가 되어 구글에 입사하는 게 꿈이었다. 하지만 대학 1학년을 마칠 무렵 그 목표는 흔들리기 시작했고, 과연 대학에 온 게 잘한 일인지 의문이 들었다.

"모든 사람이 대학에 맞는 건 아닌가봐요. 부모님이나 고등학교 선생님들이 아무리 부추긴다 해도요." 태슬림이 말했다. "저는 오로지 의무감 때문에 대학에 들어왔거든요. 대학에 안 간다고 그랬으면 부모님은 아마 저랑 의절했을 거예요."

그는 여전히 컴퓨터 다루는 걸 좋아한다고 했다. 하지만 프로그램 개발자가 되고 싶은 생각은 더 이상 들지 않았고, 컴퓨터 고치는 일에 더 관심이 갔다. 그가 진짜 원하는 것은, 대기업 사무실에서 컴퓨터가 멈추거나 프린터가 작동하지 않을 때 수리를 의뢰받는 IT 전문가, 바꿔 말해 컴퓨터 수리 기사가 되는 것이었다. 그리고 그가 알기로는 그 직종에서 대학 학위는 전혀 필요 없었다.

태슬림은 최근에 '이어 업Year Up'이라는 국비 지원 프로그램을 찾아 신청했다. 해마다 칼리지 교육의 대안을 찾는 젊은이를 수천 명씩 모집하는 직업 훈련 과정이었다. 그가 신청한 1년짜리 프로그램은, 6개월 동안 기업 내 IT 지원팀에서 일하기 위해 필요한 컴퓨터 관련 지식과 직장 에티켓을 배운 다음, 남은 6개월 동안 기업 인턴십에 참여해 현장실습을 하는 과정이었다. 훈련을 받는 동안 수강생들은 일반적으로 약간의 수당을 받고 앞으로 두고두고 유용할 현장 경험을 얻을 뿐만 아니라 대학 학점도 인정받을 수 있었다.

태슬림은 자신의 새로운 계획을 집에는 비밀로 했다. 대학에서 어떤 어려움을 겪고 있는지도 전혀 이야기하지 않았다. 그는 우연히 부모가 뉴욕 시티 칼리지 1학년 성적표를 보게 됐을 때도, 진짜 성적표가 아니라며 말도 안 되는 핑계를 댔다. 그 성적표는 만에 하나 학생들이 시험을 망친다면 어떤 학점을 받게 될지 사전에 알려주는 가상의 성적표일 뿐이라고 얼버무린 것이다. 놀랍게도 그들은 감쪽같이 속았다. 태슬림은 이어 업 프로그램 우편물이 집으로 날아오지 않을 것을 알기에, 만약 합격한다면 1년 동안 계속 대학에 다니는 것처럼 부모를 속일 작정이었다. 그러다 들통날 수도 있겠지만, 대학이라는 궁지에서 탈출하는 길이라면 그만한 가치가 있을 거라고 그는 말했다.

"이어 업 프로그램은 제가 캄캄한 터널 끝에서 찾은 빛이에요. 대학에서 의욕적으로 열심히 생활하는 사람도 있지만, 애석하게도 전 아니었어요. 하지만 자신한테 맞는 길을 찾으면, 대학 학위 없이도 그럭저럭 성공적인 인생을 살 수 있어요. 대학이 누구에게나 정답은 아니라고 생각해요. 어떤 사람들에게는 꼭 필요하지만, 어떤 사람들에게는 그렇지 않죠."

태슬림과 오리, 그리고 수많은 고교 졸업반 학생과 대학생이 지난 몇 년 동안 끊임없이 되풀이한 핵심 질문은 바로 이것이다. '대학이 그만한 가치가 있을까?' 경제학자가 이 질문을 받으면, 대개는 즉답을 내놓거나 아니면 약간 더 신중한 해답을 제시할 것이다. 즉답은 '그렇다'이다. 이른바 '대졸 임금 프리미엄college wage premium'이 미국에서 여전히 높은 수준으로 유지되고 있기 때문이다. 이것은 대학 학위를 가진 성인들의 임금이 평균적으로 고졸 이하 학력을 가진 성인들의 임금을 초과하는 것을 의미하는 경제학 용어다. 1970년대만 해도 고졸자와 대졸자의 임금 격차는 비교적 적어서 대졸자들이 고졸자들보다 평균 40퍼센트를 더 벌었다. 이제 격차는 84퍼센트까지 벌어졌다.[22]

대졸 임금 프리미엄은 수요 공급의 기본 작용이다. 노동 시장에 대졸자가 많아지면 임금 프리미엄이 내려가고, 대학 교육 제도가 경제에 필요한 만큼 졸업생을 배출하지 못하면 임금 프리미엄은 올라간다. 그래서 대학 학위의 가치를 논할 때 임금 프리미엄이 중요한 출발점이 된다. 현재 미국에 대졸자가 지나치게 많다는 정치평론가들의 주장과 달리, 실제 노동 시장에는 대졸자가 매우 부족하다는 분명한 신호가 감지된다.

경제학자들이 대학 학위의 가치에 대해 내놓는 다소 미묘한 대답은 '상황에 따라 다르다'이다. 개개인에 따라, 전공과 직종에 따라, 업무 성과에 따라, 그리고 대학에서 학자금 대출을 얼마나 받았느냐에 따라 대학 학위의 가치는 천차만별이다. 학위를 받지 못하고 대학을 중퇴하면 별 소용이 없다. 대학중퇴자의 평균 임금은 고졸자에 비해 겨우 연간 3000달러 정도 많고,[23] 그마저도 학자금 대출로 상쇄된다. 한편 대학을 어떻게든 졸업한다 해도, 출신 대학과 전공 분야에 따라 학위의 가치가 또 달라진다. (공대 졸업자들이 실제로 가장 높은 임금을 받는다.[24]) 또한 저소득층 학생들은 대졸 임금 프리미엄을 가장 크게 높일 수 있는 명문대학으로 진학하는 일이 상대적으로 적기 때문에, 명문대학에 주로 진학하는 부유층 학생들에 비해 학위로 얻는 경제적 이득이 크지 않다. 경제학자 팀 바틱과 브래드 허시바인의 연구에서, 저소득층 가정 출신으로 대학을 졸업한 사람은 고졸자에 비해 생애소득이 평균 35만5000달러 많은 것으로 나타났다. 하지만 부유층 가정 출신이라면, 고졸자에 비해 생애소득이 평균 90만1000달러까지 더 늘어났다.[25]

여전히 경제학자들은 대학이 대부분의 청년에게 가치 있는 투자라는 입장을 고수하고 있지만, 전국 여론조사 자료에는 국민이 대학 교육에 환멸을 느끼고 있다는 징후가 나타난다. 몇몇 여론조사에서는 최근 몇 년 사이에 회의적인 의견이 급격히 증가했음이 드러나기도 했다. 예를 들어 2013년 NBC와 『월스트리트저널』이 공동으로 실시한 여론조사[26]에서, 조사에 응한 18~34세 청년들 가운데 40퍼센트가 4년제 대학 학위가 투자한 비용만큼 가치가 없다고 응답했다. 4년 뒤 같은 조사에서, 그 수치는 57퍼센트로 뛰었다.

이처럼 대학 무용론이 등장한 배경에는, 최근 여론을 부추기는 정치적 세력이 있다. 대중매체에서 하루가 멀다 하고 대학에 대해 부정적인 기사와 논평을 쏟아내는 분위기 속에서, 대학 교육 회의론이 늘어난다고 해서 크게 놀랄 일은 아니다. (현재 가장 지속적으로 강력하게 대학에 부정적인 의견을 보이는 여론조사 응답층은 부유한 노년층 공화당원이다.[27]) 하지만 특히 청년들 사이에서도 대학 회의론이 갈수록 퍼지는 상황이므로, 미국 경제에 좀더 근본적인 변화가 일어나고 있는 것은 분명해 보인다.

MIT의 경제학자 데이비드 오터는 대졸 임금 프리미엄 연구를 깊이

했고,[28] 그가 찾아낸 자료를 보면 대학 학위가 사회이동에 전반적으로 긍정적인 영향을 미친다는 메시지가 한층 더 복잡해진다. 오터의 분석에 따르면, 물론 미국에서 대졸자가 고졸자보다 평균적으로 훨씬 더 많이 버는 것은 사실이다. 하지만 지난 수십 년 동안 대졸 임금 프리미엄을 높인 주인공은, 학사학위가 아니라 석사학위 이상을 받기 위해 대학원에 진학한 대졸자들이었다. 집단별로 살펴보면, 학사학위만 받은 남성 대졸자는 1970년대 초 이후 (물가상승률 반영할 때) 소득이 전혀 늘지 않았다. (여성 대졸자는 소득이 약간 올랐지만, 석사학위 이상을 받은 여성에 비해서는 훨씬 적게 올랐다.) 1970년대 초 이후, 대졸 임금 프리미엄이 상승한 원인은 석사 이상의 전문 학위를 가진 고소득자가 증가하는 한편, 고졸자의 평균 소득이 감소했기 때문이다. 따라서 학사학위를 받은 대졸자들이 계층 상승을 이룬 것처럼 보이는 것도 상대적으로 고졸자의 소득이 감소했기 때문이다.

이 같은 현상은 경제적 관점에서 분명 중요하지만, 좀더 강력하고 지속적인 영향은 심리적으로도 나타날 수 있다. 한 세대 전만 해도, 사람들은 4년제 대학을 졸업하면 당연히 출셋길이 열린다고 생각했다. 오늘날 많은 미국 청년에게 4년제 대학 학사학위는 계층 하락을 막아주는 보험일 뿐이다. 이 암울한 현실이 대학을 바라보는 이들의 시선을 바꿔놓았다. 따라서 이제 사람들은 예전만큼 대학에 가려고 안달하지 않고, 대학생들의 불안 또한 한층 더 심각해졌다. 그리고 그것은 이제 청년들이 대학 진학을 고려할 때 희망보다는 두려움을 안고 결정을 내려야 한다는 뜻이다.

얼리샤 폴러드는 2012년 노스캐롤라이나주에서 고등학교를 졸업했고, 오리처럼 대학을 중퇴했다. 그 뒤에 얼리샤는 텍사스주 댈러스로 이사했고 거기서 새로 사귄 친구 대니엘과 함께 오스틴으로 다시 이사했다. 얼리샤와 대니엘은 오스틴 교외에 값싼 아파트를 얻었고, 최저시급을 받는 패스트푸드점에 바로 취직했다. 2017년 가을 나와 만났을 때도 얼리샤는 여전히 패스트푸드점에서 일하고 있었지만, 그동안 승진을 해서 이제 오스틴 서북부에 있는 어느 스트립 몰번화가에 상점과 식당들이 일렬로 늘어서 있는 규모가 큰 상가에 입점한 칙필레에서 드라이브스루 매장 매니저로 일하고 있었다. 하지만 그녀는 외식업계에 남을 생각이 없었고 더 큰 목표를 이루려면 대학 졸업장이 꼭 필요하다는 결론에 이르렀다.

내가 얼리샤를 만난 것은 그해 초 오스틴 지역 비영리기관에서 운영하는 펠로톤UPelotonU라는 특이한 프로그램을 취재하기 위해서였다. 펠로톤유 프로그램은 오스틴에 거주하는 학생들이 지역 상가에 마련된 사무실에서 뉴햄프셔주 어느 공립대학의 온라인 강좌를 수강하고 학점을 딸 수 있는 일종의 온라인 대학이었다. 학생들은 이 조용한 공간에서 온라인 강의를 수강하며 개인 과외 등 추가 지원을 받을 수 있었고, 온라인 과정의 특성상 놓치기 쉬운 공동체 의식과 연대감도 나름 경험할 수 있었다. 학생들은 본인의 진도에 맞춰 공부할 수 있었고, 간혹 일정을 서둘러 2년제 전문학사 학위를 1년 안에 마치는 이들도 있었다. 펠로톤유 온라인 대학의 등록금은 한 학기에 2750달러로, 오스틴 지역 일반 커뮤니티 칼리지와 비슷한 수준이었다. 만약 펠로톤유 학생들이, 대다수가 그랬는데, 펠 장학금 수혜 대상자라면 학비를 전혀 내지 않고 학위 과정을 마칠 수도 있었다.

얼리샤는 패스트푸드점 매니저 일을 열심히 하면서, 펠로톤유에서 교양과정 전문학사 과정을 밟고 있었다. 그녀는 과제를 열심히 했고 학업에 진지하게 매진했지만, 솔직히 말하면 실리적으로 판단했기 때문이다. 다시 말해, 얼리샤는 온라인 과정에서 배우는 내용보다, 과정을 마치고 받게 될 학위와 그 학위가 그녀의 인생에 가져다줄 변화에 더 집중하고 있었다. 당시 스물셋이 된 그녀는 경제적으로 점점 더 깊은 수렁에 빠지고 있다고 내게 말했다. 칙필레 매장 관리직에서 받는 돈은 시급 17.50달러였고 건강보험이나 다른 수당은 없었다. 그녀는 남자친구와 함께 살면서 생활비를 최대한 줄이려고 노력했지만 오스틴 물가는 만만치 않았다. 그녀는 자동차 할부금과 신용카드 연체로 빚을 많이 진 데다, 빚은 매달 늘어만 갔다.

우리가 이야기를 나누는 동안, 얼리샤는 경제적 상황을 불안해하면서 지난날을 후회하곤 했다. 고등학교 때, 그녀는 학교 농구팀 센터로 뛰어 전국 고교대항전 주전으로 출전하는 스타 플레이어였다. 9학년 때부터 노스캐롤라이나주에 있는 여러 대학팀에서 일찌감치 스카우트 제의도 받았다. 그녀는 학교 성적도 괜찮은 편이었지만, 시간과 에너지를 대부분 농구에만 쏟았다. 당시에 얼리샤에게는 농구가 대학으로 가는 가장 확실한 길이었고, 비록 그녀의 부모는 대학을 나오지 않았지만 얼리샤는 왠지 대학에 꼭 가야 한다는 걸 알고 있었다.

그러다 10학년이 끝난 뒤 여름, 전부터 불안했던 가족의 기반이 흔들리기 시작했다. 그녀의 부모는 결국 이혼했고, 얼마 후 그녀의 아버지는 식량 배급 창고의 감독관 자리에서 해고당했다. 식구들은 뿔뿔이 흩어졌다. 우체국 직원이었던 어머니가 외할머니 집으로 들어가고, 얼리샤는 아버지와 함께 따로 살게 되었다. 버림받은 기분에 혼란스러워진 얼리샤는 점점 농구를 멀리하게 되었고, 흥청망청 마시고 노는 무리 속에서 위안과 교감을 찾으려 했다. 그녀는 맥주를 마시고 수업을 빼먹었으며 숙제를 게을리했다. 대학에는 지원도 하지 않았다. 오스틴에서 얼리샤는 그때 자신이 내린 어리석은 결정과 낭비한 시간이 후회스럽고 화가 나기까지 한다고 말했다. "아이에서 어른이 되는 법을 몰랐고, 인생에서 성공하려면 뭐가 필요한지도 전혀 몰랐어요. 고등학교를 졸업할 때까지도 철이 없어서 그런 방면에 무지했어요. 아무도 가르쳐주지 않았죠."

얼리샤가 새로 진로를 바꾸려고 노력하게 된 계기는 거의 아버지 때문이었다. 그녀의 아버지는 64세였고 댈러스에서 혼자 살고 있었다. 평생 육체노동을 했지만, 더 이상 그런 노동을 감당할 체력이 없어 이제 공항 셔틀버스 기사로 일하며 공항 이용객을 실어날랐고, 때때로 우버에서 배차를 받아 손님을 태우기도 했다. 겨우 혼자 생활할 정도의 벌이였고, 저축이나 연금 혹은 다른 퇴직금은 없었다. 아버지는 노후 대비가 전혀 안 된 상태였다. 얼리샤는 가장 친한 친구이기도 한 아버지를 잘 보살폈지만, 아버지는 그녀의 인생에 교훈과 숙제를 동시에 주는 존재였다. 얼리샤는 한 사람의 인생에서 대학 교육이 없으면 선택의 폭이 얼마나 좁아지는지 아버지를 보면서 교훈을 얻었고, 아버지가 퇴직하고 쉬려면 자신이 부양하는 수밖에 없다는 걸 알기 때문에 해결해야 할 숙제를 떠안은 기분도 들었던 것이다.

얼리샤는 오스틴에 이사온 뒤로, 처음에는 지하철 역사에서 일했고 그러다 덩킨도너츠를 거쳐 칙필레에 자리잡았다. 그러는 동안 교대근무 조장부터 보조 매니저, 그리고 매니저까지 차근차근 승진했다. 그녀의 직업의식은 요즘 세대 저임금 서비스직 종사자의 정신 자세와 좀 달랐다. 그녀는 책임감 있고 양심적이었다. 솔직히 둘 다 그녀가 몸담은 업계에서 특별히 높이 쳐주는 자질은 아니었다. 그녀가 일하면서 불만을 느낀 건 낮은 임금 때문만이 아니었다. 요식업계는 고용 안정성이 떨어지고 근무 시간이 일정치 않아 혼란스럽고 지치는 일이 많았다. 그녀는 칙필레에서 일하면서 매주 6일 동안 새벽 5시 반부터 자정까지 '상시 근무open availability 영업 시간 내에서 고용주가 원하면 아무 때나 일할 수 있는 근무 조건'를 요구받았는데, 그것은 잠시라도 마음 놓고 쉬거나 남자친구와 시간을 보낼 계획을 세울 수 없다는 의미였다. 상시 근무 시스템은 그녀가 열망하는 안정적인 중산층의 삶을 방해하기 위해 누군가 생각해낸 것 같았다. "그런 식으로는 생활을 제대로 설계할 수가 없어요." 그녀는 불만을 털어놓았다. "가족을 부양할 수도 없고요."

얼리샤는 오스틴에서 음식 서비스 일을 하는 동안, 말단 사무직 일자리를 따로 알아보고 있었다. 그녀는 몇 번 사무직에 지원했지만 면접조차 보지 못했다. 고용주들은 항상 대학 학위나 관련 업무 경력을 원했지만, 얼리샤에겐 둘 다 없었다. 하지만 우리가 처음 만나고 얼마 지나지 않아, 그녀는 전보다 더 괜찮아 보이는 기회를 잡게 되었다. 친구 대니엘의 어머니가 부동산 보험 회사에서 일했는데, 그 회사에서 직원을 새로 뽑는다고 귀뜸을 해준 것이다. 그 자리는 말단 사무직이고 보수도 칙필레에서 받는 것보다 더 적은 3만5000달러였지만, 보험 회사는 복리후생이 좋고 교육이나 승진 기회도 훨씬 많았다. 그래서 얼리샤는 그 자리에 지원했고 면접도 잘 치렀다. 얼마 뒤 회사에서 합격 전화를 받고 흥분한 나머지 얼리샤는 곧바로 칙필레에 사표를 냈다. 실제로 타이핑된 사표를 사장실 서류함에 넣었다.

얼리샤가 칙필레에서 마지막 근무를 마친 이튿날, 보험 회사의 고용 담당자가 그녀에게 결국 합격이 취소됐다고 알려왔다. 회사가 갑자기 고용을 동결하기로 했다는 이유에서였다. 얼리샤는 망연자실했다. 그녀는 드디어 사무직군으로 올라가게 됐다고 확신하며 희망에 차 있었다. 하지만 전화 한 통으로 그녀는 신입 사무직 관리자에서 실직한 패스트푸드점 관리자로 처지가 뒤바뀌었다. 제대로 된 일자리를 거의 손에 넣었다가 빼앗기는 경험은, 처음부터 다른 선택지가 없었던 것보다 더 쓰라렸다.

"보험 회사에 못 가서 낙담한 게 아니었어요." 몇 주 후에 그녀가 내게 말했다. 우리는 펠로톤유 사무실 건물 복도 끝에 있는 좁은 회의실에 앉아 있었고, 얼리샤는 창백하고 핼쑥해 보였다. "특별히 이번 기회를 놓친 것 때문만은 아니에요. 제가 진짜 견디기 힘들었던 건, 대학을 못 나왔기 때문에 평생 패스트푸드 매장에서 일해야 할지도 모른다는 두려움이었어요. 마치 감옥에 갇힌 기분이에요." 그녀는 눈물을 글썽이며 고개를 가로저었다. "그리고 이게 다, 좋은 직장에 가려면 대학부터 가야 한다는 걸 미처 깨닫지 못한 제 탓이겠죠. 재능 있고 똑똑한 사람들이 정말 말도 안 되게 많지만, 정작 중요한 건 대학에 가는 거예요."

어쩌다 이렇게 심각한 경제적 위기에 몰렸을까 곰곰이 생각하다보면, 얼리샤는 자연히 맨 먼저 스스로를 탓하게 되었다. 그녀는 새벽까지 잠을 이루지 못한 채, 열여섯 살 때 했던 여러 실수와 근시안적인 결정 탓에 스물세 살의 자신이 얼마만큼 직접적인 경제적 타격을 받았는지 되짚어봤다. 하지만 모든 책임을 혼자 짊어질 마음은 없었다. 그녀는 미국의 경제와 교육 제도를 움직이는 어떤 커다란 세력에 허를 찔렸다는 기분이 들었다. 부모와 교사들이 경고하지 않았고, 심지어 그들조차 파악하지 못한 힘이 작용한 것 같았다.

고등학교 때, 교사와 진학 상담사들이 대학에 가면 좋다고 말했지만, 항상 대학 학위는 추가적인 선택이라면서 만약 고등학교 졸업 후에 욕심을 부려 특별히 고소득 전문 직종에 도전하려면 대학에 가야 한다고 설명했다. "선생님들은 엄청나게 성공하고 싶은 사람만 대학에 가야 한다는 식으로 얘기했어요." 얼리샤가 말했다. "그래서 저는 대학에 군이 안 가도 충분히 잘 살 수 있나보다 짐작했죠. 하지만 아니었어요. 그리고 저는 그런 줄 전혀 몰랐죠. 살면서 알게 됐어요."

2주간의 고용 동결 끝에 용케 얼리샤는 그 부동산 보험 회사에 취직했다. 칙필레에 비하면 큰 발전이었다. 그녀는 새로운 직장 동료들을 좋아했고, 많은 것을 배웠으며, 1년 후에는 계약 업무 담당자로 승진도 했다. 마침내 대학 학위 없이도 개인적인 인맥으로 사무직을 확보했지만, 그녀는 펠로톤유에서 하던 공부를 계속해서 2년 만에 전문학사 학위 과정을 마치고 곧이어 학사학위 과정을 시작했다. 얼리샤는 부동산 보험 회사가 평생직장이라고 생각하지 않았다. 부동산은 경기를 많이 타는 분야이기 때문이다. 그녀는 학사학위를 받는다고 당장 승진을 하거나 더 좋은 회사로 옮기는 것은 아니지만, 다음번 위기가 닥칠 때 적어도 지난번보다 더 안전하고 선택의 폭도 넓어질 거라고 생각했다.

한편 태슬림은 나와 뉴욕 시티 칼리지에서 만난 후, 이어 업 프로그램을 시작했고 바라던 대로 맨해튼의 대형 회사에서 IT 지원 업무를 하며 1년을 보냈고, 그 결과 IT 업계에서 더 많은 일자리 제안을 받게 되었다. 어떤 회사에서는 시급 25달러를 받고 일했다. 하지만 그는 얼마 후 학교로 돌아가 맨해튼 커뮤니티 칼리지BMCC에서 전문학사 과정을 시작하기로 결심했다. 대학에 다니는 건 여전히 싫었다. 하지만 얼리샤가 패스트푸드점에서 그랬듯이, 태슬림이 학위 없이 구할 수 있는 것은 불안정하고 못 미더운 일자리, 가령 시간제나 단기 고용직, 그리고 따로 수당이 없는 일자리가 대부분이었다. 그가 이어 업 프로그램에서 인턴으로 나갔던 회사의 IT 부서는 외국 회사의 외주 업체였고, 이것은 그가 맨해튼 중심가에 있는 사무실에서 일하지만 엄밀히 따지자면 인도의 어느 회사에 고용되어 일한다는 의미였다. 내가 마지막으로 태슬림과 통화했을 때, 그는 맨해튼 커뮤니티 칼리지에 다니면서 기업 IT 부서에서 아르바이트를 했고, 코딩을 배울 수 있는 온라인 '부트 캠프boot camp 신병훈련소 극기훈련에 비유되는 단기 집중 교육 과정을 말한다' 강좌를 신청할까 생각 중이라고 했다.

얼리샤, 오리, 태슬림은 각자 다른 노동 경제 분야에서 일했지만, 그들이 처한 고용 상황에는 공통점이 많았다. 이를테면 근무 일정이 불규칙했고, 언제 해고될지 몰라 불안했으며, 업무와 승진에 필요한 훈련이나 교육은 알아서 해결해야 했다. 세 사람이 몸담았던 경제 시스템은 성공하려면 일정한 자격을 갖춰야 한다는 분명한 메시지를 그들에게 보냈다. 하지만 그 자격을 얻는 최선의 방법을 찾는 것은 그들 각자의 몫이었다. 그들이 대학에서 무엇보다 절실하게 바란 것은 최소한의 경제적 안정을 확보하는 일이었지만, 실상 대학으로부터 안전망을 보장받기는 힘들어 보였다.

2017년 버지니아코먼웰스주립대학 사회학과 교수인 트레시 맥밀런 코틈은 오리, 태슬림, 얼리샤, 그리고 비슷한 처지에 있는 수백만 청년의 선택에 주목한 저서 『불량 대학Lower Ed』을 펴냈다. 이 책의 명목상 주제는 21세기 첫 10년 동안 엄청난 호황을 누린 영리법인 대학의 운영 실태였다. 대학 교육 체계의 한 부분을 차지하는 영리 대학은, 재학생이 2000년 40만 명에서 2010년 200만 명으로 증가하는 등 규모가 크게 확대되었다.[29] 그리고 이 기간은 많은 주 정부에서 대학 교육 예산을 대폭 삭감한 시기와도 일치했다. 영리 대학은 상점가에 있는 미용·전문대학부터 피닉스대학 경영학 박사학위를 딸 수 있는 온라인 대학 강의에 이르기까지 대학 교육 커리큘럼을 총망라했으며, 비싼 등록금과 저조한 졸업률, 높은 학자금 연체율까지 악명 높은 여건에도 불구하고 괄목할 만한 성장을 이루었다.[30] 2012년 미국에서 영리 대학 등록생은 전체 대학생의 12퍼센트에 불과했지만, 이들이 전체 대학생 학자금 대출액 가운데 무려 44퍼센트를 연체하고 있었다.[31]

코틈이 책에서 맨 처음 던진 질문은 왜 그럴까였다. 왜 그렇게 대놓고 형편없는 상품이 그렇게 잘 팔릴까? 그녀가 내놓은 대답은, 영리 대학이 교육 제도와 노동 시장 사이에 격차가 점차 벌어지는 상황을 적절히 활용했다는 것이다. 다시 말해, 그들이 더 많은 기술을 요구하는 취업 시장, 청년들을 제대로 교육하지 못하는 공교육 시스템, 그리고 청년들에게 대학에 가야 한다고 요구하면서 필요한 교육과 훈련을 제공하지 못하거나 제공할 의향이 없는 대학 교육 환경을 잘 포착했기 때문에 호황을 맞았다는 설명이다. 이런 불안한 상황을 비집고 들어가 이익을 내려는 영리 대학들은 교육을 실제로 제공할 필요가 없었다. 학생들에게 교육을 제공한다고 약속만 하면 그만이었다. 그리고 급속한 성장기 동안, 아주 능숙하게 그럴듯한 약속을 남발했다. 이 시기에 영리 대학은 학생들에게 투자하는 직접적인 교육비보다 마케팅 비용이나 시세 차익을 노린 다른

투자에 두 배 이상의 돈을 썼다.[32]

코틈은 책에서 전체적인 경제적·교육적 맥락에서 (자신이 '불량 교육'이
라 부른) 영리 대학의 세계를 좀더 정확히 파악하려고 공을 들였다. 그녀
는, "영리 대학은 간교한 속임수를 쓰는 사기꾼보다 한 수 위"라고 썼다.
"영리 대학은 사회경제적 불평등을 나타내는 지표인 동시에 그 불평등
을 계속 유지하는 주범이다. (…) 불량 교육이 안정된 성장세를 보이는 것
은 민간 부문이 직업 훈련 비용을 근로자들에게 떠넘기고, 공공 부문이
정책적 대응을 소홀히 했다는 증거다."[33]

물론 불량 교육의 반대쪽 끝에는 우량 교육을 담당하는 프린스턴대
학, 트리니티 칼리지, 텍사스주립대학 같은 명문대학이 있다. 사람들은
본능적으로 그런 엘리트 대학이 불량 교육의 세계와는 전혀 다른 영역
이라고 생각하는 경향이 있다. 하지만 코틈은 그 두 영역이 동전의 양면
과 같다고 설명한다. "불량 교육이 존재하는 이유는 엘리트 교육이 존재
하기 때문이다. 엘리트 교육 기관이 '교육 복음education gospel'을 실현하
는 동안, 불량 교육 기관은 대학의 절대적 가치를 믿는 모든 유형의 취약
계층, 이를테면 미혼모, 해고 노동자, 퇴역 군인, 유색인종, 그리고 기초생
활수급자에서 벗어나기 위해 일자리를 찾아 나서는 노동자들까지 다 흡
수한다."

섀넌 토러스, 키키 길버트, 매슈 리베라 같은 빈곤층 학생들의 성공
스토리가 호소력 있게 들리는 이유는, 그들이 (코틈이 말하는) 교육 복음
에 대한 대중의 '신앙을 증거'하기 때문이다. 그것은 부나 특권 없이 태어
나더라도 엘리트 대학 교육을 받으면 성공할 수 있다는 미국인의 이상
이다. 하지만 코틈은 섀넌과 키키와 매슈의 이야기가 지극히 드문 사례

라고 주장한다. 미국 사회에서 대학을 통해 계층 상승이라는 이상을 실현하려면, 우선 고등학교 때 남들보다 열심히 공부해서 반에서 수석으로 졸업해야 하고, 그런 다음 운이 억세게 좋아서 명문대학에 합격해야 하고, 명문대학에 입학한 뒤에도 교수진과 상담사와 멘토를 모두 잘 만나야 한다. 심지어 모든 여건이 맞아떨어지더라도, 대학을 졸업할 때까지는 힘들고 외로울 것이며 예상치 못한 장애물을 수시로 만나게 될 것이다. 그런가 하면, 고등학교 때 성적이 보통이었던 오리, 태슬림, 얼리샤와 같은 전형적인 빈곤층 학생들에게 뒤죽박죽 짜깁기한 대학 교육 제도가 제안하는 거래는 그다지 흥밋거리가 되지 않는다. 그들에게 대학은 그냥 불안정한 저임금 서비스 업종과 제조업을 선택하느냐, 아니면 혼란스럽고 돈만 많이 들고 특별히 재미도 없는 자격 조건을 서로 차지하려고 싸우느냐 하는 선택의 차이였다.

2000년부터 2010년까지, 영리 대학들은 빈곤층 학생들도 자격 조건 쟁탈전에 뛰어들 수 있도록 대안을 약속하는 듯했지만, 그 약속의 대부분은 허황된 것으로 판명되었다. 오바마 대통령 시절 연방 교육부는 여러 규제 법안과 법정 다툼을 통해 영리 대학에 꼭 필요한 규제를 가했고, 이로 인해 많은 영리 대학이 문을 닫게 되었다. (현재 트럼프 정부의 교육부 관료들은 규제를 다시 완화하려고 애쓰고 있다.) 하지만 불량 대학을 처리하는 정부의 임시방편은 대학 교육 시장의 불안과 요구를 해결하는데 아무런 도움이 되지 않았다.

그 공백을 채우기 위해 책임감 있고 유망한 몇몇 비영리단체가 대학 교육 사업에 나섰다. 그중 최고는 펠로톤유와 이어 업 프로그램으로, 얼리샤와 태슬림 그리고 수천 명의 학생에게 저비용으로 실속 있는 대학

교육 기회를 제공해왔다. 하지만 그들도 여전히 대부분 규모가 영세하고 실적이 검증되지 않았으며, 설령 최대한 성공한다 해도, 대학 교육과 고용 시장의 만성적인 불안정을 약간 해소할 수 있을 뿐이다.

"교육 복음에 근거해서, 대학은 청년들에게 더 많은 개인적 희생을 요구하고 있다. 학자금 대출은 늘어났고, 지원금은 줄어들었다. 대학은 우후죽순처럼 생겨났지만, 현실성 있는 선택권은 오히려 줄었다. 여러 진로 가능성이 생겼지만, 그중 어느 하나도 실현하지 못할 위험성 또한 커졌다." 코틈의 주장이다. 이 불편한 저울질이 계속되면 불량 교육으로 앞길을 개척하려는 청년들이 지속적인 경제적 불안에 내몰릴 것은 불 보듯 뻔하다. 적어도 지금으로서는 얼리샤, 태슬림, 오리 같은 청년들이 교육 중간 지대에 남을 운명이라는 뜻인데, 중간 지대에 머물러 있으면, 올바른 선택을 하기 어려울 뿐만 아니라 사회이동의 기회가 와도 확신이 없어 머뭇대거나 쉽게 좌절하게 될 것이다.

8장

우등생과 낙제생

1. 수 학 의 조 상

유리 트라이스먼은 텍사스주립대학 오스틴 캠퍼스의 수학관 10층 교수실에 앉아, 원목 책상 위에 노트북을 펼쳐놓고 기말고사 직전에 벼락치기하는 학생처럼 긴 수강생 명단과 사진들을 훑어보고 있었다. 그때는 무더운 8월 말의 어느 화요일 아침 9시였고, 30분 뒤 트라이스먼 교수는 4층 강당에 모인 110명의 텍사스주립대학 신입생에게 '수학408C: 미적분학' 강의를 시작할 예정이었다. 하지만 그는 엘리베이터를 타고 내려가 강의를 시작하기에 앞서 스스로에게 개강 맞이 숙제를 냈는데, 110명 학생의 이름과 얼굴을 모두 기억하는 것이었다.

올해 신입생 명단은 만만치 않았다. 두 명의 디에고와 두 명의 후안이 있었고, 앙헬이라는 이름도 둘이었다. 비슷한 이름도 많았다. 서니와 선빔, 오스카Oscar와 오스카Oskar, 브렛과 레트도 각각 한 명씩이었다. 또한 유항, 소치틀린다, 카리슈마, 암폰 같은 이국적인 이름도 눈에 띄었다.

"암폰이라," 트라이스먼이 생각에 잠겼다. "그건 전통적인 라오스 이름인데, 라오스어로 환영합니다가 뭐지?"

트라이스먼은 개강 전에 반드시 모든 학생의 이름을 외우거나 그들의 모국어로 환영 인사를 할 필요가 없다는 걸 알고 있었다. 그리고 그것이 일반적인 수학 교수의 행동이 아니라는 것도 잘 알고 있었다. 하지만 그는 50년 넘게 늘 이런 식으로 미적분학 강의를 시작했고, 그러는 동안 신입생들이 1학년 첫 학기에 미적분학을 수강한다는 것은 단순한 지적 실험이 아니라는 확신을 갖게 되었다. 첫 학기 수업은 학생들에게 긍정적이든 부정적이든 일종의 심리학적 여정이고, 그 여정에서 대학생으로서 그리고 한 인간으로서 정체성을 형성하는 데 영향을 받을 수밖에 없었다. 수십 년에 걸쳐 트라이스먼은 과학적 근거에 개인적 경험을 더해 다양한 강의 기법을 개발했고, 학생들의 여정에 도움이 되도록 적재적소에 전략적으로 그 기법을 사용했다. 개강 첫날부터 학생들의 이름을 부르며 인사하는 것이 좋은 시작이라고 그는 믿었다.

트라이스먼이 처음 미적분학을 접한 것은 1960년, 디트머스 중학교 3학년(9학년) 때였다. 학교는 브루클린 플랫부시 지역 오션파크웨이에 있는 아파트에서 한 블록 떨어진 곳에 있었다. 10대 시절, 트라이스먼은 이웃에 자신을 만능 과외 선생이라고 소개했다. 원하는 과목은 뭐든 다 가르칠 수 있으며, 학생이 만족하지 못하면 수업료를 전액 환불해준다고 약속했다. 그를 찾는 고객은 라틴어 숙제에 도움이 필요한 가톨릭 학교 여학생이 대부분이었지만, 그 당시 위층에 사는 해리엇 록메이커라는 대학생이 브루클린 칼리지에서 미적분학 입문 수업을 따라가느라 애를 먹었고, 비록 트라이스먼이 해리엇보다 네 살이나 어렸지만, 해리엇의 어머니가 회당 10달러에 트라이스먼을 고용하며 딸이 낙제하지 않게 도와달라고 부탁했다. 트라이스먼은 인근 공공도서관에서 미적분학 기초 교재인 『숌 기본서Schaum's Outline』대니얼 숌이 1930년대에 처음 개발한 보충 교재 시리즈로 현재 미국 고등학교, AP 및 대학 과정의 보충 교재로 널리 쓰인다를 한 권 빌렸고, 해리엇보다 한 걸음씩 앞서가며 가르칠 부분을 공부하고 문제를 풀기 위해 애썼다.

해리엇은 미적분 입문을 무사히 통과하고 학업을 계속했으며, 그 경험 덕분에 트라이스먼은 미적분에 호기심이 생겨, 어느새 『숌 기본서』를 뛰어넘는 실력을 갖추게 되었다. 그해 여름, 그는 도서관에서 좀더 수준 높은 미적분학 교재 두 권을 더 발견했고, 집에 돌아와 자기 방에 혼자 틀어박혀 그 책으로 공부하고 계산하며 감탄했다.

수학의 역사에서 가장 희한한 것은 17세기 말에 두 나라에서 두 명의 수학자가 각자 연구를 진행하다 거의 동시에 미적분을 발명했다는 사실이다. 그들이 바로 영국의 과학자 아이작 뉴턴과 독일 철학자 고트프리트 빌헬름 라이프니츠였다.

그 시대에 가장 시급히 해결해야 할 과학 문제는 모두 운동 및 변화와 관련되었다. 가령 행성이 어떻게 하늘에서 움직이는가, 배가 어떻게 바다를 가로질러 항해하는가, 그리고 액체와 기체와 열을 어떻게 조작해야 전력이 생산되는가 하는 문제였다. 모든 분야에서 과학자들을 괴롭힌 핵심 문제는 하나였다. 특정 시점에서 움직이는 물체를 관찰할 때, 그 물체가 어디에 존재하고 어디로 이동하는지 어떻게 판단하는가? 기하학과 대수학, 삼각법 같은 기존의 수학 이론으로는 도저히 답을 구할 수 없는 문제였다.

뉴턴과 라이프니츠는 각각 이 문제를 해결하려면, 무한히 작은 순간들을 무한대로 더해서 연속적인 변화 과정을 살펴보면 된다는 것을 깨달았다. 그들이 발견한 미적분 이론은 과학자와 수학자들이 시간과 공간을 아주 작은 조각이 되도록 무한대로 쪼갠 다음, 그 미세한 조각들을 더 새롭고 더 이해하기 쉬운 전체로 재조립할 수 있게 해주는 도구였다. 미적분학은 산업혁명 시대에 필수적인 역할을 맡았고, 미적분학 덕분에 기술자들은 증기력을 이용하고 천문학자들은 행성의 궤도를 기록했으며, 경제학자들은 대량 생산과 세계 무역의 토대가 된 수요와 공급 현상을 법칙으로 규정할 수 있었다.[1]

자기 방에 혼자 앉아 도서관에서 빌린 책을 탐독하던 트라이스먼의 눈에는, 거의 300년 전에 발명된 미적분학이 강력한 역학 이론일 뿐만 아니라 숭고한 지적 창조물처럼 보였다. 그는 해리엇에게 암기하라고 했던 따분한 규칙과 공식 속에 숨어 있는 우아하고 정교한 수학적 체계를 발견했다. 그것은 세상을 가까이서 바라보는 새로운 방식이었다. 그리고 오랫동안, 그것이 트라이스먼이 아는 미적분학의 전부였다. 멋진 취미이자 숫자로 그린 미술품.

하지만 10여 년이 흐른 뒤 캘리포니아주립대학 버클리 캠퍼스 대학원생으로 학부생들을 가르치는 동안, 트라이스먼은 대학에서 미적분학이 약간 사악한 과목으로 인식된다는 사실도 알게 되었다. 미적분학 수업은 낙제생 공장이었다. 수학이나 과학 또는 공학을 전공하겠다는 계획을 가지고 버클리 캠퍼스에 입학한 학생들, 특히 평범한 배경의 학생들은 신입생 때 미적분학에서 낙제를 거듭했다. 그런 일이 버클리 캠퍼스에서만 일어나는 것은 아니었다. 그 당시 트라이스먼은 자신의 논문에서, 전국적으로 1학년 미적분학 수업은 "대학 교육을 통해 더 나은 삶을 추구하려는 수많은 학생의 열망을 잠재운 무덤"[2]이라고 표현했다.

그때 이후로 트라이스먼은 이 문제를 해결하기 위해 백방으로 뛰었다. 그는 오스틴에 설립된 데이나센터의 창립자이자 책임자였다. 데이나센터는 전국의 유치원부터 대학까지 수학 교육을 개선하기 위해 80명의 전문가가 모여 다양한 사업과 정책을 추진하는 교육 및 정책 연구 기관이다. 트라이스먼은 헌신적인 노력 끝에 수학과 교육학 및 교육 정책 분야에서 두루 명성을 얻게 되었고, 71세의 나이에도 연중 대부분의 시간에 비행기로 전국을 돌며, 각 주의 교육위원회 이사와 자문위원으로 활동하고 부유한 재단과 주 교육부 관료들에게도 조언하는 위치에 있다.

그렇지만 해마다 8월이면, 그는 다시 오스틴 캠퍼스에 머물며 가을학기 동안 '수학408C' 강의를 맡아 신입생들을 가르쳤다. 대부분의 대학에서 그렇듯이, 텍사스주립대학에서 신입생에게 미적분을 가르치는 수업은 그렇게 높게 치지 않는다. 선임 교수들은 일반적으로 1학년 강의를 어떻게든 맡지 않으려 한다. 하지만 트라이스먼은 그 수업을 좋아했고, 이미 수십 년째 하고 있지만 항상 더 잘하려고 노력했다. 그는 미적분학 수업을 자신의 아이디어를 계속 실험해보는 기회로 삼았고, 10대들에게 복잡한 수학을 가르치는 현실적 도전을 국가적 교육 개혁의 출발점으로 활용했다.

교수실 벽시계는 이제 9시 15분을 가리키고 있었고, 트라이스먼은 아직 에이드리언 리베라와 에이드리언 살리나스를 제대로 구별할 수 있을지 자신이 없었지만 노트북을 덮었다. 수업 시간이었다.

"자, 그럼 신입생들을 만나러 가볼까요." 그가 자리에서 일어섰다. "태어날 아기를 기다리는 아빠의 심정이 되는군요."

아래층에는 수강생들이 창문 없는 대형 강당에 자리를 잡고 그를 기다리고 있었다. 트라이스먼의 수학408C 수업은 매주 화요일과 목요일 오전에 예정돼 있었다. 수강생은 거의 모두 신입생이었고, 이제 막 기숙사에 입사해 캠퍼스 지리를 익히는 중이었다. 그들 중 절반 이상이 텍사스주립대학 공학부에 입학했지만, 일부는 수학 전공자와 초보 신경과학자들이었고, 미래의 의사와 교사도 몇 명 섞여 있었다. 학생들은 거의 예외 없이 요즘 미국 대학생의 전형적인 옷차림을 하고 있었다. 티셔츠와 청바지, 그리고 야구모자와 운동화가 기본이었다.

하지만 한 가지 중요한 점에서 트라이스먼의 수업은 텍사스주립대학의 여느 1학년 미적분학 수업과 달랐고, 다른 대학의 일반적인 미적분학 수업과도 완전히 차이를 보였다. 보통 대학에서 1학년 미적분학 강의실은 대부분 부유층 백인이나 아시아계 학생들로 채워지는 반면,3 트라이스먼의 강의실은 절반 이상이 히스패닉 학생들이었다. 일부 흑인 학생이 있었고 중동과 벵골과 필리핀에서 온 학생들도 꽤 섞여 있었다. 백인 학생들은 강의실의 5분의 1을 겨우 차지하는 엄연한 소수 집단이었다.

"이 수업에는 의식이 있습니다." 트라이스먼은 강당 앞쪽에 있는 작은 강단에 올라 끄트머리에 뒷짐을 지고 서서 학생들을 둘러보며 말했다. "그리고 첫 번째 의식은 우리 수업이 음악으로 시작한다는 거죠." 그는 조교의 도움을 받아 노트북을 강당 시청각 시스템에 케이블로 연결했고, 그의 뒤로 보이는 대형 스크린에는 콜롬비아 밴드 므시외 페리네의 노래 「모자 가게La Tienda de Sombreros」가 크게 울려 퍼지기 시작했다. 유튜브 동영상 속에서 기타와 드럼과 플루트를 연주하는 밴드에 맞춰 알록달록한 패치워크 원피스를 입은 여가수가 흥겨운 노래를 불렀다. 노래가 흘러나오는 동안, 트라이스먼은 강의실을 돌아다니며 학생들과 악수를 하고 농담도 던지고 옆자리 학생들끼리 소개해주고, 몇몇에게는 친근하게 이름 부르며 인사해 깜짝 놀라게도 했다.

"이 강의는 미적분학 입문이에요." 노래가 끝나자 트라이스먼이 말했다. "하지만 여러분이 생각하는 미적분학 입문 수업은 아닐 겁니다. 이 수업은 고급 미적분학 강의에 대비하기 위한 것이고 여러분을 각자의 전공에서 리더로 양성하기 위해 준비 과정으로 고안된 것입니다. 또한 이번 강의는 여러분이 텍사스주립대학에 와서 처음 경험하는 수업이기도 하죠."

트라이스먼은 새끼손가락과 집게손가락을 뻗은 채 오른손을 들었다. 텍사스주립대학 미식축구팀 롱혼스의 상징이었다. "근데 이거 좀 괴짜 같지 않아요?" 그가 물었다. "이렇게 하면 부끄럽지 않나?"

학생들은 웃으며 고개를 끄덕였다. "음, 그래도 견뎌내세요." 트라이스먼이 말했다. "우리 학교 상징이랍니다."

심리학자 데이비드 예거는 트라이스먼의 친구였고, 트라이스먼은 예거와 월턴의 연구로 인해 텍사스주립대학 신입생들, 특히 1세대 학생들이 처음 대학에 들어왔을 때 극심한 불안을 느낀다는 것을 알고 있었다. 신입생들은 자신이 대학에 잘 적응하고 성공할 수 있을지 상반된 메시지를 전달받고 그것을 해석하려 애쓰는 중이었다. 그래서 트라이스먼의 첫날 강의는 소속감에 대한 긍정적 메시지로 가득했다. 넌 롱혼이야, 넌 수학자야, 넌 미래의 리더야, 너도 우리 중 하나야. 그가 음악을 틀고, 손 모양을 만들어 보이고, 라이벌 관계인 텍사스 A&M 대학에 대한 어수룩한 농담을 한 것도 모두 그런 메시지였다.

하지만 트라이스먼이 수십 년 전 버클리 캠퍼스에서 학생들을 가르치면서 깨달은 점은, 따뜻한 격려의 말만으로는 신입생들이 소속감을 갖고 전공 수업에서도 잘해낼 수 있다고 설득하기에 충분치 않다는 것이었다. 그들이 실제로 잘해낼 수 있다는 것을 직접 보여줘야 했다. 그리고 그렇게 하기 위해서는 역설적으로, 우선 그들을 당황하게 하고, 충격받게 하고, 그들에게 익숙하지 않은 방식으로 과제를 던질 필요가 있다고 믿었다. 그리고 그가 학생들의 자신감을 흔들기 위해 선택한 도구는 바로 수학이었다.

"짝수가 뭡니까?" 트라이스먼이 물었다. "2요!" 누군가가 소리쳤다.

"2는 짝수의 예죠." 트라이스먼이 다시 물었다.

"짝수의 정의가 뭘까요?"

그건 좀더 생각해봐야 했다. 트라이스먼은 프로젝터를 활용해, 고급 수학 기호를 사용하면서 짝수와 홀수의 집합을 정확히 정의하는 방법을 학생들에게 설명한 다음, 그리스어 알파벳 전체와 요상하게 뒤집어 적는 E와 'iff'if and only if, 필요충분조건을 나타낸다나 'QED'라틴어 quod erat demonstrandum의 머리글자로, '이상으로 증명을 마친다'라는 뜻이다 같은 형식 언어를 사용해서, 짝수의 제곱은 언제나 짝수이며 홀수의 제곱은 언제나 홀수임을 증명하는 방법도 알려줬다. 트라이스먼은 그런 기호와 증명을 고등학교 때 심심풀이로 배웠지만, 수학408C 강의실에 앉아 있는 신입생들은 외계어로 받아들였다. 심지어 수업 준비를 철저히 해온 학생들에게도 생소한 내용이었다. 그리고 그것이 트라이스먼의 의도였다. 아무도 모르는 문제를 내면, 학생들은 하나가 되기 시작할 것이다.

"이 수업을 듣는 동안 모두들 고생 좀 할 겁니다." 트라이스먼이 말했다. "여러분이 누구든 간에, 대답할 수 없는 질문들이 쉴 새 없이 쏟아질 겁니다. 그리고 그렇게 되면 스트레스를 받겠지요. 그리고 여러분이 그 스트레스를 잘못 받아들이면 아마 이렇게 생각할 겁니다. '이런 젠장, 난 이 수업에 안 맞나봐. A&M 대학으로 갈걸.' 하지만 사실, 그 스트레스는 여러분의 이해가 점점 깊어지고 있음을 나타내는 지표입니다. 아무것도 이해하지 못한다는 징조가 아니에요. 오히려 배우고 있다는 신호죠."

오늘날 미국 대학에 개설되는 1학년 미적분학 강의에는 이상한 점이 있다. 신입생 대부분이 고등학교에서 똑같은 미적분 입문 과정을 이미 배웠다는 사실이다.[4] 얼마 전까지는 고등학생이 미적분을 공부하는 일이 극히 드물었다. 트라이스먼이 브루클린 에라스뮈스 홀 고등학교 졸업반 때 AP(선행 과정) 미적분학 수업을 신청할 때만 해도, 전국에서 미적분을 배우는 고등학생은 6000여 명뿐이었다.[5] 하지만 현재, 미국 전역에서 약 65만 명이 해마다 AP 미적분학을 고등학교에서 수강하며,[6] 또 다른 15만 명이 AP 과정이 아닌 고등학교 일반 미적분학을 수강하고 있다.[7] 이 학생들을 모두 합치면 고등학교 졸업반 학생 전체의 약 5분의 1에 해당된다.[8]

얼핏 보면 AP 미적분학의 급속한 성장은 정말 바람직한 현상으로 여겨질지 모른다. 미국 고등학생들이 갑자기, 일제히, 그렇게 어려운 수학을 선행학습으로 이해하다니! 하지만 오늘날 많은 고등학교에서 가르치는 AP 미적분학은, 트라이스먼과 그의 동년배들이 고등학교 때 배운 깊이 있는 개념적 미적분학과는 다르다. 요즘 고등학생들은 보통 쉽게 요약

된 미적분학을 배운다. 교사들은 AP 미적분학 선행 과정을 통과하기 위해 학생들이 미적분의 기본 원리를 이해할 필요가 없다는 것을 알게 되었다. 그저 많은 규칙과 공식, 풀이 방법을 암기하고 그것을 적용해 미적분 문제를 차례로 풀어나가면 된다.[9]

요즘 AP 미적분학을 가르치는 교사나 배우는 학생 모두가 인정하겠지만, 최근 들어 전국에서 몰아치는 AP 미적분학 열풍은 미적분학 자체의 인기가 아니다. 대학 입시 때문이다. AP 미적분학을 이수했다는 것은 전반적으로 우등생의 상징이 되었고, 따라서 한두 세대 전에 라틴어가 그랬듯이, '엘리트 명문' 대학의 입학사정관들에게 보내는 신호가 되었다. 최근 한 조사에서 대학생의 80퍼센트가 대학 입시에 도움이 될 것 같아 고등학생 때 AP 미적분학을 선택했다고 답했다.[10] 그리고 그들이 옳았다. AP 미적분학을 이수한 학생들은, 설령 대학에서 수학이나 과학, 또는 공학을 전공할 계획이 없더라도, 일류 명문대학에 합격할 가능성이 훨씬 더 높다.[11]

특히 주목할 만한 조사 결과가 하나 있다. 2017년, 하버드대학 신입생의 93퍼센트가 고등학교에서 AP 미적분을 배운 것으로 나타났다.[12] 공학이나 수학 전공자의 93퍼센트가 아니라 하버드대학의 전체 신입생, 다시 말해 불어나 음악 전공자, 역사나 철학이나 문학 전공자들까지 다 합쳐서 93퍼센트였다. 이 수치가 대학에 진학하려는 고등학생들에게 보내는 메시지는 분명하다. 관심사가 무엇이든 그리고 대학에 가서 어떤 전공을 선택하든, 하버드 같은 엘리트 대학에 입학하고 싶다면 우선 AP 미적분학을 통과해야 한다.

그렇지만 AP 미적분학 선행이 실질적인 대학 입학 요건이 된 것과 관련해서 크게 두 가지 문제가 있다. 첫 번째 문제는 대부분의 미국 고등학생이 원하는 대로 미적분학을 선행할 수 없다는 것이다. 전국적으로 미적분학 과정을 개설하는 고등학교는 48퍼센트에 불과하며,[13] 텍사스주는 43퍼센트뿐이다.[14] 그리고 예상할 수 있듯이 미적분학 과정이 개설된 고등학교가 골고루 분포하는 것도 아니다. 백인이 많은 학교는 흑인과 라틴계 학생이 많은 학교보다 미적분을 가르칠 가능성이 거의 두 배나 높다.[15] 사회계층에 따라서도 차이가 분명하다. 사립 고등학교 학생의 3분의 1이 미적분을 배우는 반면, 공립 고등학교 학생은 6분의 1 정도만 미적분을 배운다.[16] 또한 가계소득이 연 12만5000달러 이상인 부유층 학생들이 빈곤층, 즉 가계소득이 연 2만5000달러 이하 가정의 학생들보다 고등학교에서 미적분을 배울 가능성이 4배나 높다.[17]

두 번째 문제는 공정성과는 무관하고, 수학 자체와 관련이 있다. 많은 수학 교육자는 학생들이 고등학교에서 선행학습으로 미적분을 배우기 시작하면서, 실제로 대학에서 미적분을 가르치기가 더 힘들어졌다고 말한다. 학생들이 대학 입시를 위해 AP 미적분학을 유행처럼 수강하면서, 대수학이나 삼각함수처럼 진짜 가치 있는 수학 공부를 대충 지나치는 경우가 많기 때문이다. 미국 수학협회와 전미 수학교사연합회가 발표한 2017년 보고서에 따르면, "너무 많은 학생이 고등학교 성적표에 미적분을 넣기 위해 서둘러 선행 과정을 수강하는 실정이다. 그 결과 고등학교에서 AP 미적분학을 통과한 학생들이라 해도, 대학에서 STEM(과학·기술·공학·수학) 전공에 필요한 수학 지식의 기초조차 제대로 갖추지 못한다."[18]

텍사스주립대학에서, 그리고 전국의 대학에서, 1학년 미적분학 강의는 신입생들의 실력을 검증하는 중요한 장이 되었고, 무엇보다 대학에서 학생들의 성공 가능성을 예측하는 판단 기준이 되었다. 해마다 가을학기가 시작되면, 텍사스주립대학 신입생 가운데 1500명이 이 대학에서 최대 규모인 수학408C 강의를 듣게 되는데, 이공계열 학생 대부분이 반드시 통과해야 하는 필수 과정이기 때문이다. 1학년 때 미적분학에서 두각을 나타내는 학생들은, 다양한 고수익 인기 직종에 자리 잡는 길을 탄탄하게 닦고 있는 셈이다. (텍사스주립대학 공대 출신의 초봉은 7만 달러가 넘는다.[19]) 하지만 반대의 경우, 학생들의 야망이 일찌감치 꺾일 수도 있다.

텍사스주립대학뿐만 아니라 다른 대학에서도, 신입생들은 종종 미적분학에서 어려움을 겪는 것이 현실이다. AP 미적분학 열풍 때문에, 고등학교에서 미적분을 배우지 않고 대학 1학년 미적분학 강의에 들어온 학생들은, 이미 1년 동안 선행학습을 하고 입학한 동기들 사이에서 난생처음으로 미적분을 공부해야 하는 자신들이 상당히 불리하다는 것을 알게 되었다. 얼마 전까지만 해도 고등학교에서 거의 미적분을 가르치지 않았다는 점을 기억하자. 하지만 고등학교에서 미적분학 선행 과정을 통과한 학생들도 종종 대학에 오면 수업에서 고전을 면치 못한다. 전국적으로 AP 미적분학을 통과하고 대학에 입학한 학생들 가운데 약 40퍼센트가 사실상 재수강임에도 불구하고 C학점 이하를 받는다.[20] 그리고 만약 1학년 미적분학에서 B학점 이상을 받지 못하면, STEM 전공으로 성공하기가 아주 힘들어진다.

트라이스먼의 강의실에 앉아 있는 학생들은 수학 실력이 천차만별이었다. 대부분은 텍사스주에서 적용되는 '상위 10퍼센트 규정'에 따라 자동입학 허가를 받은 학생들이었다. 이것은 그들이 모두 고등학교 때 상위권 우등생이었다는 뜻이지만, 출신 학교에 따라 학력 수준이 제각각이라는 뜻이기도 했다. 자동입학전형으로 텍사스주립대학에 들어온 신입생 대다수는 미적분학 수업이 없는 고등학교를 다녔다. 그리고 설령 AP 미적분학을 이수한 학생이라 하더라도, 경험 없는 교사들로부터 두서없이 배운 결과 대부분은 미적분을 겉핥기식으로만 알고 있었다. 트라이스먼은 특히 그런 학생들이 수학408C 강의실에서, 대학에서, 그리고 인생에서 자신의 위치가 어디쯤인지 불안감을 느끼고 있으리라는 것을 알고 있었다.

첫 수업을 마칠 시간이 다가오자, 트라이스먼은 앞쪽 스크린에 '여러분의 수학 족보Your Mathematics Genealogy'라는 문서를 띄웠다. 그것은 연대순으로 역사를 거슬러 올라가 수학자들의 이름에 번호를 붙인 목록이었다. 목록 맨 윗자리 1번에는 "여러분, 바로 여러분"이라고 되어 있었다. 2번은 트라이스먼이었다.

"자, 한번 봅시다." 트라이스먼이 설명했다. "나는 여러분을 가르치는 선생입니다. 종신 계약이라고 생각하세요. 나는 여러분의 평생 스승이 될 겁니다."

명단에 오른 세 번째 이름은 트라이스먼의 버클리 캠퍼스 박사논문을 지도한 리언 헹킨 교수였다.

"내 스승은 리온 헹킨 박사였어요." 트라이스먼이 설명을 이어갔다. "그럼 이분은 여러분의 할아버지가 되겠죠. 그리고 헹킨 박사의 스승은 20세기 최고의 논리학자이자 수학자인 프린스턴대학의 알론조 처치 박사입니다. 이분이 여러분의 증조할아버지고요."

족보는 계속 이어졌다. 처치에서 베블런과 무어를 거쳐 푸아송까지,

명단은 18세기까지 거슬러 올라갔다. "여러분의 9대 조상은 조제프 라그랑주입니다." 트라이스먼이 말했다. "라그랑주는 미적분을 현대화한 인물이죠. 여러분이 지금 배우는 미적분은 이분이 확립한 거라고 볼 수 있어요. 9대 조상입니다. 그리고 역사상 가장 위대한 수학자 중 한 명인 오일러가 여러분의 10대 조상입니다."

계속해서 트라이스먼은 베르누이 형제와 말브랑슈를 거쳐 14대까지 거슬러 올라가 아이작 뉴턴과 함께 미적분을 발명한 고트프리트 빌헬름 폰 라이프니츠에 이르렀다.

"그러니까 이것이 여러분의 족보입니다." 그는 학생들에게 말했다. "이건 우리 가문의 유산이에요." 그는 다시 강단 앞쪽으로 걸음을 옮겼다. "여러분과 나의 인연은 수학의 역사를 거슬러 올라가는 깊은 관계입니다. 여러분은 미적분 창시자의 직계 후손이라는 점을 잊지 마세요. 미적분 DNA가 여러분 안에 있어요."

이본 마티네즈는 강의실 맨 앞줄에 앉아 오빠에게 빌려 입은 오버사이즈 플란넬 셔츠의 소매를 걷어올린 채, 눈을 가늘게 뜨고 트라이스먼이 보여주는 위대한 과학자와 수학자들의 명단이 정말 자신의 족보라고 믿어야 할지 말아야 할지 고민하고 있었다. 트라이스먼의 첫 수업은 당황스러웠다. 이본이 어떤 개념 설명을 알아들을 만하면 곧바로 다른 개념으로 넘어갔고, 결국 수업이 끝날 때쯤 이본은 완전히 쩔쩔매고 있었다. 익숙한 느낌이 아니었다. 그녀는 언제나 수업에서 앞서나갔고, 샌안토니오에 있는 메모리얼 고등학교를 거의 수석으로 졸업한 우등생이었다. 주변에서 모두들 대학, 특히 1학년 미적분학은 훨씬 더 어렵다고 경고했지만, 그녀는 이 정도로 위화감을 느끼게 될 거라고는 예상하지 못했다. 이본은 텍사스주립대학에서 수학을 전공할 계획이었지만, 첫 학기 첫 수학 수업에서 아무것도 알아듣지 못한 채 멍하니 앉아 있었다. 시작부터 불길한 조짐이었다.

이본은 텍사스주와 경계를 이루는 리오그란데강 건너편, 멕시코의 작은 도시 피에드라스네그라스에서 태어났다. 유년 시절은 행복한 기억으로 가득했다. 매일 동네 아이들과 어울려 밖에서 뛰어놀았고, 부모님은 스트레스가 그리 많지 않은 사무직에서 일했다. 그러다 이본이 여섯 살 때, 그녀의 아버지가 오래된 가족 문서를 정리하다가 몰랐던 사실을 발견했다. 그는 멕시코가 아니라 텍사스에서 태어났고, 그것은 이본의 가족이 합법적으로 미국에서 살 수 있다는 의미였다. 이본의 아버지는 멕시코에서 지극히 만족하며 살았고 딱히 텍사스로 이주하고 싶다는 생각이 없었지만, 이본의 어머니는 이본과 이본의 언니 오빠에게 더 많은 기회가 생길 거라며 미국으로 건너가야 한다고 고집했다.

이본의 가족은 자동차로 2시간 30분 거리에 있는 텍사스주 샌안토니오로 이주했다. 그들이 정착한 동네는 여러모로 피에드라스네그라스와 비슷했고, 심지어 학교에서도 모두 스페인어를 사용했다. 또한 이웃 사람들은 포솔레나 메누도연한 옥수수와 감자, 양파, 고추, 고기 등을 넣어 끓이는 멕시코 전통 요리를 즐겨 먹었다. 하지만 샌안토니오 거리는 위험해서 이본은 더 이상 밖에서 놀 수 없었다. 그리고 이본의 부모는 둘 다 스페인어만 했기 때문에 멕시코에서처럼 사무직 일자리를 찾을 수 없었다. 그녀의 아버지는 배관공구 물류창고에서 상자 옮기는 일자리를 얻었고, 어머니는 남의 집 가사도우미 일을 시작했다.

샌안토니오로 이주하고 처음 몇 년 동안은 이본의 가족에게 힘든 시기였다. 살림은 빠듯했고, 밀려드는 고지서에 시달렸다. 제대로 된 살림살이를 장만할 여유도 없어서, 한동안 냉장고 대신 부엌에 얼음 상자를 놓고 썼다. 옷가지와 음식도 인근 교회의 기부 물품에 의존했다. 이본은 피에드라스네그라스를 그리워했다. 가끔 밤에 삼남매가 고향에 돌아가고 싶다며 울기도 했다. 그리고 한동안 이본의 부모는 다 포기하고 멕시코로 돌아갈까 진지하게 고민했다.

하지만 차츰 형편이 나아졌다. 삼남매가 모두 영어를 배웠고, 이본의 아버지는 물류창고에서 승진했으며, 어머니는 인근 초등학교에서 관리인으로 일하게 되었다. 그 무렵 이본은 중학생이었는데, 학교가 끝나면 가끔 어머니가 일하는 초등학교까지 걸어가 어머니의 청소 일을 도왔다. 그래야 어머니와 함께 집에서 저녁 식사를 할 수 있었다. 이본의 어머니는 딸에게 스페인어로 말하곤 했다. '엄마처럼 되지 않으려면 공부를 열심히 해야 한다.'

그래서 이본은 열심히 공부했다. 가족이 미국으로 건너올 때 가장 고생한 사람은 이본의 오빠였다. 이주했을 때 그는 이미 8학년(중2)이었고, 영어를 전혀 못 했다. 하지만 그는 재빨리 공부를 따라잡아 고등학교를 졸업하고 2년제 대학에 진학한 다음, 샌안토니오에 있는 텍사스주립대학에 편입해서 가족 중 처음으로 학사학위를 받게 되었다. 이본의 언니 일리애나가 뒤를 이었고, 그녀는 한 걸음 더 나아갔다. 고등학교 때, 일리애나는 대학 진학을 꿈꾸는 빈곤층 1세대 학생들을 위한 연방정부의 학자금 지원 프로그램 '업워드 바운드Upward Bound'에 선발되었다. 그녀는 고등학교를 전교 7등으로 졸업했고, 상위 10퍼센트 규정에 따라 텍사스주립대학 오스틴 캠퍼스에 입학했다.

막내인 이본은 더 잘했다. 이본은 언니처럼 고등학교 때 업워드 바운드에 선발됐을 뿐만 아니라, 로봇 동아리와 토론 팀에도 가입했다. 그녀는 메모리얼 고교를 차석으로 졸업했고, 졸업식에서 연설을 하게 되었다. 이본은 전교생이 지켜보는 가운데, 자신과 형제자매를 위해 희생한 부모님에게 감사 인사를 할 수 있었다. 학교에서 졸업식 영상을 유튜브에 올렸고, 이본의 어머니는 그해 여름 내내 막내딸이 졸업식장 연단에 올라서서 영어로 연설한 영상을 몇 번이고 돌려 봤다. 그때마다 옆에서 이본이 스페인어로 통역을 했다.

이본의 오빠와 언니도 둘 다 대학에 적응하느라 처음에는 애를 먹었지만, 이내 아직 고등학생인 막냇동생에게, 대학생이 되면 큰 충격을 받게 될 거라며 즐거워했다. 그들은 이본에게, 고등학교는 대학이라는 진짜 세상과는 비교도 안 된다고 은근히 놀렸다. 이본은 메모리얼 고등학교를 좋아했다. 최고 수준의 교육을 받지 못하는 것은 알았지만, 학교 선생님과 친구들에게 정이 많이 들었다. 하지만 함께 입학한 500명의 동창생 가운데 200명이 학교를 중퇴했고, 교사들도 계속 학교를 떠나갔다. 이본은 고등학교 졸업반 때 나름대로 AP 미적분학 과정을 들었지만, 수학 교사가 계속 바뀌는 바람에 제대로 배우지 못했다.

이본은 언니 일리애나처럼 상위 10퍼센트 규정에 따라 자동으로 텍사스주립대 오스틴 캠퍼스에 입학했다. 경제학을 전공하는 일리애나는 막 4학년이 되었고, 자매는 캠퍼스에서 버스로 30분 거리에 있는 동네에 아파트를 얻어 함께 살기로 했다.

이본은 기숙사 생활을 하지 않아서 다른 신입생들과 약간 단절된 느낌이 들었지만, 워낙 다정하고 외향적인 성격이라 처음부터 친구를 많이 사귀었다. 고교 시절 이본은 업워드 바운드 프로그램 강사들로부터 대학에 입학하면 함께 공부할 스터디그룹부터 찾으라는 조언을 들었고, 특히 스터디그룹 구성원들의 실력이 본인과 비슷하거나 나아야 한다는 이야기를 지겹도록 들었다. '절대 스터디그룹에서 일등이 되지 마.' 그게 원칙이었다.

이본은 여전히 첫 수업의 충격에서 헤어나지 못한 상태였고, 미적분 토론 세미나 첫 시간에 자기보다 훨씬 자신감 있고 많이 아는 것 같은 누군가의 목소리를 등 뒤에서 들었다. 뒤돌아본 그녀는 마코스라는 이름의 남학생을 발견했고, 미소를 지으며 그에게 도움을 청했다. 두 사람은 세미나가 끝난 뒤 이야기를 나누다 의기투합해서 함께 공부하기로 했다. 그날 이후 며칠 동안 이본은 다른 여학생 두 명, 말리니와 사이프러스에게 스터디그룹을 함께 하자고 권했다. 그리고 네 명은 일주일에 두세 번 도서관에서 만나 미적분 과제를 함께 하기 시작했다.

이본은 자신도 모르는 사이에 특별히 실력이 좋은 친구들을 모았다. 마코스는 휴스턴에서 사립 국제학교를 다녔고 그의 부모는 아르헨티나 출신 엔지니어였다. 마코스는 고등학교 때 대학 수준의 미적분학 수업을 들었고, 심지어 전교 수석 졸업자였으며, 전국 성적우수 장학생National Merit Scholarship 최종 후보에 들었던 수재였다. 이것은 그의 PSAT 점수가 전국 상위 1퍼센트에 해당된다는 의미였다. 마코스는 항상 이본의 질문에 기꺼이 답해주었지만, 정작 이본은 실력이 너무 부족해서 계속 그에게 도움을 구해야 하는 것이 창피하기만 했다. 업워드 바운드 프로그램 강사들은 스터디그룹에서 가장 똑똑한 학생이 되지 말라고 경고했었다.

하지만 스터디그룹에서 가장 멍청한 학생이 되는 기분이 어떤지에 대해서는 아무도 말해주지 않았다.

대학 1학년 미적분학이 그렇게 힘든 이유, 특히 트라이스먼의 교수법이 힘든 이유는, 수업을 따라가기 위해 한꺼번에 두 가지 수준의 사고를 해야 하기 때문이었다. 한 가지는 기본적이고 기계적인 수준, 즉 공식을 암기하고 규칙과 이론을 정확하게 적용하고 쉬운 계산을 틀리지 않는 것이었다. 이를테면 인수분해를 이용해 2차 방정식을 풀거나, 코사인 ㅠ(파이)를 구하거나, 분수를 약분하거나, 로그 함수를 푸는 방법이 암기 대상이었다. 미적분학의 기초는 삼각함수, 기하학, 대수학이기 때문에, 학생들은 중학교 때부터 배운 수학 지식을 매일 정확하게 활용할 수 있어야 했다. 이본이 느끼기엔 수업 과제를 풀 때마다 실수하기 쉬운 부분이 수백 가지씩은 있는 것 같았다.

그리고 기계적인 수준 위에는 개념적인 수준도 있었다. 미적분학은 거의 철학에 가까워 보이기도 했다. 도대체 무한대란 무엇일까? 숫자가 0에 무한히 가까워지면 실제로 0이 되는 지점이 있을까? 그래서 학생들은 온갖 규칙과 공식, 대수와 삼각함수의 늪에서 허우적대는 동시에, 뉴턴이나 라이프니츠처럼 성층권까지 높이 날아올라 발아래 인간들을 내려다보며 우주 전체를 하나의 큰 그림으로 이해할 수 있어야 했다.

미적분학 첫 수업부터 이본은 계산 수학과 이론 수학의 모든 수준에서 뒤처지는 기분이었다. 나무도 숲도 못 보는 느낌이랄까. 더구나 마코스에게 계속 도움을 청하는 것도 점점 눈치가 보였다. "그냥 자신이 없어졌어요." 그해 가을에 만났을 때 이본이 내게 말했다. "겁이 났어요. 마코스가 어떤 문제를 설명해주면, 전 이렇게 반응할 수밖에 없어요. '그래,

이제 알겠다!' 똑같은 문제를 여러 번 설명해달라고 할 순 없잖아요. 저 때문에 자기 공부를 못 하면 어떡해요."

마코스는 자신보다 실력이 훨씬 부족한 이본에게 더할 나위 없이 너그러웠다. "마코스가 저한테 그러더라고요. 고등학교 때 실력이 뛰어난 수학 동아리에서 공부하지 않았다면, 자기도 저만큼 힘들었을 거래요." 이본이 말했다. "마코스는 제 배경을 이해하려고 노력하는 모양이에요. 하지만 이해하는 거랑 실제로 겪어보는 거랑은 다르니까요."

시간이 흐를수록 이본은 자신과 스터디그룹 친구들 사이에 넘을 수 없는 벽이 있음을 눈치채게 되었다. 단순히 수학 실력의 격차가 아니었다. 아니, 어쩌면 수학 실력과 무관하지 않을지도 모르는 차이였다. "다들 저랑은 자라온 환경이 달랐어요. 저도 어느새 의식하게 돼요." 이본이 설명했다.

함께 공부하는 친구들은 휴가 때 유럽과 남미로 가족 여행을 다녀온 이야기를 들려주었다. 이본에게 해외여행이라고는 온 가족이 차를 타고 국경을 넘어 멕시코에서 텍사스로 건너왔을 때가 유일했다. 말리니의 어머니는 엔지니어였고, 이본의 어머니는 학교 관리인이었다. "우리 동네에서 부모님이 그런 직장에 다니는 건 평범한 일이었어요. 그런데 대학에서는 가끔 부끄러워질 때가 있어요." 이본은 잠시 말을 멈췄다. "그래선 안 되는데 말이죠. 우리 엄마가 자식 셋을 대학까지 뒷바라지한 자랑스러운 부모라는 걸 너무 잘 아니까요. 하지만 그래도 가끔 그런 생각이 들어요."

이본은 미적분학 수업을 따라잡으려고 별짓을 다 했지만 소용없었다. 과제는 이해가 잘 되지 않았고, 이해하더라도 시간이 너무 오래 걸렸다.

9월 중순에 치른 첫 시험에서 그녀는 67점을 받았다. 등수로는 전체에서 중간보다 약간 아래였지만, 그녀로서는 실망스러운 성적이었다. 마코스가 100점 만점을 받았다는 사실을 알고 나서는 더욱 그랬다. 시험 성적이 나온 날은 하필 이본의 열아홉 번째 생일이라 더 힘들었다. "그냥 슬펐어요." 이본이 말했다. "집에도 못 갔는데, 성적은 엉망이었죠." 이본은 무척 외로웠고 스트레스도 많이 받았다고 했다. 그날 오후 아파트 문을 열고 들어서자마자 그녀는 거실 소파에 쓰러져 울기 시작했다.

일리애나가 온 힘을 다해 이본을 위로했다. "괜찮아." 일리애나가 동생에게 말했다. "우리처럼 가난한 히스패닉 학생은 다 그래. 우리가 성적이 나쁜 건 '정상'이야. 우린 미적분을 전혀 안 배우고 대학에 들어왔잖아."

도움이 되지 않는 위로였다. '우리 같은 사람들은 절대 잘하지 못해.' 이본은 이 말을 어떻게 받아들여야 할지 망설였다. 딱히 위안이 되는 말은 아니었다. 하지만 이본은 그것이 뻔한 사실이라는 생각도 들었다. 마코스는 마코스, 이본은 이본이었다. 메모리얼 고등학교 출신들은 실제로 대학 1학년 미적분학 시험에서 100점을 못 받았다. 그것은 조금 비관적인 마음가짐이었다. 하지만 그 순간, 이본은 일리애나의 품에 안겨서 안도감 비슷한 감정을 느꼈다.

2. X가 뭐게?

유리 트라이스먼도 이본처럼 경제적으로 궁핍한 가운데 근면과 교육에 큰 가치를 두는 부모 밑에서 자랐다. 그리고 젊었을 때 이본처럼 자기를

믿지 못하곤 했다. 트라이스먼은 제2차 세계대전 직후, 뉴욕 브루클린의 유대인 이민자 가정에서 태어났다. 그의 부모는 학구적인 노동자 계층이었다. 트라이스먼과 그 또래 유대인들의 삶은 사회주의 스터디그룹, 고급 수학, 브루클린 다저스1932~1957년까지 브루클린을 연고지로 한 메이저리그 야구 팀이며 LA 다저스의 전신, 유대인 학교, 이렇게 네 가지 성스러운 제도를 중심으로 돌아갔다. 트라이스먼의 어머니는 확고한 무신론자였지만, 리투아니아에서 엘리스섬을 거쳐 뉴욕으로 이주해온 그녀의 아버지 이사도르는 러시아 정교 신봉자였으며, 생계를 위해 노년에 집에서 운세를 점치는 독특하고 즉흥적인 인물이었다. 이사도르는 손자인 트라이스먼이 유대인 학교에 다녀야 한다고 딸을 설득했다. 트라이스먼은 소년 시절부터 탈무드를 좋아했고, 유럽에서 건너온 할아버지와 함께 고대 율법학자들의 지혜에 대해 토론하면서 긴 오후를 함께 보내곤 했다.

그 시절에는 동네 어디를 가도 토론이 벌어졌다. 코셔전통적인 유대교 율법에 따라 식재료를 선택하고 조리하는 방식 정육점 주인 루이스는 트라이스먼과 몇몇 동네 소년을 초등학교 3학년 때부터 불러 모아 집집마다 육류 꾸러미를 배달하게 하고 배달료를 주었다. 루이스는 배달이 뜸한 사이 소년 배달부들에게 사회주의 혁명의 필요성에 대해 설교를 늘어놓았고, 사회주의 사상과 유대인 문화를 옹호하는 유대인 노동자들의 모임 '유대인노동자공제회'에 나가라고 설득했다. 그 모임에서 트라이스먼과 친구들은 열 살이 되기도 전에 이미 카를 마르크스가 프리드리히 엥겔스에게 보낸 편지와 에리히 프롬이 쓴 정신분석학 책을 읽기 시작했다.

어릴 적 트라이스먼은 비록 지적으로는 조숙한 단계에 접어들었을지 몰라도 감정적으로는 유약했다. 집안 분위기는 불안정했으며 때로는 공포를 느낄 정도였다. 트라이스먼이 태어난 지 얼마 되지 않아 그의 아버지는 정신분열증 진단을 받았다. 그리고 그는 트라이스먼이 아직 어릴 때 집안에서 끔찍한 발작을 일으킨 뒤 뉴욕주 정신병원에 입원하게 되었다. 그는 트라이스먼의 유년 시절 내내 격리 병동에서 살아야 했고, 일년에 한두 주일만 집에 돌아와 지내곤 했다. 트라이스먼과 동생들은 아버지가 집에 돌아오는 날만 손꼽아 기다리는 한편 두려운 마음도 들었다. 그런 상황에서 트라이스먼의 어머니는 혼자 힘으로 가족을 부양해야 했고, 위독한 환자들을 돌보는 호스피스 일을 하면서 온종일 일했다. 돈은 항상 부족했다.

트라이스먼이 다닌 PS-179 초등학교는 마치 어린이용 멘사 클럽 같았다. 트라이스먼과 같은 학년에서 최소한 네 명이 이미 대학에서 수학 박사학위 과정을 시작했을 정도였다. 천재들에게 둘러싸이고 아버지의 정신 질환으로 상처받은 트라이스먼은 도저히 학교생활을 감당하기 힘들다는 기분이 들었다. 유대인 사회는 지적 경쟁이 살벌한 환경이었고, PS-179 6학년 학생들이 중학교에 진학하기 직전에 치르는 IQ 검사 때 경쟁은 절정에 달했다. IQ 검사는 운명을 결정하는 시험이었다. IQ가 130 이상(상위 2퍼센트에 해당된다는 뜻)으로 나온다면, 중학교 때 월반해서 3년 과정을 2년 만에 마치는 '속성' 과정에 합격할 수 있었다.

그 주에 트라이스먼의 아버지는 병원에서 집으로 돌아왔고, 아들의 IQ 검사 전날 밤, 또 한 번 광기가 폭발해 그 어느 때보다 더 심하게 난동을 부렸다. 아버지는 집 밖으로 뛰쳐나가 고함을 지르고 욕설을 퍼부으며 아파트 관리인을 때리기 시작했다. 경찰이 출동해 그를 연행해갔다. 트라이스먼은 겁에 질린 채 속수무책으로 모든 광경을 지켜봤다. 이튿날

IQ 검사를 치르는 동안에도, 트라이스먼은 아버지의 광기 어린 모습이 계속 떠올라 마음을 가라앉힐 수가 없었다. IQ 검사 결과가 나왔다. 트라이스먼의 친구들, 로니 솔로몬과 제리 서스먼은 130점을 넘었고, 그는 128점을 받았다.

1950년대 브루클린 유대인 공동체는, IQ 검사에서 무려 128점을 받은 열한 살짜리 소년이 따돌림을 당하고 멍청이라고 놀림을 받는 유일한 시간과 장소였을 것이다. 하지만 트라이스먼에게 생긴 일이 정확히 그것이었다. 트라이스먼이 재검사를 받았다는 이야기는 없었다. 그 시대에 IQ 검사 결과는 마치 혈액형처럼 생물학적 사실이며 다시 검사해도 바뀌지 않는 것으로 받아들여졌다. IQ 128의 트라이스먼은 평생 IQ 128로 살아갈 것이다. 로니와 제리, 그리고 다른 6학년 천재들은 모두 속성 과정으로 갔고, 트라이스먼은 다른 멍청이들과 함께 디트머스 중학교에서 정규 과정을 시작했다.

트라이스먼이 8학년(중2) 때, 9학년으로 월반한 친구들은 대수학을 공부하기 시작했다. 길에서 마주친 속성반 친구들은 트라이스먼을 놀리곤 했다.

"이봐 유리! X가 뭐게?"

"대답해봐. X가 뭐냐고?"

트라이스먼은 X가 뭘 뜻하는지 전혀 몰랐고 그 사실이 죽을 만큼 괴로웠다. 어떻게든 알아내야 했다. 어느 날 오후, 트라이스먼은 프로스펙트 공원을 지나 그랜드 아미 플라자에 있는 브루클린 공공도서관 본관까지 한참을 걸어가서, 사서에게 대수학 책을 빌리고 싶다고 말했다. 그는 무슨 책부터 시작해야 할지 몰랐고, 사서도 모르기는 매한가지였다.

사서는 서고를 뒤져 『크리스털의 대수학Chrystal's Algebra』스코틀랜드 수학자 조지 크리스털이 쓴 대수학 기본서로 초판이 1886년에 나왔다이라는 너덜너덜한 먼지투성이 책을 들고 나타났다. 빅토리아 시대에 출판된 두꺼운 영국 교과서였다. 트라이스먼은 그 책을 빌려 집으로 돌아왔고, 몇 달 동안 몰래 대수학을 독학했다.

트라이스먼에게 혼자서 대수학을 공부한다는 사실은 전혀 대단한 일이 아니었다. 오히려, 그는 왜 좀더 일찍 대수학을 공부하지 않았을까 하는 자괴감이 들었다. 크리스털 기본서를 끝내고 책을 반납하러 도서관에 다시 갔을 때, 트라이스먼의 요구 사항은 늘어나 있었다. "이 책에는 '어드메서'나 '종래로' 같은 단어가 많이 나와요." 그가 사서에게 설명하려 애썼다. "저기, 그러니까…… 요즘 말로 된 책은 없나요?"

사서는 다시 한번 서고에 가서 이번에는 『현대 대수학 연구A Survey of Modern Algebra』미국 수학자 개릿 버코프가 1941년에 펴낸 이론대수학 책라는 책을 들고 돌아왔다.[21] 그 순간에는 사서도 트라이스먼도 수학계에서 이른바 '현대 대수학'은 단순히 '종래로'나 '어드메서' 같은 단어 없이 현대어로 설명하는 대수학이 아니라는 것을 이해하지 못했다. 현대 대수학은 체體 이론fields theory 사칙연산을 자유로이 할 수 있는 수의 집합인 체의 대수적 구조를 설명하는 이론과 군群 이론group theory 집합이나 원소의 수학적 변환이나 연산에 대한 이론, 갈루아 이론일반 5차 이상의 방정식에는 근의 공식이 존재하지 않는 이유를 증명한 이론 같은 전문적 분야를 다루는 고급 추상대수학이었다. 다시 말해, 그것은 중학교 속성반 아이들의 수준을 훨씬 능가하는 난도 높은 이론 수학이었다. 수학 전공자들도 대부분 대학 3~4학년이나 대학원에서 처음 현대 대수학을 접한다. 하지만 그 사실을 꿈에도 모르는 중학교 2학년 유리 트라이스먼은 그 책을 집으로 가져가 혼자 조용히 문제와 씨름하기 시작했다. 이듬해 해리엇 록메이커의 과외 선생이 되면서 『솜 기본서』로 교재를 바꾸긴 했지만, 트라이스먼은 여전히 자신이 부족하고 부끄럽다는 기분이 들었다.

트라이스먼이 스스로 인식하는 수학 실력(지독히도 표준 이하)과 실제 수학 실력(믿을 수 없을 만큼 수준 높은)의 차이는 트라이스먼이 에라스뮈스 홀 고등학교에 입학한 다음에야 모두에게 분명해졌다. 에라스뮈스 홀 고교는 전후 브루클린 유대인 사회의 우수성을 상징하는 또 다른 명소였다. 체스 황제 보비 피셔, 유명 가수 바브라 스트라이샌드, 그리고 소설가 버나드 맬러머드가 이 학교 출신이다. 에라스뮈스 홀 고교는 특별히 우수한 학생들만 모집하는 마그넷 스쿨도 아니고 따로 입학시험도 없었지만, 학문적 야심이 가득한 이민자 아이들이 넘쳐났다.

트라이스먼은 6학년 때 망친 IQ 검사 때문에 에라스뮈스 홀 고교에 입학할 때 우등 과정에 들어갈 수 없었고, 그래서 일반 기하학 수업에 배정받았다. 수학 교사는 장황한 말투로 삼각형의 특성을 느릿느릿 설명했고, 갑자기 트라이스먼은 울화와 굴욕감이 복받쳤다. 친구들을 따라잡기 위해서 그렇게 열심히 공부했건만, 여전히 이곳의 느려터진 일반 과정에 발이 묶여 있다니. 몇 년 동안 억눌렀던 수학에 대한 분노가 걷잡을 수 없이 끓어올랐다. 트라이스먼은 자리를 박차고 일어나 교사에게 욕을 했다. '멍청한 놈.' 그것은 두고두고 기억될 만한 사건이었고, 트라이스먼은 곧바로 교실에서 쫓겨나 수학부장 어빙 도이치에게 보내졌다. 분하고 창피했지만 트라이스먼은 울면서 도이치에게 용서를 빌었고, 5차 방정식과 씨름하고 체 이론을 독학으로 공부했는데 앞으로 1년 동안 삼각형 수업이나 듣고 앉아 있기는 너무 힘들다고 호소했다.

놀랍게도 도이치는 이해해주었다. 그는 트라이스먼의 이야기를 귀담아들었다. 그는 혼자 몰래 독학한 이야기를 좀더 자세히 물어보더니, 수학 교사에게 사과하라는 지시와 함께 트라이스먼을 삼각형 수업으로 돌려보냈다. 일주일 뒤에 도이치는 트라이스먼을 교무실로 다시 불러, 다른 수학 공부법을 찾았다고 말했다. 더 이상 기본 기하학 수업에 들어갈 필요가 없고, 대신 매주 월요일에 지하철을 타고 뉴욕 시티 칼리지에 가서 자기가 등록해놓은 대학원 수준의 수학 수업을 들어야 한다는 이야기였다. 깡마른 10대 고등학생 트라이스먼은 시티 칼리지 재학생들에게 둘러싸여 진짜 해석학analysis 대수학이나 기하학과 달리 주로 함수의 연속성을 연구하는 수학의 분야로 미적분학 및 함수학을 기초로 한다을 공부하기 시작했다. 11학년 때는 더 복잡한 해석학으로 넘어갔다.

12학년 고등학교 졸업반 때 트라이스먼은 에라스뮈스 홀 고교 수학 동아리 XYZ 클럽의 회장으로 뽑혔고, XYZ 클럽은 수학경시대회에서 브롱크스 과학고나 스타이버선트 같은 뉴욕의 우수한 공립학교들을 수시로 이겼다. 트라이스먼은 예전 속성반 친구들을 뛰어넘었다. 객관적으로, 그는 이제 뉴욕시에서 수학을 가장 잘하는 고등학교에서 수학을 가장 잘하는 학생 중 한 명이었다.

하지만 6학년 때 시작된 자기 의심self-doubt은 여전히 그를 꼼짝 못하게 했다. 가슴속 깊은 곳에서, 할아버지와 아버지처럼 뇌에 뭔가 결함이 있을 거라는 두려움을 떨칠 수가 없었다.

트라이스먼은 브루클린 출신에게 그다지 어울리지 않는 장소에서 수학의 압박에서 벗어나는 탈출구를 찾았다. 그곳은 농장이었다. 그는 탈무드 연구 모임과 유대인노동자공제회 강연에서 하쇼머 하차이르Hashomer Hatzair 히브리어로 청년 호위병이라는 뜻라는 시오니즘 청년 운동에 대해 알게 되었다. 그리고 고등학교 시절부터 브롱크스에서 열리는 하쇼머 하차이르 모임에 참석하기 시작했다. 모임에 가면 열성적인 청년들이 이스라엘로 이주해 키부츠라는 집단농장에서 생활 공동체를 이루자고 연설했고, 아름답고 영리한 긴 머리 소녀들이 유대교 민속춤을 선보이고 계급 투쟁을 논하면서 그의 눈을 지그시 들여다봤다. 트라이스먼은 그 모임을 무척 좋아했다. 그리고 고등학교 졸업 후 XYZ 클럽의 다른 친구들이 뉴욕 시티 칼리지나 브랜다이스대학유대교에서 지원하는 매사추세츠주 소재 사립종합대학이나 아이비리그로 뿔뿔이 흩어지면서 트라이스먼은 수학을 멀리했다. 사실 그는 대학에서 더 이상 공부하기 싫어 도망치듯 브루클린을 떠나, 이스라엘 북부에 있는 집단농장 키부츠 달리아에 합류했다.

트라이스먼은 농장에서 매일 열심히 일했다. 낮에는 닭장을 치우거나 사탕무를 심고 수확했고, 밤이 되면 다른 젊은 일꾼들과 어울려 민요를 부르고 시를 논하곤 했다. 그는 토지와 노동과 이어진 느낌을 받았고, 주변 사람들과도 하나가 된 느낌이었다. 익숙한 것을 모두 등지고 떠나온 낯선 곳, 집에서 수천 킬로미터 떨어진 농장에서 그는 마침내 마음의 안정을 얻었다. 그러다 도착한 지 아직 1년이 안 됐을 무렵 어느 무더운 오후, 트라이스먼은 샌들을 신은 채 닭장에서 일하다 갑자기 왼쪽 새끼발가락에 극심한 통증을 느꼈다. 그는 깜짝 놀라 내려다봤고, 살무사에 물린 것을 알게 되었다. 그 독사는 세상에서 가장 무시무시한 맹독성 동물 중 하나였다. 급히 키부츠 의료진이 그의 심장에 아드레날린을 주입하고 그를 하이파에 있는 병원으로 이송했다. 트라이스먼은 가까스로 살아났고, 키부츠 동지들은 그를 LA로 보내 그곳 병원에서 요양하게 했다.

LA에는 트라이스먼의 친구가 한 명 있었다. 키부츠 운동을 하면서 알게 된 젊은 여자였다. 트라이스먼은 퇴원하고 나서 그녀의 가족이 사는 집 뒷마당에 있는 작은 오두막으로 이사했다. 트라이스먼이 기력을 회복하자, 조경업자였던 그녀의 아버지는 그를 조경 인부로 일하게 해주었다. 또 다른 친구는 그에게 낡은 볼보 자동차를 개조하는 일을 거들어달라고 했다. 20대 초반의 트라이스먼은 2년 동안 그렇게 살았다. 정원 일을 하고 자동차 수리를 하고, 시간이 나는 대로 키부츠 청년 운동에 참여했다.

그러다 친구 아버지의 조경 회사가 이스트 할리우드에 있는 LA 시티 칼리지 캠퍼스와 조경 관리 계약을 맺었다. 트라이스먼도 캠퍼스에 가서 다른 인부들과 함께 잡초를 뽑고 울타리를 손봤다. 그는 자신이 교실 책상에 앉거나 수학책을 손에 잡은 지도 벌써 몇 년이 흘렀고, 공부와 영영 멀어졌다는 사실을 실감했다. 하지만 점심 시간이 되면 수학 강의가 진행되는 임시 건물 바로 옆 벤치에 앉아 도시락을 먹는 습관이 생겼다. 매일 샌드위치를 먹으면서, 열린 창 너머에서 변수와 방정식을 설명하는 교수의 목소리를 듣고 있으면 어쩐지 마음이 편안해졌다. 어느 날 오후, 잭 스터츠먼이라는 40대 남자 교수가 트라이스먼이 수업을 듣는 것을 알아차렸고, 그들은 벤치에 나란히 앉아 이야기를 시작했다.

"수학에 관심 있나?" 스터츠먼이 물었다.

좋은 질문이었다. 내가 수학에 관심이 있었던가? 트라이스먼은 아니라고 생각했다. 고등학교 수학 동아리 시절 이후에는 수학에 대해 별로 생각하지 않았다. 하지만 그가 매일 수학 강의실 근처에서 점심을 먹는 데는 분명한 이유가 있었다. 스터츠먼은 트라이스먼을 수업에 초대했고, 트라이스먼은 그때부터 바깥 벤치가 아니라 강의실 의자에 앉아 점심을 먹었다. 트라이스먼이 중고등학교 때 갈루아 이론과 복잡한 해석학을 배웠다는 이야기를 듣고, 스터츠먼은 그에게 어려운 교재를 주면서 고등수학을 따로 가르쳐주었다.

트라이스먼은 그 당시 수학의 세계에 다시 들어선 순간을 회상할 때, 왠지 백일몽을 꾸는 사람 같았다. 어쩌다 그렇게 됐는지 스스로도 얼떨떨한 모습이었다. 내가 보기에도 어떤 계획에 따라 이뤄진 일은 아닌 듯했고, 적어도 트라이스먼이 적극적으로 나서지 않은 것은 분명했다. "난 수학자가 된다는 생각은 안 해봤어요." 트라이스먼이 말했다. "수학은 그저 취미로 하는 거였으니까." 하지만 여러 명의 좋은 스승이 그의 재능을 알아보고 다시 그를 수학의 심장부로 이끌었다. 그는 LA 시티 칼리지에서 두 학기 동안 수학을 공부했고, 샌퍼넌도밸리 스테이트 칼리지에 편입해 1년을 더 다니고 나서 캘리포니아대학 로스앤젤레스 캠퍼스 UCLA로 옮겼다. UCLA 수학과는 전에 다닌 학교들보다 수준이 훨씬 더 높았다.

"다시 진짜 수학자들과 함께 공부하게 되었어요." 트라이스먼이 당시를 회고했다. "천국이 따로 없었지. 그들은 나를 이해하고 다시 동료로 맞아주었어요." 그는 UCLA에서 대학원 수준의 과정만 수강하면서 주로 이탈리아 학파의 대수기하학을 연구했고, 3학기 만에 학사학위와 함께 셔우드 상을 받았다. 이 상은 해마다 UCLA에서 가장 좋은 성적을 거둔 수학과 학생에게 돌아간다.

"무척 기뻤어요." 그가 말했다. "하지만 그때까지도 수학자가 될 생각은 없었답니다."

지금 사람들의 눈에는 트라이스먼이 수학의 세계로 되돌아가는 길이 처음부터 정해진 운명처럼 보일 수도 있다. 에라스뮈스 홀 고교의 XYZ 클럽 회장이 UCLA 수학과의 최고 학생으로 셔우드 상까지 수상하다니, 완벽한 스토리 아닌가. 물론 농장에서 조경회사를 거쳐 커뮤니티 칼리지까지 잠시 둘러가긴 했지만, 트라이스먼이 고등수학의 세계로 복귀하는 건 시간문제였을 것이다. 그리고 그는 당연히 박사학위 과정을 계속하고, 당연히 남은 생애를 수학 교수로 살게 되리라.

하지만 1960년대 후반, 20대 중반이 된 트라이스먼의 눈에는 그 길이 조금도 간단해 보이지 않았다. 특별히 매력적으로 보이지도 않았다. 평소에도 그는 자신의 자아가 여전히 LA 시립대 캠퍼스 벤치에 앉아 샌드위치를 먹으며 강의실의 열린 창문을 통해 간단한 대수학 설명을 귀동냥으로 듣다가 이내 털고 일어나 잔디밭을 깎을 준비를 하고 있다고 생각했다. "지식인의 삶은 원치 않았어요." 그가 말했다. "나는 노동자 계급 출신이라, 육체노동을 하지 않는 것은 배신으로 느껴졌습니다."

트라이스먼이 UCLA에서 공부하던 시절에 대해 이야기를 할 때, 수학자의 길을 가로막는 또 다른 원인이 분명히 드러났다. 그것은 PS-179 초등학교의 IQ 검사까지 거슬러 올라가는 고통스러운 두려움, 즉 그가 충분히 똑똑하지 않다는 두려움이었다. UCLA에서 셔우드 상을 받은 다음에도, 심지어 나중에 버클리대학 대학원에 입학한 뒤에도, 트라이스먼은 계속 자기 능력을 의심했다. 그는 한 번씩 심한 불안을 느꼈다고 말했다. "나는 내가 진짜 똑똑하다고 생각하지 않았습니다. 마음속 깊은 곳에 두려움이 크게 자리잡고 있었지요. 내가 사람들이 생각하는 만큼 똑똑하지 않다는 사실이 언젠가는 밝혀질 것 같아서요. 그건 정말 숨 막히는 공포였어요."

트라이스먼의 두려움은 심리학자들이 때때로 '가면 증후군imposter syndrome 자신의 성공이 순전히 운이라고 생각하며 주변 사람들을 속이고 있다는 불안을 느끼는 심리'이라고 규정하는 감정이며, 대학생과 대학원생들, 특히 트라이스먼과 같은 1세대 대학생들 사이에서 흔히 나타나는 심리 현상이다. 트라이스먼은 텍사스주립대학에서 수학408C를 수강하는 학생들 사이에서도 늘 비슷한 두려움을 발견한다. 그는 학창 시절에도 마음 한편으로는 자기 의심이 비합리적이라고 인식하고 있었다. 하지만 문제를 인식하고 이름을 붙이는 것만으로는 문제를 해결할 수 없었다. "그 두려움은 어둡고 형체가 없는 어떤 힘이었어요. 아무리 이성적으로 반박해도 꿈쩍하지 않죠. 그리고 자기 의심이 자욱한 안개처럼 이성을 흐리게 됩니다." 트라이스먼이 설명했다.

겉으로 드러나는 모든 면에서, 트라이스먼의 버클리대학원 시절은 성공적이었다. 그는 박사학위 자격시험에 통과했고, 대학원 과정 조교로 일하면서 다른 학생들의 논문 작업을 도왔다. 하지만 그러는 동안에도 그의 내면은 자신이 있어야 할 곳은 대학이 아니고 해야 할 일은 수학이 아니라는 자기 의심에 온통 사로잡혀 있었다.

"버클리 학생들은 모두 훌륭한 인재였어요. 하지만 나는 절대로 그런 사람이 될 수 없다고 철석같이 믿었죠."

수학408C 강의로 돌아가서, 트라이스먼은 거의 9월 내내 학생들에게

'입실론-델타(ε-δ) 논법epsilon-delta proofs'을 설명했다. 이것은 수학자들이 어떤 함수(가령 y=x²)에서 x가 특정 값에 무한대로 가까워질 때 연속되는지 여부를 판단하고 증명하는 방법이다. 입실론-델타 논법은 원래 AP 일반 미적분 교과과정에서 필수로 다루던 부분이지만, AP 미적분 교과과정이 확대되면서 난도가 지나치게 높다는 이유로 제외되었다. 입실론-델타 논법을 접한 고등학생들은 공포에 떨었고, 점차 대학생들도 이 증명법을 배우지 않게 되었다. 텍사스주립대에서 수학408C 강의를 하는 다른 교수들도 수업에서 이 부분을 절대 언급하지 않았다. 하지만 트라이스먼은 입실론-델타 논법을 설명하는 데만 몇 주를 보냈다.

여기에는 두 가지 이유가 있었다. 첫 번째는, 트라이스먼이 수십 년 전에 에라스뮈스 홀 고등학교 친구들과 XYZ 클럽에서 했던 것처럼, 지금 대학 신입생들이 미적분을 근본까지 깊이 파고드는 방식으로 배운다면 나중에 이로울 거라고 판단했기 때문이다. "내 수업을 듣는 학생들이 경쟁 우위에 서도록 도와주고 싶어요." 그해 가을 트라이스먼이 말했다. "나는 학생들이 수학의 핵심에 다가가도록 최대한 도우려고 합니다." 입실론-델타 논법은, 만약 정형화된 미적분 문제를 연달아 해결하는 게 목표라면 특별히 도움이 되지 않지만, 미적분학의 원리를 제대로 이해하는 데 유용한 도구가 된다고 그는 확신했다. 다시 말해, 입실론-델타 논법을 이해하면, 학생들이 암기해야 하는 오래된 수학적 정리와 법칙들이 실제 세계의 운동과 변화를 어떻게 반영하고 있는지 알 수 있었다.

트라이스먼이 입실론-델타 논법을 가르친 두 번째 이유는, 바로 난도 때문이었다. 그는 복잡한 증명을 가르치면 학생들, 특히 이본처럼 준비가 덜 된 학생들이 스트레스를 받고 헤매기 시작한다는 것을 잘 알고 있었다. 하지만 그 과정이 중요하다고 생각했다. "미적분학을 배우는 학생들은 대부분 어느 순간 자신감을 잃게 됩니다. 학생들이 그런 위기를 맞았을 때 내가 도와줄 겁니다."

트라이스먼이 당면한 과제는, 자신감을 잃은 학생들을 어떻게 제자리에 되돌려놓을까 하는 문제였다. 그리고 그는 한 학기 내내 이 문제와 씨름했다. 물론 이론상으로는 완벽했다. 학생들이 입실론-델타 증명을 접하고 자신감을 잃으면, 학생들이 자신감을 되찾도록 트라이스먼이 돕는다. 그러면 학생들은 결국 미적분학에 통달하고 A학점을 받는다. 하지만 만약 학생들이 자신감을 잃고 다시는 회복하지 못한다면 그때는 어떻게 해야 할까?

이것이 이본 마티네즈에게 벌어지는 일 같았다. 이본은 10월 중순에 있었던 중간고사에서 59점을 받아 9월에 치른 첫 시험보다 8점이나 떨어졌다. 재방송처럼 똑같은 상황이 반복되었다. 형편없는 미적분학 점수, 집으로 가는 버스, 소파에 쓰러져 우는 이본, 그리고 이본을 위로하는 일리애나가 있었다. 일리애나가 동생을 위로하려고 건넨 말도 지난번과 마찬가지로 출신을 생각하면 어쩔 수 없다는 소리였다.

가을 내내 이본의 머릿속을 맴돌던 질문은 단순했다. 왜 난 계속 실패하지? 이본은 너무 힘들 때면 절망적으로 울부짖었다. 하지만 이성적인 순간도 있었다. 이본은 좀더 침착하고 분석적으로 같은 질문을 했다. 진지하게, 왜 나는 실패하는 걸까? 과연 내가 미적분학 수업을 통과할 수 있을까? 그러려면 어떤 노력을 더 해야 할까?

그 순간 이본의 머릿속에는 사회이동에 얽힌 신화가 두 가지 떠올랐다. 하나는 사회이동에 대한 미국적 신화, 특히 대학 교육을 통한 계층 상승 이야기였다. 그 이야기에 따르면, 출신은 중요하지 않다. 그러니 대학 교육을 받으면 성공의 길로 들어설 수 있다. 다른 하나는 수학적 사회이동 신화였다. 이 이야기에 따르면, 수학 실력은 결코 선천적인 재능이 아니다. 그러니 열심히 노력하고 좋은 교육을 받으면 누구나 미적분학 같은 복잡한 과목에도 능통해질 수 있다.

트라이스먼의 수학408C 강의는 매일 수많은 방법으로 두 가지 사회이동 신화를 학생들에게 효과적으로 전달하기 위해 고안되었다. 하지만 현실적으로 그 두 가지 메시지를 학생들이 받아들이도록 설득하는 일은 때로 힘든 싸움이었다. 대부분의 미국인이 내심으로는 어느 쪽 이야기도 완전히 믿지 않는다. 아무나 고등수학을 배울 수 있다고 생각하지 않으며, 대학 교육이 사회경제적 격차를 없애준다고도 생각하지 않는다. 사회이동 신화를 믿는 사람들조차 여전히 순간순간 의심하게 된다.

트라이스먼의 미적분학 강의 첫 시간에 이본은 긍정적인 사회이동의 메시지를 들었다. 그녀는 성공할 수 있고, 박사학위를 받을 수 있고, 높은 수준의 과학자가 될 수 있다고 했다. 그리고 그녀는 그 메시지를 믿고 싶었다. 이본은 자신이나 언니 오빠가 이미 얼마나 멀리 왔는지도 잘 알고 있었다. 그런데 왜 계속 올라가지 못할까? 이본은 마코스와 말리니와 함께 스터디그룹에서 공부할 때, 그들이 자신과는 다른 세상에 존재한다는 느낌을 받았다. 그들은 마치 태어나면서부터 미적분을 아는 것 같았다. 그들의 수학 실력은 어찌 보면 그들의 사회적 특권과 도저히 분리할 수 없다는 생각도 들었다. 고학력 전문직 부모, 부유한 사립고 출신, 해외여행과 다양한 경험, 모두 이본과는 거리가 멀었다.

이본은 두 친구를 좋아했고, 친구들도 이본이 수업에 뒤처질 때, 그러니까 거의 항상 도와주려 했다. 하지만 이본은 스터디를 마칠 때마다 조금씩 더 자신의 초라함과 부족함을 느꼈고, 그럴수록 미적분학 수업에서 낙제할 가능성도 조금씩 더 커지는 것 같았다.

언니 일리애나와 대화를 해보니 이본 혼자만 그렇게 생각하는 건 아니었다. 일리애나도 수학 실력이 부모의 재력과 밀접한 관계에 있다고 생각했다. 3년 전 일리애나 자신도 신입생 때 똑같은 경험을 했기 때문에, 일리애나가 보기에 이본이 미적분학 수업에서 뒤처지는 것은 가정 환경 때문이었다. 그리고 이본이 다른 대학에 다니는 고등학교 친구들에게 1학년 미적분학에 대해 물어보면, 그들 역시 똑같이 고생하고 있었다.

언니와 친구들 이야기를 듣고, 이본은 혼자가 아니라는 기분이 들었다. 비록 모두 낙제 위기에 몰려 있었지만, 무리에 속해 있다는 느낌이었다. 하지만 동시에 수학408C 수업에서 다시 치고 올라갈 수 있을지에 대한 자기의심은 더 깊어지고 있었다. 이본은 아무리 노력해도 넘어설 수 없는 장애물을 만난 건지도 모른다고 생각했다. 샌안토니오 서부 출신들은 고등수학에 적합하지 않았는지도 모른다.

매주 토요일, 트라이스먼은 교수실에서 수학408C 수강생들을 만나는 데 네다섯 시간을 할애했다. 이른바 '교수면담 시간office hours'이었지만, 그는 여느 수학 교수들과는 전혀 다르게 이 시간을 활용했다. 그는 면담을 신청한 학생만 만나거나 수업을 못 따라오는 학생만 만나지는 않았다. 그는 이 시간에 되도록 많은 학생을 만나봐야 한다고 생각했다. 트라이스먼은 다섯 명의 학습조교를 모아 팀을 꾸렸다. 학습조교는 공식 또는 비공식 연구조교, 그리고 수학408C를 이미 수강했거나 현재 수강하는 학생들로 구성된 임시 조직이었고, 이들이 수강생들에 대해 알아보고 특히 수업에 어려움을 겪고 있는 학생을 찾아내서 토요일 면담 일정에 어떻게든 끼워넣었다. 트라이스먼이 면담 시간에 학생들과 나누는 대화는 대부분 미적분과 관련이 없었다. 그 대신 학생들의 신상과 장래 희망, 그리고 지금 대학생활에 만족하는지 등 개인적인 이야기를 나눴다.

10월 말 토요일, 이본은 트라이스먼을 만나기 위해 수학관 10층에 있는 교수실로 향했다. 그날은 이본의 두 번째 면담 시간이었다. 9월에 이본은 마코스와 말리니와 함께 교수실을 찾았었지만, 이번에는 교수와 일대일로 만나야 할 것 같았다.

이본은 트라이스먼의 책상 맞은편 딱딱한 나무 의자에 앉았다. 교수실에 놓인 몇 안 되는 다른 가구들처럼 의자도 낡고 손때가 묻어 있었다.

"이본, 자네는 정말 성실한 학생이에요." 트라이스먼이 말문을 열었다. "지금 스트레스가 엄청나게 많겠지. 하지만 도망치지 않더군요. 대부분은 포기하는데."

"제가 좀 고지식한가봐요." 이본이 말했다. "그리고 아직 수학을 좋아하거든요."

트라이스먼이 빙그레 웃었다. "그게 바로 수학자한테 가장 중요한 특성이에요. 우린 포기를 모르지." 그가 몸을 앞으로 기울였다. "그렇지만 자네가 자신감을 잃을 만큼 내가 심하게 몰아붙이고 있는 건 아닌지 좀 걱정되는군."

"자신감이 떨어진 건 확실해요." 이본이 작은 목소리로 대답했다.

"그럴 필요 없어요." 트라이스먼이 말했다. "우연히 아주 어려운 과정을 수강하게 된 것뿐이니까. 자네가 일반 수학을 수강했다면, 보나 마나 A

를 받았을 거야. 문제없어요. 하지만 이 수업은 미래의 수학자들을 준비시키는 과정이랍니다."

이본은 시선을 발끝에 두고 손톱을 만지작거렸다.

"문제는, 우리 수업에 AP 미적분학 선행 과정을 마치고 온 학생들이 있는데, 정말 공부를 많이 시키는 고등학교 출신이라는 거예요." 트라이스먼이 설명을 이어갔다. 마코스나 말리니 같은 학생들을 말하고 있었다. "자네라면 몇 주나 한 달 안에 따라잡을 테지만. 그런데 말이야, 자네는 항상 우등생이었다가 대학에 와서 고전하고 있기 때문에, '내가 이 수업을 듣기에는 부족하지 않나' 하고 자책하고 있을지도 몰라. 혹시 그런 생각 해봤나?"

"한번씩 그런 생각이 불쑥 들어요." 이본이 억지로 미소를 지으며 대답했다. "사실 힘들어요. 개념을 충분히 이해하지 못하니까 계속 뒤처지는 것 같아요. 열심히 하다보면 결국 해결될 문제지만, 그럼 너무 늦을 거 같아서요."

"너무 늦지는 않을 거야." 트라이스먼이 힘주어 말했다. "날 믿어요. 난 50년 넘게 교편을 잡고 있어요. 라틴계 제자들 중 100명이 넘게 박사학위 과정까지 갔지요. 자네가 그들만 못한 게 하나도 없는걸. 내가 압니다. 스스로는 아직 확신이 들지 않겠지만, 난 잘해낼 거라고 믿어요."

이본은 고개를 끄덕였다. 트라이스먼이 맞았다. 그녀는 그의 말을 믿지 않았다.

"저도 교수님을 믿어요." 그녀가 말했다. "고등학교 때 수학은 정말 쉬웠거든요. 제게 좋은 도전이라고 생각해요."

"어떻게 하면 학생들이 자신감을 잃지 않고 치열하게 수학적 고민을 할 수 있을까, 이게 바로 내가 치열하게 고민하는 부분이에요." 트라이스먼이 말했다. "자네들은 정말 우수한 학생이니까. 다들 정말 우수하고 성실하고 진지해. 그리고 교수 된 입장에서는 학생들이 수학을 제대로 배우도록 몰아붙여야 하지만, 학생들 입에서 '수업이 어려운 건 내가 못 해서야'라는 말이 나오지 않도록 더 능숙하게 가르쳐야겠지. 대학에는 자네 같은 학생이 필요해요. 수학자가 많이 필요하고 여성 수학자는 더 많이 필요합니다. 그리고 히스패닉 수학자가 더 많아져서 나쁠 것도 없잖아요."

수학408C의 두 번째 중간고사이자 세 번째 시험 성적은 11월 중순에 나왔다. 두 번째 중간고사 때까지 이본은 미적분학 공부에 모든 시간을 바쳤다. 혼자서도 공부하고, 스터디그룹에서도 공부하고, 트라이스먼의 선임 조교 에리카 윈터러가 진행하는 월요일과 수요일 세미나에도 빠짐없이 참석해 공부했다. 그리고 매주 일요일에 트라이스먼이 석유공학부 건물에서 진행하는 장시간 복습 세미나에도 갔다. 이본은 아침마다 볼 수 있도록 집에 있는 옷장 문에 달려 있는 거울에 마커로 수학 공식들을 빼곡하게 적어두었다. 그리고 긍정적으로 생각하려고 애썼다. 그녀는 자신이 수업에서 어느 순간 감을 잡을 것이고, 모두를 금방 따라잡을 거라고 말했던 트라이스먼을 믿고 싶었다. 하지만 그녀가 아무리 열심히 공부해도 그런 일은 일어나는 것 같지 않았다.

중간고사 전날 밤, 모든 것이 마술처럼 완벽하게 맞아떨어지기를 바라고 있을 때, 이본에게 정반대의 상황이 벌어졌다. 하루 전에 풀었던 문제가 갑자기 풀리지 않았다. 어찌된 영문인지 뒷걸음질하는 기분이었다. 그녀는 중간고사를 망치게 될 거라고 확신했다. 이튿날 아침 캠퍼스로 가는 버스에서 전날 밤의 절망적인 느낌은 사그라지지 않고 더 강해졌다. 눈물이 나기 시작했다. 이본은 버스 안에 있는 사람들이 보지 못하게 창밖으로 고개를 돌리고 울었다.

버스 정류장에서 수학관 입구까지 이어진 캠퍼스 산책로에서, 이본의 휴대전화가 울렸다. 어머니였다. 이본이 통화 버튼을 눌렀다.

"왜 우는 목소리니?" 어머니가 물었다.

"오늘 수학 시험이 있는데, 준비를 제대로 못 했어." 이본이 대답했다.

이본의 어머니는 막내딸을 안심시키려 했다. 대학생활이 너무 힘들면 그냥 집에 와도 된다고 그녀는 말했다. 이곳 샌안토니오에 있는 대학으로 편입하거나 커뮤니티 칼리지에 가도 된다, 얘야. 엄마랑 살면 되잖아. 맛있는 집밥도 실컷 먹을 수 있고.

이본은 어머니가 하는 말이 전부 자기를 사랑한다는 뜻이라는 걸 알았다. 하지만 그 순간만큼은 어머니가 자기를 믿지 못하는 것처럼 들렸다. 이본은 평소라면 절대 하지 않을 짓을 했다. 전화를 뚝 끊어버렸다.

이본은 매일 아침 수학 강의실에 맨 먼저 도착하는 학생이었고, 두 번째 중간고사 날 아침도 예외는 아니었다. 너무 이른 시간이라 강당 문이 아직 잠겨 있었고, 이본은 충혈된 눈에 눈물이 그렁그렁한 채 출입문 근처 의자에 혼자 앉아 있었다. 선임 조교 에리카 윈터러가 이본을 발견하고 괜찮은지 보려고 복도 저편에서 걸어왔다. 윈터러가 다가와 이본에게 안부를 묻는 순간 이본은 다시 울음을 터뜨렸고, 윈터러는 이본을 건물밖 벤치로 데려가 이야기를 들어주었다.

눈물을 뚝뚝 흘리면서 이본은 중간고사에서 분명 낙제할 거라고 윈터러에게 말했다. 그리고 언니 일리애나와 나눈 대화와 마코스와 말리니와 함께 스터디그룹을 하면서 쌓였던 두려움을 모두 털어놓았다. 문제는 단지 중간고사나 미적분학이 아니었다. 문제는 이본 자신이었고 가족과 배경과 고등학교 같은 그녀의 출신 전부였다. 이본은 미국의 대학 교육이 모든 사람을 평등하게 만들고 모든 사람에게 성공의 기회를 공평하게 주는 제도라고 믿어왔다. 하지만 지금 대학에 와보니 전혀 그렇지 않았다.

그것은 윈터러의 감정을 자극하는 이야기였다. 윈터러는 휴스턴에 있는 기술직 노동자 가정에서 자란 백인이었다. 이본처럼 그녀도 처음부터 수학을 좋아했고, 이본처럼 고등학교를 전교 차석으로 졸업했고, 이본처럼 가끔 학기 중간에 교사들이 떠나가는 대형 공립 고등학교 출신이었다.

윈터러는 뉴올리언스에 있는 툴레인대학에서 장학금을 받고 공학을 전공했다. 그녀도 처음에는 고군분투했지만 점점 적응해갔고 4학년이 돼서야 자신이 똑똑하다는 자각이 들었다. 대학을 졸업한 뒤에 그녀는 뉴올리언스에 남아 어느 고등학교에서 수학을 가르쳤다. 그곳 학생들은 모두 가난한 흑인이었고, 아이들을 실패자로 만들기로 작정이라도 한 것처럼 학교 운영은 엉망이었다.

벤치에 앉아 윈터러는 이본에게 자신의 고교 시절과 수학 교사 시절 이야기, 그리고 휴스턴에서 자라면서 샌안토니오 독립기념비를 상상했던 이야기를 해주었다. 윈터러가 한 말은 어떻게 보면 이본이 앞서 미적분 시험을 연달아 망쳤을 때 일리애나에게 들은 말과 별로 다르지 않았다. 상황은 누구에게나 똑같은 게 아니야. 세상은 불공평해. 넌 마땅히 있어야 할 위치보다 한참 뒤떨어져 있고, 따라잡기는 정말 어려울 거야.

일리애나와 달랐던 것은 윈터러가 그다음에 한 말이었다. 네가 지금 미적분학에서 받는 성적은 진짜 너와는 상관없어. 진짜 너는 수학을 공부하는 사람이고, 수업에서 뒤처진 건 네 잘못이 아니야. 그리고 그건 네 운명도 아니야. 네가 마코스의 수학 실력을 따라잡으려면 노력을 굉장히 많이 해야 할 거야. 하지만 너도 원하면 원하는 만큼 지식을 얻을 수 있어. 그리고 정말 네가 원한다면, 내가 언제든 널 도울 거야.

3. 워크숍 방식

버클리대학 대학원에서 몇 년을 보낸 뒤에, 트라이스먼은 마침내 흥미로운 문제를 하나 발견했다. 그것은 수학 문제가 아니었다. 그는 여전히 고등수학, 즉 고도로 추상적인 이론 해석학과 계산언어학 문제들을 공부하고 있었지만, 수학자로서 그리고 수학계에서 자신의 위치를 의심하는 오래된 습관은 사라지지 않았다. 학문적 지위 대신 그의 흥미를 끌기 시작한 것은 가르치는 일이었다. 1970년대 버클리대학 수학과에서 학부 강의는 뒷전이었다. 그때나 지금이나 대부분의 대학에서 신입생 미적분학 강의는 대부분 수학을 정말 잘하지만 잘 가르치는 방법은 거의 모르는 대학원생들이 맡아서 가르쳤다.

트라이스먼이 잘 가르치는 방법에 관심이 있다는 의사를 당시 수학과 학과장 리언 헹킨에게 전달했을 때, 헹킨은 당장 트라이스먼을 조교 훈련 프로그램 책임자 자리에 앉히고 수학과 조교 전원을 훈련시키라고 했다. 당시에는 교수법 개발이 그만큼 새로운 개념이었다. 트라이스먼은 플랫부시에서 해리엇 록메이커에게 개인 과외를 했을 때부터 줄곧 수학을 가르쳐왔으니, 가르치는 방법에 대해서는 일가견이 있다고 막연하게 생각했다. 하지만 효과적으로 가르치는 방법에 대해서 어떤 이론이나 연구를 접해본 적은 없었다. 그는 항상 본능적으로 가르쳤다. 헹킨이 맡긴 새로운 임무를 수행하기 위해 그는 버클리대학 교육대학에서 시간을 보냈다. 수학 교수법 및 학생 심리학 관련 서적을 찾아보고, 교육학 교수들과 토론하며, 교수법에 대한 특강도 개설했다.

트라이스먼이 교수법 개발에 몰두하고 있을 때, 수학과에는 실질적으로 교수법 문제가 서서히 부각되고 있었다. 10년 전, 버클리대학은 백인 위주의 학생 구성에 변화를 가져오기 위해 조치를 취하기 시작했다. 1970년대 중반까지 버클리대학 신입생 가운데 흑인과 라틴계는 약 150명까지 늘었는데, 그들 중 상당수가 제대로 수업을 따라가지 못했고 특히 수학이나 이공계 전공생은 거의 없었다. 그런 학문을 전공하기 위해 버클리에 입학한 흑인 학생들도 이내 전공을 바꾸거나 아예 대학을 떠나기 일쑤였고, 트라이스먼은 그들의 기록을 조사한 결과 1학년 미적분 수업이 거의 모든 학생의 발목을 잡았다는 사실을 확인할 수 있었다. 텍사스주립대학에서 수학408C에 해당되는 1학년 미적분학 수업이 버클리대학에서는 수학1A였다. 그리고 트라이스먼은 1970년대 중반까지 10년 동안, 해마다 버클리대학의 수학1A에 등록한 흑인 학생들의 60퍼센트 이상이 낙제했고, 흑인이나 라틴계 학생들 가운데 두 명 이상이 신입생 미적분학에서 B학점 이상을 받은 경우가 단 한 번도 없었다는 기록도 확인했다.

트라이스먼은 이유를 알고 싶었고, 해답을 찾기 위해 연구에 착수했다.[22] 1975년 가을학기부터 그는 신입생 미적분학 강의, 즉 수학1A에 등록한 흑인 학생 20명과 중국계 학생 20명을 모집했다. 트라이스먼은 통계상으로 버클리대학에 입학하는 중국계 학생들이 흑인 학생들보다 미적분학을 훨씬 더 잘한다는 것을 알고 있었다. 그는 조사에 응한 학생 40명과 공부 습관 및 공부 방법에 대해 자세하게 인터뷰하고, 도서관과 기숙사 방으로 따라다니면서 그들이 공부하는 모습을 관찰했다. 그리고 수학1A 수업에서 그들이 받은 학점을 추적했다. 1976년 봄, 트라이스먼은 흑인 학생들의 공부법과 중국계 학생들의 공부법에 몇 가지 중요한 차이가 있음을 발견했다.

우선, 흑인 학생들은 거의 항상 혼자 공부했다. 그들 대다수가 고등학교 교사와 부모로부터 친구들과 어울릴 때와 공부할 때를 철저히 구분하라는 가르침을 받았다고 트라이스먼에게 말했다. 공부는 진지한 과정이며 고독한 집중력이 필요하다고 그들은 배웠다. 이와는 대조적으로, 중국계 학생들은 친구와 함께 또는 스터디그룹을 이뤄서 공부했고, 때때로 함께 식사하거나 놀기도 하는 등 친목을 도모하는 경향이 있었다. 그들은 과제를 함께 해결하면서 필기 노트와 아이디어를 공유했고, 서로의 숙제에 대해 이러쿵저러쿵 평가도 했으며, 서로의 학습 전략을 따라 했다. 혼자 공부하는 흑인 학생들은 그런 상호 작용이 전혀 없었다.

또한 흑인 학생들은 주당 공부 시간이 더 짧았다. 학과 교수와 지도 교수들은 수학1A 수업을 듣는 학생들에게 어림잡아 수업 시간의 2배씩 공부하라고 기준을 대략 정해주었다. 흑인 학생들은 주당 4시간짜리 미적분학 수업을 위해 집에서 주당 8시간씩 공부하며 이 기준을 철저하게 따랐다. 함께 모여서 공부하는 중국계 학생들은 예습 복습과 과제를 하는 데 8시간은 부족하다고 결론지었고, 의견을 모아 공부 시간을 주당

14시간으로 늘렸다.

이렇게 흑인 학생들은 부실한 학습 전략으로 출발했고, 그 전략을 보완할 만한 환경이 없었기 때문에 결과적으로 공부하는 데 더 적은 시간을 투자했다. 트라이스먼이 보기에 흑인 학생들이 곧 뒤처진 것은 이상한 일이 아니었다. 곤란을 겪는 학생들을 돕기 위해 대학에서는 다양한 '소수 집단 지원 프로그램'을 제공하고 있었지만, 모두 보충수업이었고 특히 흑인들을 대상으로 했다. 따라서 고등학교 때 공부로 이름을 날리고 버클리대학에 입학한 흑인 학생들은 보충수업에 전혀 관심을 갖지 않았다. 텍사스주립대학의 수학408C 학생들처럼, 그들은 우수한 실력으로 두각을 나타내는 것에 익숙했고 엘리트 속성반이나 방과 후 활동에 익숙했다. 1학년 미적분학에서 어려움을 겪을 때조차 보충수업이 필요하다고는 상상할 수 없었다.

1976년 트라이스먼은 버클리에서 교수진이 후원하는 특별 우수학생 프로그램 수학 부문을 담당하게 되었다. 이것은 샌프란시스코 연안 저소득층 지역 흑인 고등학교에서 수학적 재능이 뛰어난 학생들을 선발해서 교육하는 프로그램으로, 인재개발 프로그램Professional Development Program, 즉 PDP라 불렀다. 트라이스먼이 하는 일은, 버클리대학에 입학하는 흑인 학생들이 1학년 미적분학에서 더 이상 실패하지 않도록 고등학교 때부터 예비 학생들을 관리하는 것이었다. PDP 참가자들은 엄격한 시험과 심층 면접을 통해 10학년 때 선발되었다. 선발된 고등학생들은 3년 내내 여름방학 때마다 버클리 캠퍼스에서 대학교수들이 가르치는 수학과 과학 과정을 수강했다.

1977년 가을, PDP에 참가한 흑인 학생 10여 명이 고등학교를 졸업한 뒤 신입생으로 버클리대학에 입학했다. 트라이스먼과 다른 PDP 관계자들은 지난 3년 동안 이 학생들을 지켜봤기 때문에, 그들이 고강도 훈련을 거친 데다 수학에 재능 있는 학생들이라는 것을 알았다. 하지만 1학년 미적분학 강의가 시작된 지 5주 만에 그들 모두가 또 한 번 실패를 향해 가는 듯했다. 이들의 실패를 막는 데 필사적이었던 트라이스먼은 중간고사가 끝난 뒤 학생 셋을 따로 만나 자기와 함께 공부하자고 제안했다. 그는 세 학생으로 임시 연구 모임을 구성해 매주 6시간씩 만나 미적분을 가르쳤다.

예전에 해리엇 록메이커를 가르칠 때처럼, 트라이스먼은 학생들을 가르치면서 그때그때 필요한 부분을 즉각 보완해나갔고, 어떻게 하면 그들이 1학년 미적분학에서 낙제를 면할 수 있을지 방법을 고심했다. 하지만 트라이스먼은 이제 예전보다는 많은 것을 알고 있었다. 그는 교육대학에서 연구한 내용과 하쇼머 하차이르 청년 운동에서 따온 몇 가지 기법, 그리고 2년 전 흑인과 중국계 학생 40명을 조사해서 얻은 결과를 토대로 연구 모임을 구성했다. 특히 흑인 학생들이 버클리대학에서 기존에 제공하던 소수 집단 지원 프로그램에 어떤 오명이 붙어 있는지 말해주었기 때문에, 새로운 연구 모임은 보충수업이 아니라 난도 높은 선행과정이라고 홍보하는 데 주의를 기울였다. 고급 연구 모임이라는 인상을 강화하기 위해서 트라이스먼은 특별히 어려운 미적분 문제를 골라 학생들과 함께 풀어나갔다. 그리고 학생들이 아직 숙달하지 못한 구체적인 정리와 방법을 연습할 수 있도록 기본적인 문제를 적재적소에 배치하는 방식을 시도했다.

연구 모임은 효과가 있어 보였다. 학기가 진행되면서 세 학생은 수학

1A 수업에서 성적이 올랐고, 점차 자율적으로 각자의 생각과 풀이 방법을 공유하다 이따금씩만 트라이스먼에게 도움을 청하게 되었다. 그들이 수학1A를 무사히 통과한 다음에도 트라이스먼은 연구 모임을 유지했고, 그들이 다음 미적분학 과정인 수학1B와 수학1C를 통과할 때까지 매주 6시간씩 모임을 계속했다.

트라이스먼의 소규모 연구 모임에 참여하지 않은 나머지 PDP 학생들은 선배들처럼 암담한 결과를 맞았다. 그들 중 누구도 수학1A에서 C학점 이상을 받지 못했고, 미적분 수열 세 가지를 정확히 아는 사람은 한 명뿐이었다. 하지만 트라이스먼의 연구 모임에서 공부한 학생 세 명은 수학1A와 수학1B에서 평균 B학점을 받았고, 수학1C에서는 평균 A-학점까지 성적이 올랐다. 결국 세 사람은 모두 공학부에 남았고, 버클리에서 성공했다.

트라이스먼은 자신이 뭔가 제대로 하고 있다는 생각이 들었다. 그리고 1978년 가을, 세 명으로 시작했던 임시 연구 모임을 확장해 공식적으로 '수학 워크숍Mathematics Workshop'이라는 이름을 붙였고, 이번에는 수학1A를 수강하는 소수 집단 학생 42명을 모집했다. 트라이스먼은 전과 같은 방법을 사용했다. 다시 말해, 학생들이 소규모 그룹으로 나뉘어 함께 공부하면서 도움이 필요할 때만 트라이스먼의 지도로 난도 높은 미적분 문제를 풀었다. 그 결과 수학 워크숍 참가자들은 이전 임시 연구 모임보다 훨씬 더 좋은 성적을 거뒀다. 42명 중 한 명만 수학1A에서 낙제했고, 절반 이상이 수학1A에서 B-이상의 학점을 받았다. 이듬해 트라이스먼은 수학 워크숍 인원을 80명으로 더 늘렸다. 또다시 강력한 효과가 나타났다. 버클리대학 역사에서 유례없는 일이었다.

그리고 그렇게 트라이스먼은 자신의 소명을 찾아냈다. 그는 수학 연구를 거의 포기하다시피 하면서 이후 몇 년 동안 수학 워크숍을 확대하고 개선하는 데 시간과 노력을 모두 쏟아부었다. 긍정적인 결과가 계속되었다. 버클리대학에서 1학년 미적분학을 수강한 흑인 학생들은 그동안 지독한 실패를 겪었지만, 1978~1982년 워크숍 참가자들은 단 3퍼센트만 1학년 미적분학에서 낙제했다. 그리고 워크숍 참가자 절반 이상이 최소한 B-학점을 받았다. 해마다 수학 워크숍에 참가하는 흑인 학생들은 수학1A에서 다른 흑인 학생들보다 평균 1점 이상 높은 학점을 받았다. 워크숍을 거쳐간 버클리 동문 가운데 44퍼센트가 수학이나 이공계 전공으로 대학을 졸업했다. 워크숍에 참여하지 않은 흑인 학생들 가운데 수학이나 이공계를 전공한 학생은 10퍼센트에 그쳤다.

워크숍이 높은 성장세를 보이면서, 트라이스먼은 즉흥적으로 시작했던 연구 모임을 정례화했다. 또한 PDP 인재개발 프로그램이 보충수업이 아니라 높은 학업 성취를 반영하는 과정이라는 메시지를 강화하기 위해 새로운 방법을 찾았다. 그는 아직 고등학생인 예비 워크숍 학생들에게, 학업에 정진하는 우수 학생을 위한 '소수정예 여름방학특강 프로그램'에 참가할 것을 '정중하게' 요청하는 공식 초청장을 보냈다. 워크숍 자체는 활기차고 사교적인 모임으로 자리잡았다. 흑인과 라틴계가 대부분인 학생 10여 명이 한 교실에 모여 앉아 두서너 명씩 짝을 지어 함께 수학 문제를 풀었다. 때로는 각자 하던 공부를 멈추고 한 사람이 문제풀이 과정을 전체에게 설명하기도 했다. 워크숍 리더는 돌아가면서 맡았고, 공부법을 제안하고 토론의 방향을 잡기도 했지만 보통은 워크숍이 원활히 진행되도록 뒷받침하는 역할을 담당했다. 워크숍 리더의 핵심적 역할은 워크숍에서 소모임마다 다룰 문제를 선정하고, 그때그때 학생들이 어려워하는 특정한 이론과 공식을 집중적으로 공부할 수 있도록 세심하게 문제를 고르는 일이었다고 트라이스먼이 설명했다.

PDP의 성공 소식은 대학가에 널리 퍼졌다. 심리학자 클로드 스틸이 버클리대학을 방문해 트라이스먼의 워크숍을 참관한 직후 PDP를 모델로 한 비슷한 프로그램을 개발해서 미시간대학에 도입했다. 나중에 스틸은 자신의 고정관념위협 이론을 확립하는 데 트라이스먼의 워크숍 방식이 크게 기여했다고 밝혔다.[23] 전국 대학에서 트라이스먼에게 워크숍 모델을 설명해달라는 요청이 빗발쳤고, 얼마 지나지 않아 전국의 캠퍼스에서 모조품과 복제품이 튀어나올 정도였다.

하지만 버클리대학 관계자들은 트라이스먼이 지난 15년 동안 버클리대학 대학원에 적을 둔 채 박사학위 논문을 쓰지 않고 학문적 진척도 거의 보이지 않았다는 사실을 문제 삼기 시작했다. 결국 1985년 대학원장이 트라이스먼에게 졸업 시한을 최종적으로 통보했고, 트라이스먼은 지도교수 헹킨 박사의 도움을 받아 일주일을 꼬박 새운 끝에 PDP와 수학 워크숍에 관한 70쪽 분량의 보고서를 타자기로 작성해 박사학위 논문으로 제출했다. 그것은 각주가 단 한 페이지도 없는 특이한 논문이었다. 하지만 마침내 트라이스먼은 서른아홉 살에 박사학위를 따냈다. 1991년에 트라이스먼은 텍사스주립대학 정교수로 채용되었고, 9개월 후 버클리대학에서 수학 교육을 발전시킨 공로를 인정받아 '천재들의 상'으로 알려진 맥아더 펠로십을 받았다. 그리고 그해 가을학기부터 수학 408C를 가르치게 되었다.

일개 대학 교수가 학생들의 성공에 얼마나 도움을 줄 수 있을까? 그것은 트라이스먼이 버클리 캠퍼스에서 임시 워크숍을 시작하면서부터 품었던 질문이었다. 그는 전국에 개혁의 바람을 일으킨 자신의 워크숍 모델을 발전시키면서, 입학전형부터 재정 지원과 교육 과정에 이르기까지 대학을 둘러싼 구조에 집중했다. 큰 틀에서 대학 교육이 좀더 공정해지려면 그런 부분에 변화가 필요하다고 믿었기 때문이다. 하지만 개인적 차원에서 그는 가르치는 사람과 배우는 사람의 상호 작용 속에 뭔가 근본적인 해답이 있다고 확신했다. 일대일로 만났을 때 자신이 돕지 못할 학생은 없다고 생각했다.

그럼에도 이번 가을학기, 트라이스먼은 수학408C 수강생들이 좀처럼 나아지지 않는다는 생각에 걱정이 머릿속을 떠나지 않았다. 그는 혹시라도 건강 탓이 아닐까 생각했다. 1년 전, 그는 심장 수술을 받았고, 그보다 몇 년 전에는 파킨슨병 진단을 받았다. 증상은 가벼워서 손이 살짝 떨리고 새끼손가락이 자기도 모르게 오그라지는 정도였다. 그 증상이 파킨슨병 때문인지 지나치게 바쁜 일정 때문인지, 아니면 그가 이제 일흔한 살 먹은 노인이라 그런지 확신할 수 없었지만, 겨울이 가까워질수록 트라이스먼의 근심은 점점 깊어졌다. 그는 어쩐지 도움이 필요한 학생들을 자신이 놓치고 있는 것만 같았다.

트라이스먼은 선임 조교 에리카 윈터러와 새로 맞아들인 또 한 명의 조교 케이티 호건과 함께 수학408C 수강생들의 상황을 점검하기 위해 정기적으로 회의를 했다. 호건은 윈터러처럼 전에 수학 교사로 일했고, 지금은 대학원에서 교육학을 전공하고 있었다. 호건은 보충수업이 필요한 수강생을 위해 학기 초부터 일주일에 세 번씩 도서관에서 복습 스터디를 진행했다. 호건의 복습 스터디는 처음에 네댓 명으로 시작했는데,

모두 고등학교 때 미적분학을 아예 안 배우고 대학에 들어온 학생들이었다. 호건은 미적분 문제를 유난히 쉽게 풀어주었고, 금세 입소문이 퍼졌다. 추수감사절 무렵, 복습 스터디에 참가하는 학생은 24명까지 늘었고, 이제 호건이 예약한 도서관 스터디 룸은 너무 비좁아 유리벽 너머 통로까지 학생들로 넘쳐날 정도였다.

12월에 접어들자, 트라이스먼은 자신이 호건과 윈터러와 함께 그해 학생들에게 한 408C 수업이 균형을 잃었다고 결론지었다. 지나치게 강의식이었고, 학생들이 독자적으로 문제를 해결할 기회가 없었다. 그는 학생들이 스스로 해답을 찾아내고 풀이 방법을 공유하기보다, 교수나 조교에게 의존해 전략과 해답을 쉽게 배우기를 바란다는 느낌을 받았다. 학생들이 자율적으로 문제를 해결하도록 유도하는 것이 버클리 시절 워크숍 모델의 핵심이었는데, 트라이스먼은 어찌된 일인지 자신이 그 교훈을 소홀히 했음을 깨달았다.

그래서 트라이스먼은 몇 주밖에 남지 않은 가을학기 동안, 수학408C가 워크숍 방식에 돌입한다고 선언했다. 강의실에서 그는 여전히 기존 방식대로 가르쳤지만, 복습 시간에는 문제 해설을 거의 하지 않았다. 대신 학생들이 서너 명씩 모여 앉아 미적분 문제를 푸는 동안, 교실을 돌아다니며 감독하고 격려하고 가끔 훈수를 두었다. 버클리대학에서 수십 년 전에 흑인 학생들에게 했던 워크숍 방식 그대로였다. 케이티 호건의 도서관 복습 스터디도 방식을 달리했다. 호건이 한 학기 내내 해오던 해설 위주의 보충수업을 멈추고, 학생들끼리 짝을 지어 머리를 맞대고 토론해서 스스로 문제 풀이법을 찾아낸 다음 전체와 공유하도록 했다.

에리카 윈터러가 맡은 주 2회 토론 스터디는 거의 그대로였지만, 윈터러도 마지막 몇 주 동안 여학생들만 모아서 새로운 스터디 시간을 따로 마련하기로 했다. 대학생 때 윈터러는 수학이나 과학 수업에서 특히 여학생들이 겁을 먹거나 자신감을 잃는 모습을 주변에서 많이 경험하고 관찰했다. 윈터러는 대체로 본인의 수학 실력이 아니라 자신감이나 소속감 문제로 악전고투하고 있는 학생들을 새로운 여학생 스터디그룹에 불러들였다. 휴스턴에서 온 서맨사, 라베르니아에서 온 이저벨, 브루클린에서 샌안토니오를 거쳐 오스틴에 온 주세파, 그리고 이본 마티네즈였다.

11월 중순, 윈터러가 이본을 발견하고 수학관 바깥 벤치에서 눈물겨운 대화를 나눌 때, 두 사람은 이본이 감정을 추스를 수 있도록 두 번째 중간고사를 며칠 미루기로 결정했었다. 하지만 시험 연기가 이본에게 별로 도움이 된 것 같지는 않았다. 이본은 두 번째 중간고사에서 55점을 받았다. 이본은 수학408C 수업을 열심히 따라가려 노력하는데도 중요한 시험에서 매번 점수가 더 떨어졌다.

12월 초에 트라이스먼은 수학408C 수업에서 (해마다 종강이 다가오면 그랬듯이) 학생들에게 한 가지 공지를 했다. 지금까지 성적이 부진했던 학생들에게 이전의 모든 성적을 기말고사 성적으로 대체할 기회를 주겠다는 내용이었다. 다시 말해, 다가오는 기말고사에서 A학점을 받으면 수학408C 최종 성적은 A가 된다는 것이었다. 기말고사 시험 범위는 한 학기 동안 다룬 내용 전부였고, 어렵기로 소문이 자자했다. 하지만 이본은 이번이 정말 마지막 기회라는 걸 알았다. 만약 이본이 다음 몇 주일 동안, 중간고사 이후에 배운 내용뿐만 아니라 학기 초부터 씨름했던 내용까지 모두 복습해서 자기 것으로 만들 수만 있다면, 괜찮은 성적으로 학기를 마무리할 가능성이 남아 있었다.

이본이 전에 속했던 스터디그룹과 윈터러가 구성한 여학생 스터디그룹은 전혀 다른 환경이었다. 이본은 마코스, 말리니, 사이프러스와 함께 공부할 때 문제 풀이를 다른 사람에게 미루는 버릇이 생겼다. 누군가 먼저 문제를 다 풀 때까지 기다렸다가, 혼자 조용히 그들의 풀이 방법을 그대로 따라해보곤 했었다. 하지만 서맨사와 이저벨, 주세파는 딱히 이본보다 실력이 나아 보이지 않았기 때문에, 그들에게 미루는 것은 의미가 없었다. 게다가 윈터러는 자기가 나서서 문제를 풀어주지 않을 거라고 분명히 선을 그었다. 윈터러는 도서관 1층 휴게실 탁자 옆에 화이트보드를 끌고 와서 보드에 수학 문제를 적은 다음, 어디서부터 어떻게 풀어야 할지 의견을 내라고 했다.

긴 침묵이 흘렀다.

"난 너희에게 뭘 해야 하는지 알려주지 않을 거야." 윈터러가 첫 번째 스터디 시간에 말했다. "그러니까 누군가는 아이디어를 내야 해."

이본과 나머지 세 사람은 멀뚱멀뚱 서로를 쳐다보기만 했다.

"너희끼리는 서로 대화해도 돼." 윈터러가 재촉했다.

네 여학생은 처음에는 주저하며 조금씩 말문을 열었다. 윈터러가 선택한 학생들은 서로 친한 사이는 아니었지만, 모두 똑똑하고 얌전하고 겸손했으며 이런 모임에서 목소리를 높이거나 앞에 나서는 성향이 아니라는 공통점이 있었다. 하지만 서서히, 한참을 망설이고 자기를 심하게 낮추는 불필요한 사과를 거듭하다, '이건 틀릴 수도 있는데……'라며 몇 가지 의견을 나누기 시작했다.

"나도 한 번에 푸는 경우는 거의 없어." 윈터러가 학생들을 격려하는 말을 꺼냈다. "사실 아예 없다고 할 수 있지. 난 항상 처음엔 틀리는 편이야. 하지만 틀린 답을 적어도 괜찮아. 그래서 연필을 쓰는 거니까."

실수를 흔쾌히 받아들이는 윈터러 덕분에 학생들은 긴장을 조금 풀었고, 그때부터 좀더 활발하게 각자의 아이디어를 내고 의견을 교환하기 시작했다. 윈터러가 진행하는 정식 토론 스터디에서, 그녀는 항상 진도에 맞춰 시간을 엄격하게 관리하기 위해, 문제별로 풀이 시간을 정해놓고 휴대전화 알람을 설정한 다음 알람이 울리자마자 다음 문제로 바로 넘어갔다. 하지만 이번 여학생 스터디에서는 진도를 훨씬 느리게 했다. 두 번째 스터디 시간에, 네 여학생은 겹치는 두 개의 구에서 부피를 계산해내는 문제 하나를 놓고 한 시간 20분 동안 씨름했다. 하지만 그 과정에서 점차 자신감을 얻었다.

기말고사를 이틀 앞둔 토요일, 마지막 스터디가 끝날 무렵, 이본은 화이트보드 앞에 서서 원기둥과 도넛 모양을 그리며 어떤 문제의 답을 찾고 있었다. 마코스와 말리니와 사이프러스와 함께 공부할 때는 상상도할 수 없었던 방식이었다. 이본은 문제풀이를 하면서 몇 가지 실수를 했고 몇 번이나 다시 시작해야 했지만, 그 정도 실수는 이제 아무렇지도 않았다.

"기분 좋았어요." 이본이 나중에 내게 말했다. "오랜만에 좋은 아이디어가 떠올라서요. 그리고 문제를 어떻게 푸는지 잘 몰라도 이제 두렵지 않아요."

지난 토요일 오후 마지막 여학생 스터디가 끝난 뒤, 이본은 학생회관의 한구석을 차지한 마코스와 말리니와 사이프러스를 만나 몇 시간 동안 함께 공부했다. 처음으로, 그들과 함께하면서도 기분이 좋았다. 지난 한 주 동안 이본은 미적분학 교재를 다시 처음부터 끝까지 훑으며 장마다 메모를 했다. 얼마 전까지 흐릿했던 모든 내용이 선명하게 맞아떨어지고 있었다.

"드디어 전부 이해되더라고요." 이본이 나중에 말했다. "제가 모르는 것보다 아는 게 더 많았어요." 그녀는 사이프러스에게 마치 선생님처럼 풀이 방법을 하나하나 설명해준 적도 있었고, 그때 뿌듯함을 느꼈다. 사이프러스보다 자기가 더 똑똑하다고 느낀 것이 아니라, 자신감 넘치던 고등학교 때로 돌아간 것 같아서 마음이 따뜻해졌기 때문이다. 이본은 메모리얼 고등학교에서 수학 박사로 통했다.

"그래서 좋았어요." 이본이 말했다. "전 사람들을 돕는 게 좋아요. 하지만 대학에 와서 처음엔 그럴 수가 없었죠. 사실 그게 제일 힘들었어요. '미안하지만, 난 누굴 도울 형편이 아니야.' 방황하는 사람들을 보면서도 그런 심정이었으니까요. 근데 이번 토요일에 저도 누군가를 도울 형편이 된 것 같아서 훨씬 기분이 좋아진 거예요. 이제 마음이 풀렸어요. 드디어 행복해진 것 같아요."

수학408C 기말고사는 크리스마스를 일주일 앞둔 월요일 오후 2시로 예정되어 있었다. 이본은 전날 밤 늦게까지 시험 공부를 했지만 월요일 새벽 6시에 깨서 다시 잠을 이룰 수 없었다. 이본은 이미 시험 당일에는 공부하지 않기로 작심했었다. 괜히 스트레스만 더 쌓일 것 같아서 그녀는 미적분학을 잠시 잊기 위해 그날 아침 유튜브에서 메이크업 동영상을 보며 눈썹을 다듬었다.

이본은 항상 다채롭고 독특한 옷차림을 즐겼고, 샌안토니오의 할인점에서 산 옷가지들을 조합해 입는 편이었다. 그녀는 기말고사 시험장에

옷을 잘 차려입고 가면 자신감이 생길 것 같아 어떻게 입을지 한참 동안 고민했다. 멋스럽게 살짝 찢어진 흰색 오버사이즈 스웨터, 방울 달린 긴 회색 스카프, 무릎까지 올라오는 양말과 가죽 부츠가 그날의 선택이었다. 그리고 마지막으로 그녀는 과달루페의 성모상이 그려진 펜던트를 목에 걸었다.

내가 이본을 기말고사 직전에 봤을 때, 수학관 건물 로비에서 다른 학생들과 모여 서 있는 그녀는 학기 중 가장 행복하고 들뜬 모습이었다. 이본은 미적분학을 드디어 이해하게 됐다고 내게 말했다. "이제 미적분 원리를 다 알겠어요." 그녀는 활짝 웃었다.

트라이스먼은 학기 내내 음악으로 수업을 시작하는 의식을 고수했다. 어떤 주에는 미국의 컨트리 가수 린다 론스탯이었고, 또 어떤 주에는 멕시코의 록밴드 엘 그란 실렌시오였다. 학생들이 기말고사를 치르기 위해 강당에 줄지어 들어오는 동안, 트라이스먼은 뉴욕 필하모닉이 연주한 「보통 사람을 위한 팡파르」를 유튜브에서 재생시켰다. 이 음악은 웅장한 타악기와 트럼펫 소리로 시작하는 4분 남짓한 관현악곡이었고, 브루클린 유대인 사회의 또 다른 자랑인 에런 코플런드가 작곡한 미국의 대표적인 찬가였다.

이본은 맨 앞줄, 마코스와 사이프러스 사이에 자리를 잡고 앉아, 몇 분 동안 언니와 고향 친구 몇 명에게 함께 기도해달라고 문자를 보냈다. 그리고 휴대전화를 껐다. 그러더니 금방 다시 켜서 재빨리 아버지에게 전화를 걸었다. "행운을 빌어주세요, 아빠."

오후 2시 정각, 그녀는 시험지를 펼치고 크게 심호흡을 한 다음 문제를 풀기 시작했다.

두 시간이 흐른 뒤, 아직 시험 시간은 공식적으로 한 시간이나 남았지만 일찌감치 시험지를 제출하는 학생들이 있었다. 마코스와 말리니, 사이프러스도 4시 30분쯤 시험을 끝내고 나갔다. 앞줄에 남은 학생은 이제 이본 혼자였다. 그녀는 시험지에 코가 닿을 듯 고개를 바짝 숙였고, 샤프와 지우개를 양손에 나눠 쥐고 무릎에는 공학용 계산기를 올려놓은 채 심각한 표정을 짓고 있었다.

4시 45분, 이본은 마지막으로 자신의 답안을 검토하고 나서 최선을 다했다고 판단했다. 그녀는 시험지를 제출한 뒤 가방을 싸들고 강당 밖으로 나갔다. 밖에서는 트라이스먼과 호건, 윈터러가 긴 테이블에 나란히 앉아, 마지막 시험을 마치고 떠나는 학생들에게 인사와 축하를 건네고 있었다.

트라이스먼은 이본의 손을 꼭 붙잡고 그녀의 눈을 바라봤다. "자네가 내 수업에서 얼마나 열심히 했는지 잊지 말기 바라네." 그가 그녀에게 속삭였다. "자네가 정말 자랑스러워." 이본은 눈물을 참고 미소를 지으며 트라이스먼에게 감사 인사를 했다. 그리고 그녀는 마치 미적분학 환송연에 참석한 기분으로 윈터러와 호건과도 차례로 포옹을 나눈 다음, 서늘해진 텍사스의 햇살 속으로 걸어 나갔다.

이본의 부모는 그날 오후 차를 몰고 오스틴으로 왔고, 밤 9시쯤 이본과 일리애나 자매를 차에 태우고 집으로 출발했다. 온 가족이 함께 35번 고속도로를 타고 어둠 속을 달려 샌안토니오까지 돌아가는 길이었다. 집으로 가는 차 안에서 그들은 휴가 계획을 세우며 애정 어린 대화를 끊임없이 주고받았다. 10시가 조금 지났을 때 이본의 휴대전화가 울렸다. 트라이스먼 교수가 보낸 이메일 수신음이었다. 이본은 이메일을 열어봤다.

"나는 자네의 뛰어난 재능은 물론이고 그 재능을 꽃피우게 한 놀랍도록 성실한 노력도 칭찬하고 싶네." 내용이 이어졌다. "자네는 오늘 기말고사에서 최상위권 성적을 거뒀어. 400점 만점에 391점으로, 당연히 A+를 받게 될 거야. 자네를 가르칠 수 있어서 정말 영광이었네."

2018년 가을, 내가 이 장을 쓰는 동안, 퍼듀대학 총장이자 전 인디애나 주지사였던 미치 대니얼스가 『워싱턴포스트』에 시험 선택제 대입전형에 관한 칼럼을 기고했다. 대니얼스 총장은 입학시험 선택제에 반대하는 입장에 서서 직접적으로 칼리지보드 노선을 옹호했다. 그는 내신 인플레의 위험성을 강조하면서 유일한 출처로 『USA투데이』 기사를 인용했는데, 앞서 5장에서 밝혔듯이, 해당 『USA투데이』 기사는 문제의 칼리지보드 보고서를 유일한 출처로 삼았었다. 대니얼스는 칼럼에서, 대학에서 성공 여부를 점치는 가장 정확한 지표는 표준화 시험 점수이므로, 공립학교인 퍼듀대학은 입학전형에서 SAT와 ACT 점수를 계속 사용할 계획이라고 선언하고, 이렇게 썼다. "고교 내신 A를 액면 그대로 받아들여 신입생을 선발하면 학생들이 대학에 와서 자기 능력을 넘어서는 미적분학 강의를 수강하게 되는데, 그것은 대학이 학생들에게 몹쓸 짓을 하는 것이다. 그들은 굳이 겪지 않아도 될 쓰라린 실패를 무릅쓰게 된다."[24]

이본 마티네즈는 정확히 대니얼스 총장이 묘사한 학생이었다. 그녀는 고등학교 내신이 4점 만점에 3.98점으로 최상위권이었지만, ACT 22점, SAT 1120점으로 표준화 시험에서는 중위권에 머물렀다. 이본은 칼리지보드가 자체 연구에서 '모순된' 성적 집단으로 구분한 이른바 'SAT-과소평가' 집단의 전형적인 사례였다. 또한 그녀는 빈곤층 가정의 히스패닉

1세대 여대생으로서, 칼리지보드가 예측 분석한 인구통계학적 설명과도 정확히 일치했다.

앞서 5장에서 확인했듯이, 대학입학전형에서 SAT를 채택하면 이본 마티네즈처럼 고교 내신과 입학시험 점수가 크게 차이나는 학생들의 명문대학 입학을 억제하는 효과를 확실히 볼 수 있다. 그리고 만약 이본이 인디애나주에서 자랐다면, 그녀가 받은 SAT 점수는 정확히 그런 효과를 냈을 것이다. 다시 말해, 1120점이라는 점수로는 퍼듀대학(신입생 평균 SAT 점수 1282점)이나 인디애나주에 있는 다른 어느 명문 공립대학에도 합격할 수 없다. 하지만 이본은 텍사스주에서 자랐기 때문에, 상위 10퍼센트 규정에 따라 SAT 대신 고교 내신만으로 최고 명문 공립대학에 진학할 수 있었다. 사실상 텍사스주는 대니얼스가 이본과 같은 학생들에게 '몹쓸 짓'이라고 경고한 바로 그 일을 법에 따라 의무적으로 했다. 입학 지원자들의 고교 내신 A학점을 액면 그대로 받아들인 것이다. 그리고 이본은, 대니얼스가 만류했던 대로, 본인에게 버거워 보이는 1학년 미적분학 강의를 수강했다. 그리고 대니얼스가 우려했던 것처럼 부진을 면치 못했다.

그렇지만 이본은 퍼듀가 아니라 텍사스주립대학 학생이었기 때문에, 교수와 조교들로부터 충분한 배려와 확실한 도움을 받았고 스스로도 남들보다 몇 배나 더 열심히 공부한 끝에 결국 부진을 털고 1학년 첫 학기 미적분학에서 A학점을 받았다. 그리고 다음 학기에, 이본은 첫 학기 때보다 더 어려운 미적분학 '수학408D'를 수강했고, 그 수업에서도 A를 받았다. 2학년 가을학기에는, 복잡한 집합론set theory과 정수론number theory을 다루는 이산수학discrete math 집합, 함수, 순열, 조합, 확률 등 비연속성 수학

구조를 설명하는 분야를 말한다에서 B+학점을 받았다. 지금도 이본은 미국 최고의 공립대학에서 고등수학을 전공하며 졸업을 향해 계속 나아가고 있다. 이본의 성공은 텍사스주립대학이 정해진 법률에 따라 그녀의 SAT 점수를 무시하고, 대니얼스가 '굳이 겪지 않아도 될 실패'라고 표현한 모험을 감행한 덕분이다.

"굳이 겪지 않아도 될 실패를 무릅쓰는" 선택, 이것은 한번쯤 곰곰이 생각해볼 만한 구절이다. 수학408C처럼 어려운 수업에서 낙제하지 않으려면 처음부터 그 수업을 선택하지 않으면 된다는 대니얼스의 주장도 틀린 말은 아니다. 대니얼스의 방식을 따르면 위험 부담이 사라진다. 단, 공학자나 의사나 수학자는 될 수 없을 것이다.

트라이스먼과 윈터러는 대니얼스와는 다른 메시지를 이본에게 전달했다. 그래, 평범한 고등학교를 나오고 SAT 점수가 어지간한 신입생이 고난도 미적분학을 수강하려면 위험이 따르는 건 사실이야. 네가 정말 열심히 노력해도 실패할 수 있다는 뜻이지. 하지만 그런 경우에도, 높은 위험을 감수해야 그만큼 보상받을 가능성도 커진다고 믿어. 만약 성공하면, 너의 삶이 달라지고, 네 가족과 네가 속한 공동체 전체의 삶까지 전부 바뀌기 때문이야. 그리고 미치 대니얼스와 달리 우리는 너의 뛰어난 고등학교 내신성적을 근거로, 네가 우리 도움을 받아 열심히 공부한다면 분명히 대학에서도 성공할 거라고 믿고 있단다.

물론 이본과 같은 학생들에게 위험을 무릅쓰라고 격려하는 데 그쳐서는 안 된다. 대니얼스는 이본처럼 선행 학습을 거치지 않은 신입생들을 어려운 미적분학 수업에 집어넣은 다음 그냥 내버려두면 보통 실패로 이어진다고 주장했다. 그 말이 옳다. 그런 실패를 피하는 한 가지 방법은,

준비가 부족한 학생들에게 목표를 낮춰 평범한 대학이나 쉬운 전공을 선택하라고 유도하는 것이다. 다른 방법은 실제로 그들에게 미적분을 가르치는 것이다.

트라이스먼은 해마다 가을이면 학생들에게, 특히 금수저 명문고 출신이 아닌 신입생들에게 미적분학을 가르치는 대단히 어려운 일을 해내야 한다. 지금도 가끔 힘에 부칠 때가 있다. 하지만 트라이스먼은 그 일의 가치를 믿어 의심치 않는다. 그것은 미적분학이라는 오묘한 연금술을 완성하는 뜻밖의 요소다. 뉴턴과 라이프니츠로부터 수백 년이 흐른 지금, 신비한 고대의 원리와 법칙들이 모여 로켓을 쏘아올리고 자율주행차를 움직인다. 뿐만 아니라 이본과 같은 학생들을 경제적 사각지대에서 벗어나 계층이동의 기회를 잡는 길로 이끌기도 한다.

9장

누구를 위한 대학인가:
교육 불평등 유감

1. 제대 군인 원호법 [1]

1943년 여름, 유럽과 태평양에서 제2차 세계대전이 여전히 치열한 가운데, 프랭클린 루스벨트 미 대통령은 정기 라디오 방송 '노변정담fireside chat 1933~1944년 루스벨트 대통령이 친밀한 방식으로 정부 정책을 알리고 미 국민의 단합을 호소하기 위해 저녁 시간에 진행한 라디오 연설 프로그램'에서 장차 미국이 어떻게 종전에 대비할 것인지 소신을 밝혔다. 제1차 세계대전이 끝난 후, 전장에서 돌아온 군인들은 민간인으로 복귀해 제대로 살아가지 못했고, 루스벨트는 이번엔 상황이 달라질 거라고 공약했다. "지금 우리는 자랑스러운 남녀 용사들을 민간인으로 복귀시킬 계획을 세우고 있습니다. 물가 오름세 속에서 제대하는 군인들을 실직 상태로 방치해서는 안 됩니다. 그들이 식량배급소와 과일 행상을 전전하게 할 수는 없습니다. 이번에는 반드시 대비책을 마련할 겁니다."[2]

제대 군인 지원 계획은 그해 가을부터 구체화되기 시작했고, 정부가 해외에서 싸우는 수백만 명의 미국 청년에게 제대 후 수당을 제공하는 정책안을 최초로 의회에 제안했다. 루스벨트의 최초 요청안에는 급여와 실업수당 외에, 제대 군인을 위한 새로운 지원책으로서 교육비 혜택이 포함되었다. 처음에는 혜택이 비교적 적었다. 대통령의 최초 제안은, 제대 군인 전원에게 종전 후 1년 동안 연방정부의 지원으로 대학 교육이나 직업 훈련을 받을 자격을 주고, 그중에 '특별히 뛰어난 잠재력과 능력'을 갖춘 '예외적인 능력자'에 한해서 최대 4년까지 학비를 지원[3]해주는 내용이었다.

제1차 세계대전 후에 설립된 퇴역군인 단체 '미국 재향 군인회American Legion'가 의회와 언론에 제대 군인 지원책을 지지한다는 뜻을 밝혔고, 재향 군인회 간부들은 1943년 크리스마스를 맞아 의회가 휴회에 들어간 사이, 몇몇 민주당 및 공화당 의원과 힘을 합쳐 대통령의 최초 제안보다 지원 범위와 예산을 대폭 확대하는 방향으로 초안을 짰다. 이것이 바로 역사에 길이 남을 이름 '제대 군인 원호법GI Bill of Rights'[4]이었다. 1944년 1월 의회에 상정된 새 법안에는 4년간 대학 교육비를 지원하는 내용이 담겼고, 이것은 학업에 특별한 재능을 보이는 제대 군인뿐만 아니라, 만 25세 이전에 입대했거나 징집된 참전용사 모두에게 보장되는 권리로 명시되었다. 이에 따라 연방정부는 1년에 500달러까지 등록금을 지원하고, 미혼 남녀에게는 매달 50달러, 가장에겐 75달러씩 추가로 교육 수당을 지급하기로 했다.

이렇게 확대된 교육비 혜택에도 불구하고, 1944년 초에 원호 법안을 발의한 의원들은 귀향하는 장병들 가운데 대학 등록금을 4년 내내 지원하겠다는 연방정부의 제안을 받아들이는 사람이 얼마 없을 거라고 예상했다. 이들은 전쟁 영웅이지만, 대부분의 경우, 시골 농장에서 자란 교육 수준이 낮은 청년들이었다. 당시 1600만 미군 가운데 고졸자가 40퍼센트 미만이었다.[5] 법안 발의에 참여한 미시시피주의 존 랭킨 민주당 의원이 어느 연설에서 말했듯이, "지금 전쟁터에서 싸우고 있는 병사 대부분이 대학 문턱을 넘어본 적도 없고, 아마 앞으로도 그럴 것"[6]이었다.

하지만 1944년 6월, 제대 군인 원호법이 의회를 통과하고 대통령이 승인한 후, 미국 최고 명문대학의 지도부에서 우려의 목소리가 높아지기 시작했다. 만약 그 많은 전쟁 군인이 실제로 종전 후 대학 캠퍼스에 나타난다면? 그럼 어떤 일이 벌어질 것인가?

1944년 12월, 시카고대학 총장 로버트 M. 허친스는 「미국 교육의 위기The Threat to American Education」[7]라는 심각한 제목의 글을 써서 『콜리어스위클리』에 보냈다. 허친스는 "제대 군인 원호법의 교육비 조항은 실행될 수 없다"고 경고했다. 그리고 만약 원호법이 개정되지 않는다면 "자격 미달의 퇴역군인"들이 학업을 따라가지도 못하면서 대학에 물밀듯 들어갈 것이고, 대학 입장에서도 연방정부의 등록금 지원 정책에 엮여 계속 수준 낮은 학생들을 받아들일 수밖에 없다고 주장했다. 허친스는 "대학은 교육 슬럼가로 전락할 것"이라고 우려를 드러냈다.

허친스가 제시한 해결책은 루스벨트의 최초안으로 되돌아가는 것이었다. 즉 표준화 시험 점수를 기준으로 가장 학업 성취도가 높은 전역 군인들만 선별해서 대학에 받아들이자는 주장이었다. 그는 "교육 수당을 신청하는 제대 군인들이 원호법의 취지에 맞게 대학에 와서 성공할 가능성이 있는지 심사하기 위해, 대학 입학처에서 필요한 국가적 검증을 거치도록 법률을 개정하면 해결될 문제"라고 결론 내렸다. "대학 등록금을 지원받는 제대 군인들은 반드시, 지금 당장 대학에서 교육할 수 있는 소수만 선발돼야 한다."

하버드대학의 제임스 브라이언트 코넌트 총장도 허친스와 견해를 같이했다. 코넌트 총장은 대학 이사회에 보내는 연례 서신에서, 연방정부가 귀환 참전용사 가운데 대학 교육 수혜 대상을 선정할 때 "고등 교육을 받고 가장 큰 혜택을 얻을 수 있는 자들로만 엄선"해야 한다고 밝혔다. 그는 의회에도 원호법 개정을 촉구했다. "국민 정서나 대학 재정의 문제를 떠나서 대학이 학업 성취도를 높은 수준으로 유지할 수 없다면, 미국은 전쟁 세대 가운데 가장 무능한 사람들이 가장 유능한 사람들을 제치고 전국 캠퍼스를 점령하는 광경을 목격하게 될 것이다."[8]

하지만 원호법은 개정되지 않았고, 제2차 세계대전이 끝난 직후, 허친스와 코넌트가 적어도 한 가지 면에서는 옳았다는 것이 증명되었다. 정부의 예상보다 훨씬 더 많은 참전용사가 대학으로 몰려들었다. 귀환한 참전용사 가운데 51퍼센트가 어떤 형태로든 대학 교육이나 직업 훈련 과정에 등록했고, 이들 가운데 총 220만 명이 대학에 입학했다.[9] 불과 몇 년 사이에 미국 대학의 학부생 수가 두 배로 늘었다. 대학마다 강의실과 교수를 찾느라 바삐 움직였고, 임시 기숙사를 마련하기 위해 캠핑카 주차장과 사용하지 않는 막사 건물까지 동원했다. 그래도 제대 군인들은 계속 밀려들어 대학은 북새통을 이뤘다. 1948년까지 연방정부 총예산의 무려 15퍼센트가 제대 군인 원호법 집행에 투입되었다.[10]

하지만 허친스와 코넌트가 수많은 제대 군인이 대학에 몰리게 될 거라고 제대로 예측한 반면, 대학에 와서 이들이 형편없는 성적을 낼 거라는 예상은 완전히 빗나갔다. 제대 군인들은 캠퍼스에서 교육 부랑자가 되기는커녕 오히려 우등생이 되는 경우가 많았다. 평균적으로 제대 군인이 원호법 시대 내내 일반인을 능가했다.[11] 1947년에 『뉴욕타임스』의 교육 전문 기자는 "제대 군인들이 대학에서 우등생과 장학생 명단을 싹쓸이하고 있다"[12]고 썼다. "그들은 모든 과정에서 상위권을 독차지한다."

전문가들은 전쟁에서 돌아오는 군인들이 직업을 갖기 위해 직업 훈련이나 기술 교육 과정을 택할 거라고 예상했지만, 실제로는 제대 군인 대부분이 일반인보다 더 높은 비율로 인문학이나 사회과학 같은 교양학부 과정을 선호했다.[13] "군인 출신들은 공부밖에 안 해요, 예외 없이 다 그래요."[14] 리하이대학 4학년에 재학 중인 일반인 학생이 1946년 『뉴욕타임스매거진』 기자에게 했던 말이다. "언제나 책을 끼고 살죠. 그들이 너무 열심히 공부하니, 우리도 따라잡으려면 죽기 살기로 할 수밖에 없어요."

전쟁 전에 미국의 대학 교육은 부자와 중상류층의 독무대라고 할 정도였다.[15] 하지만 제대 군인 원호법이 시행되면서부터 대학에 다닌 학생들은 빈곤층이나 서민층 가정 출신이 대부분이었다.[16] 원호법이 가져온 변화는 당시 사회에 만연한 편견과 차별을 그대로 반영했다. 즉 백인 학생이 흑인 학생보다 더 많은 혜택을 받았고, 남학생이 여학생보다 더 많은 혜택을 받았다. 하지만 유럽의 전쟁터에서 전우애가 병사들의 출신과 계급을 무색하게 만들었듯이, 전후에 대학 캠퍼스를 점령하다시피 한 노동자 계급 청년들은 대학생을 보는 미 국민의 관점을 바꿔놓았고,[17] 대학생들이 스스로를 보는 사고방식도 바꿔놓았다. 이 새로운 세대의 노동계급 대학생들을 호의적으로 다루는 기사가 『뉴욕타임스』를 비롯해 『라이프』 『새터데이이브닝포스트』 『타임』에도 등장했다. 그리고 그런 언론 보도는 미국 사회에 대학 교육을 받을 준비가 된 청년이 생각보다 훨씬 더 많다는 새로운 국민적 공감대로 이어졌다. 이제 대중이 처음으로, 대학은 돈 많은 엘리트가 독점하는 특권이 아니라, 평범한 미국인이 새로운 인생의 기회를 잡는 가장 유망한 길이라는 사실을 새롭게 인식하게 된 것이다.

코넬대학 정치학 교수 수잰 메틀러는 제2차 세계대전 참전용사 1000여 명을 대상으로 심층 조사를 실시하고 그 결과를 바탕으로 2005년에 『군인에서 시민으로Soldiers to Citizens』를 펴냈다. 메틀러는 제대 군인 원호법의 교육비 지원을 신청하지 않은 백인 남성 제대 군인들이 전후 몇 년 동안 상대적으로 사회계층 이동을 거의 경험하지 못했다는 사실을 알게 되었다. 그들은 대부분 가업을 이어받았다. 하지만 원호법으로 대학에 진학한 제대 군인 중에는, "인생이 획기적으로 변한 사람이 많았다"[18]고 메틀러는 책에서 밝혔다. 그리고 조사 응답자들 가운데 무작위로 표본을 추출한 결과, "학교 교장이 된 우체국 직원의 아들, 개업 변호사가 된 부두 노동자의 아들, 지질학자가 된 석탄 광부의 아들, 공학자가 된 구두 수선공의 아들, 그리고 화학자가 된 창문 청소부의 아들"을 발견했다.

이제 제2차 세계대전에 참전했던 10대 소년병들도 어느덧 90대 중반에 접어들었고, 이것은 미국 사회에서 전쟁을 직접 겪은 세대와 함께 전쟁이 낳은 제대 군인 원호법 시대가 빠르게 저물어가고 있음을 의미한다. 나는 그 시대 이야기를 몇 가지 직접 듣고 싶어서, 상쾌하고 화창한 어느 가을날, 코네티컷주 노스브랜퍼드에 있는 '에버그린 우즈'라는 실버

타운으로 차를 몰았다. 그리고 아침나절에 패트릭 페이라는 퇴역군인과 이야기를 나눴다. 에버그린 우즈는 여생을 보내기 좋은 곳 같았고, 페이 역시 비교적 원기 왕성한 노년을 보내고 있었다. 당시 페이의 삶에는 깊은 슬픔이 닥쳤다. 무려 70년 전에 결혼해 평생을 함께한 그의 아내 헬렌이 치매에 걸려, 의료진의 도움을 받기 위해 근처 시설로 들어간 것이다. 페이는 여전히 아내를 만나 함께 지낼 수 있었고, 자식은 물론 손자와 증손자들의 방문을 자주 받았다. 그뿐만 아니라 그가 사는 건물 같은 층에는 매일 만나는 친구들이 있었는데, 몇몇은 페이처럼 퇴역군인이었다.

페이는 1923년 아일랜드에서 태어났고, 가업을 이어 농사짓던 그의 부모는 두 돌이 된 페이를 품에 안고 미국으로 이주했다. 페이의 가족은 매사추세츠주 보스턴 시내에서 20킬로미터 떨어진 사우스쇼어_{보스턴}에서 동남쪽으로 케이프만까지 길게 뻗어 있는 지역 지역 웨이머스라는 마을에 정착했고, 당시 이 마을에는 아일랜드나 이탈리아계 가톨릭 신자들과 영국계 개신교 신자들이 섞여 있었다. 페이의 아버지처럼 이웃 사람들은 대부분 초등학교만 겨우 졸업한 후 육체노동으로 생계를 꾸렸다. 페이의 아버지는 벽돌공으로 가족을 부양했고, 1930년대 후반 항공모함과 군함을 건조하는 조선소에 취직하면서 벌이가 좋아졌다.

페이는 6남매의 맏이였고 과학과 수학을 좋아하는 모범생이었다. 중학교를 졸업할 무렵, 페이는 가을부터 다니게 될 웨이머스 고등학교에는 교과과정이 네 계열로 구분돼 있다는 것을 알게 되었다. 각각 자연계, 인문계, 실업계, 일반계였다. 해마다 웨이머스 고교 졸업생 500명 가운데 대학에 진학할 기회를 얻는 사람은 수십 명뿐이었고, 그들은 수학과 과학을 공부하는 자연계 아니면 영어와 라틴어를 공부하는 인문계 출신이었다. 인문계와 자연계열 학생들은 주로 웨이머스에 큰 집이 있는 부잣집 아이들이었고 대부분 뉴잉글랜드 출신의 정통 '양키' 집안 후손이었다. 페이와 같은 노동자 계급의 아일랜드 이민자 2세들은 거의 예외 없이 실업계나 일반계에 배정받았고 대학은 꿈도 꾸지 못하는 상황이었다.

하지만 페이는 화학을 공부하고 싶었고, 그러기 위해서는 자연계에 진학해야 했다. 그래서 페이는 그해 여름, 고등학교에 입학하기 전에 레스터 도너번이라는 친구 집을 특별히 방문했다. 도너번네 집에는 전화기가 있었기 때문이다. 페이는 웨이머스 고등학교에 전화를 걸어 자연계에 배정받을 수 있는지 물었고, 가능하다는 답변을 들었다. 그 후 4년 동안 페이는 화학과 수학, 그리고 물리학 수업에서 두각을 나타냈다. 하지만 교실 밖에서는 다른 자연계 아이들과 어울리는 시간이 별로 없었다. 페이의 친구들은 한동네에서 자란 아이들이었고, 모두 실업계나 일반계였다.

페이는 1940년에 고등학교를 졸업하고 그해 가을, 보스턴에 있는 노스이스턴대학에 입학했다. 당시에 노스이스턴대학의 재학생들은 대부분 공학도를 꿈꾸며 통학을 했다. 1941년 가을, 페이는 2학년이 되고 얼마 후에 학비와 다른 사정으로 인해 휴학을 했다. 노스이스턴대학의 연간 수업료는 600달러였고, 등록금을 마련하려면 가족의 큰 희생이 따랐다. 다른 이유는 전쟁이 임박해오면서 좀처럼 마음을 잡을 수 없었기 때문이다. 그해 12월 일본이 진주만을 공습하기 전부터, 페이와 그의 절친한 친구 넷은 전쟁 소식에 온 신경을 집중했다. 그들은 웨이머스 광장에 있는 소다숍청량음료와 아이스크림, 간식거리를 파는 옛날 식당에 모여앉아 주크박스에서 흘러나오는 노래를 듣거나 공원에 나가 한동안 터치풋볼미식축구를 안전하게 즐기기 위해 거친 태클 대신 양손을 사용해 수비하는 약식 경기 게임을 하면서 세월을 보냈다. 하지만 어디를 가더라도 대화는 항상 전쟁 이야기로 끝났다. 우리도 전쟁터에 나갈까? 언제쯤 가게 될까? 자원입대를 해야 할까 아니면 징집령이 내릴 때까지 기다려야 할까? 병과나 부대는 어디로 지원할까? 페이와 친구들은 신문과 라디오 방송에서 전황을 확인하면서 최신 병력 배치 소식을 공유했다. 1942년 말까지 다섯 명은 모두 입대했다. 페이를 포함해 육군에 두 명, 해군에 두 명, 그리고 공군에 한 명이었다.

페이는 첫 18개월 동안 미국 본토에서 복무했다. 처음에는 기본 군사 훈련을 받았고 여러 기지로 이동 배치를 받으며 해외 파병에 대비했다. 1944년 여름, 페이는 마침내 전투보병 사단에 배치받았다. 그해 11월 페이가 소속된 부대가 프랑스에 상륙했고, 이어서 동쪽으로 전진해 벨기에에 도착했다. 페이가 처음으로 참가한 전투는 제2차 세계대전을 통틀어 미군이 참전한 전투 가운데 최대 규모였던 '벌지 전투'였다. 벌지 전투는 1944년 12월, 독일군이 벨기에 아르덴 지역의 연합군 진지를 기습공격하면서 시작되어 한 달 넘게 지속된 피비린내 나는 대전투였다. "한마디로 아비규환이었다오." 페이가 회상했다. 무려 미군 1만9000명이 한 달 이상 눈과 진흙과 매서운 추위 속에서 싸우다 전사했고, 독일군 저격수의 총에 맞은 페이를 포함해 추가로 6만 명의 부상자를 냈다.

페이는 파리의 한 병원으로 후송되었고, 총상을 입긴 했지만 뜻하지 않은 행운을 맛보기도 했다. "시트가 덮인 침대에 들어가는 건 마치 열반에 드는 기분이었지. 천국 같았어." 그때를 떠올리며 페이가 말했다. 그는 1945년 2월에 전선으로 복귀했지만, 전세는 이미 기울어 독일군이

퇴각하는 상황이라 소속 부대는 다시 전투에 투입되지 않았다. 그는 나치 독일이 패망하는 마지막 순간까지 독일에 머물렀고, 그해 가을을 프랑스에서 보낸 다음, 1946년 1월 다시 미국으로, 그리고 민간인 생활로 돌아왔다.

페이가 귀국한 뒤 고향 웨이머스로 돌아가기 직전에 들른 곳은 보스턴 근처 데븐스 육군 기지였고, 거기서 그는 수천 명의 다른 병사와 함께 큰 집회소에 앉아 제대 군인 원호법에 대한 설명을 들었다. 페이는 곧바로 교육 수당을 신청했고 몇 주 만에 노스이스턴대학에 복학했다. 휴학한 지 4년이 넘은 시점이었다. 그해 여름, 페이는 헬렌과 결혼했고, 신혼 시절 보스턴에서 헬렌의 부모님과 함께 사는 동안, 노스이스턴대학에서 화학 전공으로 학사과정을 끝마쳤다.

페이는 그 시절 마음이 급해 서둘렀던 기억밖에 없다고 했다. 노스이스턴대학에 다시 돌아가니 사방이 원호법 대상인 제대 군인들이었고, 그들은 하나같이 더 이상 한시도 인생을 허비할 수 없다는 자세였다. "제대 군인들은 무척 열심이었다네." 페이가 내게 설명했다. "인생에서 3~4년이 전쟁으로 날아갔기 때문에 지금부터라도 얼른 배우고 싶었지. 우린 인생을 되찾고 직업도 갖기를 원했어. 모든 걸 빨리 이루고 싶어서 안달이었어."

페이는 원호법 지원을 받아 노스이스턴대학 대학원에서 MBA 과정까지 마쳤다. 그리고 취업에 성공했다. 21세기 기그 이코노미gig economy 임시직 선호 경제, 즉 단발성 계약이나 프리랜서를 우선시하는 노동 시장의 관점에서 보면, 그는 마치 『조직인the Organization Man』1956년 사회평론가 윌리엄 화이트가 펴낸 책의 제목이자, 제2차 세계대전의 여파로 등장한, 조직에 충성하고 동료와 협력하며 개인보다 사회를 우선시하는 관리자 유형 속에 묘사된 인물처럼 보인다. 그는 첫 직장 제너 럴케미컬에서 제조 화학자로 일하다 플라스틱 제조업체를 잠깐 거쳐, 최 종적으로는 제너럴푸즈에서 30년 동안 한결같이 일하며 안정적으로 관 리자 경력을 쌓았다. 그러는 동안 페이와 그의 아내는 여섯 명의 아이를 낳아 모두 대학에 보냈다. 사실 페이의 자식들은 모두 석사학위 이상을 받았다. "내 부모님은 대학이 뭐하는 곳인지도 잘 몰랐지만, 난 알았지." 페이가 말했다. "난 자식들 학교 교육에 공을 많이 들였다오." 그는 손주 10명의 교육에도 관여했고, 그들도 모두 대학을 졸업했다. 페이에게는 아 직 어린 증손주가 16명이나 있다. "그 애들이 대학생이 되는 걸 다 보고 죽을 순 없겠지. 그래도 걔들 부모가 교육열이 높은 건 보기 좋아요."

패트릭 페이의 거실에 앉아, 궁금한 점을 물어보며 유공 훈장을 구경 하고 그가 살아온 이야기를 들으면서, 내 머릿속에는 취재하는 동안 알 게 된 젊은이들의 얼굴이 하나하나 떠올랐다. 페이의 이야기와 그들의 이야기에는 공통점이 많았다. 이를테면 페이가 이민자 가정에서 자란 이 야기를 들을 때는 이본 마티네즈와 태슬림 모하메드가 생각났고, 공부 잘하는 반에 배정해달라고 학교에 간곡히 요청한 이야기는 키키 길버트 와 비슷했다. 또한 자녀 교육을 위해 희생한 가족들 이야기, 정부 지원으 로 잡은 기회를 놓치지 않고 성공을 거머쥔 당사자들의 열의도 마찬가지 였다.

다른 한편 페이와 그들의 차이점에 대해서도 생각해볼 수밖에 없었 다. 오늘날 미국 청년들, 특히 별다른 배경 없이 시작하는 청년들은 경제 적으로 자립하기까지 위험하고 불확실한 길을 헤쳐나가야 한다. 하지만 패트릭 페이가 청년이었을 때, 미국 사회는 계층이동을 뒷받침하는 제도적 장치가 거의 완벽한 시대였다. 페이의 할아버지는 농부였고, 아버지는 육체노동자였지만, 페이의 자식과 손주, 증손주들은 모두 교육 수준이 높고 경제적으로 풍족했다. 페이는 집안을 일으켜 세우는 지렛대였고, 육체노동자에서 지식근로자로 이행하는 과도기적 인물이었다. 그리고 제대 군인 원호법이 페이는 물론 그 자손들의 사회이동을 가능하게 한 원동력이었다.

2. 1등을 향하여

루스벨트 대통령이 제대 군인 원호법을 설계한 지 60여 년 만에, 버락 오바마 대통령은 취임 직후 미국 국민 앞에서 그와 비슷한 대담한 제안을 했다. 오바마 대통령은 2009년 2월 첫 의회 연설에서 "이 나라는 국민 모두의 재능을 필요로 하고 소중하게 생각한다"고 말했다. 그는 "그래서 정부는 미국의 모든 젊은이가 대학을 졸업하고 새로운 목표를 달성하는 데 필요한 지원을 아끼지 않을 것"이라며 "2020년까지 미국은 다시 한번 세계에서 대학 졸업자가 가장 많은 나라가 될 것이고, 그것은 달성 가능한 목표"라고 선언했다.[19]

두 달 후 백악관 연설에서, 오바마는 재차 강조했다. "앞으로 10년 안에, 나는 미국이 세계 최고의 대학 졸업생 비율을 갖는 것을 보고 싶습니다. 전에 그런 적이 있지만 지금은 아니죠. 하지만 우리는 1등 자리를 되찾을 겁니다."[20]

2010년 8월, 오바마는 텍사스주립대학 오스틴 캠퍼스를 방문했고 환호하는 대학생 수천 명 앞에서 유난히 힘주어 자신의 공약을 내세웠다.[21] "우리는 2등을 하려고 경쟁하는 것이 아닙니다. 우리는 미합중국이고, 이곳 텍사스 롱혼스처럼, 먼저 여러분이 1등을 해야 합니다. 그래야 미국이 1등을 해야 합니다"라고 그는 목소리를 높였다.

텍사스주립대학 연설에서 오바마는 공약의 추진 방향을 자세히 설명했다. "미국은 다른 어느 나라보다 졸업생 비율이 높아야 합니다. 하지만 텍사스주립대학 여러분, 순위가 하락하고 있다는 걸 유념하세요. 단 한 세대 만에, 미국의 대학 졸업률 순위가 12위로 떨어졌습니다. 생각해보세요. 한 세대 동안 우리는 1등에서 12등까지 밀려났어요. 자, 이건 말도 안 됩니다. 하지만 돌이킬 수 없는 건 아닙니다. 다시 1등으로 올라설 수 있습니다."

오바마 대통령과 교육부 참모들이 10년 안에 미국의 교육 성취도를 크게 향상시킬 수 있다고 확신할 만한 충분한 근거가 있었다. 제대 군인 원호법 시대가 명백하게 보여주듯이, 미국은 이미 성공한 전례가 있었다. 그리고 최근 들어 몇몇 나라가 비교적 짧은 기간 안에 급속한 발전을 이뤘다. 지난 10년 동안, 미국의 대학 졸업률은 겨우 5퍼센트포인트 상승했지만, 한국은 24퍼센트포인트나 상승했다. 호주와 아일랜드도 각각 14퍼센트포인트와 15퍼센트포인트씩 뛰었다. 그리고 대학 졸업률이 크게 향상된 나라는 이들만이 아니었다. 대학의 역사가 800년째 이어지는 영국도 같은 기간 대학 졸업률을 17퍼센트포인트나 끌어올렸다.[22] 각국에서 이처럼 국민의 교육 성취도를 높이려 적극적으로 나서는 배경에는 모두 동일한 정책적 계산이 깔려 있다. 다시 말해, 고학력 노동력 없이는 고도로 자동화된 글로벌 경제에서 경쟁할 수 없어서다.

이 책이 출간되는 2019년 가을이면 오바마 대통령의 최초 공약 이후 10년째 접어들고, 미국이 다시 한번 경쟁국들을 누르고 세계 1위로 올라서기로 한 마감 시한이 불과 몇 달 앞으로 다가온다. 따라서 드디어 확인할 때가 왔다. 과연 결과는 어떨까?

2018년 11월에 나온 최신 자료에 따르면, 결과는 아주 시시하다. 오바마가 미국의 도전 과제를 선언한 이후 10년 만에, 미국은 12위에서······ 제자리걸음을 했다.

그렇다. 미국은 여전히 12위에 머물렀다.[23] 일본, 캐나다, 한국, 그리고 영국에만 뒤지고 있는 게 아니다. 미국은 룩셈부르크보다 순위가 낮고, 리투아니아보다 낮다. 그러고 보면 오바마 대통령이 한 가지는 맞았다. 미국은 2등을 하려고 경쟁하지 않는다는 것. 미국은 누가 봐도 12등을 하고 있다.

미국의 교육 성취도 순위가 1위든 12위든 별로 중요하지 않다거나, 교육 성취도를 높이는 데 대통령이 할 수 있는 일이 거의 없다고 말하는 경제학자도 있을 것이다. 하지만 실제로는 오바마 정부가 선택했거나 혹은 선택하지 않았던 구체적인 여러 정책이 미국의 대학 졸업률에 지대한 영향을 미쳤다. '미국 대학 졸업률 구상American Graduation Initiative'의 운명을 따라가보자.

오바마 정부가 2020년 대학 졸업률 목표를 처음 발표한 후, 백악관의 경제학자와 정책분석가들이 모여 앉아 구체적인 목표 달성 방안을 몇 가지 검토했다. 2009년 가을 당시 오바마 정부 국가경제회의 의장인 로런스 서머스에게 보낸 비공개 문건[24]에서, 두 명의 백악관 분석가는 미국이 대학 졸업률에서 다시 선두로 올라서기 위해서는 2020년까지 930만 명의 대졸자를 추가로 배출해야 한다고 설명했다. 2009년 7월 14일, 오바마가 공식적으로 발표한 대학 졸업률 구상[25]은 정부가 목표 수치를 달성하기 위해 선택한 첫 번째 구체적 조치였다. 정부는 커뮤니티 칼리지 졸업생을 늘리는 프로그램에 120억 달러의 연방 예산을 투입하기로 했다.

당시 경제학자들은 2020년까지 500만 명이 커뮤니티 칼리지를 졸업하게 될 것으로 예상했는데, 이렇게 되면 오바마 정부의 목표를 절반 이상 달성할 수 있었다. 대학 졸업률 구상은 연방정부가 전례 없이 대규모 예산을 투입할 뿐만 아니라, 보통 대학 교육 제도에서 가장 소홀히 하기 쉬운 2년제 커뮤니티 칼리지를 목표로 했기 때문에 의미가 더욱 컸다. 바꿔 말하자면, 태슬림이나 오리, 얼리샤처럼 대학 학위를 받기까지 가장 도움이 필요한 미국 청년들을 지원하기 위해 수립된 정책이었다.

그런 까닭으로 2009년 7월에 공개된 오바마의 구상은 열광적인 환영을 받았다. 백악관은 가장 호의적인 논평을 2쪽짜리 요약본으로 만들어 자랑스럽게 공개했다. "특별한 순간……, 기념할 만한 날……, 달 착륙에 버금가는 획기적인 대학 교육 정책." 연방정부는 그해 가을 120억 달러의 예산 지원 요청을 민주당이 장악하고 있는 의회에 보냈다. 예산 심의안은 하원을 무난히 통과했고, 건강보험개혁법Affordable Care Act을 포함한 의료 법안과 함께 일괄처리를 위해 상원으로 넘어갔다. 대학 졸업률을 끌어올리려는 대통령의 노력은 시작부터 기세가 대단했다.

그리고 의료 법안이 최종적으로 통과되기 직전, 대학 졸업률 구상 법안이 돌연 조용히 폐기되었다.[26] 건강보험개혁법 통과가 절실했던 백악관은 의회의 파벌 싸움에 밀려 120억 달러의 대학 졸업률 예산을 철회하고, 대신 노동부가 시행하는 직업 훈련 프로그램에 20억 달러의 예산을 지원받기로 합의했다. 정부의 커뮤니티 칼리지 구상이 하룻밤 사이에 통째로 사라졌다.

돌이켜보면, 미국 대학 졸업률 구상이 쓸쓸히 사라진 이후에, 오바마 정부의 2020년 공약이 물거품이 된 것에 대해 어느 누구도 특별히 유감을 드러내지 않았다는 점이 이상했다. 흔한 대국민 사과도 없었다. 항의 시위도 없었고, 정부를 비판하는 신문 사설도 없었다. SNS에 그 흔한 '악플'조차 없었다.

사실 오바마의 실패한 공약에 분노한 사람들은 공약이 실패하기 전부터 공약 자체를 비난했다. 상원의원을 지낸 릭 샌토럼은 2012년 미시간주 트로이에서 열린 선거 연설에서 오바마 대통령의 2020년 공약을 혹평했다. "오바마 대통령은 미 국민 모두가 대학에 가면 좋겠다고 말했습니다." 샌토럼이 경멸하는 표정으로 말했다. "정말 속물이 아닐 수 없죠! 미국에는 매일 일터에 나가 성실하게 일하고, 자기 분야에서 발전을 도모하는 선량하고 번듯한 남녀 근로자들이 있습니다. 대학교수가 이래라저래라 자기 의견을 강요하는 주입식 교육 따위 없이도 말입니다!"[27] 청중은 환호성을 질렀다. (샌토럼 자신은 학사학위와 MBA 학위를 따고 로스쿨을 졸업할 만큼, 오랜 세월 의연하게 대학 캠퍼스의 속물근성을 견뎌온 인물이었다.)

그렇다면 루스벨트가 대학 교육을 제대 군인까지 확대하겠다는 공약이 역사에 남을 만큼 뚜렷한 성공을 거둔 반면, 오바마의 구상이 용두사미로 끝난 이유는 뭘까? 샌토럼의 연설에 중요한 단서가 있는 듯하다. 샌토럼이 오바마의 교육 구상에 반대한 근거는 노동 시장 분석이나 졸업률이나 시험 성적과 상관없었다. 그는 대통령이 우월의식에 사로잡혀 있다는 개인적 소신을 말했을 뿐이다. 미국에서 이제 '대학'은 '우리'와 '그들'을 구분하는 일종의 문화적 표식이 되었다. 이것은 대학 교육 논쟁에서, 노동력 확보와 인재 양성 같은 점잖은 용어가 오가던 시대가 저물고 정치적 이념과 정체성을 화두로 치열한 공방을 벌이는 시대가 열렸음을 의미한다.

제대 군인 원호법 시대는 우리가 살아가야 하는 현재와 흥미로운 대조를 이루지만, 대학 교육을 둘러싼 국가적 논쟁의 변천사를 이해하는 데 좀더 도움이 될 만한 역사적 사건은 그 전에도 있었다. 교육사학자들은 1910년부터 1940년까지를 '고등학교 운동high school movement'[28]의 시대라고 규정했다.

1910년 미국에서 열여덟 살 무렵에 고등학교를 졸업하는 사람은 겨우 9퍼센트뿐이었다. 미국인 대부분이 초등학교만 졸업하고 더 이상 중등교육을 받지 않았다. 당시 미국인들이 교육의 가치를 몰랐거나 학습 능력이 부족했기 때문이 아니다. 그들이 가족을 부양하고 중산층 수준으로 생활할 수 있는 직업을 얻는 데 고등학교 수준의 지식이 필요 없었기 때문이다. 농장이나 공장, 그리고 일부 사무직에서 사람들이 힘들게 일했지만, 어떻게 보면 그들의 업무는 반복되는 단순노동이었다. 업무에 숙달되기 위해 고등학교에 가서 수준 높은 지식을 습득할 필요가 없었던 것이다.

하지만 어느 순간부터 기술 발달에 힘입어 업무 현장이 변하기 시작했고, 그에 따라 미국의 학교 제도에도 변화가 불가피해졌다. 블루칼라 제조업 분야에서는 값싼 전기와 최신식 생산 설비 덕분에 더 복잡하고 효율적인 제조 공정이 가능해졌다. 고용주들은 이제 대수와 기하학을 알고, 기계 조작 매뉴얼과 설계도를 읽을 수 있고, 화학과 전기의 기본을 잘 아는 기계기술자와 전기기술자를 고용하고자 했다. 화이트칼라 사무직에서도 타자기와 계산기, 음성 녹음기 같은 새로운 기기가 등장하면서, 고용주들은 최신 기기를 가장 효과적으로 사용할 수 있는 언어 및 수학 지식을 갖춘 사무원을 고용하려 했다. 그리고 이렇게 느닷없이 가치가 치솟은 신기술을 익히고 싶다면, 초등학교나 중학교 교육만으로는 충분치 않았다. 반드시 고등학교에 진학해야 했다.

　20세기 초에 부모가 자녀를 고등학교에 보내려면 일반적으로 사립 기숙학교에 맞먹는 수업료를 감당해야 했다. 그러나 1910년부터 경제가 변화하면서, 전국 곳곳에서 미국인들은 자녀를 고등학교에 보내 필요한 지식과 기술을 익히고 현대화된 노동 시장에 성공적으로 자리잡도록 뒷바라지하는 것이 사회 전체로 봐도 이익이라고 판단했다. 내가 사는 마을, 내가 속한 도시와 주, 그리고 미국 전체에 고등학교 졸업자가 늘어나면 개인적으로나 사회적으로 모두에게 유익하다는 공감대가 형성되었다. 그 결과 도시마다 대중이 발 벗고 나서서 주 정부와 함께 속속 공립 고등학교를 신설하거나 기존 학교를 체계화하고 확대 운영하기 시작했다.[29]

　"고등학교 운동은 계층 상승을 열망하는 풀뿌리 민심이 반영된 결과였다."[30] 경제학자 클로드아 골딘과 로런스 F. 카츠는 당시의 역사를 이렇게 설명했다. "그것은 국민이 직접 주도했지, 정부가 주도하는 하향식 운동이 아니었다." 그리고 불과 몇십 년 만에 미국의 교육 환경은 완전히 달라졌다. 거의 모든 주에서 이제 누구나 고등학교 무상 교육을 받을 수 있게 되었다. 1940년까지 18세 미국인의 절반 이상이 고등학교를 졸업했는데, 이것은 30년 전 고졸자 비율보다 무려 5배 늘어난 규모였다.

100여 년 전과 마찬가지로, 오늘날 최첨단 기술이 또 한 번 미국의 일터를 변화시켰고, 고용주들은 청년들에게 분명한 메시지를 보내고 있다. '적정 임금을 받고 일하고 싶다면 대학 교육을 받아라.' 여기에는 특별히 이념적이거나 문화적인 배경이 없고, 있어서도 안 된다. 단순히 경제 논리에 입각한 사실이다. 이제 미국에서 고졸 학력만으로는 가족을 부양하고 중산층 생활을 보장받는 직업을 갖는 것이 사실상 불가능해졌다.

오늘날 시장에서 감지되는 이런 신호는 한 세기 전 신호와 완벽히 일치한다. 기술 발전에 따라 노동 시장이 변화했다. 청년들은 더 많은 지식과 기술을 갖춰야 하고, 따라서 전보다 더 수준 높은 교육이 필요하다. 청년들의 반응 역시 한 세기 전과 크게 다르지 않다. 지금 청년들은 대학 교육을 원한다. 안정된 중산층으로 살기 위해서는 대학 교육이 필수라는 사실을 알기 때문이다.

100년 전과 다른 점은 일반 대중의 반응이다. 1세기 전, 미국 대중은 젊은이들이 변화하는 경제 환경에서 뜻을 펼치려면 더 높은 수준의 교육이 필요하다고 보고, 함께 뜻을 모아 누구나 고등학교 교육을 받을 수 있는 방법을 찾아냈다. 그리고 고등학교 운동은 크게 성공했다. 청년들은 무상으로 고등학교에 다녔고 졸업 후에 더 나은 직장을 얻었으며 그들이 속한 공동체도 함께 번창했다. 한편 오늘날에도 기술 혁신에 따라 구직 시장이 변화했고, 다시 한번 청년들은 중산층에 진입해 가족을 부양하려면 교육 수준을 한 단계 더 끌어올려야 하는 시점을 맞이했다. 그런데 이번에 대중이 청년들에게 보내는 메시지는 달라졌다. '넌 혼자야.

필요한 교육을 받을 기회는 스스로 찾아 나서야 해. 참, 그리고 여기 등록금 고지서가 있어.'

대학 교육과 사회이동의 관계가 무척이나 복잡해 보이는 이유는 다음과 같다. 열여덟 살 청년들은 어느 대학에 가든, 대학에서 자기를 발견해가는 개인적인 모험을 하게 된다. 텍사스주립대학 졸업률 책임자인 데이비드 로드는 이것을 '정체성 형성identity formation'이라 즐겨 부른다. 정체성을 찾아 나서는 모험은 때때로 즐겁고 흥미진진하지만, 불쾌하고 무시무시한 경험이기도 하다. 분명한 것은 누구에게나 그 여정이 온갖 감정의 소용돌이 속에서 인생을 송두리째 바꿀 만한 경험이라는 사실이다. 특히 어려운 환경에서 자라 현실을 탈출하거나 넘어서고 싶은 젊은이라면 더 그렇다.

하지만 경제학자는 대학 교육을 훨씬 더 실용적이고 타산적인 관점에서 본다. 경제학자들은 청년들이 대학에 다니는 것은 단순히 '인적 자본 형성human capital formation' 과정이며, 대학은 졸업 후 생계를 유지하는 데 필요한 기술을 습득하는 장소일 뿐이라고 여긴다. 청년들이 카토바밸리 커뮤니티 칼리지에서 용접을 전공하든, 아니면 프린스턴대학에서 철학을 전공하든 똑같이 적용되는 사실이다. 프린스턴의 인문학 토론 세미나는 전통적인 관념의 직업 훈련, 말하자면 카토바밸리의 용접 훈련과는 거리가 있어 보일지 몰라도, 키키 길버트와 동기들이 프리셉트 세미나에서 원목탁자에 둘러앉아 토론하는 것도 엄연히 직무 훈련이자 지식기반 경제에서 가치가 높은 직무 기술이다. (최근 인구조사를 분석한 자료에 의하면, 철학 전공자 가운데 소득 상위 10퍼센트에 해당되는 인구가 생애소

득으로 평균 350만 달러를 벌어들일 것으로 예측되었고, 이것은 컴퓨터공학 전
공자 소득 상위 10퍼센트의 생애소득보다 훨씬 더 많았다.[31]

물론 소득이 사회이동에서 유일하게 중요한 요소는 아니다. 그리고 대
학에 다니는 경험은 단순히 직업 기술을 익히는 것 이상이기도 하다. 한
사람의 인생에서 사춘기 말의 정체성 형성 과정은 그야말로 실존적 현실
이며, 그 시기를 어떻게 보내느냐가 인생의 향방에 크나큰 영향을 미친
다. 삶의 행복은 물론이고 일과 가정, 교우관계와 사회생활의 성공 여부
가 모두 어느 정도는 대학생활에 달려 있다고 할 수 있다. 하지만 그렇다
해도, 가끔은 경제학자의 냉정한 시각에서 대학의 의미를 심사숙고해볼
필요가 있다. 그러면 잠시 동안 우월의식이니 열정이니 존엄성이니 온갖
말하기 좋은 문화적 포장을 한 꺼풀 벗어던지고, 중요한 사실 하나를 기
억할 수 있다. 사회와 국가가 교육 제도를 마련하는 근본적인 이유는, 청
년들이 살아나가는 데 필요한 지식과 기술을 쌓도록 지원하기 위해서다.

한 나라의 교육 제도가 어떻게 운영되는지, 얼마나 효율적으로 작동
하는지, 비용을 누가 어떻게 부담하는지, 그리고 그 결정 과정이 얼마나
민주적인지 혹은 엘리트주의적인지 선택하는 것은 국가 운영과 직결되
는 문제다. 미국 사회는 지금의 대학 교육 제도를 만들어내기까지 개인
이나 기관 차원에서, 그리고 정부 정책 차원에서 수많은 의사 결정을 내
렸고, 그 결과 소수에게만 대단히 유리하고 나머지 다수에게 상당히 불
리한 계층이동 시스템을 탄생시켰다. 대학 입시 제도의 혜택을 가장 많
이 받는 사람들은 보통 부유하고 재능 있고 인맥이 넓다. 또한 혜택을
가장 적게 받는 사람들은 주로 빈곤하거나 사회적으로 고립되었거나 결
손 가정 출신이 많고, 세 가지 모두에 해당되기도 한다.

미국 국민이 지금도 100년 전과 다름없이 교육의 강력한 힘을 믿는다는 증거는 얼마든지 있다. 최근 들어 달라진 점은, 사람들이 교육을 국가 전체가 아닌 개인의 측면에서 생각한다는 것이다. 지난 수십 년에 걸쳐 미국인들은 점차 대학을 경쟁 시장으로 인식하게 되었고, 자연히 목표는 나 자신과 내 아이들, 그리고 내가 속한 공동체를 위해 최선을 다하는 것으로 바뀌었다. 필요하다면 다른 사람을 희생시키는 일도 마다하지 않는다. 대학 교육이 공공재가 아니라 사적 재화라고 생각한다면, 지금 대학 교육의 불평등한 현실이 크게 거슬리지 않을 수도 있다. 모든 사람이 큰 집이나 스포츠카를 살 수 없듯이, 모든 사람이 수준 높은 대학 교육을 받을 수는 없기에 그렇다.

하지만 고등학교 운동 시대와 제대 군인 원호법 시대처럼, 역사상 미국인들이 미래 세대의 교육을 달리 생각하던 때가 있었다. 그때 사람들은 교육 기회를 경쟁적으로 독식[32]하기보다 평등을 증진하고 사회이동에 동참하는 대학 교육을 지향했다. 만약 미국이 교육을 다시 그 방향으로 되돌리고 싶다면, 미국인들이 한 세기 전에는 명확하게 인식했지만 요즘은 쉽게 외면하는 하나의 원칙을 먼저 받아들여야 한다. '공교육을 활성화하면 모두에게 이익이 된다.' 아주 간단한 원칙이다. 사람들이 고등학교 운동을 벌였을 때도 사실 일차적인 동기는 이타주의나 자비심이 아니라 집단 이기주의였다. 그들이 앞다퉈 자기 지역에 공립 고등학교를 짓고 비용을 댄 것은, 교육을 통해 사회이동의 기회가 널리 공유되는 마을, 그런 도시, 그런 사회야말로 살기 좋은 곳이라고 믿었기 때문이다.

미국 대학 교육의 불평등은 정부 혼자서 해결할 수 없다. 물론 정부가 앞장서서 개혁하고 개선해야 할 규제와 정책과 법률이 있다. 하지만 미국처럼 지방분권적이고 개별적인 교육 시스템에서는, 변화를 요구하는 목소리가 전국에서 동시다발적으로 나와야 한다. 개인이나 집단적 의사 결정 과정에서, 변화를 위해 우리가 눈여겨볼 가치가 무엇이며 우리 시간과 돈을 어떻게 사용할지 선택해야 한다. 변화의 지렛대는 우리 주변 어디에나 있다. 학생으로서, 부모로서, 교육자로서, 그리고 시민으로서 우리는 대학 교육의 변화에 힘을 보탤 수 있다. 어느 쪽으로 가야 할지 방향만 결정하면 된다.

감사의 말

이 책이 세상에 나오기까지 도움을 준 수많은 사람, 편집자들과 친구와 동료들 그리고 취재와 자료 조사를 도와준 모든 이에게 감사 인사를 보낸다.

맨 먼저 감사해야 할 사람은 취재하면서 만난 학생들이다. 그들은 매우 사적인 이야기와 입시 경험담을 기꺼이 들려주었다. 키키 길버트, 섀넌 토러스, 그리고 킴 헤닝에게 특별한 감사를 전한다. 고맙게도 그들은 몇 년에 걸쳐 여러 차례 인터뷰에 응하는 배려심을 발휘했고 내 질문에 신중하고 솔직하게 답하며 대학 입시를 통찰하는 데 도움을 주었다. 오리 캐리어, 매슈 리베라, 태슬림 모하메드, 얼리샤 폴라드, 벤 도머스, 에이미 A.와 제시카, 드마커스, 미카, 빅토리아, 니컬러스, 클래라, 에어리얼, 알렉시아 화이트, 윌리엄 워커, 에리카 카브레라, 에릭 스클랑카, 케일리 스파이크스, 앤서니 데이비스, 그리고 앤서니 멘데즈에게도 감사한다. 특히 이본 마티네즈와 텍사스주립대학에서 유리 트라이스먼 교수의 수학 408C 강의를 함께 수강한 이본의 친구들, 후안 비옐라, 보 매넌, 세라 패커드, 시드니 라바라, 조이 마티네즈, 에릭 제노에게 고맙다.

존 베켄스테트 입학처장은 대학에서 입학관리가 어떻게 이뤄지며 얼마나 중요한 역할을 하는지 이해하는 데 큰 도움을 주었다. 네드 존슨 대표는 내가 입시 컨설팅 수업을 참관하면서 그만의 학생 지도 방식을 이해할 수 있도록 흔치 않은 기회를 허락해주었다. 앙헬 페레스 입학관리실장은 바로 곁에서 대학입학전형이 어떻게 진행되는지 경험하도록 배려해주었다. 유리 트라이스먼 교수는 대학생에게 수학을 가르치는 실질적인 방법과 심리적 역학관계를 많이 알려주었다. 비록 아무리 해도 미적분학은 잘 이해할 수 없었지만 그의 가르침에 감사한다. 데이비드 예거 교수는 세심하고 진지하게 자신의 연구를 설명해주고 대학생 심리에 대해 폭넓게 이해할 수 있도록 도와주었다.

취재 과정에서 방문한 수많은 대학 관계자, 교수 및 교직원과 재학생들에게도 감사를 전한다. 아루페 칼리지(특히 스티븐 캣소로스 신부), 오스틴 커뮤니티 칼리지, 베뢰아 칼리지, 카토바밸리 커뮤니티 칼리지, 뉴욕시티 칼리지, 클렘슨대학, 풋힐 칼리지, 프랭클린&마셜 칼리지, 조지아주립대학(특히 티머시 레닉과 에밀리 비스), 인디애나대학, 맬컴엑스 칼리지(특히 오마르 후아레스), 마이애미데이드 칼리지, 내셔널루이스대학, 펠로톤 U(특히 세라 색스턴프럼프와 허드슨 베어드), 온라인 칼리지(특히 케리 클레이본), 프린스턴대학, 사우스뉴햄프셔대학, 스탠퍼드대학, 트리니티 칼리지, 센트럴아칸소대학(특히 에이미 볼드윈), 메릴랜드대학, 볼티모어대학 관계자들에게 감사를 전한다. 또한 가장 대대적으로 취재했던 텍사스주립대학 오스틴 캠퍼스 관계자들, 특히 데이비드 로드 교수를 비롯해 캐럴린 코너랫, 케이티 호건, 에리카 윈터러, 카산드르 알바라도, 제니 스미스,

해리슨 켈러, 디나 그럼블스, 게리 서스와인, 모리 매키니스, 그리고 그레고리 펜브스에게 고마움을 전한다.

대학 자문단의 니콜 허드 대표와 직원들에게도 감사한다. 그들은 내가 노스캐롤라이나, 미시간, 펜실베이니아, 뉴욕주에서 여러 고등학교를 방문하도록 주선해주었고 덕분에 많은 고등학생과 진학상담사를 만나 대학 입시와 입학전형에 대해 깊이 이해할 수 있었다. 또한 뉴욕시에 있는 필립랜돌프 고등학교, 루이지애나 윈필드에 있는 윈필드 고등학교, 노스캐롤라이나주 샬럿에 있는 마이어스파크 고등학교, 캘리포니아주 팰로앨토에 있는 이스트사이드 칼리지 예비학교, 미시간주 디트로이트에 있는 코디 고등학교 등에서 나를 따뜻하게 맞아준 교장 이하 교직원과 교사들에게도 감사한다.

고맙게도 다양한 분야의 학자들이 인내심을 발휘해 알기 쉽도록 연구 결과를 설명해주고 나를 여러 번씩 만나주었다. 조슈아 앵그리스트, 데이비드 오터, 크리스토퍼 에이버리, 필리프 벨리, 섀넌 브레이디, 데이비드 브레사우드, 앤서니 카너베일, 셰릴 캐신, 제프리 코언, 트레시 맥밀런 코틈, 메스민 데스틴, 앤절라 더크워스, 캐럴 드웩, 클로드아 골딘, 발레리 퍼디 그린어웨이, 카일라 하이모비츠, 더글러스 해리스, 브래드 허시바인, 캐럴라인 혹스비, 앤서니 에이브러햄 잭, 키라보 잭슨, 오잰 재킷, 랜스 로크너, 헤이즐 마커스, 메리 머피, 숀 리어던, 로런 리베라, 매슈 패트릭 쇼, 클로드 스틸, 마타 티엔다, 그레고리 월턴에게 감사한다. 특히 스탠퍼드대학(나중에 하버드로 옮겨 재결성된) 기회균등 및 기회찾기 프로젝트 연구원들은 연구실을 공개하고 내게 다양한 데이터와 아이디어를 공유해줘 고마움이 배가되었다. 특별히 라즈 체티, 존 프리드먼, 리베카 토슬랜드, 마틴 쾨넌, 마이클 드로스트에게 감사를 보낸다.

많은 비영리 기구에서도 취재를 도와주었다. 다양성 리더십 프로그램 LEDA 책임자인 베스 브레거는 프린스턴대학에서 열리는 여름 LEDA 프로그램을 2년 연속으로 취재하게 해주었다. 살 칸과 바브 컨즈 등 칸 아카데미 관계자들은 공인 SAT 모의고사가 어떻게 운영되는지 이해할 수 있게 도와주었다. 칼리지보드에서 취재에 도움을 준 데이비드 콜먼 위원장을 비롯해 에런 레몬스트로스, 제시카 하월, 마이클 허위츠, 에밀리 쇼, 스티븐 콜론, 마이클 프레스턴, 그리고 재커리 골드버그에게 감사한다. 칼리지포인트와 아메리카 아카이브에서는 고맙게도 브라이든 스위니 테일러, 브렛 키멜, 존 슈너의 도움을 받았고 제니엘 레이놀즈를 비롯해서 대학 자문단의 채플힐 사무실에서 만난 온라인 상담사들에게도 도움을 받았다. 벤 캐슬먼은 칼리지포인트 프로그램에 대해 전문적인 설명을 해주고 데이터도 사용하도록 허락해주었다. 다른 대학 교육 관련 프로그램 관계자들에게도 많은 도움을 받았는데 대표적으로 보텀라인, 론브라운 장학 프로그램, 아이비G 콘퍼런스, 이어 업, 원골, 듀엣(매치 비욘드의 새 이름), 칼리지 액세스, 리서치&액션 등이었다.

그 외에도 취재하는 동안 책의 방향을 결정하는 데 도움을 준 카리사 가르시아, 나이오미 게레로, 제임스 머피, 잭 매과이어, 리처드 칼렌버그, 짐 셸턴, 에스더 세페다, 댄 포터필드, 애슐리 로빈슨, 멀리사 코널리, 셜리 틸먼, 앤서니 브리크, 존 심프킨스, 패티 디아즈안드레이드, 매슈 칭고스, 로버트 모스, 트리스탄 덴리, 그리고 킴 헤닝 가족과 키키 길버트 가족에게 감사한다. 오바마 행정부에서 대학 교육 정책을 수립했던 백악관 및 연방 교육부 관계자 에릭 월도, 제임스 크발, 세실리아 라우스, 테드 미첼, 헤더 히긴보텀, 마사 캔터, 로즈마리 나시프의 기억도 많은 도움이 되었다. 그리고 특히 감사할 사람은 패트릭 페이 옹과 다른 제2차 세계대전 참전용사들이다. 프랜시스 터너, 노엘 파멘텔, 피터 미스트레타, 그리고 로버트 사이먼 옹도 원호법으로 대학에 다닌 경험을 회고하며 책에 도움을 주었다.

타플리 히트는 초기 조사 과정에서 핵심적인 역할을 했고, 에밀리 매컬러와 수전 밴타는 최종 원고의 팩트 체크를 담당해주었다. 맷 클램은 내가 장별 원고를 마무리하면 제일 먼저 읽고 시의적절하게 방향을 잡아준 현명한 조언자였다. 일리애나 실버먼, 조엘 러벌, 폴라 셔피로도 초고를 읽고 수정할 부분을 짚어주었다. 내 대리인 데이비드 매코믹은 이 책의 구상 단계부터 조언과 지지를 아끼지 않은 소중한 조력자다. 호턴 미플린 하코트HMH 출판사의 디앤 어미는 지칠 줄 모르는 냉철한 편집장이며 태린 로더, 멀리사 돕슨, 래리 쿠퍼, 로렌 아이젠버그, 제니 수 등 편집진 모두가 필요할 때마다 중요한 피드백과 격려를 보내주었다. 특별히 고마운 사람은 세라 코벳이다. 세라는 내가 초고를 완성한 직후부터 전체 원고를 검토하면서 인내심과 전문성을 발휘해 여러 차례 교정을 봐주었다.

이 책의 제안서는 메사 쉼터에서 시간과 공간을 제공받아 완성했다. 스펜서 재단은 초기에 취재 자금을 지원해주었고, 브리지스팬 그룹의 토드 카우언과 마이크 페리고, 리자 맥휴 파넘은 중요한 전략적 지원과 지적 조언을 아끼지 않았다. 제프 넬슨, 니컬러스 레만, 에밀리 핸퍼드, 수 레만, 베라 타이투닉, 에런 레티카, 몰리 헨즐리클랜시, 샤나 조프월트, 찰스 야오, 미샤 글루버먼도 귀중한 조언을 해주었다.

책을 쓰는 동안 꾸준히 격려하고 도와준 가족과 친구들에게도 고마움을 전한다. 어머니 앤 터프와 누나 수전 터프를 비롯해서 팸 샤임, 엘라나 제임스, 이산 워터스, 라라 콕스, 에번 해리스, 케이트 포터필드, 키라 폴락, 잭 히트, 마이클 폴란, 킴 템플, 크리스 알렉산더, 아이라 글래스, 크리스 벨, 메리 포티트, 이언 브라운, 존 샘슨, 조너선 골드스타인에게 감사한다.

마지막으로 늘 그렇듯이 가장 깊은 감사와 사랑은 아내 폴라와 아들 엘링턴 그리고 찰스에게 보낸다. 그들은 내가 글쓰기를 계속하는 원동력이자 글쓰기를 잠시 멈추게 하는 최고의 이유가 되는 가장 소중한 존재다. 이 책은 모든 면에서 그들에게 바친다.

옮긴이의 말

미국의 대학입시는 우리나라와 어떻게 다를까?

　이 책을 읽으면 미국 대학입학전형의 요지경 속을 들여다볼 수 있다. 이야기는 초등학교 시절부터 고교 졸업반까지 오로지 명문대 합격을 목표로 쉼 없이 달려온 수험생의 사연으로 시작된다. 명문대 진학을 꿈꾸며 잠을 줄여 공부에 매달리는 아이들, 수능시험 격인 SAT에서 고득점을 받고 학생부를 꾸미기 위해 고액 과외와 입시 컨설팅을 따로 받는 부잣집 아이들, 입시 정보가 부족해 기회를 놓치는 아이들, 그리고 가정 형편 때문에 합격 통지서를 받고도 대학 진학을 포기하는 아이들을 만날 수 있다. 대학생의 사연도 다양하다. 학자금 대출을 받고도 등록금 부담에 휴학과 복학을 반복하는 학생들, 가족의 기대를 한 몸에 받고 명문대에 합격했지만 캠퍼스에서 정체성 혼란을 겪는 학생들, 명문 사립고 출신에게 상대적 박탈감을 느끼는 공립고 출신 학생들, 가족 중에 아무도 대학에 못 갔는데 본인이 처음으로 진학해 소외감과 문화 충격을 견뎌야 하는 학생들도 있다. 인종적·경제적 소수자로서 대학 입시를 힘겹게 뚫고 대학에서도 고군분투하는 학생이 있는가 하면, 부유한 부모의 학벌과 인맥을 물려받아 쉽게 대학에 들어가는 학생도 있다. 모두 낯설지 않은 이야기다. 그렇다면 대학 교육을 통해 인생을 개척하려는 이들의 노력과 성공을 가로막는 걸림돌은 무엇일까? 교육 제도와 사회유동성의 가치에 주목해온 저자는 이 질문에서 출발해 "미국에서 부유층과 빈곤층은 같은 대학에 다니지 않는다"는 사실을 구체적으로 확인했다.

폴 터프의 이 책은 미국의 대학 입시 제도와 대학 교육 역사를 되돌아보며 현재 대학 교육의 현실을 깊이 있게 파헤치고 있다. 저자는 수년에 걸쳐 미국 전역의 대학과 입시 기관을 돌며 학생과 교수, 관련 분야 연구자, 대학 입학처 관계자, 그리고 입시 사교육 종사자까지 직접 만나보고 현장의 생생한 목소리를 들었다. 그리고 대학입학전형 과정에서 관계자들이 하는 일을 가까이에서 지켜보며 입시 산업의 은밀한 역학관계를 통찰하게 되었고 대학 입시가 부유층에게 일방적으로 유리한 '기울어진 운동장'임을 새삼 확인했다.

저자는 미국의 대학 교육 제도를 깊고 넓게 분석했다. 저소득층에게 교육받을 기회가 제대로 주어지는지 조목조목 따지고 소수 엘리트 위주로 돌아가는 불공정한 입시 제도를 여러 각도에서 조명했다. 그 과정에서 대안으로 삼을 만한 긍정적 신호도 놓치지 않았다. 미국에는 여전히 우수한 저소득층 학생을 더 많이 선발하기 위해 입학전형 방식을 개선할 뿐만 아니라 그들이 대학과 사회에서 성공하도록 다양한 연구와 지원 프로그램을 마련하는 대학과 재단이 있었다. 연방정부와 주 정부 차원의 저소득층 지원 노력도 물론 있었다. 따라서 이 책은 미국의 대학 입시가 그동안 대학 서열화와 사회 양극화의 수단으로 변질된 과정을 추적하고 교육 불평등을 고발하는 실태 보고서인 동시에, 미국 사회의 발전 에너지를 회복하기 위해 정부와 대학이 나아가야 할 방향을 제시하는 희망 보고서이기도 하다.

한편 미국과 우리나라의 대학 입시 제도에는 절묘한 공통점이 있다. 미국에서 '아메리칸드림' 신화가 어느새 사라졌듯이 지금 한국 사회에도 '개천에서 용 난다'는 실력주의 신화가 자취를 감춘 듯하다. 저자에 따르면 현재 미국에서 아이비리그 등 명문대 학부생의 70퍼센트 가까이가 부유층 자녀들이고 겨우 4퍼센트만 저소득층 자녀라고 한다. 대학 입시 제도의 혜택을 가장 많이 받는 학생은 오히려 대학 교육의 혜택이 가장 필요 없는 부류라는 뜻으로 해석된다. 2019년 미국을 온통 떠들썩하게 했던 초대형 입시 비리 사건도 특권층의 죄의식 없는 '기회 사재기' 욕심에서 비롯되었다.

우리나라 사정도 크게 다르지 않다. 학생부종합전형으로 명칭이 바뀌었지만, 미국의 입시 제도를 본떠 입학사정관제가 도입된 지 10년이 훨씬 넘은 지금, '학종' 비리 사건은 종종 톱뉴스로 보도된다. 수시 학생부종합전형은 금수저 전형이라는 오명에도 아랑곳없이 엘리트 특권층이 학벌을 세습하기에 유용한 수단으로 자리잡았다. 대학과 특권층의 이해관계가 맞물리면서 편법과 인맥을 동원해 학벌 세습에 나서는 기득권층의 모습은 소득 양극화가 교육 양극화로 이어지는 불편한 현실을 반영한다. 부모의 사회경제적 지위에 따라 출발선이 달라지는 불공정한 경쟁이 지속된다면 개인과 사회가 활력을 잃는 것은 시간문제다.

저자는 '아메리칸드림'이 살아 있음을 미국이 다시 증명하라고 요구한다. 그리고 "구성원들이 정직한 노력을 통해 계층 상승을 열망하는 사회는 생산적이고 희망적"이며, 누구나 지금의 교육 불평등을 해소하는 데 학생으로서, 부모로서, 교육자로서, 그리고 사회 구성원으로서 힘을 보 탤 수 있다고 역설한다. 특히 "공교육 활성화라는 단순한 원칙을 다시 한 번 되새기고 공공선을 위해 교육 제도의 변화를 한목소리로 요구하는 자세가 중요"하다는 주장을 펼친다. 개인적인 유불리를 따져 손해 보는 것이 나만 아니면 된다는 식으로 입시 정책에 일희일비하는 수험생과 학부모의 마음으로는 교육 불평등 문제를 해결할 수 없고, 대의를 위해 올바른 방향의 정책 변화를 요구하는 성숙한 시민 의식이 필요하다는 뜻으로도 새길 수 있다. 지금 미국이 당면한 과제는, 민감한 이해관계가 충돌할 수밖에 없는 입시 제도에 초점을 두고 치열한 고민과 토론을 거 쳐 사회적 합의를 이끌어내는 것이다. 똑같은 논리가 한국 사회에도 적 용될 수 있다.

　이 책은 사회 문제에 관심 있는 독자라면 주목해서 읽어볼 만한 시의 적절한 책이다. 저자는 날카로운 시선으로 대학 교육 현실을 고발하는 한편, 취재에 응한 여러 인물을 입체적으로 부각시킨다. 두 갈래로 풀어 나가는 이야기는 마치 입시 제도의 빛과 그림자처럼 유기적으로 연결되 어 몰입도를 높이면서도 중요한 고비마다 교육 불평등이 결국 사회를 어 떤 방향으로 몰아가는지 분명한 깨달음을 준다. 하지만 이 책을 읽고 교 육 불평등을 확인하는 데 그치거나 세상 탓만 하고 있을 수는 없다. 소 수 엘리트가 교육 기득권까지 움켜쥐고 있는 '21세기형 귀족제'가 문제 라고 인식한다면 저자의 분석과 주장에 귀 기울여보자. 미국의 사례를 거울 삼아, 현실을 냉정하게 직시하고 교육 공정성을 높이는 대안을 고 민할 때 이 책의 가치가 더해질 것이다.

책을 옮기면서, 대학 문턱에서 좌절하거나 대학에서 방황하는 학생들 사연에 먹먹하기도 했고 보이지 않는 곳에서 대학 교육 정상화에 힘쓰는 관계자들의 노력에 마음 깊이 감동하기도 했다. 긍정적인 노력이 계속되는 한 개개인의 의지와 힘을 모아 변화를 모색할 수 있다. 인간 존엄성까지 서열을 매기는 세상이 오기 전에, 우리 사회가 다음 세대에게 미심쩍은 학벌보다 정정당당한 기회를 물려주는 교육 환경으로 거듭나기를 진심으로 희망한다.

주註

1장 꿈의 대학

1. 알렉시 드 토크빌의 인용문은 1984년 멘토 출판사에서 나온 『미국의 민주주의』를 참조하라. "부가 상상하기 힘들 만큼 빠르게 순환되고……"는 52쪽, "신흥 부호 가문이……"는 193~194쪽, "소작농부터 왕에 이르기까지……"는 194쪽, "미국 부자들은 대부분……"은 53쪽에서 인용했다.

2. 교육 수준에 따른 빈곤층 청년에 관한 통계는 리치 모란, 애나 브라운, 릭 프라이의 공저 『대학 교육의 가치 상승The Rising Cost of Not Going to College』(워싱턴 DC: 퓨리서치 센터, 2014년 2월) 6쪽을 참조하라.

3. 교육 수준에 따른 실업률 통계는 노동통계국 홈페이지에 공개된 「학력별 25세 이상 실업률 Unemployment Rates for Persons 25 Years and Older by Educational Attainment」에서 인용했다. 2017년 3월(새넌 토러스가 펜실베이니아대학 합격자 발표를 접했을 때) 기준으로 학사 이상 성인의 실업률은 2.4퍼센트, 대학 경험이 없는 고졸자의 실업률은 4.9퍼센트로 나타났다.

4. 교육 수준이 높은 백인 남성이 더 오래 산다는 통계는 S. 제이 올샌스키 외, 「인종 및 교육 수준별 기대수명의 차이가 확대되고 격차는 앞으로도 줄어들지 않을 것Differences in Life Expectancy Due to Race and Educational Differences Are Widening, and Many May Not Catch Up」 『헬스 어페어Health Affairs』 제31권 8호(2012년 8월)에서 인용했다.

5. 결혼 및 이혼율과 교육 수준에 대한 통계는 케이시 E. 코펜 외, 「2006~2010년 미국인의 초혼: 미국 가족 실태 조사First Marriages in the United States: Data from the 2006‒2010 National Survey of Family Growth」 『국민건강통계보고서National Health Statistics Reports』 제49권(2012년 3월 22일)에서 인용했다. 결혼 20주년이 되기 전에 이혼하는 비율이 대졸 여성은 22퍼센트, 고졸 여성은 59퍼센트로 나타났다. (그림 5와 표 5 참조)

6. 라즈 체티의 덴마크 연구는 체티 외, 「퇴직연금의 능동적·수동적 가입과 이탈: 덴마크의 사례Active vs. Passive Decisions and Crowd-out in Retirement Savings Accounts: Evi-

dence from Denmark」『계간 경제학Quarterly Journal of Economics』 제129권 3호 (2014년 8월)에서 인용했으며, 체티의 웹페이지(http://www.rajchetty.com/chettyfiles/crowdout.pdf)에서도 확인할 수 있다.

7. 체티의 오스트리아 연구는 전미경제연구소NBER가 발행한 다음 두 가지 자료를 참조하라. 데이비드 카드, 라즈 체티, 안드레아 웨버, 「가용 자금과 경쟁에 관한 시점 간 행동 모델: 노동시장의 새로운 증거Cash-on-Hand and Competing Models of Intertemporal Behavior: New Evidence from the Labor Market」(『전미경제연구소 조사보고서』 제12639호, NBER, 케임브리지, MA, 2006년 10월), 그리고 「실업수당 고갈 위기: 실업 제도를 포기할 것인가 일자리를 새로 만들 것인가?The Spike at Benefit Exhaustion: Leaving the Unemployment System or Starting a New Job?」(『전미경제연구소 조사보고서』 제12893호, NBER, 케임브리지, MA, 2월 20일).

8. 「사회이동 보고서Mobility Report Cards」를 소개한 논문은 라즈 체티 외, 「사회이동 보고서: 세대 간 사회유동성에서 대학의 역할Mobility Report Cards: The Role of Colleges in Intergenerational Mobility」(『전미경제연구소 조사보고서』 제23618호, NBER, 케임브리지, MA, 2017년 7월)에 실렸다. 좀더 자세한 대학 계층이동 관련 자료는 http:// www.equality-of-opportunity.org/college/mobility_report_cards.html에서 온라인으로 확인할 수 있다. 『뉴욕타임스』는 2017년 1월 18일, 두 가지 유용한 대화형 웹페이지에서 「사회이동 보고서」에 대한 자료를 소개했다. 「미국 대학의 경제적 다양성과 입시 결과: 나에게 맞는 대학 찾기Economic Diversity and Student Outcomes at America's Colleges and Universities: Find Your College」(https://www.nytimes.com/inter active/projects/college-mobility/) 그리고 「소득 하위 60퍼센트보다 상위 1퍼센트 학생들을 선발하는 대학들: 대학 찾기Some Colleges Have More Students from the Top 1 Percent Than the Bottom 60: Find Yours」(https://www.nytimes.com/interactive/2017/01/18/upshot/some-collegeshave-more- students-from-the-top-1-percent-than-the-bottom-60.html). 추가로 유용한 관련 자료는 https:// opportunity insights.org/를 참조하라. '기회균등 프로젝트'(체티가 하버드로 옮기기 전)와 '기회 찾기Opportunity Insights'(하버드로 옮긴 후) 프로젝트에 참가한 몇몇 박사과정 학생, 특히 마이클 드로스트, 마틴 쾨넌, 세라 머천트, 프리양카 센데, 닉 플라망이 추가적인 데이터 분석에 도움을 주었다.

9. 「사회이동 보고서」에 대한 추가 논의는 다음을 참조하라. 스티븐 버드 외, 「계층 상승? 대학교육의 접근성, 성공 가능성, 사회유동성에 대한 놀랄 만한 조사 결과Moving On Up? What a Groundbreaking Study Tells Us About Access, Success, and Mobility in Higher Ed」(워싱턴 DC: 『뉴아메리카』, 2017년 10월호).

10. 이 장에 소개한 다양한 명문대 입시 관련 데이터는 「대학 입학 통계College Admissions Statistics」, 최상위 등급 대학 입학Top Tier Admissions, 홈페이지(https://www.toptier admissions.com/resources/college-admissions-statistics/)에서 확인할 수 있다.

2장 대학으로 들어가는 좁은 문

1. 대학 입시 부정 스캔들에 연루된 어느 학부모의 발언("요즘엔 그런 게 가능한 모양입니다. 신기하군요.")은 매사추세츠주 검찰청 웹사이트에서 내려받은 FBI 특별수사관 로라 스미스의 「검찰 기소 진술서Affidavit in Support of Criminal Complaint」 68쪽에서 인용했다. (그 학부모는 윌리엄 E. 맥글래션 주니어였다)

2. 스테이시 버그 데일과 앨런 B. 크루거의 연구 결과는 다음을 참조하라. 「명문대 진학의 효용 예측: 눈에 보이지 않는 선택의 차이Estimating the Payoff to Attending a More Selective College: An Application of Selection on Observables and Unobservables」 『계간 경제학 저널Quarterly Journal of Economics』 제117권 4호(2002년 11월) 그리고 「정부 소득 자료를 이용한 명문대 진학의 수익성 예측Estimating the Return to College Selectivity over the Career Using Administrative Earnings Data」 『전미경제연구소 조사보고서』 제17159호(2011년 6월).

3. 캐럴라인 혹스비가 데일과 크루거의 분석에 의문을 제기하는 내용은 「미국 대학의 입학 난도 변화The Changing Selectivity of American Colleges」 『전미경제연구소 조사보고서』 제15446호(2009년 10월)에 실렸다. 혹스비는 같은 내용을 쉽게 요약해 스탠퍼드대학 경제정책연구소SIEPR가 발행하는 『SIEPR 정책 요약집SIEPR Policy Brief』(2012년 12월)에 「대학 선택의 결과College Choices Have Consequences」를 발표했다.

4. 데일과 크루거의 연구와 혹스비의 연구에서 드러난 차이점은 이콘로그EconLog(경제와 자유 총서Library of Economics and Liberty의 온라인 블로그) 2013년 11월 25일자에 실린 브라이언 캐플런의 「혹스비 대 데일-크루거, 명문대 프리미엄Hoxby vs. Dale-Krueger on the Selectivity Premium」을 참조하라.

5. 혹스비의 대학별 '부가가치' 비교 연구는 「미국 대학의 부가가치 계산Computing the Value-Added of American Postsecondary Institutions」, 미 국세청IRS 소득 통계SOI 조사보고서(2015)를 참조하라. 혹스비는 2016년 전미경제연구소 연례 강연에서 같은 내용을 발표했고 연구 보고서 「미국 대학 입시 산업의 인상적 경제학The Dramatic Economics of the U.S. Market for Higher Education」을 『전미경제연구소 조사보고서』 3호(2016)에도 실었다. 동영상은 https://www.nber.org/feldstein_lecture_2016/feldsteinlecture_2016.html. PDF 자료는 https://www.nber.org/feldstein_lecture_2016/hoxby_feldstein_lecture_27july2016.pdf. 에서 확인할 수 있다.

6. 혹스비의 '부가가치' 연구에서 주의할 점이 있다. 나는 혹스비가 '학생들이 지망한 대학'을 분석하기 위해 칼리지보드 정보를 이용했다고 썼다. 엄밀히 말하면, 혹스비가 이용한 정보는 SAT에 응시한 수험생들이 칼리지보드에 성적표 전송을 요구한 대학들이다. 혹스비가 2015년 논문(15쪽)에서 설명했듯이 성적표 전송은 학생들의 지망 대학을 조사하는 데 널리 쓰이는 대체 방법이다.

7. 대학별 학생 교육비 지출액에 대한 혹스비의 연구는 2017년 조사보고서 「미국 대학의 생산성 The Productivity of U.S. Postsecondary Institutions」에서 확인할 수 있으며, 혹스비와 케빈 스테인지가 곧 NBER에 발표할 「Productivity in Higher Education」에도 같은 내용이 실린다.

2016년 전미경제연구소 강연에서도 이 문제를 다뤘다.

8. 찰스 T. 클롯펠터의 연구 「불평등 배당inequality dividend」은 그의 책 『분열의 시대, 불평등한 대학 교육Unequal Colleges in the Age of Disparity』(벨크냅 출판사, 하버드대학 출판부 발행, 2017) 113쪽을 참조하라.

9. 2013년 9월부터 시작된 하버드대학 모금 캠페인의 세부 사항은 주로 『하버드 매거진』 『하버드 크림슨』 『보스턴 글로브』에서 동시에 나온 보도에서 인용했다. "교수가 모자랄 판이에요"는 앤드루 M이 인용한 것이다. 앤드루 M. 뒤렌과 대프니 C. 톰슨의 『하버드 크림슨』 2016년 5월 23일자 보도 「기부금 65억 달러, 어떻게 사용할까?」에서 인용했다.

10. 하버드대학 신입생들의 가구소득 자료는 『하버드 크림슨』이 해마다 실시하는 설문조사 「신입생 구성과 입시 결과Class Makeup and Admissions」를 참조했다. https://features. the-crimson.com/2018/freshman-survey/makeup/.

11. 캐럴라인 혹스비가 대입 수험생들의 대학 지원 패턴을 설명한 내용은 「미국 대학의 입학 난도 변화The Changing Selectivity of American College」 『NBER 조사보고서』 제15446호(2009년 10월)를 참조하라.

12. 캐럴라인 혹스비가 하버드 장학금 구상Harvard Financial Aid Initiative에 대해 분석한 내용은 다음을 참조하라. 크리스토퍼 에이버리 외, 「비용 장벽을 없애라: 하버드 재정 지원 구상 시행 첫해의 성과 분석Cost Should Be No Barrier: An Evaluation of the First Year of Harvard's Financial Aid Initiative」(NBER 조사보고서 제12029호, 케임브리지, MA, 2006년 2월). 그리고 혹스비와 에이버리가 빈곤층 우등생의 대학 지원 패턴을 분석한 연구 자료는 「놓쳐버린 단 한 번의 기회: 숨어 있는 빈곤층 우등생The Missing 'One-Offs': The Hidden Supply of High-Achieving, Low Income Students」(NBER 조사보고서 제18586호, 케임브리지, MA, 2012년 12월)을 참조하라.

13. 혹스비와 터너가 칼리지보드 및 ACT사에 프로젝트 연장을 제안한 내용은 브루킹스 연구소가 발행하는 『해밀턴 프로젝트 토론 보고서』(2013년 6월)에 실린 논문 「학생들에게 대학 진학 기회를 알리는 방법: 대학 입시 기회 확대 프로젝트 제안Informing Students About Their College Options: A Proposal for Broadening the Expanding College Opportunities Project」에서 확인할 수 있다. 또한 혹스비와 터너는 「저소득층 우등생의 대학 입시 정보High-Achieving Low-Income Students Know About College」라는 연구 보고서를 『미국경제평론American Economic Review』 제105권 5호(2015년 5월)에도 발표했다.

14. 캐럴라인 혹스비가 세라 터너와 함께 대학 입시정보자료집을 발송한 실험, 즉 '대학 입시 기회 확대 프로젝트'는 스탠퍼드 경제정책연구소가 발행한 『저소득층 우등생을 위한 대학의 기회 확대Expanding College Opportunities for High-Achieving, Low Income Students』(SIEPR 조사보고서 제12-013호, 2013년 3월)에서 연도순으로 확인할 수 있다.

15. 혹스비와 터너의 대학 입시 기회 확대 프로젝트 연구 논문을 초기에 보도한 언론인은 데이비드 리언하트였다. 리언하트의 기사는 다음을 참조하라. 『뉴욕타임스』 2013년 3월 16일자, 1면 기사 「재능 있는 저소득층 학생을 외면하는 명문대학들Better Colleges Failing to Lure Talented Poor」, 『뉴욕타임스』 2013년 3월 29일자 기사 「가난한 아이들을 최고의 대학으로 보내는 간단한 방법A Simple Way to Send Poor Kids to Top Colleges」 그리고 2014년 6월 16일

자 『대학교육신문』에 베키 수피아노가 「6달러짜리 솔루션」이라는 기사에서 같은 내용을 보도했다.

16. 혹스비를 취재한 『스미스소니언』 기자는 낸시 하스였다. 「가난한 아이들을 어떻게 명문대학에 지원하게 할까?How Do You Get Poor Kids to Apply to Great Colleges?」(2013년 12월).

17. 데이비드 콜먼의 인물 정보는 2013년 8월 25일자 『포워드Forward』에 실린 조이 레스모비츠의 기사 「당신이 모르는 가장 영향력 있는 교육계 거물David Coleman, the Most Influential Education Figure You've Never Heard Of」, 2012년 10월 6일자 『애틀랜틱』에 실린 데이나 골드스타인의 기사 「교육자The Schoolmaster」, 그리고 2014년 3월 6일자 『뉴욕타임스매거진』에 실린 토드 밸프의 기사를 참조했다.

18. 캐럴라인 혹스비의 인물 정보는 1999년 10월 18일과 25일, 『뉴요커』에 실린 존 캐시디의 기사 「학교는 그녀의 관심사Schools Are Her Business」 그리고 미국 경제학회 웹사이트에 있는 프로필을 참조했다.

19. "예일대학에 들어가는 학생 중 겨우 2퍼센트가 킴과 같은 사회경제적 배경 출신"이라는 본문 내용은 『뉴욕타임스』 웹사이트에서 제공하는 「사회이동 보고서」 대화형 프레젠테이션을 인용했다. https://www.nytimes. com/interactive/projects/college-mobility/yale-university. (보고서에 의하면, 예일대학 학부생 전체의 2.1퍼센트가 가구소득 최하위 20퍼센트 출신이다.)

20. 블룸버그 재단이 후원하는 칼리지포인트 프로젝트에 대한 언론 자료는 다음을 참조하라. 데이비드 리언하트의 2014년 10월 28일자 『뉴욕타임스』 기사 「저소득층 학생을 대학에 보내기 위한 새로운 추진력A New Push to Get Low-Income Students Through College」, 블룸버그 재단이 2014년 10월 28일자로 배부한 보도자료 「블룸버그 재단이 우수한 저소득층 학생을 명문대학에 진학시키기 위한 새로운 사업을 시작한다Bloomberg Philanthropies Launches New Initiative to Help HighAchieving, Low-and Moderate-Income Students Apply to and Enroll in Top Colleges and Universities」, 2014년 10월 29일자 『허핑턴포스트』 기사 「아메리칸드림은 우수한 학생들이 일류대학에 진학할 기회가 있을 때만 실현된다The American Dream Can Only Be Fulfilled If Our Top Students Have the Opportunity to Attend Our Top Colleges」.

21. 블룸버그와 재단 관계자들이 5년 안에 매년 1만 명 이상의 학생을 설득해 칼리지포인트 목표 대학(일명 애스펀270 대학)에 지원하도록 할 계획이라는 사실은 리언하트의 기사 「저소득층 학생을 대학에 보내기 위한 새로운 추진력」에서 인용했다.

22. 2019년 겨울, 칼리지포인트 평가팀이 공개한 자료는 벤 캐슬먼과 칼리지포인트 연구원이 작성한 비공개 문건 「2018년 칼리지포인트 영향 평가Class of 2018 CollegePoint Impact Evaluation」에 요약돼 있다. 문건에서 〈표 1〉을 보면, 칼리지포인트 상담 대상이지만 온라인 상담을 받지 못한 수험생(통제군) 가운데 53퍼센트가 애스펀270 대학에 입학했고, 온라인 상담을 받은 수험생(실험군) 가운데 53.4퍼센트가 애스펀270 대학에 입학했음을 확인할 수 있다.

3장 대학 입학시험과 입시 사교육: 기울어진 운동장

1. 칼리지보드와 SAT 및 ACT의 역사는 주로 니컬러스 레만의 책을 참조했다. 『빅 테스트: 미국 실력주의 이면의 역사The Big Test: The Secret History of the American Meritocracy』(파라 스트로스 지루FSG 출판사, 1999).

2. 임원 급여 등 칼리지보드 재정에 대한 정보는 비영리 단체의 세금 신고 및 세무 조사 정보를 수집하는 『프로퍼블리카ProBublica』의 '비영리 단체 익스플로러Nonprofit Explorer'에서 인용했다. 칼리지보드의 세무 정보는 https:// projects.propublica.org/nonprofits/organizations/131623965를 참조하라.

3. 스탠리 캐플런의 인물 정보는 레만의 책 『빅 테스트』와 맬컴 글래드웰이 2001년 12월 17일자 『뉴요커』에 기고한 「시험 인생Examined Life」을 참조했다.

4. 초창기 칼리지보드와 ACT사의 경쟁 구도는 2008년 11월 12일자 『워싱턴포스트』 기사 「ACT 혹은 SAT? 많은 학생이 '위에 있는 모든 것'을 택하고 있다ACT or SAT? More Students Answering 'All of the Above'」에서 다뤘다.

5. 최근 칼리지보드와 ACT사의 경쟁 구도에 대해서는 『워싱턴포스트』 닉 앤더슨 기자의 여러 기사를 참조하라. 시간순으로 2014년 3월 6일자 「SAT 개편으로 경쟁사 ACT를 앞지르다 SAT Revisions Follow Years of Gains for Rival ACT」와 「SAT가 ACT를 따라갈까?Is SAT Becoming More Like the ACT?」, 2014년 3월 16일자 「7년간 29개 주에서 SAT 응시자 꾸준히 감소하다SAT Usage Declined in 29 States over Seven Years」, 2014년 4월 21일자 「새로운 SAT: 대학입학시험의 인기 하락The New SAT: Aptitude Testing for College Admissions Falls out of Favor」, 2014년 8월 20일자 「더 많은 주에서 11학년 학생들이 ACT에 응시하다Growing Number of States Fund ACT College Admission Testing for 11th-Grade Students」, 2016년 3월 3일자 「이번 주 SAT가 새로운 시대를 연다, 학생들 호평 이어져As SAT Enters a New Era This Week, Students Say the Exam Has Improved」.

6. 데이비드 콜먼의 인터뷰 발언 "누구나 공평하게 SAT에 접근할 수 없다는 점이 문제였습니다"는 『뉴욕타임스매거진』 기자 토드 배프의 2014년 3월 6일자 기사 「SAT 개편 뒷이야기The Story Behind the SAT Overhaul」에서 인용했다.

7. 데이비드 콜먼의 연설은 2016년 '대학 관계자 연맹 수뇌부 회의College Advising Corps's 2016 Adviser Summit에서 발언한 내용이다.

8. "2013년도 자료를 공개하고, SAT 점수가 가계소득을 직접적·일차적으로 반영한다고 설명했다"는 내용은 토드 배프의 2014년 3월 6일자 『뉴욕타임스매거진』 기사 「SAT 개편 뒷이야기」 그래픽에서 확인할 수 있다.

9. 홉스비와 터너가 대학 입시 기회 확대 프로젝트를 시행해서 명문대학에 입학하는 빈곤층 학생 수를 46퍼센트까지 늘릴 수 있다고 예측한 내용은, 2013년 연구보고서 「저소득층 우등생을 위한 대학의 기회 확대Expanding College Opportunities for High-Achieving, Low Income Students」 48쪽 〈표 6〉에서 확인할 수 있다. ('동급' 대학 입학을 종속변수로 할 때 '백분율 변화 효과'는 46.3퍼센트였다.) 이 표는 경제학자들이 말하는 '처치 효과treatment on the treated effect'를 보여주며, 이 경우에는 추후 조사에서 홉스비 입시정보자료집을 받았다고 기

억한 학생들에게 미치는 영향을 의미한다. 혹스비와 터너는 2013년에 공개한 논문 「학생들에게 대학 진학 기회를 알리는 방법: 대학 입시 기회 확대 프로젝트 제안」에서도 '처치 효과' 추정치는 "칼리지보드나 ACT사 같은 공신력 있는 기관이 이 프로젝트를 시행할 경우 얻게 될 효과와 비슷할 것"이라고 주장하고(15쪽), 예상대로 처치 효과를 거둔다면 "학생들이 본인의 실력에 걸맞은 동급 대학에 진학할 확률이 46퍼센트 높아진다"고 강조했다(16쪽).

10. 이른바 '처치 효과' 추정치는 혹스비-터너의 「저소득층 우등생을 위한 대학의 기회 확대」가 공개되었을 때 미디어가 주로 보도한 내용이다. 당시 어느 기사(제이 매슈스의 2013년 4월 25일자 『워싱턴포스트』 기사, 「대학 입시의 기초: 똑똑하고 가난한 학생들이 어리석은 이유Admissions 101: Why Smart, Poor Students Are Dumb」)의 내용은 다음과 같다. "결과는 매우 놀라웠다. 자료집을 받아본 학생들은 그렇지 않은 학생들에 비해 본인의 학습 능력에 걸맞은 대학에 지원할 확률이 53퍼센트 증가했다. 그 결과 그들이 수준에 맞는 대학에 합격할 확률은 70퍼센트나 증가했고 실제 입학률도 50퍼센트 증가했다."

11. 혹스비-터너 연구의 공식 홈페이지(Expanding College Opportunities Project) URL은 나중에 인도네시아어로 온라인 포커 사이트 http://expandingcollegeopps.org/로 연결되었다.

12. 데이비드 콜먼이 입시 사교육업자를 '장사꾼'이라고 비난하고 "그들에게 오늘은 운수 사나운 날"이라고 언급한 내용은 『뉴욕타임스매거진』 기자 토드 배프의 2014년 3월 6일자 기사 「SAT 개편 뒷이야기」에서 인용했다.

13. 데이비드 콜먼의 2014 SXSW 연설은 유튜브 https://www.youtube.com/watch?v=MSZbPJbXwMI('데이비드 콜먼의 기회 제공Delivering Opportunity presented by David Coleman')에서 확인할 수 있다. 콜먼이 연설한 내용은 『뉴욕타임스』 기자 타마 르윈이 2014년 3월 5일자로 보도했다.

14. 살만 칸의 인물 정보와 칸 아카데미 연혁은 트웰브 출판사에서 나온 그의 저서 『나는 공짜로 공부한다: 우리가 교육에 대해 꿈꿨던 모든 것The One World Schoolhouse: Education Reimagined』, 2011년 TED 강연 「교육을 재창조하는 동영상 강의Let's Use Video to Reinvent Education」(https://www.ted.com/talks/salman_khan_let_s_use_video_to_reinvent_education), 그리고 칸 아카데미 웹사이트의 연혁 항목(https://khanacademy.zendesk.com/hc/en-us/articles/202483180-What-isthe-history-of-Khan-Academy-)을 참조하라. 추가로, 제임스 템플의 2009년 12월 14일자 『샌프란시스코 크로니클』 기사 「살만 칸, 인터넷 수학의 달인Salman Khan, Math Master of the Internet」과 2014년 1월 27일자 『뉴욕타임스』에 실린 클로드아 드레이퓨스의 인터뷰 기사 「열두 살 조카를 가르친 것이 시작이었어요It All Started with a 12-Year-Old Cousin」도 참조하라.

15. 칸 아카데미 초기에 자선가들의 투자가 이어진 내용은 다음을 참조하라. CNN 경제 뉴스 채널CNN Money에서 데이비드 A. 카플런이 보도한 「빌 게이츠가 총애하는 교사」, 경제지 『포춘』 2012년 10월 9일자에 실린 「빌 게이츠가 칸을 만났을 때When Sal Khan Met Bill Gates」, 자선활동 관련 온라인 뉴스 매체 『인사이드 필란트로피Inside Philanthropy』 2014년 6월 26일자에 실린 테이트 윌리엄스의 기사 「칸 아카데미에 쏟아지는 후원금The Funders Pouring Money into the Khan Academy」.

16. 칼리지보드가 2017년 5월, 콘퍼런스 콜에서 공인 SAT 전국 모의고사 시행의 결과를 기자

들에게 공개하는 내용은 오디오(https://bit.ly/2Ux43ct)로 확인할 수 있다.

17. 살만 칸이 "성별이나 인종 그리고 사회경제적 계층을 망라해서 일관되게 점수가 올랐다"고 발표하는 내용은, 2017년 5월 8일 칸 아카데미 공식 유튜브 동영상 '칸 아카데미 협력 사업 발표An Announcement from Khan Academy'(https://www.youtube.com/watch?v=8-px-qeO24Ww)에서 확인할 수 있다.

18. 토머스 L. 프리드먼이 SAT 전국 모의고사 시행 결과와 관련해서 쓴 칼럼 「미래를 스스로 쟁취하라Owning Your Own Future」는 2017년 5월 10일자 『뉴욕타임스』에 실렸다.

19. 데이비드 콜먼의 연설 내용 "지금까지 나는… 평생 단 한 번도"는 그렉 토포의 기사 「100만 수험생에게 SAT 모의고사 무상 제공One Million Students Now Using Free SAT Prep Materials」은 『USA투데이』 2016년 3월 9일자에 보도되었다.

20. '영구적 행동 변화Behavior Change for Good' 프로젝트는 스티븐 J. 더브너가 진행하는 '프리코노믹스Freakonomic' 팟캐스트 방송에 2회 소개되었다. 2017년 4월 5일자 방송 '한 가지 문제만 해결하면 될까?Could Solving This One Problem Solve All the Others?' 그리고 2017년 10월 25일자 방송 '행동을 변화시키는 혁신적 방법How to Launch a Behavior-Change Revolution'을 참조하라. 후자는 칼리지보드와 협업해 이 프로젝트를 진행하는 내용을 주로 다뤘다.

21. 칼리지보드가 여러 주 정부와 SAT 공인시험 주관사 계약을 추진한 내용은, 『워싱턴포스트』 기자 닉 앤더슨이 2015년 1월 7일자 기사 「미시간주, ACT와 결별하고 SAT와 입학시험 무상 계약 체결Michigan Picks SAT over ACT for Free College Admission Testing」, 그리고 2015년 12월 24일자 기사 「대학입학시험 2인자 SAT, 본격적으로 패권 되찾기 나서The SAT, Now the No. 2 College Test, Pushes to Reclaim Supremacy」에서 상세히 다뤘다.

22. 닉 앤더슨이 콜먼 칼리지보드 위원장을 소개한 기사 「SAT 개편의 배후 인물: '기대하고 있습니다'Meet the Man Behind the New SAT: 'I'm in the Anxiety Field'」는 2016년 3월 4일자 『워싱턴포스트』에 실렸다.

23. 칼리지보드의 재정 상태가 호전된 내용은 프로퍼블리카 웹페이지에 공개된 국세청 990 양식에서 좀더 자세히 확인할 수 있다. 데이비드 콜먼 위원장의 취임 첫해 연봉은 타마 르윈 기자의 2012년 5월 16일 『뉴욕타임스』 기사 「공통 교과과정 지지자가 칼리지보드의 새로운 수장으로 선출되다Backer of Common Core School Curriculum Is Chosen to Lead College Board」를 참조하라.

24. 네드 존슨이 불쾌하게 생각한 데이비드 콜먼의 발언, "현 상황을 심각하게 받아들이고 있다"는 내용은 칸 아카데미 유튜브 채널에서 확인할 수 있다. 2014년 4월 15일 게시된 영상 '살만 칸, 데이비드 콜먼 칼리지보드 위원장에 대해 말하다Sal Talks to CEO of the College Board, David Coleman'를 참조하라.

4장 캠퍼스 문화 충격: 엘리트 대학의 빈부 격차

1. 아이비G 운동의 시초와 발전에 대해서는 다음 기사들을 참조하라. 로라 파파노의 2015년 4월 8일자 『뉴욕타임스』 기사 「1세대 대학생들 연대하다First-Generation Students Unite」, 이 샤니 프리머라트니의 2014년 4월 23일자 『USA투데이』 기사 「'동기생의 고백' 캠페인을 기점으로 캠퍼스에 사회경제적 계층에 대한 논의 확산'Class Confessions' Launch Socioeconomic Discussion on Campus」, 캐플라나 모핸티의 2015년 4월 10일자 『컬럼비아 데일리 스펙테이터』 기사 「컬럼비아대학 '동기생의 고백' 계기로 1세대 저소득층 재학생의 캠퍼스 경험담을 생생하게 접하다Columbia Class Confessions Opens Dialogue About First-Generation and Low-Income Students' Experiences on Campus, Students Say」. 또한 스탠퍼드대학에서 처음 시작된 '동기생의 고백' 워크숍에 대해서는 '1세대 및 빈곤층 연대First Generation and/or Low-Income Partnership(FLIP)' 지도부의 인터뷰를 실은 『스탠퍼드 데일리』 특집 기사 「캠퍼스 동기생의 고백Class Confessions on Campus」을 참조하라.

2. 앤서니 막스 애머스트 칼리지 총장 취임에 대해서는 2011년 5월 24일자 데이비드 리언하트의 『뉴욕타임스』 기사 「일류대학은 엘리트 전용인가Top Colleges, Largely for the Elite」를 참조하라.

3. 미국 대학생의 약 3분의 1이 펠 장학금 지원 대상에 포함된다는 사실은, 칼리지보드 웹사이트의 「학부생 등록률 및 펠 장학생 백분율 추이Undergraduate Enrollment and Percentage Receiving Pell Grants over Time」 항목 표20A(https://trends.collegeboard.org/student-aid/figures-tables/undergraduateenrollment-and-percentage-receiving-pell-grants-over-time)를 참조하라.

4. 앤서니 에이브러햄 잭의 책 『특혜 빈곤층The Privileged Poor: How Elite Colleges Are Failing Disadvantaged Students』은 2019년 하버드대학 출판부에서 출간되었다. 본문에서 인용한 부분은 다음과 같다.

"처음 여기 왔을 땐, 정말 신나고 희망이 넘쳤죠."(49쪽)
"나 자신에 대해서 항상 설명해야 하는 게 싫어요."(49쪽)
"다른 학생들과 교류하다보면 이중 빈곤층 학생들은 아직 낯선 캠퍼스 안에서 홀로 이방인이 된 기분을 느꼈다."(52쪽)
"고등학교 시절은 아이비리그라는 본편으로 가는 4년짜리 예고편이었다."(29~30쪽)
"말 그대로 데자뷔."(56쪽)
"대학에 와서 사람들이 흥미롭게 여기는 것들이 제겐 너무 진부했어요."(57쪽)
"특혜 빈곤층에게는 문화 충격을 경험하느냐 마느냐의 문제가 아니라 어느 시점에 경험하느냐의 문제."(53쪽)
"다른 대학들도 그렇지만, '유명한 대학'에서 공부는 본질적으로 사회생활이다."(86쪽)
"강의를 듣고 과제를 완수하고 공부해서 시험을 치르는 것."(81쪽)
"그들은 인맥이 필요한 시기와 방법을 따져보는 것은 고사하고, 인맥이 왜 필요한지조차 이해하지 못했다."(81쪽)
"교수님과 일대일로 대화하긴 싫어요."(107~108쪽)

"수업이 끝나면 교수님한테 가서 그냥 수다 떠는 애들이 있어요."(109쪽)
"이중 빈곤층 학생들은 '학업'에 열중하면 충분히 성공할 수 있다며 실력주의를 굳게 믿지만."
(127쪽)
5. 프린스턴대학의 재학생 다변화 노력에 초점을 맞춘 언론 기사는 다음을 참조하라. 닉 앤더슨
의 『워싱턴포스트』 2017년 10월 23일자 기사 「아이비리그에 상류층이 줄고 있다: 프린스턴대학
에서 서민층 대거 선발How an Ivy Got Less Preppy: Princeton Draws Surge of Students
from Modest Means」, CBS 「60분」 2018년 4월 29일자 방송 '게이츠 부부가 학생 2만 명을 대
학에 보낸 이유Why Bill and Melinda Gates Put 20,000 Students Through College', 데이비
드 리언하트의 『뉴욕타임스』 2017년 5월 30일자 기사 「프린스턴, 바로 그 프린스턴대학이 캠퍼
스 계층 격차를 해소하기 위해 나서다Princeton-Yes, Princeton-Takes on the Class Divide」.
6. 펠 장학금 수혜 대상자의 변동 추세는 『뉴욕타임스』 데이비드 리언하트 기자의 2014년 9월
8일자 기사 「대학 접근 지수The Methodology of Our College-Access Index」와 2015년 9월
16일자 기사 「2015년도 대학 접근 지수: 상세 지표College Access Index, 2015: The Details」
에서 자료를 인용했다. 추가 정보는 라즈 체티 등의 「계층이동 보고서Mobility Report Cards:
The Role of Colleges in Intergenerational Mobility」 58~59쪽을 참조하라. 펠 백분율 변동
에 대한 내용도 같은 보고서에서 인용했다.
7. 프린스턴대학 펠 백분율에 관한 추가 사항: 4장에서 설명한 내용 외에, 2017년에 프린스턴에
입학한 신입생 가운데 펠 장학생 비율이 비교적 높게 나타난 것은 일시적 현상이었을 가능성이
있다. 연방 교육부 홈페이지에 게시된 대학 점수표collegescorecard.ed.gov에 의하면, 2019년
3월 기준으로 프린스턴대학의 펠 백분율은 브라운, 코넬, 스탠퍼드대학과 같은 15퍼센트로 나타
나 컬럼비아대학보다 7퍼센트포인트 낮았다.
8. 특정 대학이 인위적으로 펠 백분율을 높이는 방법은 혹스비와 터너의 연구 논문 「미국 대학
교육의 기회 측정Measuring Opportunity in U.S. Higher Education」을 참조했고, 스탠퍼드
대학 경제정책연구소가 발행하는 『SIEPR 조사보고서』 제19-001호(2019년 1월)에서 인용했다.
혹스비가 언급한 "왜곡된 행동" 발언은 『에듀케이션 넥스트』 편집장 마티 웨스트가 진행하는 팟
캐스트 방송 '에듀넥스트EdNext'의 「빈곤층 학생들을 성공적으로 모집하는 대학Identifying
the Colleges That Successfully Recruit Low-Income Students」(2019년 2월 6일)에서 나온
것이다. https://www.education next.org/ednext-podcast-identifying-colleges-that-suc-
cessfully-recruit-low- income-students/를 참조하라. 내가 본문에 적은 펠 백분율 분석
가운데 일부는 혹스비-터너가 별도로 언론 인터뷰에서 제시한 자료를 인용했다. 다음 두 기사
를 참조하라. 캐서린 램펠의 2019년 1월 24일자 『워싱턴포스트』 기사 「대학에 빈곤층 신입생
늘리라는 압박, 역효과 우려Colleges Have Been Under Pressure to Admit Needier Kids.
It's Backfiring」, 그리고 더그 레더맨의 2019년 1월 28일자 『대학 교육 인사이드Inside High-
er Ed』 기사 「취약 계층 학생, 취약한 결과Underrepresented Students, Underrepresented
Consequences」.
9. 「사회이동 보고서」에 드러난 프린스턴 대학생의 가계소득 자료는 『뉴욕타임스』 대화형 웹페이
지 「미국 대학의 다양성과 입시 결과: 나에게 맞는 대학 찾기Economic Diversity and Student
Outcomes at America's Colleges and Universities: Find Your College」(https://www.

nytimes.com/inter active/projects/college-mobility/)에서 확인할 수 있다. 또한 프린스턴 대학생의 가계소득별 계층 변화에 대한 자료는 http://www.equality-of-opportunity.org/ college/mobility_ report_cards.html를 참조하라.
여기서 나는 1982년생 집단과 1991년생 집단을 비교했다. 데이터 분석에 도움을 준 이는 '기회 찾기Opportunity Insights' 프로젝트의 마틴 쾨넌이다.

10. 라니 기니어와 헨리 루이스 게이츠가 2003년 하버드대학 흑인 동문회에서 언급한 내용은 세라 라이머와 캐런 W. 아렌슨의 2004년 6월 24일자 『뉴욕타임스』 기사 「일류대학에서 흑인 학생 비중 증가, 어떤 부류일까?Top Colleges Take More Blacks, but Which Ones」를 참조했다.

11. 기니어와 게이츠의 발언을 뒷받침하는 더글러스 S. 매시 등의 2007년 논문 「이민자 흑인과 토착 흑인의 명문대학 진학률Black Immigrants and Black Natives Attending Selective Colleges and Universities in the United States」은 『미국 교육 저널American Journal of Education』 제113권 2호(2007년 2월)를 참조하라. 이 논문은 카라 애나가 2007년 4월 30일자 『AP통신』 특집 기사 「이민자 흑인 대학생 증가세Among Black Students, Many Immigrants」로 보도했다.

12. 이민자 흑인과 토착 흑인의 대학 입학 양상을 조사한 '대학 경험 연구National Study of College Experience'라는 별도의 장기적 연구는 토머스 J. 이스펜셰이드와 알렉산드리아 월턴 래드퍼드의 책 『평등 속의 차별: 엘리트 대학 입학생의 인종과 대학생활No Longer Separate, Not Yet Equal: Race and Class in Elite College Admission and Campus Life(프린스턴대학출판부, 2009년 발행)』 149~150쪽을 참조하라.

13. 숀 하퍼의 전미대학입학사정관협의회NACAC 콘퍼런스 기조연설은 '2017 NACAC 기조연설자 숀 하퍼'라는 제목으로 2017년 9월 25일 게시된 유튜브 동영상(https://www.youtube.com/ watch?v=zcUkalvq0LA)으로 확인할 수 있다. 본문에서 인용한 부분은 대략 27분부터 시작된다.

14. 미국 고졸자의 15퍼센트가 흑인이라는 사실은 미연방 교육부 국립교육통계센터National Center for Education Statistics의 공통 데이터Common Core of Data 「2007/2008학년도 ~2011/2012학년도 인종에 따른 고졸자 수 및 대학 신입생 평균 졸업률 통계Annual Diploma Counts and the Averaged Freshmen Graduation Rate(AFGR) in the United States by Race/Ethnicity: School Years 2007-08 through 2011-12(https://nces.ed.gov/ccd/tables/AFGR0812.asp」에서 인용했다. 2012년 자료에 의하면 그해 고교 졸업생 314만7790명 가운데 46만7419명이 흑인이었다.

15. 프린스턴, 예일, 브라운, 예일 및 하버드대학 신입생의 8퍼센트가 흑인이라는 자료는 미연방 교육부 웹페이지 대학 통계College Scorecard(collegescorecard.ed.gov)의 2018년 데이터를 검색했다.

16. 제롬 캐러블이 1984년에 하버드대학 신입생 가운데 흑인은 8퍼센트라고 보고한 내용은 그의 책 『선택받은 이들The Chosen: The Hidden History of Admission and Exclusion at Harvard, Yale, and Princeton』(마리너북스, 2006, 페이퍼백, 525쪽)에서 인용했다.

17. 프린스턴대학 학부생 중 최근 몇 년간 흑인 학생에 대한 자료는 프린스턴대학 다양성 연구소의 데이터(https://ir.princeton.edu/universityfactbook/diversity/diversity-dashboard)를

인용했다. '다양성 계기판Diversity Dashboard'에서 인구통계학 옵션은 '연방 전체 인종', 학위 수준 옵션은 '학부생'으로 선택해서 검색했다.

18. 코넬대학에서 벌어진 흑인 학생회의 이질적 집단에 대한 논쟁은, 코넬대학 재학생 마콴 존스와 이베트 웅드로부가 2017년 10월 3일 교내 신문 『코넬 데일리선Cornell Daily Sun』과 온라인 소식지 『선스팟Sunspot』에 각각 「우리는 단일 집단이 아니다: 코넬대학 흑인 학생을 나누는 차이점We Are Not a Monolith: Nuances of Blackness at Cornell」, 그리고 「백인 패권주의에 맞서기 위해 흑인 학생을 희생해서는 안 된다Combating White Supremacy Should Not Entail Throwing Black Students Under the Bus」라는 제목의 글을 올리면서 확산되었다. 『대학 교육 인사이드』 대표 편집자 스콧 재시크도 2017년 10월 9일자 칼럼 「누가 진정한 흑인 학생인가?Who Counts as a Black Student?」에서 이 문제를 다뤘다.

19. 로런 리베라의 책 『혈통: 엘리트 학생들은 어떻게 엘리트 직장에 들어가는가Pedigree: How Elite Students Get Elite Jobs』는 2016년, 프린스턴대학 출판부에서 페이퍼백 판본으로 출간되었다. 본문에서 "철옹성" "우린 한식구잖아요" "그래도 어느 정도 매력은 있어야죠" "부모의 소득 및 교육 수준과 높은 상관관계"를 이 책에서 인용했다.

20. 피에르 부르디외의 문화자본론에 대해서는 부르디외의 책 『계급사회The State Nobility』 영문판(1996, 스탠퍼드대학 출판부) 외에 로런 리베라와 그녀의 책 『혈통』, 그리고 샤머스 라만 칸의 책 『특권: 세인트폴 스쿨의 청소년 엘리트 만들기Privilege: The Making of an Adolescent Elite at St. Paul's School』(2011, 프린스턴대학 출판부)를 참고했다. 키키 길버트의 프리셉트 토론 수업에서 부유층 학생들이 보여준 느긋한 태도에 대해서는 칸의 책에서 깊이 있게 다룬 '특권층의 편안함the ease of privilege' 개념을 참고했다.

21. 로런 리베라의 논문 「아이비리그, 과외활동, 선발 요건: 엘리트 직장의 학벌 사용법 연구 Ivies, Extracurriculars, and Exclusion: Elite Employers' Use of Educational Credentials」도 참고했다. 이 논문은 『사회계층화 및 사회유동성 연구Research in Social Stratification and Mobility』 제29권 1호(2011)에 실렸다. "가능성이 하늘과 땅 차이만큼 커진다" 부분은 이 논문 78쪽, "솔직히 가망이 없어요" 부분은 76쪽, "일류 학생이 일류대학에 가는 겁니다" 부분은 81쪽, "안경잡이 공대생" 부분은 82쪽, "추진력과 '열정'을 두루 갖춘 인재" 부분은 83쪽, "같이 뒷담화를 풀 수 있는 사람" 부분은 82쪽, "좀더 다재다능한 지원자를 뽑느냐, 아니면" 부분은 88쪽에서 각각 인용했다.

1. 잭 매과이어가 대학 동문 잡지에 자신이 최근에 실행한 새로운 개념의 대학입학전형 방식을 설명하는 글을 발표한 내용은 보스턴 칼리지에서 발행한 『브리지 매거진Bridge Magazine』 1976년 가을호 기사 「체계화된 학생 관리법To the Organized, Go the Students」을 참조하라.
2. 사립대학의 4분의 1이 적자를 내고 있다는 통계는 제프리 J. 셀링고의 2018년 8월 3일자 『워싱턴포스트』 기사 「경기 호황에도 불구하고 대학 재정은 적신호Despite Strong Economy, Worrying Financial Signs for Higher Education」에서 인용했다.
3. 『US 뉴스 앤드 월드 리포트』가 대학 순위 선정 시 다양한 요소에 부여하는 상대적 가중치를 분석한 자료는 2001년 『교육 경제학 리뷰Economics of Education Review』 제20권에 실린 토머스 J. 웹스터의 논문 「US 뉴스 앤드 월드 리포트의 대학 순위 선정 원칙 분석A Principal Component Analysis of the U.S. News & World Report Tier Rankings of Colleges and Universities」을 참조하라.
4. 전미대학입학사정관협의회NACAC 회원들에게 '미국 최고의 대학' 목록에 대한 의견을 묻는 2010년 조사는 「NACAC 특별위원회 보고서Report of the NACAC Ad Hoc Committee on U.S. News & World Report Rankings」(버지니아주 알링턴, NACAC 출판부, 2011년 9월 23일 발행) 8쪽과 18쪽을 확인하라.
5. 대학의 US 뉴스 대학 순위 랭킹 변화가 이듬해 대학이 받을 지원서의 종류와 수효에 영향을 미친다는 연구는 니컬러스 A. 보먼과 마이클 N. 바스티도가 『대학 교육 연구Research in Higher Education』 제50권 5호(2009)에 발표한 논문 「상위권 경쟁: 대학의 명성과 학생의 선택을 좌우하는 US 뉴스 대학 순위의 영향력Getting on the Front Page: Organizational Reputation, Status Signals, and the Impact of U.S. News and World Report on Student Decisions」에 설명되어 있다.
6. "4년제 비영리 대학의 입학률 평균이 27퍼센트까지 떨어졌다"는 통계는 베켄스테트의 블로그 자료를 인용했다. 2015년 5월 12일자 『대학 교육 데이터 스토리Higher Ed Data Stories』 블로그 게시물 「그래, 대학 입학률이 떨어지고 있어Yes, Your Yield Rate Is Falling」에서 베켄스테트는 평균 입학률이 30퍼센트라고 밝혔다. 2018년에 내 요청으로 베켄스테트가 분석한 2016년 최신 자료에 따르면, 평균 입학률은 27퍼센트까지 하락했다.
7. 성적우수 장학금에 대한 내용은 다음 두 가지 자료를 참고했다. 스티븐 버드의 『월간 워싱턴Washington Monthly』 2013년 9/10월호 기사 「성적우수 장학금 열풍Merit Aid Madness」 그리고 제프리 J. 셀링고의 2017년 『대학교육신문』 기사 「입학 관리의 미래: 대학의 신입생 유치 경쟁을 전망하다The Future of Enrollment: Where Colleges Will Find Their Next Students」.
8. "대학 재학생의 89퍼센트가 각종 장학금을 지원받고 있다"는 내용은 조엘 맥팔런드 등이 편찬한 『2018 교육 실태 보고서The Condition of Education 2018』(2018년 5월, 국립교육통계센터) 1쪽에 실린 〈표 1 재정 지원 출처Sources of Financial Aid〉를 참고했다.
9. "대학의 장학금이 갈수록 부유한 학생들 몫으로 돌아간다"는 내용은 데이비드 래드윈 등이 발표한 『2015~2016학년도 전국 대학생 재정 지원 연구 제16권: 대학생 재정 지원금 예측

2015-16National Postsecondary Student Aid Study(NPSAS:16): Student Financial Aid Estimates for 2015-16』(워싱턴 DC, 국립교육통계센터National Center for Education Statistics, 2018) 13쪽에 실린 〈표 4〉를 참고했다. 비슷한 유형의 통계는 『1999~2000년 대학이 지원하는 학부생 장학금의 특징 분석Trends in Undergraduate Nonfederal Grant and Scholarship Aid by Demographic and Enrollment Characteristics, Selected Years: 1999-2000 to 2011-12』(워싱턴 DC: 국립교육통계센터, 2015) 25쪽에 실린 〈표 4A〉를 참조하라.

10. "2018년 비영리 사립 종합대학의 등록금 평균 할인율이 처음으로 50퍼센트를 돌파했다"는 내용은 전미대학운영자협회National Association of College and University Business Officers(NACUBO)에서 발표한 2018년 4월 30일자 보도자료 「신입생 등록금 할인율이 평균 50퍼센트에 육박하다Average Freshman Tuition Discount Rate Nears 50 Percent」에서 인용했다. (원자료의 통계 수치 49.9퍼센트를 반올림했다.) 2019년 5월, NACUBO는 등록금 평균 할인율이 52퍼센트를 돌파했다고 발표했다.

11. "대학의 실질 수입은 매년 대동소이하다"는 내용은 NACUBO의 프레젠테이션 「등록금 할인: 2016년도 등록금 할인 연구 결과Tuition Discounting: Results of the 2016 NACUBO Tuition Discounting Study」의 슬라이드 자료 9번 '등록금 할인이 대학 재정에 어떤 영향을 미치는가?What Effect Does Tuition Discounting Have on Institutional Finances?'에서 인용했다. 이 프레젠테이션은 http://www.pellinstitute.org/down loads/sfann_2017-Wyat_060917.pdf에서 확인할 수 있다. 신입생 1인당 전체 등록금 수입은(경상 달러 기준) 2016년부터 2017년까지 0.4퍼센트 증가했다.

12. 대니얼 골든이 재러드 쿠슈너 일가에 대해 보도한 내용은 골든의 책 『왜 학벌은 세습되는가: 퓰리처상 수상 기자가 밝힌 입학사정관제의 추악한 진실The Price of Admission: How America's Ruling Class Buys Its Way into Elite Colleges—and Who Gets Left Outside the Gates』(2007, 랜덤하우스)을 참조하라. 골든은 최근 쿠슈너 부자 이야기를 재조명한 기사 「재러드 쿠슈너의 미심쩍은 하버드 입학The Story Behind Jared Kushner's Curious Acceptance into Harvard」을 2016년 11월 18일자 『프로퍼블리카』에 실었다.

13. "지금도 하버드대학 동문 2세나 3세 가운데 3분의 1 이상이 하버드에 입학한다"는 통계는 델러노 R. 프랭클린과 새뮤얼 W. 즈위클의 2018년 6월 20일자 『하버드 크림슨』 기사 「하버드 동문 가족 입학률이 비동문의 5배에 달한다고 법원 기록에서 확인Legacy Admit Rate Five Times That of Non-Legacies, Court Docs Show」에서 인용했다.

14. 하버드대학의 부정 입학 리스트 'Z-리스트'에 대한 정보는 2018년 6월 17일자 『하버드 크림슨』 기사 「Z-리스트 학생들, 대부분 백인이자 동문 가족으로 밝혀져'Z-List' Students Overwhelmingly White, Often Legacies」와 2018년 7월 29일자 『뉴욕타임스』 기사 「새치기, 뒷돈, 그리고 Z-리스트: 법정에서 밝혀진 하버드대학 입시 비리'Lopping,' 'Tips' and the 'Z-List': Bias Lawsuit Explores Harvard's Admissions Secrets」에서 확인할 수 있다.

15. 랜스 로크너와 필리프 벨리의 2007년 연구는 『인적자원 저널Journal of Human Capital』 제1권 1호(2007년 겨울호)에 발표된 「가계소득에 따른 교육 성취도 결정력The Changing Role of Family Income and Ability in Determining Educational Achievement」을 말한다. 나는 두 사람과 이메일을 주고받은 다음, 그림 2a와 그림 2b를 근거로 결론을 도출했다.

주註 477

16. 마이클 바스티도가 입학관리자를 "얼굴 없는 실무자"라고 표현한 부분은 그의 논문 「입학관리와 빈곤층 학생Enrollment Management and the Low-Income Student」에서 인용했다. (이 논문은 2015년 8월 4일, 미국기업연구소American Enterprise Institute 행사 '모든 학생과 중등과정 이후의 기회 비교: 대학 선택이 제도, 주 및 연방 정책에 미치는 영향Matching All Students to Postsecondary Opportunities: How College Choice Is Influenced by Institutional, State, and Federal Policy'에서 공개되었다.

17. 존 베켄스테트가 1000가지 이상 대학의 입시 자료를 비교 분석해서 만든 인포그래픽 '신입생의 SAT 점수와 펠 장학생 비율의 상관관계: 다양성에 따른 구분Relationship Between Freshman SAT Scores and Percent of Freshmen with Pell Grants: Colored by Diversity'는 2014년 12월 17일자 『대학 교육 데이터 스토리Higher Ed Data Stories』 블로그 게시물 '1세대, 빈곤층, 소수집단 신입생에 관한 1000단어 에세이와 10개 차트Another 1000 Words and Ten Charts on First-Generation, Low-Income, and Minority Students'에서 확인할 수 있다. "일반적으로 신입생들의 SAT 점수가 높을수록" 부분 역시 같은 게시물에서 인용했다.

18. "교직원의 봉급을 인상하고 학생들에게 더 많은 비용을 지출하면 곧바로 US 뉴스 대학 순위가 올라가고" 부분은 로버트 모스, 에릭 브룩스, 맷 메이슨의 2018년 9월 9일자 『US뉴스닷컴USNews.com』 기사 「2019학년도 US 뉴스의 대학 순위 산정 방식How U.S. News Calculated the 2019 Best Colleges Rankings」을 참고했다. '재정 자원Financial Resources'과 '교직원 자원Faculty Resources' 항목을 참조하라.

19. "대학들이 인종적으로나 사회경제적으로 다양해지기 위한 조치를 취할 때, 미래에는 지원자가 감소하는 경향이 있다"는 사실은 보먼과 바스티도Bowman&Bastedo에 있다. "일면 페이지: 조직적 평판, 지위 신호, 그리고 미국 뉴스와 세계 보고서가 학생 결정에 미치는 영향"이다.

20. 존 베켄스테트가 말한 "아마도, 혹시 어쩌면 '엘리트'라는 말이 '가난한 사람이 없다'는 뜻일지도 모르죠" 부분은 그의 『대학 입시 이야기Admitting Things』 블로그 2014년 8월 26일자 게시물 「빈곤층 학생에 대한 크나큰 오해Thinking—All Wrong—About Low-Income Students」에서 인용했다.

21. "가계 소득과 SAT/ACT 점수의 분명한 상관관계"에 대한 자료는 칼리지보드의 2017년 미공개 자료를 참고했다. 이 자료는 과외 교사이자 입시 교육 컨설턴트이며 작가인 제임스 머피가 분석했다.

22. 존 베켄스테트가 언급한 "대학에서 진지하게 1세대, 빈곤층, 유색인종 학생을 더 많이 선발하려면" 부분은 그의 블로그 게시물 '1세대, 빈곤층, 소수집단 신입생에 관한 1000단어 에세이와 10개 차트'에서 인용했다.

23. 2010년 '모순된 점수' 집단을 조사한 세 명의 칼리지보드 연구원은 크리스타 D. 매턴, 에밀리 J. 쇼, 그리고 제니퍼 L. 코브린이었다. 이들은 2010년 5월 3일, 덴버에서 열린 미국교육학회 토론회에서 「SAT-시험선택제를 실시하지 않는 경우 사례 보고: 모순된 SAT 점수 집단과 높은 고교 내신A Case for Not Going SAT-Optional: Students with Discrepant SAT and HSGPA Performance」이라는 제목으로 프레젠테이션을 진행했다(본문에서 내가 "요즘처럼 칼리지보드가 홈페이지에 공개하는 자료는 아니"라고 한 연구가 바로 이것이다). 매턴, 쇼, 코브린은 이듬해 이와 관련한 보고서 「부가적 타당도에 대한 대안적 보고: 모순된 SAT 점수 집단과 높

은 고교 내신An Alternative Presentation of Incremental Validity: Discrepant SAT and HSGPA Performance」을 『교육 심리 측정Educational and Psychological Measurement』 제 71권 4호(2011)에 발표했다. 이보다 앞서 칼리지보드는 비슷한 인구통계학적 양상(고교 내신 GPA는 흑인 및 라틴계, 여학생, 저소득층일수록 높은 반면, SAT 점수는 백인, 남학생, 부유층일 수록 높음)을 보여주는 SAT 점수 불일치에 대해 연구를 시행한 적이 있다. 당시 연구는 제니퍼 코브린, 웨인 J. 카마라, 글렌 B. 밀루스키가 진행했으며, 보고서 「고교 내신과 SAT 점수가 모순 된 학생들Students with Discrepant High School GPA and SAT I Scores」은 2002년 1월 『리 서치 노트』라는 칼리지보드 공식 연구부서 소식지에 실렸다.

24. 시카고 지역 고교생들이 낮은 "SAT 점수 때문에 드폴대학에 지원할 엄두조차 내지 못"한다 는 주장은 존 베켄스테트의 블로그 『대학 입시 이야기』 2013년 11월 20일자 게시물 「시험선택제 시행 1년차 결과A Look at Test Optional Results: Year 1」를 참조하라.

25. "해마다 신입생 정원 2500명 가운데 약 10퍼센트에 해당되는 학생들이 SAT 점수 없이 입학 한다"는 내용은 드폴대학에서 발행한 「2017년 신입생 입시 자료 요약집Freshman Admission Summary 2017」(드폴대학 입학 관리 및 마케팅 항목Enrollment Management and Market-ing) 8쪽에서 인용했다.

26. 시험 성적을 제출하지 않기로 선택한 드폴대학 지원자에 대한 인구통계학 정보는 존 베켄 스테트와 드폴대학 시장 분석 연구부서DePaul's Institutional Research&Market Analytics office에서 보내준 자료를 참고했다. 일부는 드폴대학 입학 관리 및 마케팅 웹사이트에 공개된 '드폴대학교 시험선택제 도입DePaul Goes Test-Optional'이라는 제목의 자료에서 확인할 수 있다. ('초기 결과 및 분석Preliminary results and observations' 항목을 클릭하라.) 여기서 드 폴대학에 시험 점수 없이 입학한 학생들의 학업 성취도 자료 역시 찾아볼 수 있다. 또한 베켄스 테트의 블로그 자료 「시험선택제 시행 1년차 결과」도 참조하라.

27. 미국 대학 입시에 시험선택제가 도입된 내력은 주로 스티븐 T. 사이버슨, 발레리 W. 프 랭크스, 윌리엄 C. 히스의 「대학 입시 변화: 시험선택제의 성공 배경Defining Access: How Test-Optional Works」을 참고했다. 이 내용은 NACAC 소식지 2018년 봄호에서 확인할 수 있다.

28. 마이클 허위츠와 제이슨 리의 연구 보고서 「고교 내신 인플레와 표준화 시험의 역할Grade Inflation and the Role of Standardized Testing」은 잭 버클리, 린 레터커스, 벤 월다브스키 가 편집하고 존스홉킨스대학 출판부가 2018년 발행한 『성공의 잣대: 입학시험, 고교 내신, 그리 고 대학 입시의 미래Measuring Success: Testing, Grades, and the Future of College Ad-missions』에 실렸다. "심각한 형평성 문제가 발생한다" 부분은 65쪽, "입학시험 선택제 전형은 오 래 지속될 수 없을 것"이라는 부분은 89쪽에서 각각 인용했다.

29. 『애틀랜틱』 인터넷판에 노출되는 「고교 내신의 맹점When Grades Don't Show the Whole Picture」이라는 광고성 기사는 https:// www.theatlantic.com/sponsored/the-college-board-2017/when-grades-dontshow-the-whole-picture/1479/에서 확인할 수 있다.

30. 칼리지보드가 2018년 발행한 「SAT 타당성 조사: 2013년도 표본 분석Validity of the SAT® for Predicting First-Year Grades: 2013 SAT Validity Sample」은 https://files. eric. ed.gov/fulltext/ED582459.pdf에서 확인할 수 있다. SAT 점수와 고교 내신 GPA를 학생들의

가계소득과 비교한 데이터는 〈표 7〉을 참조하라.

31. 트리니티 칼리지의 재정 상황과 동북부 지역의 인구통계학적 패턴 변화 전반에 대한 정보는, 2017년 트리니티 칼리지 '바이센테니얼 전략기획위원회 자원분과위원회Resources Subcommittee of Trinity College's Bicentennial Strategic Planning Commission'가 대학 웹사이트에 공개한 기초 보고서에서 확인할 수 있다. https://www.trincoll. edu/StrategicPlanning/Documents/Resources%E2%80%94Draft%20Report. pdf.를 참조하라.

32. 라즈 체티와 동료 경제학자들이 연구에서 밝힌 트리니티 칼리지의 인구통계 자료는 『뉴욕타임스』 대화형 웹페이지 「미국 대학의 경제적 다양성과 입시 결과Economic Diversity and Student Outcomes at America's Colleges and Universities」에서 가장 편리하게 볼 수 있다. 트리니티 칼리지 정보는 https://www.nytimes.com/ interactive/projects/college-mobility/trinity-college-conn.을 참조하라.

33. 트리니티 칼리지의 음주 관련 문제는 조지프 A. 오브라이언이 보도한 2015년 8월 29일자 『하트퍼드 신문』 기사 「버거스위니 트리니티 칼리지 총장에게 듣다: 때와 장소에 맞는 캠퍼스 음주 문화Trinity President Berger-Sweeney After a Year: Right Time, Right Place」에서 확인할 수 있다.

34. 펠 장학생의 졸업률 분석 자료는 「2017~2018학년도 공통 자료집Common Data Set 2017-2018」에서 2011년 가을학기 신입생들의 '졸업률' 항목 7쪽 H 부분을 참조하라. https://www.trin coll.edu/AboutTrinity/offices/InstitutionalResearchPlanning/Documents/Trinity%20College%20Common%20Data%20Set%202017-2018.pdf

35. 수시 입학전형의 간략한 내력은 2010년 12월에 발행된 『미국 경제학 리뷰American Economic Review』 제100권 5호에 실린 크리스토퍼 에이버리와 조너선 레빈의 「명문대학의 수시전형Early Admissions at Selective Colleges」에서 확인할 수 있다.

36. "수시전형이 중산층이나 빈곤층 학생보다 부유층 학생에게 유리하다"는 내용은 에이버리와 레빈의 「명문대학의 수시전형Early Admissions at Selective Colleges」 및 바스티도의 「입학관리와 빈곤층 학생Enrollment Management and the Low-Income Student」을 참고했다.

37. 트리니티 칼리지의 수익과 영업 손실, 상환 부채 등에 대한 정보는 트리니티 칼리지 '바이센테니얼 전략기획위원회 자원분과위원회Resources Subcommittee of Trinity College's Bicentennial Strategic Planning Commission'의 기초 보고서를 참조하라.

38. "연구에 의하면, 전반적으로 볼 때 대학이 입학시험선택제를 시행해도 신입생의 인종적 또는 경제적 다양성에는 그다지 큰 변화가 없었다"는 내용은 앤드루 S. 벨라스코, 켈리 O. 로징어, 제임스 C. 헌이 2015년 『교육평가 및 정책 분석Educational Evaluation and Policy Analysis』 제37권 2호에 발표한 논문 「명문 인문대학에 시험선택제 확대: 교육 평등에 호재일까 악재일까 The Test-Optional Movement at America's Selective Liberal Arts Colleges: A Boon for Equity or Something Else」에서 인용했다.

480

6장 대학에서 살아남기

1. 프린스턴대학 신입생 가운데 97퍼센트가 6년 이내에 졸업한다는 통계는 프린스턴대학 연구소 홈페이지의 '졸업률 계기판Graduation Dashboard'에서 인용했다. https://ir.princeton.edu/data/students/graduation-dashboard를 참조하라. (내가 사용한 자료는 2015년 신입생 집단이다.)

2. "전국적으로 4년제 대학 학생들이 6년 안에 졸업하는 비율은 60퍼센트에 불과하다"는 통계는 국립교육통계센터National Center for Education Statistics가 공개한 교육 통계 요약집 〈표 326.10〉을 인용했다. https://nces.ed.gov/programs/ digest/d17/tables/dt17_326.10.asp. ('2009년 4년제 대학 신입생 전체 통계: 입학 후 6년 이내 졸업률 남녀 학생 비교Graduating within 6 years after start, males and females; All 4-year institutions; 2009 starting cohort; Total' 항목을 참조하라.)

3. "2년제 대학은, 대학 중퇴율이 훨씬 높아서 신입생의 30퍼센트만 3년 안에 학위나 졸업증명서를 받는다"는 통계는 같은 교육통계 요약집 〈표 326.20〉을 인용했다. Center for Education Statistics, Digest of Education Statistics, Table 326.20, https://nces.ed.gov/programs/digest/d17/tables/dt17_326.20.asp. ('2013년 2년제 대학 신입생 전체 통계: 남녀 학생 비교 Males and females; All 2-year institutions; 2013 starting cohort; Total' 항목을 참조하라.)

4. 대학에 기업 경영 방식을 도입하겠다는 주 정부의 정책으로 텍사스주립대학이 충격에 빠진 상황을 보도한 폴 버카의 기사 「상아탑을 강타한 새로운 바람Storming the Ivory Tower」은 『월간 텍사스Texas Monthly』 2012년 10월호에 실렸다. 그는 『월간 텍사스』 웹페이지에도 다수의 블로그 게시글을 올리고 새로운 정책을 둘러싼 논쟁을 상세히 다뤘다.

5. "그들은 전통적 의미의 고객이 아니다"라는 내용은 2011년 7월, 랜디 L. 딜 학장이 이끄는 인문대학 지도부가 텍사스주립대학의 공식 입장을 밝힌 자료 「텍사스주립대학의 우수성과 효율성 유지: 7가지 '혁신적 해결책'과 기타 제안에 대한 입장Maintaining Excellence and Efficiency at the University of Texas at Austin: A Response to the Seven "Breakthrough Solutions" and Other Proposals」에서 확인할 수 있다.

6. 특별조사단TF이 "갈수록 떨어지는 졸업률을 검토"한 내용은 2012년 2월 15일 공개된 랜디 딜의 보고서 「학부생 졸업률에 대한 TF 최종 보고서Final Report of the Task Force on Undergraduate Graduation Rates」에서 확인할 수 있다.

7. 깐깐한 텍사스주립대학 관계자들은 데이비드 로드가 새로 옮긴 사무실을 UT타워가 아니라 대학 본관으로 불러야 한다고 주장할 것이다. 두 건물이 다른 명칭으로 구분되기도 하지만, 실제로는 하나의 건물로 기능한다.

8. 로드가 "정말 엄청난 문화 충격이었습니다"라고 언급한 부분은 2014년 5월 15일자 『뉴욕타임스매거진』에 내가 직접 쓴 기사 「어떤 학생이 졸업하는가Who Gets to Graduate?」에서 일부 가져왔다. 데이비드 예거의 심리학 실험 내용도 같은 기사에서 가져왔다.

9. 로드가 졸업률 책임자로서 지원받은 예산 "약 3000만 달러"는, 일시 기금 1200만 달러에 5년 동안 해마다 380만 달러씩 받게 되는 분할 기금을 합친 금액이다.

10. TF 보고서에서 "텍사스주립대학에 대해 두 가지 다소 모순된 진단"을 내린 내용은 랜디 딜

의 보고서 「학부생 졸업률에 대한 TF 최종 보고서Final Report of the Task Force on Undergraduate Graduation Rates」에서 확인할 수 있다.

11. "가계소득 중위값 이하 가정에서 태어난 대학 신입생 가운데 겨우 25퍼센트가 만 24세까지 학사학위를 마치는 반면"이라는 결과는 『대학 교육의 기회Postsecondary Education Opportunity, PEO』 제245호(2012년 11월)에 발표된 토머스 G. 모텐슨의 「가계소득과 불평등한 교육 기회: 1970년과 2011년 비교 연구Family Income and Unequal Educational Opportunity, 1970 to 2011」에서 확인할 수 있다. (12쪽 도표를 참조하라.)

12. 교육신탁Education Trust의 2015년 졸업률 보고서는, 2015년 9월 공개된 앤드루 하워 드 니컬러스의 「펠 파트너십: 빈곤층 학생의 성공을 보장하는 동반 책임The Pell Partnership: Ensuring a Shared Responsibility for Low-Income Student Success」을 참조하라.(https://edtrust.org/resource/pellgradrates/)

13. 라이스대학과 노스텍사스대학의 졸업률 통계는 교육신탁이 펠 파트너십 보고서의 일부로 작성한 엑셀 자료에서 확인할 수 있다. 교육신탁 웹페이지 https://edtrust. org/resource/pellgradrates/에서 '데이터 파일Data File' 항목을 클릭하면 엑셀 파일을 내려받을 수 있다.

14. 트리니티 칼리지에서 펠 장학생들의 졸업률이 유난히 높다는 내용은 멀리사 콘의 2019년 2월 18일자 『월스트리트저널』 기사 「일류대학도 예외 없이 가난한 학생의 졸업률 하락세 지속 Even at Top Colleges, Graduation Gaps Persist for Poor Students」을 참고했다. 이 기사는 트리니티 칼리지에서 학생들의 소득계층에 따른 졸업률 격차가 12퍼센트포인트라고 보도했지만 트리니티 칼리지가 공개한 「2017-2018학년도 공통 데이터 세트」에서는 졸업률 격차가 16퍼센 트포인트로 나타났다(5장에서는 이 통계를 따랐다).

15. 텍사스주립대학의 펠 장학생 비율에 대한 설명은 랜디 딜의 보고서 「학부생 졸업률에 대한 TF 최종 보고서Final Report of the Task Force on Undergraduate Graduation Rates」〈표 3.1〉을 참조하라.

16. 텍사스주립대학에서 도입한 '상위 10퍼센트 규정Top 10 Percent Rule'의 연혁은 다음의 여 러 자료를 참고했다. 마크 C. 롱, 빅터 B. 샌즈, 마타 티엔다의 「대학 입학 정책의 투명성: 텍사스 의 상위 10퍼센트 규정이 대표 주립대학의 문을 넓혔는가?Policy Transparency and College Enrollment: Did the Texas Top 10퍼센트 Law Broaden Access to the Public Flagships?」 는 『미국 정치사회학 학회지Annals of the American Academy of Political and Social Science』 제627권 1호(2010년 1월 4일 발행), 더글러스 레이콕의 「차별 철폐, 소수집단 우대법, 그 리고 상위 10퍼센트 규정Desegregation, Affirmative Action, and the Ten-Percent Law」은 리처드 A. 홀랜드가 편집한(2006)한 책 『텍사스 북: 텍사스주립대학의 인물과 역사The Texas Book: Profiles, History, and Reminiscences of the University』(2006, 텍사스주립대학 출 판부), 서니 신전 니우, 마타 티엔다, 칼레나 코테스의 「대학 합격률과 텍사스주 10퍼센트 규정 College Selectivity and the Texas Top 10% Law」은 『교육경제학 리뷰』 제25권 3호(2006년 6월), 서니 신전 니우, 마타 티엔다의 「획일적 입학 규정 도입 후 소수자 학생들의 학업 성취도 조 사: 텍사스주립대학 오스틴 캠퍼스의 사례Minority Student Academic Performance Under the Uniform Admission Law: Evidence from the University of Texas at Austin」는 『교육 평가 및 정책 분석』 제32권 1호(2010년 3월)을 참조하라. 상위 10퍼센트 규정의 효과와 관련해

서 인용한 통계 수치는 롱, 샌즈, 티엔다의 「대학 입학 정책의 투명성: 텍사스의 상위 10퍼센트 규정이 대표 주립대학의 문을 넓혔는가?Policy Transparency and College Enrollment: Did the Texas Top 10% Law Broaden Access to the Public Flagships?」를 참조하라.

17. 대표 주립대학의 변화에 대해서는 스티븐 버드의 연구보고서 「펠 장학금 잠식: 대학의 부유층 유치 경쟁에서 낙오되는 빈곤층 학생Undermining Pell: How Colleges Compete for Wealthy Students and Leave the Low-Income Behind」(워싱턴 DC, 뉴아메리카재단, 2013)과 「펠 장학금 잠식 2편: 대학이 명성과 수입을 추구하면서 빈곤층 학생들이 고통받고 있다Undermining Pell, Volume II: How Colleges' Pursuit of Prestige and Revenue Is Hurting Low-Income Students」(워싱턴 DC, 뉴아메리카재단, 2014)를 참고했다. 또한 스테퍼니 사울의 2016년 7월 7일자 『뉴욕타임스』 기사 「주립대학이 등록금 수입을 위해 주외 학생 유치 경쟁에 나서다Public Colleges Chase Out-of-State Students, and Tuition」, 그리고 오젠 자케트의 보고서 「더 이상 주립대학이 아니다: 전국 대표 주립대학들, 주외 학생 비중 늘리고 빈곤층 우등생 줄여State University No More: Out-of-State Enrollment and the Growing Exclusion of High-Achieving, Low-Income Students at Public Flagship Universities」(버지니아주 랜즈다운, 잭 켄트 쿡 재단, 2017년 5월)도 참고했다.

18. 오리건대학과 버몬트대학의 주외 학생 관련 통계는 자케트의 「더 이상 주립대학이 아니다State University No More」 보고서를 참조하라.

19. 버지니아대학과 미시간대학의 펠 장학생 관련 통계는 버드의 「펠 장학금 잠식Undermining Pell」 보고서를 참조하라.

20. 앨라배마대학 및 브린모어 칼리지의 재학생 가구 중위소득 관련 통계는 「사회이동 보고서」 자료를 쉽게 찾아볼 수 있는 『뉴욕타임스』 대화형 웹페이지 '경제적 다양성 입시 결과Economic Diversity and Student Outcomes at America's Colleges and Universities'(https://www.nytimes.com/inter active/projects/college-mobility/university-of-alabama)를 참조하라.

21. "학업 성적이 미달되지만 유력 정치인 인맥으로 입학"하는 텍사스주립대학 신입생들에 대한 내용은, 텍사스주립대학이 크롤Kroll(기업 조사 및 위기 관리 컨설팅 회사)에 의뢰해 작성하고 텍사스주립대학 총장단에 제출한 2015년 2월 6일자 보고서 「입학전형 과정에서 부당 압력 조사: 주요 결과 요약Investigation of Admissions Practices and Allegations of Undue Influence: Summary of Key Findings」에서 인용했다. 이 조사보고서는 잭 스트리플링이 『대학교육신문』 2015년 2월 13일자 기사 「입학전형 조사보고서, 오스틴 캠퍼스의 확고한 명성을 뒤흔들다Admissions Report Chips at Austin Chief's Uncompromising Reputation」로 보도했다.

22. "상위 10퍼센트 규정의 가장 의미 있는 효과"와 관련한 통계 자료는 텍사스주립대학 관계 당국이 2018년 9월 27일 언론에 발표한 보도자료 「텍사스주립대학 오스틴 캠퍼스, 최고 졸업률 기록UT Austin Records Its Highest Four-Year Graduation Rate」에서 인용했다.

23. "SAT가 1000~1200점(1600점 만점)인 대학 신입생들을 추적"한 내용은 앤서니 P. 카너베일과 제프 스트롤의 「갈수록 불평등한 대학 입시, 해결책은 무엇인가How Increasing College Access Is Increasing Inequality, and What to Do About It」에서 인용했다. 리처드 D. 칼렌버그가 편집하고 2010년 센추리 재단이 발행한 자료집 『보람을 찾는 사람들: 저소득층 학생의 대학 진학을 돕는 일Rewarding Strivers: Helping Low-Income Students Succeed in Col-

lege』158쪽을 참조하라.

24. 듀크대학 심리학자 티머시 윌슨과 퍼트리샤 린빌의 "간단하지만 중요한 실험"은 그들이 『성격 및 사회심리학 저널Journal of Personality and Social Psychology』 제42권 2호(1982)에 발표한 논문 「대학 신입생의 학업 수행 개선 방안: 귀인이론 재고Improving the Academic Performance of College Freshmen: Attribution Therapy Revisited」에서 자세히 확인할 수 있다. 또한 「귀인이론 적용 방식으로 대학 신입생의 성적 향상 도모Improving the Performance of College Freshmen with Attributional Techniques」는 『성격 및 사회심리학 저널』 제49권 1호(1985)를 참조하라.

25. 예일대학 심리학자 그레고리 M. 월턴과 제프리 코언의 실험은 2011년 3월 18일자 『사이언스』에 실린 논문 「간단한 실험적 개입으로 소수집단 대학생의 사회적 소속감 증진A Brief Social-Belonging Intervention Improves Academic and Health Outcomes of Minority Students」을 참조하라.

26. "사람들은 누구나 첫 출산이나 대학 입학처럼 인생을 송두리째 뒤흔들 만큼 얼떨떨하고 혼란스러운 특별한 순간을 맞이"한다는 이론은 『심리학 리뷰Psychological Review』 제125권 5호(2018)에 실린 그레고리 M. 월턴과 티머시 D. 윌슨의 논문 「현명한 개입: 사회적·개인적 문제에 대한 심리적 치료Wise Interventions: Psychological Remedies for Social and Personal Problems」를 참조하라.

27. 데이비드 S. 예거와 그레고리 M. 월턴이 "2012년 가을학기에 텍사스주립대학에 입학하는 모든 신입생에게" 시행한 실험 내용은 『국립과학원회보Proceedings of the National Academy of Sciences(PNAS)』 제113권 24호(2016년 5월 31일자)에 실린 예거 등의 「대학 성취도 격차를 좁히기 위해 평범한 진리 가르치기Teaching a Lay Theory Before College Narrows Achievement Gaps at Scale」에서 자세히 볼 수 있다. 1세대 및 기타 소외계층 학생에 대한 개입의 효과를 보여주는 자료는 부록 41쪽 〈표 S10〉을 참조하라. https://www.pnas.org/content/pnas/suppl/2016/05/25/1524360113. DCSupplemental/pnas.1524360113.sapp.pdf. 또한 2012년 신입생들의 졸업률 자료에서 "개입의 효과는 거의 사라졌다"는 부분은 2019년, 내가 직접 데이비드 예거를 인터뷰한 내용이다.

28. 센트럴아칸소대학의 글쓰기 수업 등 통합필수모델 관련 자료는 대학 측에서 제공받았다.

29. 아루페 칼리지의 연혁에 대해서는 2017년 오르비스 출판사에서 발행한 스티븐 N. 캣소로스의 책 『믿음: 예수회 사제의 교육 개혁 이야기Come to Believe: How the Jesuits Are Reinventing Education(Again)』을 참조하라.

30. 시카고 지역 커뮤니티 칼리지의 "졸업률은 20퍼센트 미만"이라는 내용은 시카고 시티 칼리지 웹페이지(http://www.ccc.edu/menu/pages/facts-statistics.aspx)의 '사실과 통계 자료 Facts and Statistics' 항목에서 확인할 수 있다. 그리고 "2년제 대학 학생들이 4년제 대학에 성공적으로 편입하는 경우가 거의 없다"는 내용은 시카고대학의 제니 나가오카, 알렉스 시스킨, 바네사 코카의 연구보고서 「2016년 시카고 공립학교 학생들의 교육적 성취The Educational Attainment of Chicago Public Schools Students: 2016」(시카고대학교 학교연구 컨소시엄, 2017년 10월)에서 확인할 수 있다.

7장 대학 졸업장의 가치

1. 노스캐롤라이나주 제조업체 대부분에 노조가 없다는 내용은 캐서린 페랄타의 기사 「노스캐롤라이나주 노조 가입률은 전국 최저 수준North Carolina's Union Membership Rate Is the Lowest in the Country」을 실은 2015년 1월 28일자 『샬럿 옵서버』를 참조하라.
2. 조시 맨들의 칼럼 「용접공 연봉 15만 달러 시대? 기술 과목을 부활시켜라Welders Make $150,000? Bring Back Shop Class」는 2014년 4월 21일자 『월스트리트저널』에 실렸다.
3. 맨들의 주장에 힘을 실은 용접공 연봉 관련 내용은 2014년 7월 22일자 『월스트리트저널』에 실린 타마르 자코비의 기고문 「계층 상승: 미국의 사회유동성This Way Up: Mobility in America」을 참조하라.
4. 마코 루비오의 발언 "용접공이 철학 전공자보다 돈을 더 많이 법니다" 내용은 『뉴리퍼블릭』의 유튜브 채널에서 '마코 루비오 발언, 용접공의 연봉이 철학자보다 높다Marco Rubio Says Welders Make More Than Philosophers' 동영상 https://www.youtube.com/ watch?v=H-P7vOx1ZCHE.를 참조하라.
5. 2017년 6월 27일자 『블룸버그 비즈니스위크』에 실린 기사 「100만 달러 연봉을 원한다면, 대학에 가지 말고 목재 야적장으로 가라Want a $1 Millon Paychck? Skip College and Go Work in a Lumberyard」는 프래션트 고팔과 매슈 타운센드가 썼다.
6. "2016년 대선이 끝난 뒤 미국기업연구소가 후원하는 최고회의에서" 나온 발언은 미국기업연구소 웹페이지(http://opportunity americaonline.org/twu-summit/)에서 '계층 상승: 중산층과 빈곤층의 경제적 유동성This Way Up: Economic Mobility for Poor and Middle-Class Americans'이라는 제목의 자료를 검색하라. 2016년 12월 14~15일 양일간 워싱턴 DC에서 열린 관련 행사에 대한 여러 동영상과 보고서를 확인할 수 있다.
7. 2018년 트럼프 대통령의 국정 연설에 초청된 오하이오주 데이턴 출신 용접공의 이름은 코리 애덤스였다. 트럼프는 연설에서 애덤스를 언급했고, 당시 영상은 CBS 뉴스 유튜브 채널에서 확인할 수 있다. '오하이오 용접공, 트럼프 대통령 국정 연설에 초청받다Ohio Welder, Guest at State of the Union, Praised by Trump'(https://www.youtube.com/ watch?v=vInX-krmTuog)를 참조하라.
8. 엘리자베스 디보스 교육부 장관의 용접 훈련 참관을 보도한 언론 기사는 다음을 참조하라. 2018년 4월 5일자 『댈러스 뉴스Dallas News』가 보도한 코벳 스미스와 에바마리 애일라의 기사 「궁지에 몰린 디보스 장관, 노스텍사스 용접 학교를 깜짝 방문하다Embattled Betsy DeVos Sails Through Surprise Visit to North Texas Schools」, 2018년 10월 19일자 『시카고 데일리 헤럴드』가 보도한 에릭 피터슨의 기사 「디보스 장관 하퍼칼리지 제조업 연구소 방문DeVos Visits Harper College's Manufacturing Lab, Apprenticeship Program」, 2018년 5월 16일자 『뉴욕타임스』가 보도한 샤론 오터만의 기사 「디보스 장관 뉴욕 지역 학교 방문, 시립대학은 제외DeVos Visits New York Schools, but Not Ones Run by the City」, 그리고 디보스 장관의 트위터 https://twitter.com/betsydevosed/ status/845272349725392896.
9. 이방카 트럼프가 세인트루이스 인근 커뮤니티 칼리지를 방문한 내용은 2018년 8월 8일, CBS 뉴스가 '이방카 트럼프, 용접 기술 체험Ivanka Trump Tries Her Hand at Welding'이라는 제

목으로 보도했다.

10. "미국 사회에는 속물근성이 있다고 생각"한다는 스튜어트 바니의 주장은 폭스비지니스 채널 시사 프로그램 「바니Varney&Co.」에서 확인할 수 있다. 2017년 3월 28일자 방송에서 스튜어트 바니가 마이크 로어와 대담하는 부분 "'더티 잡' 진행자 마이크 로어 출연: 육체노동을 권장해야 한다'Dirty Jobs' Host Mike Rowe: We Need to Encourage a Better Work Ethic'를 참조하라.

11. 2014년 미국 보건복지부HHS가 발표한 빈곤선(미 연방정부는 '빈곤 지침선poverty guide-line'이라고 한다)은 4인 가족 기준으로 2만3850달러였다. 보건복지부 산하 자문기구인 '계획 및 평가 부속실ASPE'이 작성한 자료 「보건복지부 사전 빈곤 지침선 및 연방 관보Prior HHS Poverty Guidelines and Federal Register References」(https://aspe.hhs.gov/prior-hhs-povertyguidelines- and-federal-register-references)를 참조하라.

12. "용접 직종에서 소득 상위 10퍼센트에 속하는 용접공의 연봉" 관련 통계는 미 노동통계국 직종별 고용 통계(51-4121 용접공, 벌목공, 군인, 납땜공) the Bureau of Labor Statistics, Occupational Employment Statistics(51-4121 Welders, Cutters, Solderers, and Brazers)를 참고했다. https://www.bls.gov/oes/2017/may/oes514121.htm를 참조하라. 2017년 5월 기준으로 전체 용접공의 연봉 중위값은 4만240달러, 상위 10퍼센트의 연봉은 6만3170달러였다. 2014년 『월스트리트저널』에 조시 맨들과 타마르 자코비의 칼럼이 실렸을 때 용접공의 평균 연봉은 3만 6300달러였다.

13. 철학 전공자들이 평균적으로 용접공보다 더 많이 번다는 내용은 필립 범프의 2015년 11월 10일자 『워싱턴포스트』 기사 「미안하지만 마코 루비오, 실제로 철학이 용접보다 잘나갑니다Sorry, Marco Rubio. Philosophy Majors Actually Make Way More Than Welders」를 참조하라.

14. 노스캐롤라이나주에서 커뮤니티 칼리지 교육 예산이 삭감된 내용은 노스캐롤라이나주 의회 정책 평가 부서에서 작성한 보고서 「노스캐롤라이나주의 커뮤니티 칼리지 예산: 현형 정책 및 효율성 제고를 위한 향후 개선 방안Funding for North Carolina's Community Colleges: A Description of the Current Formula and Potential Methods to Improve Efficiency and Effectiveness」에서 확인할 수 있다. 이 보고서는 2016년 10월 10일 발행된 「정책평가 관리위원회 보고서Evaluation Oversight Committee Report」 2016-09호에 실렸다. 학생 1인당 예산 삭감 자료는 5쪽을 참조하라.

15. 커뮤니티 칼리지에 대한 예산 삭감은 "노스캐롤라이나주에서 세수가 증가했던 시기에 있었던 일"이라는 내용은 노스캐롤라이나주 국세청 자료 「2017년 노스캐롤라이나주 통계 초록 Statistical Abstract of North Carolina Taxes 2017」에서 확인할 수 있다. https://www.ncdor.gov/news/reportsand-statistics/statistical-abstract-north-carolina-taxes를 참조하라.

16. "노스캐롤라이나주에서 일어난 일은 다른 주에서도 흔히 일어났던 일"이라는 내용은 마이클 미첼, 마이클 리치먼, 캐슬린 매스터슨의 보고서 「최근 10년 새 대학 지원금 감소: 주 정부의 교육 예산 삭감으로 대학 등록금 인상과 교육의 질 저하A Lost Decade in Higher Education Funding: State Cuts Have Driven Up Tuition and Reduced Quality」를 참고했다. 이 보고서는 2017년 8월 23일, '예산 및 정책 우선 센터Center on Budget and Policy Priorities'에서 발행했다. 그 밖에도 데이비드 리언하트의 2017년 5월 25일자 『뉴욕타임스』 기사 「공격받는 대

학, 아메리칸 드림의 위기The Assault on Colleges—and the American Dream」를 참조하라.

17. "노스캐롤라이나주에서 커뮤니티 칼리지 등록금은 2007년 이후로 60퍼센트나 올랐다"는 내용은 2016년 10월 노스캐롤라이나주 의회 정책평가 부서에서 작성한 보고서 「노스캐롤라이나주의 커뮤니티 칼리지 예산: 현행 정책 및 효율성 제고를 위한 향후 개선 방안Funding for North Carolina's Community Colleges: A Description of the Current Formula and Potential Methods to Improve Efficiency and Effectiveness」과 함께 작성된 프레젠테이션 슬라이드 자료 9번에서 확인할 수 있다.

18. 주 정부의 예산 삭감으로 인해 카토바밸리 커뮤니티 칼리지 같은 2년제 대학에서 "학교 예산을 낮춰 잡고 경비를 줄이는 방법을 찾아야 했다"는 내용은 데이비드 J. 데밍과 크리스토퍼 R. 월터스의 보고서 「가격 상한제와 예산 삭감이 미국인의 대학 진학에 미치는 영향The Impacts of Price Caps and Spending Cuts on U.S. Postsecondary Attainment」을 참고했다. 이 보고서는 2017년 8월에 발행된 『전미경제연구소 조사보고서』 제23736호에 실렸다.

19. 뉴욕 시티 칼리지CCNY의 역사에 대해서는 제임스 트라웁의 책 『언덕 위 도시: 시립대학의 아메리칸드림 도전기City on a Hill: Testing the American Dream at City College』(1994, 애디슨웨슬리 출판사)를 참고했다.

20. CCNY의 등록금 인상과 학생 지원비 축소에 대한 내용은 마이클 패브린컨트와 스티븐 브라이어의 책 『긴축 경영: 대학 교육 정신을 지키려는 노력Austerity Blues: Fighting for the Soul of Public Higher Education』(2016, 존스홉킨스대학 출판부)을 참고했다. 특히 3쪽과 22쪽을 참조하라.

21. "뉴욕 시티 칼리지는 해마다 빈곤층 출신 학생들이 졸업 후 부유층으로 계층 이동하는 비율이 가장 높은 대학"이라는 내용은 2018년 8월 19일자 『대학교육신문』의 「2014년 졸업생의 사회 이동 비율이 높은 대학 순위Colleges with the Highest Student Mobility Rates, 2014」에서 인용했다. https:// www.chronicle.com/article/Colleges-With-the-Highest/244094를 참조하라.

22. 최근 수십 년에 걸쳐 대졸 임금 프리미엄에 변화가 생긴 내용은 클리블랜드 연방준비은행 연구소가 발행하는 『경제논평Economic Commentary』 제2012-10호(2012년 8월 8일자)에 실린 조너선 제임스의 「대졸 임금 프리미엄The College Wage Premium」을 참조하라.

23. 대학 중퇴자의 임금에 대한 내용은 2018년 4월 노동통계국이 발행한 『직업 전망Career Outlook』에 실린 엘카 토피의 「교육의 가치 측정Measuring the Value of Education」을 참고했다. 2017년 '대학 중퇴자'의 주급 중위값은 774달러이며 '고졸자'의 주급 중위값은 712달러로 나타나 1년(52주) 임금으로 계산하면 3224달러 차이가 났다.

24. "공대 졸업자들이 실제로 가장 높은 임금을 받는다"는 내용은 『해밀턴 프로젝트』가 2014년 9월 29일 발행한 브래드 허시바인과 멀리사 S. 키어니의 보고서 「중요한 결정: 대졸자의 생애 소득Major Decisions: What Graduates Earn over Their Lifetimes」을 참고했다. 온라인에 공개된 자료(http://www.hamiltonproject.org/assets/ legacy/files/downloads_and_links/ MajorDecisions-Figure_2a.pdf)에서 〈표 2a〉 대학 전공별 생애소득 중위값Median Lifetime Earnings, by College Major을 참조하라.

25. 대졸자의 생애소득 증가에 대해 조사한 팀 바틱과 브래드 허시바인의 연구보고서 「빈곤

율: 가계소득 배경과 대졸자 임금 프리미엄Degrees of Poverty: Family Income Background and the College Earnings Premium」은 업존 고용 연구소가 발행하는 『고용 연구 뉴스레터 Employment Research Newsletter』 제23권 3호(2016)에서 확인할 수 있다. 여기서 '저소득층 low-income'은 최저생계비 185퍼센트 이하, 즉 4인 가족 가계소득이 2019년 기준 4만7000달러에 못 미치는 계층을 말한다.

26. NBC 뉴스와 『월스트리트저널』이 18~34세 성인을 대상으로 4년제 대학 학위의 가치를 물은 여론조사 결과는 조시 미첼과 더글러스 벨킨이 보도했다. 2017년 9월 7일자 『월스트리트저널』 기사 「여론조사 결과, 대학 학위의 신뢰도 하락Americans Losing Faith in College Degrees, Poll Finds」을 참조하라.

27. "현재 가장 지속적으로 강력하게 대학에 부정적인 의견을 보이는 여론조사 응답층은 부유한 노년층 공화당 지지자"라는 내용은 퓨리서치센터가 발행한 2017년 7월 10일자 조사보고서 「지지 정당에 따라 전국적 기관에 대한 견해가 극명히 엇갈리다Sharp Partisan Divisions in Views of National Institutions」를 참조하라.

28. 데이비드 오터가 학력에 따른 임금 프리미엄을 비교 분석한 연구 「과거 직종과 미래 직종Work of the Past, Work of the Future」은 2019년 2월 『전미경제연구소 조사보고서』 제25588호에 실렸다. 〈그림 1〉을 참조하라. 또한 오토의 초기 연구는 2014년 5월 23일자 『사이언스』에 발표한 논문 「'나머지 99퍼센트'에서 기술, 교육 및 소득 불평등 심화Skills, Education, and the Rise of Earnings Inequality Among the 'Other 99 percent'」를 참조하라.

29. 영리법인 대학 증가세에 관한 자료는 트레시 맥밀런 코틈의 책 『불량 대학: 우려할 만한 영리 대학 증가세Lower Ed: The Troubling Rise of For-Profit Colleges in the New Economy』 (2017, 뉴프레스 출판사) 32쪽을 참조하라.

30. 영리 대학에 대해서는 주로 코틈의 『불량 대학』을 참고했다. 추가로 수잰 메틀러의 책 『불평등 지수: 아메리칸드림을 망치는 대학 교육 정책Degrees of Inequality: How the Politics of Higher Education Sabotaged the American Dream』(2014, 베이직북스)과 2014년 11월 13일자 『버즈피드뉴스』에 실린 몰리 헨슬리클랜시의 「불량 교육: 영리 대학이 학생들을 빈곤에 빠뜨리다Lower Education: How a Disgraced College Chain Trapped Its Students in Poverty」도 참고했다.

31. "2012년 미국에서 영리 대학에 등록한 학생은 전체 대학생의 12퍼센트에 불과했지만, 이들이 전체 대학생 학자금 대출액 가운데 무려 44퍼센트를 연체하고" 있다는 내용은 2016년 10월 13일자 『뉴욕 리뷰 오브 북스』에 실린 라나 포루하의 「학자금 대출이 재앙으로 이어질 수 있다!How the Financing of Colleges May Lead to Disaster!」를 참고했다.

32. "영리 대학들은 학생들에게 투자하는 직접적 교육비보다 마케팅 비용이나 시세 차익을 노린 다른 투자에 두 배 이상 돈을 썼다"는 내용도 라나 포루하의 「학자금 대출이 재앙으로 이어질 수 있다!」를 참고했다.

33. 코틈의 『불량 대학』에서 인용한 부분은 다음과 같다. "영리 대학은 간교한 속임수를 쓰는 사기꾼보다 한수 위" 부분은 181쪽, "불량 교육이 존재하는 이유는 엘리트 교육이 존재하기 때문"과 "대학은 청년들에게 더 많은 개인적 희생을 요구" 부분은 11쪽에서 인용했다. 코틈은 "교육 복음"이라는 표현을 경제학자 W. 노튼 그럽과 마빈 레이저슨에게서 빌렸다고 밝혔다.

1. 미적분학의 역사에 대해서는 유리 트라이스먼을 인터뷰하면서 알게 되었고, 데이비드 애치슨의 책『미적분학 이야기: 수학적 모험The Calculus Story: A Mathematical Adventure』(2017, 옥스퍼드대학 출판부)과 실바너스 P. 톰슨과 마틴 가드너의 책『알기 쉬운 미적분학Calculus Made Easy』(1998, 세인트마틴 출판사)을 참고했다.

2. 트라이스먼이 미적분학을 "수많은 학생의 열망을 잠재운 무덤"이라고 표현한 부분은 본인의 1985년 박사학위 논문「캘리포니아주립대학 버클리 캠퍼스의 흑인 학생을 대상으로 한 수학 워크숍 연구A Study of the Mathematics Performance of Black Students at the University of California, Berkeley」에서 인용했다.

3. 전국적으로 미적분학을 수강하는 대학 신입생이 지나치게 백인과 아시아계 학생들 위주라는 사실은 2015년 데이비드 브레사우드, 빌마 메사, 크리스 라스무센이 편집하고 전미수학협회 MAA가 발행한『전미수학협회 전국 대학 미적분학 연구논문집Insights and Recommendations from the MAA National Study of College Calculus』가운데 데이비드 브레사우드의「미적분학 수강생The Calculus Students」2쪽〈표2〉를 참조하라.

4. 부유층 학생들이 대부분 고등학교 때 미적분학을 선행 학습한다는 주장은 2018년 5월 22일자『주간교육』에 발표된 세라 D. 스팍스의「미적분학은 고교 수학의 최고 과정, 어쩌면 변화가 필요한 시점이다Calculus Is the Peak of High School Math. Maybe It's Time to Change That」4쪽, 그리고 전미수학협회 및 수학교사연합회가 발행한 보고서「고교 수학에서 대학 수학으로 이행하는 미적분학의 과도기적 역할The Role of Calculus in the Transition from High School to College Mathematics」(2016년 3월 17~19일 열린 MAA 워크숍 보고서)을 참고했다. (이것은 미적분학을 수강하는 대학 신입생이라기보다 미적분학을 배우는 고교 졸업반 학생에 대한 통계지만 두 집단은 거의 겹친다.)

5. 트라이스먼이 고등학생일 때 "전국에서 미적분을 배우는 고등학생은 6000여 명뿐이었다"는 내용은 데이비드 M. 브레사우드가 운영하는 블로그 '론칭Launchings'의 2010년 5월 게시물 'AP 선행과 대학 수학 커리큘럼AP and the College Mathematics Curriculum'에서 확인할 수 있다.

6. "미국 전역에서 약 65만 명이 해마다 AP 미적분학을 고등학교에서 수강"한다는 내용은 데이비드 브레사우드가 칼리지보드의 AP 시험 데이터를 토대로 계산한 자료를 인용했다. 칼리지보드에 따르면, 2017년 AP 미적분학 시험에 응시한 고교생은 약 45만 명이었다. (이 수치는 칼리지보드 웹사이트 'AP 데이터-2017년 기록' 항목에서 찾을 수 있다 https:// research.college-board.org/programs/ap/data/archived/ap-2017.) 내가 데이비드 브레사우드를 직접 인터뷰한 결과, 그는 2017년 칼리지보드 데이터를 토대로 AP 미적분학 시험을 치르지 않고 AP 과정을 수강한 고교생 20만 명을 합산해서 65만 명을 추산했다.

7. 현재 미국 고교생 가운데 해마다 80만 명이 미적분학을 배운다는 통계는, 2017년 2월 8일 텍사스 오스틴에서 열린 어번 매스 리더십 네트워크에서 데이비드 브레사우드가 발표한 MAA 워크숍 보고서「고교 수학에서 대학 수학으로 이행하는 미적분학의 과도기적 역할The Role of Calculus in the Transition from High School to College Mathematics」슬라이드 자료 2번

에서 확인할 수 있다. https://www.macalester.edu/~bressoud/talks/2017/ RoleOfCalcu-lus-UMLN.pdf를 참조하라.

8. 해마다 고교 졸업반 학생 전체의 약 5분의 1이 미적분학을 배운다는 내용은 미국과학위원회가 2018년에 발표한 『과학 및 공학 지표Science & Engineering Indicators 2018』 가운데 「초등 및 중등학교의 수학·과학 교육Elementary and Secondary Mathematics and Science Education」 항목에서 〈표1-14. '2013년 고교 졸업생의 최고 수준 수학 과정 수강 현황: 학생 및 가정 환경 조사Highest-level mathematics course enrollment of high school completers, by student and family characteristics: 2013'〉(https://www.nsf.gov/statistics/2018/nsb20181/)를 참조하라.

9. 요즘 AP를 선행한 학생들이 "미적분을 겉핥기식으로만 이해"한다는 주장은 브레사우드, 메사, 라스무센의 『전미수학협회 전국 대학 미적분학 연구논문집Insights and Recommenda-tions from the MAA National Study of College Calculus』을 참조하라.

10. "대학생의 80퍼센트가 대학 입시에 도움이 될 것 같아 고등학생 때 AP 미적분학을 선택"했다고 답한 조사는, 데이비드 브레사우드 등의 『고교 수학에서 대학 수학으로 이행하는 미적분학의 과도기적 역할』에 수록된 조지프 G. 로젠스타인과 아눕 알루왈리아의 「AP 미적분학 과정에 제동 걸기Putting Brakes on the Rush to AP Calculus」 33쪽을 참조하라.

11. "AP 미적분학을 이수한 학생들은…일류 명문대학에 합격할 가능성이 크다"는 내용은 케빈 이건 등의 「미국 대학 신입생: 2016년 가을 전국 표준The American Freshman: National Norms Fall 2016」(2017, UCLA 대학 교육 연구소 협력 연구 프로그램) 100쪽을 참조하라. (일류 명문대학 신입생의 69퍼센트가 고등학교 때 미적분학을 배웠다고 응답했다.)

12. "2017년, 하버드대학 신입생의 93퍼센트가 고등학교에서 미적분을 AP 과정에서 배운 것으로 나타났다"는 내용은 『하버드 크림슨』이 2017년 신입생을 대상으로 실시한 설문조사 결과를 인용했다. https://features.thecrimson.com/2017/freshman-survey/academics/를 참조하라. (엄밀히 말하면, 이 통계는 합격생이 아니라 입학생을 조사한 결과다.)

13. "전국적으로 미적분학 과정을 개설하는 고등학교는 48퍼센트에 불과"하다는 내용은 2018년 『과학 및 공학 지표Science & Engineering Indicators 2018』 「초등 및 중등학교의 수학·과학 교육」 항목에서 〈표 1-22 '2013-2014학년도 신입생 통계: 흑인 및 라틴계 학생의 수학·과학 선행학습 조사Access to high-level mathematics and sciences courses among students at low versus high black and Latino enrollment schools: 2013-14'〉를 참조하라.

14. 텍사스주에서 미적분학 과정을 개설한 고등학교는 43퍼센트뿐이라는 내용은, 미국 교육부 산하 인권청US Department of Education Office for Civil Rights이 2014년 3월 발행한 『이슈 브리핑』 3호에 수록된 「인권 자료 모음집: 데이터 요약(대학 및 직업 준비도)Civil Rights Data Collection: Data Snapshot(College and Career Readiness)」 22쪽을 참조하라.

15. "백인이 많은 학교는 흑인과 라틴계 학생이 많은 학교보다 미적분을 가르칠 가능성이 거의 두 배나 높다"는 내용은 2018년 『과학 및 공학 지표 2018』 「초등 및 중등학교의 수학·과학 교육」 항목에서 〈표1-22 '2013-2014학년도 신입생 통계: 흑인 및 라틴계 학생의 수학·과학 선행학습 조사'〉를 참조하라.

16. "사립 고등학교 학생의 3분의 1이 미적분을 배우는 반면, 공립 고등학교 학생은 6분의 1 정

도만" 배운다는 내용은『과학 및 공학 지표 2018』「초등 및 중등학교의 수학·과학 교육」 항목에서 〈부록 표 1-23. '2013년 고교 졸업생의 최고 수준 수학과정 수강 현황: 학생 및 가정 환경 조사Highest-level mathematics course enrollment of high school completers, by student and family characteristics: 2013'〉를 참조하라.

17. 또한 "부유층 학생들이 빈곤층…가정의 학생들보다 고등학교에서 미적분을 배울 가능성이 4배나 높다"는 내용은 「초등 및 중등학교의 수학·과학 교육」 항목에서 〈표 1-14 '2013년 고교 졸업생의 최고 수준 수학 과정 수강 현황: 학생 및 가정 환경 조사'〉를 참조하라.

18. "너무 많은 학생이 고등학교 성적표에 미적분을 넣기 위해 서둘러 선행 과정을 수강"한다는 내용은 데이비드 브레사우드 등의『고교 수학에서 대학 수학으로 이행하는 미적분학의 과도기적 역할』 77쪽에서 인용했다.

19. 텍사스주립대학 공대 출신의 평균 초봉 관련 자료는 '조지타운대학 교육 및 취업 센터'에서 2017년 발행한 앤서니 P. 카너베일 등의 연구보고서「전공이 가장 중요하다: 텍사스주립대학 시스템에서 학사학위의 경제적 가치Major Matters Most: The Economic Value of Bachelor's Degrees from the University of Texas System」 14쪽을 참조하라.

20. "대학에 입학한 학생들 가운데 약 40퍼센트가 사실상 재수강임에도 불구하고 C학점 이하를 받는다"는 내용은 데이비드 브레사우드 등의『고교 수학에서 대학 수학으로 이행하는 미적분학의 과도기적 역할』 5쪽에서 인용했다.

21. 유리 트라이스먼이 중학생 시절 브루클린 도서관에서 빌린 대수학 책 두 권은, 1886년에 초판이 발행된 조지 크리스털의『대수학: 고등학생 및 대학생을 위한 기본서(1권)Algebra: An Elementary Text-Book for the Higher Classes of Secondary Schools and for Colleges, part 1』 그리고 1941년 초판이 발행된 개릿 버코프의『현대 대수학 연구A Survey of Modern Algebra』였다.

22. 유리 트라이스먼의 연구에 대해서는 내가 직접 트라이스먼을 인터뷰한 내용 외에도 다음 자료를 참고했다. 2001년 5월 칼리지보드에서 발행한 로즈 에이세라의 연구보고서「미적분학과 공동체: 미적분학 학위과정의 역사: 소수집단 학업 성취를 위한 국가대책위원회 보고서Calculus and Community: A History of the Emerging Scholars Program: A Report of the National Task Force on Minority High Achievement」, 유리 트라이스먼이『대학수학저널』 제23권 5호(1992년 11월)에 발표한 논문「미적분학을 배우는 학생 연구: 소수 집단 대학생들의 수학 공부법Studying Students Studying Calculus: A Look at the Lives of Minority Mathematics Students in College」, 그리고 트라이스먼의 박사학위 논문「캘리포니아주립대 버클리 캠퍼스의 흑인 학생을 대상으로 한 수학 워크숍 연구A Study of the Mathematics Performance of Black Students at the University of California, Berkeley」(1985)를 참조하라.

23. 클로드 스틸이 "고정관념 위협 이론을 확립하는 데 트라이스먼의 워크숍 방식이 기여했다"고 밝힌 내용은 스틸이『미국 심리학회 저널American Psychologist』 제52권 6호(1997)에 발표한 논문「보이지 않는 위협: 고정관념이 지적 자아와 수행에 미치는 영향A Threat in the Air: How Stereotypes Shape Intellectual Identity and Performance」과 2010년 펴낸 책『비발디 흥얼거리기: 고정관념이 우리에게 미치는 영향Whistling Vivaldi: And Other Clues to How Stereotypes Affect Us』(2010, W.W. 노튼)에서 확인할 수 있다.

24. 미치 대니얼스가 "고교 내신 A를 액면 그대로 받아들여 신입생을 선발"하는 데 반대하면서 2018년 11월 28일자 『워싱턴포스트』에 기고한 칼럼은 「대학입학전형에서 내신 GPA보다 근성을 우선하자For College Admissions, Let's Value Grit over GPAs」.

9장 누구를 위한 대학인가: 교육 불평등 유감

1. 마지막 장에서 제대군인 원호법의 역사를 되돌아보며 책을 여러 권 참고했다. 마이클 J. 베넷의 『꿈이 실현되는 순간: 제대군인 원호법과 미국의 현대화When Dreams Came True: The GI Bill and the Making of Modern America』(1996, 브래시 출판사)를 비롯해서 글렌 C. 알트슐러와 스튜어트 M. 블루민의 『제대군인 원호법: 제대군인을 위한 뉴딜정책The GI Bill: A New Deal for Veterans』(2009, 옥스퍼드대학 출판부), 수잰 메틀러의 『군인에서 시민으로: 원호법과 위대한 세대Soldiers to Citizens: The G.I. Bill and the Making of the Greatest Generation』(2005, 옥스퍼드대학 출판부), 키스 W. 올슨의 『원호법, 제대군인, 대학The G.I. Bill, the Veterans, and the Colleges』(1974, 켄터키대학 출판부) 등이다. 또한 아이라 캐츠넬슨의 『차별철폐법이 백인을 보호할 때: 20세기 미국의 인종 불평등 비화When Affirmative Action Was White: An Untold History of Racial Inequality in Twentieth-Century America』(2005, W.W. 노튼), 데이비드 R. B. 로스의 『율리시스를 기다리며: 제2차 세계대전 중 제대군인과 정치Preparing for Ulysses: Politics and Veterans During World War II』(1969, 컬럼비아대학 출판부), 닐 A. 윈의 『아프리카계 미국인과 제2차 세계대전The Afro-American and the Second World War』(1993년 개정판, 홈즈&마이어), 캐슬린 J. 프라이들의 『제대군인 원호법The GI Bill』(2009, 케임브리지대학 출판부), 조지프 C. 굴든의 『최고의 시절: 1945~1950The Best Years: 1945-1950』(1976, 아테니움)도 참고했다.
2. 프랭클린 루스벨트 대통령의 발언 "지금 우리는⋯계획을 세우고 있습니다" 부분은 마이클 J. 베넷의 책 『꿈이 실현되는 순간: 제대군인 원호법과 미국의 현대화When Dreams Came True: The GI Bill and the Making of Modern America』 88쪽에서 인용했다.
3. 루스벨트가 처음 제안한 제대군인 지원 방안에서 "예외적인 능력자에 한해서 최대 4년까지 학비를 지원"하는 내용은 수잰 메틀러의 책 『군인에서 시민으로: 원호법과 위대한 세대』 19쪽, 그리고 베넷의 『꿈이 실현되는 순간』 132쪽에서 인용했다.
4. 제대군인 원호법의 탄생 과정에 대해서는 앞서 소개한 책 외에 『미국재향군인회지American Legion Magazine』 1949년 9월호에 실린 데이브 캐멀론의 「나는 원호법 발의 과정을 목격했다I Saw the G.I. Bill Written」를 참고했다.
5. 당시 미군 가운데 고졸 이상이 40퍼센트 미만이라는 통계는 알트슐러와 블루민의 『제대군인 원호법: 제대군인을 위한 뉴딜정책』 66쪽에서 인용했다.
6. "지금 전쟁터에서 싸우고 있는 병사 대다수가 대학 문턱을 넘어본 적도 없고, 아마 앞으로도 그럴 것"이라는 존 랭킨의 발언은 알트슐러와 블루민의 『제대군인 원호법: 제대군인을 위한 뉴딜정책』 67쪽에서 인용했다.
7. 로버트 M. 허친스의 「미국 교육의 위기The Threat to American Education」라는 기고문은

1944년 12월 30일자 『콜리어스 위클리Collier's Weekly』에 실렸다.

8. 제임스 브라이언트 코넌트가 하버드대학 이사회에 보낸 연례 서신 내용은 1945년 1월 23일 자 『하버드 크림슨』에 「코넌트 총장, 원호법 개정을 요구하다Conant Suggests GI Bill Revision」라는 제목으로 소개되었다. 나중에 같은 내용으로 키스 W. 올슨의 논문 「원호법과 대학 교육: 성공과 놀라움The GI Bill and Higher Education: Success and Surprise」이 『계간 아메리칸American Quarterly』 제25권 5호(1973년 12월)에 실렸다.

9. 원호법 혜택을 받은 군인에 대한 통계는 알트슐러와 블루민의 『제대군인 원호법』 83쪽 과 86쪽에서 인용했다. 추가로 『캘리포니아 법률 리뷰California Law Review』 제96권 4호 (2008년 8월호)에 실린 멀리사 머리의 「군인에서 민간인으로: 제대군인 원호법, 시민권, 시민 세 대When War Is Work: The G.I. Bill, Citizenship, and the Civic Generation」를 참조하라.

10. "1948년까지 연방정부 총예산의 무려 15퍼센트가 제대군인 원호법 집행에 투입되었다"는 통계는 아이라 캐츠넬슨의 책 『차별철폐법이 백인을 보호할 때: 20세기 미국의 인종 불평등 비화When Affirmative Action Was White: An Untold History of Racial Inequality in Twentieth-Century America』 113쪽에서 인용했다.

11. "제대군인이 원호법 시대 내내 일반인을 능가했다"는 내용은 캐츠넬슨의 책 『차별철폐법이 백인을 보호할 때』 116쪽, 메틀러의 책 『군인에서 시민으로』 71쪽, 그리고 1946년 6월 16일자 『뉴욕타임스매거진』에 실린 이디스 에프런의 기사 「두 얼굴의 청년들-미국 대학생과 미군 병사Two Joes Meet—Joe College, Joe Veteran」를 참조하라.

12. "제대군인들이 대학에서 우등생과 장학생 명단을 싹쓸이"한다는 내용은 올슨의 『원호법, 제대군인, 대학The G.I. Bill, the Veterans, and the Colleges』 41쪽에서 인용했다.

13. 제대군인이 일반인보다 인문교양학부 과정을 선호했다는 내용은 알트슐러와 블루민의 『제대군인 원호법』 93쪽을 참조하라.

14. 인터뷰한 대학생의 발언 "군인 출신들은 공부밖에 안 해요, 예외 없이 다 그래요"는 에프런의 기사 「두 얼굴의 청년들-미국 대학생과 미군 병사Two Joes Meet—Joe College, Joe Veteran」 에서 인용했다.

15. 제2차 세계대전 전에 "미국의 대학 교육은 부자와 중상류층의 독무대라고 할 정도"라는 내용은 『계간 교육사History of Education Quarterly』 제38권 2호(1998년 여름호)에 실린 대니얼 A. 클라크의 「두 청년. 대학생과 제대군인: 제대군인 원호법, 대학 교육, 전후 미국 문화The Two Joes Meet. Joe College, Joe Veteran': The G.I. Bill, College Education, and Postwar American Cult」를 참조하라.

16. "원호법이 시행되면서부터 대학에 다닌 학생들은 빈곤층이나 서민층 가정 출신이 대부분"이라는 내용은 메틀러의 책 『군인에서 시민으로』 49쪽을 참조하라.

17. "전후에 대학 캠퍼스를 점령하다시피 한 노동자 계급 청년들은 대학생을 보는 미 국민의 관점을 바꿔"놓았다는 내용은 다양한 자료에 등장한다. 대표적으로 클라크의 「두 청년. 대학생과 제대군인: 제대군인 원호법, 대학 교육, 전후 미국 문화The Two Joes Meet. Joe College, Joe Veteran': The G.I. Bill, College Education, and Postwar American Cult」 174쪽과 알트슐러와 블루민의 『제대군인 원호법』 87쪽을 참조하라.

18. 수잰 메틀러가 밝힌 "인생이 획기적으로 변한 사람이 많았다" 그리고 "학교 교장이 된 우체

국 직원의 아들…" 부분은 그녀의 책 『군인에서 시민으로』 95쪽에서 인용했다.

19. 오바마 대통령의 2009년 2월 첫 의회 연설문은 2009년 2월 24일자 『뉴욕타임스』가 보도했다.

20. 오바마의 2009년 4월 백악관 연설은 「2009년 4월 24일 오바마 백악관 연설: 대학 교육 관련 대통령 언급Remarks by the President on Higher Education」에서 확인할 수 있다. https://obamawhitehouse.archives.gov/the-press-office/remarks-presi dent-high-er-education을 참조하라.

21. 오바마의 2010년 8월 오스틴 캠퍼스 연설은 유튜브 동영상 「오바마 대통령, 미국 교육을 세계 최고로 만들겠다 선언Obama Wants US to Be #1 in Education」(https://www.youtube.com/watch?v=XKiuAweHZHU)에서 확인할 수 있다. 본문에서 인용한 대목은 5~9분 부분이다.

22. 지난 10년(1998~2008) 사이에 미국을 제외한 여러 나라에서 대학 졸업률이 크게 오른 내용은 「제3차 교육 인구 통계Population with Tertiary Education」를 참고했다. 이 통계는 OECD 웹사이트 https://data. oecd.org/eduatt/population-with-tertiary-education.ht-m#indicator-chart에서 확인할 수 있다.

23. 2009년 미국 대학 졸업률이 OECD 국가 중 12위를 기록했다는 자료도 OECD 자료 「제3차 교육 인구 통계」에서 확인할 수 있다. (검색 조건을 '25~34세'와 '2017년'으로 설정하라.)

24. 백악관 분석관이 "로런스 서머스에게 보낸 비공개 문건"은 세실리아 라우즈와 제임스 크발이 작성한 것이었다. 이 문건은 2009년 10월 1일, 서머스와 다이애나 페럴에게 전달되었다. (크발이 나에게 사본을 제공해주었다.)

25. 오바마 정부의 미국 대학 졸업률 구상American Graduation Initiative 발표는 백악관 웹사이트 블로그에 게시되었다. 2009년 7월 14일자 게시물 「교육 투자: 미국 대학 졸업률 구상Investing in Education: The American Graduation Initiative」을 참조하라.
(https://obamawhitehouse.archives.gov/ blog/2009/07/14/investing-education-ameri-can-graduation-initiative)

26. 대학 졸업률 구상이 막판에 폐기된 내용은 2010년 4월 12일자 『뉴리퍼블릭』에 실린 케빈 케리의 「미완의 정책Taking an Incomplete」, 2010년 3월 23일자 '에비뉴'(브루킹스 연구소 블로그)에 게시된 앨런 베루브의 「미국 대학 졸업률 구상의 결말The End of the American Graduation Initiative」, 그리고 2010년 3월 25일자 『뉴욕타임스』가 보도한 데이비드 M. 허젠혼과 타마 르윈의 「의회가 학자금 대출 정비안 승인Student Loan Overhaul Approved by Congress」에서 자세히 확인할 수 있다.

27. 릭 샌토럼이 오바마 대통령을 '속물'이라고 비난하는 연설은 브라이트바트 뉴스 유튜브 채널에서 확인할 수 있다. 2012년 2월 25일에 게시된 동영상 '샌토럼, 오바마에게 '속물' 발언Santo-rum on Obama 'What a Snob'"(https://www.youtube.com/watch?v=GSn3YL1hZOU)을 참조하라.

28. 고등학교 운동high school movement의 역사에 대해서는 경제학자 클로디아 골딘과 로런스 F. 카츠의 책 『교육과 기술의 경쟁The Race Between Education and Technology』(2008, 하버드대학 출판부)과 논문 「미국 교육이 선진화된 이유: 1910년부터 1904년까지 중등 교육

확대의 교훈Why the United States Led in Education: Lessons from Secondary School Expansion, 1910 to 1940』(NBER 조사보고서 제6144호, 1997년 8월)을 참고했다. 또한 『시티 저널』 편집자 폴 베스턴의 2017년 특별판 기사 「고등학교가 미국의 운명을 만들어간 시기When High Schools Shaped America's Destiny」도 참고했다.

29. 미국에서 고등학교 졸업자가 증가한 내용에 대한 통계는 국립교육통계센터가 발행한 『교육 통계 요약집Digest of Education Statistics』〈표 219.10 '남/녀 및 공립/사립학교별 고졸자 통계 와 전망치(1869/1970년부터 2027/2028년까지)High School Graduates, by Sex and Control of School: Selected Years, 1869–70 Through 2027–28'〉을 참조하라.

30. "고등학교 운동은 계층 상승을 열망하는 풀뿌리 민심이 반영된 결과"라는 내용과 "국민이 직접 주도"했다는 내용은 골딘과 카츠의 책 『교육과 기술의 경쟁』 167쪽과 245쪽에서 각각 인용 했다.

31. 철학 전공자의 생애소득을 전망하는 "최근 인구조사를 분석한 자료"는 2016년 9월 11일자 『월스트리트저널』에 실린 조지 앤더스의 기사 「인문학 전공자에게 희소식: 또래 집단의 생애소 득 역전은 거의 불가능Good News Liberal Arts Majors: Your Peers Probably Won't Out-tearn You Forever」에 상세히 소개되었다. 최초 분석은 해밀턴 프로젝트 「대학 전공별 생애소 득Career Earnings by College Major」 웹사이트 http://www.hamiltonproject.org/charts/career_earnings_by_college_major/를 참조하라.

32. "교육 기회를 경쟁적으로 독식"한다는 이른바 '기회 사재기' 개념은 리처드 V. 리브스의 책 『20 VS 80의 사회: 상위 20퍼센트는 어떻게 불평등을 유지하는가Dream Hoarders: How the American Upper Middle Class Is Leaving Everyone Else in the Dust, Why That Is a Problem, and What to Do About It』(2017, 브루킹스 연구소 출판부)에서 빌렸다.

찾아보기

인생의 특별한 관문
아이비리그의 치열한 입시 전쟁과 미국사회의 교육 불평등

초판 인쇄 2020년 3월 20일
초판 발행 2020년 3월 27일

지은이 폴 터프
옮긴이 강이수
펴낸이 강성민
편집장 이은혜
마케팅 정민호 김도윤 고희수
홍보 김희숙 김상만 오혜림 지문희 우상희 김현지
독자모니터링 황치영

펴낸곳 (주)글항아리 | 출판등록 2009년 1월 19일 제406-2009-000002호
주소 10881 경기도 파주시 회동길 210
전자우편 bookpot@hanmail.net
전화번호 031-955-2682(편집부) 031-955-2696(마케팅)
팩스 031-955-2557

ISBN 978-89-6735-757-3 03300

글항아리는 (주)문학동네의 계열사입니다.

이 도서의 국립중앙도서관 출판시도서목록(CIP)은 서지정보유통지원시스템
홈페이지(http://seoji.nl.go.kr)와 국가자료공동목록시스템(http://www.nl.go.kr/kolisnet)에서
이용하실 수 있습니다. (CIP제어번호 : CIP2020009790)

잘못된 책은 구입하신 서점에서 교환해드립니다.
기타 교환 문의: 031) 955-2661, 3580

geulhangari.com